内蒙古土默特金氏蒙古家族契约文书汇集

本书出版得到国家古籍整理出版专项经费资助

◎铁木尔 主编

中央民族大学出版社
China Minzu University Press

图书在版编目（CIP）数据

内蒙古土默特金氏蒙古家族契约文书汇集／铁木尔主编．—北京：中央民族大学出版社，2017.8

ISBN 978-7-5660-1424-5

Ⅰ.①内… Ⅱ.①铁… Ⅲ.①蒙古族—家族—契约法—法律文书—汇编—内蒙古 Ⅳ.①K820.9 ②D927.263.620.9

中国版本图书馆CIP数据核字（2017）第225302号

内蒙古土默特金氏蒙古家族契约文书汇集

主　　编　铁木尔
责任编辑　云　峰
美术编辑　贾豪俊
封面设计　布拉格
出 版 者　中央民族大学出版社
　　　　　北京市海淀区中关村南大街27号　邮编:100081
　　　　　电话:68472815(发行部)　传真:68932751(发行部)
　　　　　　68932218(总编室)　68932447(办公室)
发 行 者　全国各地新华书店
印 刷 者　北京春飞无限彩色印刷技术有限公司
开　　本　787×1092（毫米）　1/16　印张：17.25
字　　数　340千字
版　　次　2011年10月第1版　2017年8月北京第2次印刷
书　　号　ISBN 978-7-5660-1424-5
定　　价　168.00元（精装）

目　录

我的亲人和家传契约

代序言

铁木尔

本书主编铁木尔的祖父，
摄于1940年

本书主编铁木尔的祖母，
摄于1940年

今年4月1日，我和弟弟妹妹为年迈的父亲过生日。那一天是父亲八十八岁生日，按照民间的说法，是他的米寿之日。我们多想向父亲打听一些久远的家事，但父亲已经不能告诉我们什么了，他只剩下一点点残留的记忆。他患了阿尔兹海默症，俗称老年痴呆病，岁月侵蚀了他敏捷的大脑。当我也已年过六旬、步入老年、健康每况愈下时，我会时时涌出一阵深深的悔意：我应该早几年和父亲多聊啊……

我的手里放着两百多张祖传的契约，是从清朝中期到新中国成立初期陆续累积而成的，它们是真实的历史文书。我知道我们一家必须把它们公布出来，以供社会研究，我知道这是我们一份不可推卸的责任！但是我自己和我的弟弟妹妹都无法对这些文书进行专业释读。现在从年迈的父亲那里也已经寻找不到更多答案了，只剩下一种可能：靠我自己的回忆，靠向亲友调查，粗略地记录我的祖父和父亲两代人的故事，并向将要成为本书读者的朋友和亲戚简要介绍一下契约的来历，然后把那些发黄的契约文书影印出版，交给社会去了解，去研究，去挖掘它们的价值——我毫不怀疑它们的价值。

我家姓金，内蒙古土默特人。我的祖父叫达木切，但经常被译写成达木欠（契约中也如是）。“欠”字在当地的山西口音就发音“切”，这个词不是蒙古语，而是藏语。16世纪以来，蒙古人普遍信奉藏传佛教，取用藏语名字很普遍。祖父的名字含义很好，意思是上法、妙法。我问过爷爷有汉语名字吗？爷爷说他叫金万富。可我从未听别人这样称呼过他。

本书主编铁木尔的父亲、母亲，
摄于1948年至1949年

祖父生于1896年（丙申年），属猴，是一位非常勤劳的农民。虽然他年轻时曾经在地方保商团当过差，为旅蒙商当保安，但时间不太长，大部分时间是在农村种地。20世纪50年代前期土改时他只有九亩地，所以被划为贫农。一个贫农保存着两百多份契约文书，一定另有缘故。他的先人一定曾有过较高的地位。

我对祖父的印象很深，他的身材高大、匀称，在那个时代，他是村里的大个子。因为我是长孙，少年时我有不少时间跟他在一起。那时我们随在城里工作的父母住在呼和浩特，祖父还在乡下。可是所谓乡下其实离市区很近。呼市西郊有个小村，村名叫“当浪土牧”，意思是“七万”，在蒙古历史上是古已有之的称谓。差不多50年前听父亲说起过爷爷的前辈曾住在离毕克齐不远的马群。从爷爷的上一代迁到这里，据我姑姑说这是爷爷母亲的老家。当浪土牧距离呼和浩特旧城西茶坊不过十华里，是一条土路。中途有条小河，叫五里沙河，但时常没有水，还有一座小木桥。有一年夏天我亲眼看到桥被洪水冲垮的情景。当浪土牧现在几乎被城市包围了，东边是市区，西边有开发区。那时祖父会被父亲接来到我家住一段时间。但他总说在城里住不惯。少年时我最渴望的是随祖父回村。夏天可以到瓜地里吃瓜，最好吃的香瓜叫灯笼红，个儿比较小，但是香甜可口，应该是香瓜之最，这个品种可能因产量低早就被淘汰了，但它的美味至今无法忘记。个儿大一种叫虎皮脆，现在也基本见不到了，类似外表的也许是它的变种。

村南大约一公里，有一棵粗壮高大的柳树，树冠像个巨大的圆球从很远的地方就能看到。村里的老乡都说：“看那棵树风水多好。”我家的坟地就在那儿，是我爷爷父母和我奶奶的墓地。后来我爷爷、二爷爷也葬在那里。树据说是我爷爷和他弟弟种的（不过从小我就有疑问，树干直径将近1米的大柳树树龄是不是不止几十年，可惜我没有直接问过爷爷）。爷爷原来的瓜地就在那儿。估计合作化以前单干时我爷爷的九亩地都在那儿或有一部分在那儿。集体化以后，那儿是集体的菜园子，我也在那儿吃过西红柿、黄瓜。“学大

本书主编铁木尔与祖父、父亲、母亲、姑姑和妹妹，摄于1951年

本书主编铁木尔与父母及弟弟妹妹们，摄于1965年

寨”时平整土地，把我家坟地也平了。改革开放以后我姑姑经过交涉，把祖坟那块地要了回来。前几年我们兄弟三人回去跟父亲和姑姑对墓地进行了简单整修，立了碑。

祖父家有一排小小的四间土房，北墙顶就是屋脊，由北向南斜下来。屋顶没有瓦，每年都要用掺了麦秸的泥抹一遍。这种房子当时很普遍，就是为防止冬季屋顶积雪长时间不化。爷爷和一个叫李明的老头住东头，二爷爷和他女儿住西头，包括老哥俩一人一间更小的凉房。别看离呼和浩特市那么近，还要用煤油灯照明。李明是汉族，中华人民共和国成立前是雇农，无儿无女，爷爷收留了他，两个老人一起生活。我父亲和姑姑叫他老李大爷。两个老人相处极为融洽。爷爷家几乎是家徒四壁，连个竹皮暖壶都没有。爷爷每次沏砖茶都是用铁锅或氽壶现烧水。爷爷喝茶刚沏好就能喝，我问他不烫么，他说了一句俗谚："眼睛耐冻嘴耐烧，启（音du，臀部）子迎下洒不了"，逗得我一阵笑。不大的房间中间还有个隔断，外间有个黑棕色的躺柜，粮食和杂物放在里边。一进里间基本上就上炕了。那个年代城里也不富裕，我家拥有一台五灯收音机时，我早已过了爱听中央人民广播电台小喇叭节目里孙敬修讲故事的年龄。

土房前面是个小院，院子的土围墙大约高1.2米，院子中央有个葡萄架，我爷爷一趟又一趟去村里唯一的水井担水回来浇葡萄树。葡萄藤每到夏天搭在木杆架上，枝叶繁茂，像个巨大的伞，是盛夏纳凉的好地方。到了晚秋时节，一串串黑紫色的葡萄挂满枝头。这一架葡萄和村南那棵大柳树，在我们村都是独一无二的。在葡萄根部坑洼处，还长满了豆姑娘(亦称菇蔫儿)，但好看不好吃，又酸又苦，也还有点微甜。有的小孩儿嘴馋时也会吃几个。从网上查到豆姑娘学名酸浆，多年生草本植物，在植物学分类中为茄目茄科酸浆属。是一种中药材。

那时没有自来水，连轧水井都没有。村子中间有一条从东到西的土路，前几年还没有铺上柏油路面。水井就在那条路上，水井不深，老乡们都是用一个柳条编的水斗提水。爷爷的院子里还有一棵杨树，很高大，在我的模糊记忆中听说过是我爷爷年轻时栽的，后来爷爷用这棵树给自己做了一副棺材，提前为自己准备好后事。

差不多每年秋天，爷爷挑着担子或挎着篮子送来葡萄，有时用一种比较细长的口袋两边装上西瓜和香瓜，中间搭在肩上给我们送来。今天回想起来，那是怎样一种辛苦啊。从铁道北麻花板东边的公安厅大院（1956年或者1957年我母亲从公安厅调到内蒙古医学院，家也搬到了医学院）出发，跟我爷爷先步行到旧城，从北门南行到大什字，路虽不宽，却热闹异常，路两边店铺鳞次栉比，能让人感受到古城往昔的辉煌。有时到大召附近小馆吃一顿莜面，跟农村老百姓家里做的一模一样。我爷爷特别能吃辣椒，盐汤红红的。有一次去麦香村香香地吃了一回过油肉和烙油饼。麦香村是一家老店，红漆木廊过道，一间间小雅堂，古朴而幽静，在我的脑海里留下了深深的印象。后来重建，虽然高了大了，与过去完全不同，但也保留了过去的某些风格。当然麦香村不可能经常光顾，因为那太奢侈了。前年我去麦香村特意点了过油肉，但找不到过去的感觉了。更多的是要到旧城大什字路西北侧的一家烧麦馆吃烧卖。烧麦馆的人很多，除了烧麦，还有油旋儿和黄油焙子。油旋儿是咸的，黄油焙子是甜的，我特别爱吃。——这些年呼市也没少去，不知有没有人还在做黄油焙子。跑堂的伙计用细长嘴的大水壶沏茶，远远地把一条细细的水流以一条弧线注入客人前的水壶中，然后得意地收起长水嘴壶，一点儿都不会洒在外边。烧麦馆的记忆持久地留在我的心中，以至于几十年来，只要我回到呼和浩特，第一顿早点一定会先去吃烧麦，从没有过例外。我在品咂烧麦的羊肉馅香味时，总会回忆起我的祖父。随着改革开放带来的经济繁荣，呼和浩特市的餐饮业发展迅猛，我特别喜欢的莜面、黄米面炸糕已进入高档饭馆。如果在呼市多住几天，早晨也会去格日勒阿妈或其他奶茶馆喝锅茶、吃奶食，再泡几片手把肉。

在麦香村或烧麦馆吃完这美味无穷的一顿，兴致勃勃地随祖父回村，因为那里有安静的田园，村西的土坎（季节河流的堤岸）、村南的大柳树、叫不出名儿的野草和数不清花样的各种鸟儿、昆虫……这些快乐伴随着我的童年和少年。一次我被村里的荨麻刺了一下，起了一个很大的水泡，疼极了，村里的小伙伴用井边的泥巴为我敷在水泡上，还真是有效。阳光强烈时荨麻并不刺人，还是很好的野菜。

1960年夏天我去爷爷家住了几天，那时还在吃食堂，打回来的饭是稀稀的小米粥和以谷糠为主的窝窝头，嚼在嘴里刺啦刺啦响。刚办食堂那阵吃的不错，当时听说有一个小名叫三大头的农民，我也认识他，是个老实憨厚又有点缺心眼的老农，一次吃包子，肚子胀得弯不了腰，头上的毛巾掉在地上，只好用脚一步一步踢出门外，再找一根棍儿挑起来。

只有一次不同。那一次让我感到了忧郁，触摸到了年迈的祖父的某种无奈。我跟随祖父到一户人家去讨要租金（应该是地租），却遭到了狠狠的拒绝。那家主人说："没钱。"我记得祖父低声下气地说："总得给点啊……"最近到呼和浩特市见到一位表哥，他小时候曾随他的姥姥（我爷爷的二姐）和母亲去讨要地租，只能要到两个馒头或一把粉条。

祖父于1960年初冬因肺炎亡故，可能也和那时极度营养不良有关。当时广泛流传一句话："低标准，瓜菜代，谁不偷谁带害。"我的一位表弟年幼时也曾随他的姥姥（我爷爷的二姐）沿街乞讨。呼和浩特市有不少被称为"宽裤腿"的乞丐。

我没有见过祖母。成年后知道她叫张娥娥。对于祖母的关联记忆是我有一次见到了祖母的哥哥张老虎。老人进城到我家，给我们带来一些低档水果糖，叫我们"吃洋糖"。后来我曾在上初二时候到过祖母的娘家村——东厂克。我随表叔一起坐马车到东厂克，在表姑家住过一段时间。在表大爷家吃了一顿饭，大娘做了炒鸡蛋，里面加了不少白面，以增加数量，吃起来像烙饼。在家乡，住亲戚家会让年幼的我很兴奋。悠悠的马车载着我的少年幻想，去见那些陌生而朴实的亲人们，只有在乡村有过生活体验的人，才能感受到那种温馨。我的父亲和姑姑都非常怀念他们的母亲，常说她生前没过过一天舒心的日子，如果能活到解放一定会让她过上不愁吃不愁穿的幸福生活，她生前实在是太苦了。爷爷是个极端大男子主义者，奶奶不但受贫穷的煎熬，还受爷爷的欺压。

我的父亲金海如，在内蒙古也算一个名人。他的蒙古名字叫达赖（意为大海）。我出生前的1946年他参加了革命。关于家世，我们在一起谈得不算多，但也零星地谈过一些。父亲小时家境贫寒，1938年满15岁才上了官费的呼和浩特市南文庙高等小学（简称南高，今天的土默特学校）学习蒙古语文。我小的时候，父亲几次说学校的早饭有一个小馒头和一碗小米粥，他会把一星期的馒头省下来周末给他妈妈带回去，母子俩每次都抱头痛哭。父亲学习刻苦，成绩优异，是班里的好学生，只用了3年多小学就毕业了。此后报考了一个家畜防疫处，经过一段学习，结业后到太仆寺旗贡宝力格苏木当了一年兽医。以后又到德王办的留日预备学校念书。经过考试共有36人于1943年赴日留学，父亲考入山口经济专门学校。日本投降后回国。回国后多次接触共产党，想参加八路军。呼和浩特市有个小校场，当时是蒙古军官学校，就在今天的内蒙古医学院院内，我家住在医学院时检阅台还在。父亲在随蒙古军官学校同学准备集体到大青山革命根据地时，遭到国民党军队突然袭击并被逮捕。因在狱中患伤寒病，险些死在狱中（狱中传染伤寒病，天天死人）。爷爷求父亲的同学的父亲（专门管理蒙古人的土默特旗政府的科长）作保，保外就医出狱，竟然靠小米粥活了下来。在母校南高临时当了一段老师。于1946年前往张家口参加了革命。

“解放后”先在内蒙古自治区公安部（后改为公安厅）、公安学校工作，1957年调到内蒙古党委宣传部。父亲1964年在中央党校学习期间调到北京后一直从事外事工作。1980年调回内蒙古人民政府工作至离休。在工作期间，花了很大精力促进中日友好交流。在鄂尔多斯恩格贝种树的日本友人远山正瑛就得到过父亲的多方帮助。离休后凭着懂日语的优势和在日本的关系，联络离退休的干部和教师办起了日语培训中心，后发展成一家外国语学院。20多年来向日本派出3000多名留学生、研修生。培养了一大批年轻人。他是一个睿智而坚定的人，又是非常热心公益事业的人。

我的母亲是在革命队伍里与父亲相识、结合的。她的名字叫乌云，蒙古语意为聪慧。她来自东部的喀喇沁旗，清代属于卓索图盟，民国时归热河省所辖。母亲姓乌梁海氏，汉姓可以写作乌。乌梁海是蒙古历史上一个古老的部落，在成吉思汗时代，乌梁海部名将者勒蔑曾救过成吉思汗，成吉思汗把女儿嫁给者勒蔑之子，从此乌梁海部就成为蒙古历史上显赫的一支。在明代典籍译写成兀良哈。清朝成为喀喇沁三旗和东部土默特左旗的贵族。母亲幼年时随家人逃荒迁到巴林右旗。她生活过的地方叫独石苏木蘑菇齐村，蒙语独石意为铁砧，看过去是平地上凸起的一座独立的山，仿佛一个巨大的铁砧。在独石西南方向不远处，有一个小村庄叫蘑菇齐，现在已经没几户蒙古族了，当地有的人知道“蘑菇齐”是蒙语“莫日古其格”的异读。打听了一下有“水坝”的意思。村北边有一条小河，不知是否与村名有关。母亲的亲人们都先后亡故，母亲1946年参加革命后，再也没回过故乡。但母亲仍然经常思念她生活过的地方，时常提到她哥哥死得早，嫂子改嫁，哥哥有个儿子不知道怎么样了，很想帮助他。1965年随父亲调到北京工作后，没有多长时间“文化大革命”开始了，全家迁到河南驻马店地区的五七干校数年。“文化大革命”结束后家里稳定下来，母亲再次提起家乡，提起她的侄儿。我曾先后两次到过那里。第一次是20年前，利用出差之便到了独石，到了蘑菇齐。经过一番打听，竟找到了母亲的嫂子。这位老太太和她后任丈夫生的儿子一起生活。她告诉我和我舅舅生的儿子因为外伤感染中华人民共和国成立初就死了。我给那个老太太留了点钱后告辞。去年我和小弟弟金锋去克什克腾旗旅游，再次转道去了独石、蘑菇齐，我想让弟弟也看看母亲小时候生活过的地方。母亲一生勤劳节俭，除工作外不但养育了我们五个兄弟姐妹，还为第三代的健康成长操碎了心。母亲是一位爱心无限又疾恶如仇的人，是我们家贡献最大的人。2004年，因心脏病医治无效，永远离开了我们。

我只有一个姑姑，是父亲的胞妹，叫金凤，20世纪50年代参加了公安工作，由一位普通民警、派出所所长渐升至呼和浩特市公安局副局长、市国家安全局局长。我自己对于家世的了解，有相当一部分是从金凤姑姑那里得到的，包括这一叠契约文书。金凤姑姑曾与一位叫金晨光的研究者合写过一篇文章《土默特金姓考》，证实我家是16世纪中叶蒙古史上著名的阿拉坦汗的后裔。他们在撰写这篇文章时，还引述了契约文书的内容，但关于契约文书的重要意义，需要解读的当然还很多。在我爷爷去世后我姑姑保存了这些珍贵的文书，“文化大革命”中挖“内人党”，姑姑惨遭迫害、毒打，腰椎竟被打成重伤，但这些契约因藏在煤堆里而奇迹般地保存了下来。前几年我才知道这些契约文书，现在暂时保存在我这里。

我爷爷的弟弟金双全，和我爷爷很不一样，比较懒，也不善于持家，但却是个性格暴烈的人，村里的老人讲过他不少打抱不平的故事。我父亲对二爷爷感情很深，在1965年举家搬到北京之前，我母亲亲自张罗为他做好了棺材和装老衣服。他老人家活到了1975年。我的爷爷还有三个姐姐，她们的后代有些还跟我家有密切的来往。

我还要简单说说我和弟弟妹妹们。我们兄弟姐妹共五个，我是老大，生于1947年，高中二年级转到北京，1968年当兵，复员后当了7年工人，1977年恢复高考后上了大学，最后从中央国家机关退休。大妹妹涛力生于1950年，初中毕业后1968年到黑龙江生产建设兵团几年，返京后先当工人，后在一家旅行社工作，通过了若干门自学高考，也已退休。大弟弟金铮生于1953年，初中毕业后到河南五七干校当两年工人，1970年底又到部队当兵5年，复员后在一所设计院工作，在此期间到日本留学5年，回到原单位从事对日贸易至今。小弟弟金锋生于1956年，随父母到河南干校，在农村中学上学，回京后读完高中到农村插队。分配工作后经过努力学习，终于有机会赴日留学获得东京大学博士学位，现在是中国科学院一家研究所的研究员、博士生导师。小妹妹金小红生于1958年，从河南回北京后也是上高中插队，跟我同一年考上大学，毕业后做过一段律师，现定居日本。我们五兄弟姐妹已有下一代六人，或大学毕业或在上大学，其中一人获博士学位，一人获硕士学位。

我家的故事讲到这里该结束了，但还有些话要说：

2006年夏天，我认识了一位蒙古族作家，叫杨道尔吉。他生在鄂尔多斯，却从少年时就生活在土默特，对那一带很了解。1999年他创作出版了长篇历史小说《忽必烈大帝》，是较早用汉文创作同类题材的青年作家。虽然我长他十七岁，但我们却是非常默契的朋友。我们经常在一起谈祖国，谈民族，谈历史，谈未来，也谈各地的风土人情，相互补充，相互启发。这位年轻人的勤奋和执著上进让我感到很欣慰。就在父亲米寿之日后不久，我决定把这叠契约文书的影印件交给他，并邀请他根据自己的理解写出一篇文章来。我相信他能表达出更为丰富的感受，同时我也希望通过他的文学作家而非专业学者的解读，对家乡、对祖先历史有更多的认识和理解，更深入的研究就要靠专家学者了，我和我的弟弟妹妹以及多位亲友在期待着……

铁木尔

二零一一年七月于北京

等待被唤醒的真实

杨道尔吉

2011年6月18日上午，在北大医院的干部病房里，我再一次诚恳地试图谢绝铁木尔老友的邀请，结果没有成功。他的邀请对我的能力是一次挑战，我自己的知识储备让我没有信心接受这一邀请——铁木尔先生要整理出版家藏的契约文书，约我写一篇文章。回到呼和浩特后，我又一次仔细地阅读了那些契约文书，并参阅了金启孮、黄时鉴、晓克、牛敬忠诸位学者的文章，愈加缺乏勇气了。然而，铁木尔先生率直而真挚的目光不时从遥远的北京穿射过来，让我无处躲藏。我终于下定决心：不装了！写出什么算什么，给铁木尔老友回报一份真实的心意。

2006年，我认识了铁木尔先生，他当时担任国家民族事务委员会专职委员。7月份，我去北京拜访他，托他帮忙办事；9月，他来内蒙古考察，我陪他拜谒成吉思汗陵，兼作导游；12月，他约我到北京，让我参加一个电视专题片的创作。这一段时间内，我对他既景仰又敬重：他是一个干练且拥有丰富思想的官员，在他的身上甚至可以找到军人的气质。

由铁木尔先生主持的那个电视专题片后来定名为《蒙古高原之歌》。在电视专题片的编创过程中，他授予我更多的发言权，鼓励我坦诚地表达出自己对于蒙古历史文化的想法，并且更多地采纳了我的建议。2007年春天，我作为撰稿人与摄制组一起采访了很多蒙古文化学者，这使我倍感骄傲。从2007年年初开始，我们之间的交往频繁起来，我敬重他的谦和，敬重他的渊博，更敬重他的真实和坦诚！

毫无疑问，此后我们深入交往的基础是我们共同关注着蒙古民族的历史和文化，并且在交流的过程中始终保持着一种真诚和率直的方式。此外，铁木尔先生豁达而坚韧的品格让我钦仰不已：他患有包括肾癌在内的多种疾病，而我几次到医院的病房里看他，即使是手术后的第二天，他照样谈笑风生。

2011年4月2日，我从铁木尔先生处拷贝了这些文书的影印资料。共有240多件。这些文书中的绝大部分为契约文书，还有为数很少的房屋执照和法院判决文书等；文书是用汉文书写的，但其中有3件完全用蒙古文书写的契约文书，有13件汉文夹注（或旁注）蒙古文的文书，有1件为汉文旁注满文文书。

本组文书中大部分为土地契约，极少数涉及借贷、转佃及确认民法关系的契约文书。时间跨度从1772年（清乾隆三十七年）到1957年，历时185年。文书涉及的土地契约主要有两类：其一为耕地租佃（售）；其二是建筑用地基（房基）租佃（售）。根据契约标的所反复阐明的地点（主要为云社堡村、毕克齐村、甲浪板升村、归化城道西、北栅外公主府路等），可以大致确定全部土地契约的主约人之间存在物权共有及合法继承关系。从历时的185年间出现的不同主约人关系判断，很有可能构成宗亲链。

可以确知的主约人间的关系为：

1.见于1833年（道光十三年）至1844年（道光二十四年）的三皇保（三黄保、三黄宝）是台吉凌丹嘎兰达的孙子（参见道光二十三年六月十一日契约）。“嘎兰达”在土默特旗为参领（或佐领）章京的另称，另有嘉庆十五年的蒙古文文书可以佐证为参领。蒙古语“凌丹”(Ligden)有时可以译写成“捏圪登”、“力格登”、“聂格登”。因此，见于1820年（嘉庆二十五年）正月初七日契约的主约人“捏圪登”可能就是台吉凌丹嘎兰达。

2.见于1851年（咸丰元年）至1885年的金贵、金宝或疑为同一人，参见1863年（同治二年十一月十七日）契约，该约称金宝乳名为五十四；1885年（光绪十一年八月十六日）契约又称金贵乳名为五十四。或许是某一次误写。

3.1858年（咸丰八年二月廿四日）契约标明：金玉、金宝、金贵同列，应为弟兄。该契约首次用汉文表达三人的母亲为金氏，前此则被称为丹府三太太。

4.见于1896年（光绪二十二年五月十一日）至1953年的达木欠是金宝之孙，参见1906年（光绪三十二年三月二十五日）契约。

5.见于1891年（光绪十七年）至1905年（光绪三十一年）的官印保（观音宝）是达木欠之父，参见1900年（光绪二十六年十月初五日、初八日）两个契约文书。由此推知，金宝是官印保的父亲。

6.达木欠生于1895年或1896年，参见1950年12月20日的法院判决文书。根据铁木尔先生的记忆，他的祖父达木欠属猴，当生于1896年。

7.达木欠有一个弟弟，名双全尔。

从官印宝成为主约人后，金氏标志很少出现。但在民国时期的96份文书中却有3处：

①1934年（民国二十三年）10月27日契约的主约人为蒙古金万福，出佃土地位于甲拉板申村西北（6亩）。

②1940年（契约标明系成吉思汗纪元七三五年）契约的主约人并列为打木气（达木欠）和金宝义，出佃房地基，标的因文书残损不明。

③1941年（成纪七三六年）1月20日契约主约人为金万福，出租房地基位于厚和市（归化）营坊道半道街坐北朝南空地。根据契约文书书写惯例，可知达木欠与上述同时期的金氏之间存在宗亲关系。而据铁木尔先生的记忆，金万福(富)就是达木欠。

从以上梳理的线索，再加上必要的推测，我们可以勾勒出一个铁木尔家庭的简要谱系：

凌丹（捏圪登）嘎兰达→？→三皇宝→金宝→官印宝→达木欠→金海如→铁木尔兄弟。

捏圪登之前还有一位名叫“公庆”的主约人，对云社堡村水地行使出租权利，参见1790年（乾隆五十五年七月廿五日）契约。公庆是不是捏圪登的父亲，因为没有更丰富的佐证，不好确定。

金氏（阿拉坦氏）家族是蒙古族。他们的家园在归化土默特。我们从金氏家族的这一组契约中可以追想到阴山前后的这个归化土默特蒙古的历史，因为土默特蒙古的历史在整个蒙古历史中具有极其特殊的意义。

1582年1月13日（明万历九年腊月十九日），土默特部领主、蒙古历史上一位极其重要的人物阿拉坦汗逝世了。他在位时，曾使阴山前的土默特开发了板升农耕经济，并且因信奉了藏传佛教格鲁派而广建寺宇，形成了城市的雏形。阿拉坦汗去世后，土默特的政局出现动荡，统一力量受到了瓦解。1612年（明万历四十年）6月，长期主政土默特万户的阿拉坦汗的侧夫人三娘子也病逝；到17世纪20年代，土默特万户已经进入了“散弱”的状态。1627年，新崛起的蒙古察哈尔万户林丹汗西迁进入土默特。经过连续五年的侵夺战争，1632年春林丹汗在后金皇太极的追击下，驱赶着大量土默特部众和牲畜西走青海。而皇太极的军队到达土默川后，下令烧绝板升(村庄)，只保留了一些寺庙建筑。1632年夏天，土默特部主俄木布（阿拉坦汗六世孙）四处搜寻3300余丁，降附了后金。金氏家族的先人就是这幸存在故地的3300余丁中的一位。

随着清康熙朝对噶尔丹战争的深入，17世纪80年代开始，归化城土默特地区出现了军垦和为远征漠北军队提供服务的商人，内地汉族移民“寄民落籍”，为清朝的统治需要服务。1734年（清雍正十二年），清廷决定在归化城一带筑城屯田，以就地筹糈，呈报开垦的规模达4万顷。接着就是1736年（乾隆元年）的更大规模的招民垦殖。

在对归化城土默特的土地资源疯狂侵吞的同时，清廷鼓励兴建格鲁派寺院，进一步利用藏传佛教控制土默特部众。致使在清朝入关的百年之内，人丁并无显著增加（1742年归化城土默特两翼43559丁）。从1742年（乾隆七年）到1749年，基本完成了土默特蒙古丁户口地的调配。我们在金氏家族契约文书中可以看到：早期的契约标明“户口地”字样，晚期（清光绪朝以后）只说“祖遗”。

那么，归化城土默特蒙古丁在他的“户口地”上耕种吗？回答是否定的。因为按照清初制度，归化城土默特蒙丁经常被征行军。他们一旦被调出征，军马、器械、口粮全部需要自备。因此，他们无暇耕种自己的户口地，而又不得不利用“户口地”出租来保障出征的费用。金氏家族的契约文书里早期经常出现“因差事紧急”字样。所谓“差事”，大抵就是出征打仗。

金氏家族是幸运的。凌丹嘎兰达和三皇宝老爷在归化城置有地业。最早明确标明在城里对地基行使权利的是1834年（道光十三年十一月二十三日）契约条，标明三皇宝出租归化城大西街二道罗门的地基。此条契约旁注：道光五年曾经有租约。说明金氏家族在嘉庆朝到道光朝时期开始上升，并有可能是显赫的。

铁木尔先生回忆说他少年时曾经去过祖父达木欠务农的村庄。2011年5月20日我驾车到了那个村庄（现在已经被包在呼和浩特市西二环以内），地名叫“当浪土牧”，似乎依稀可见村庄的影子，在呼和浩特电厂的高大烟囱映衬下，显得有些局促。然而，我们在金氏家族契约文书中，没有找到任何人对当浪土牧的土地行使出典权，只是1950年代的契约文书中指称达木欠是“当浪土牧村农民”。这是为什么呢？铁木尔先生告诉我：祖父达木欠幼年因父亲早亡，家境贫困，与幼弟双全儿随母回到母舅家的村落居住，就是当浪土牧。此事应当发生在光绪二十五年左右，19世纪末20世纪初。而此时距离金氏家族发达的道光朝不过50年。这期间该有多少故事啊！

2011年5月我独自开车到辽宁省阜新蒙古族自治县和北票市进行文化考察。那里是清代外藩内札萨克土默特左、右旗的辖地，与归化城土默特有亲缘关系。那里同样是阡陌纵横，农业形态所形成的社会历史文化已经深深地印在蒙古文化之中。他们和草原深处的游牧文化有着千丝万缕的联系，他们是明代以来较早聚居并创造近代边塞城市的蒙古族先驱。

历史的进程滞重而诡异，而解读历史则常常被赋予历史后的情绪。家族契约则无疑是最真实的信物，它躺在历史巨流的泥沙下面，等待被唤醒！

乾隆年

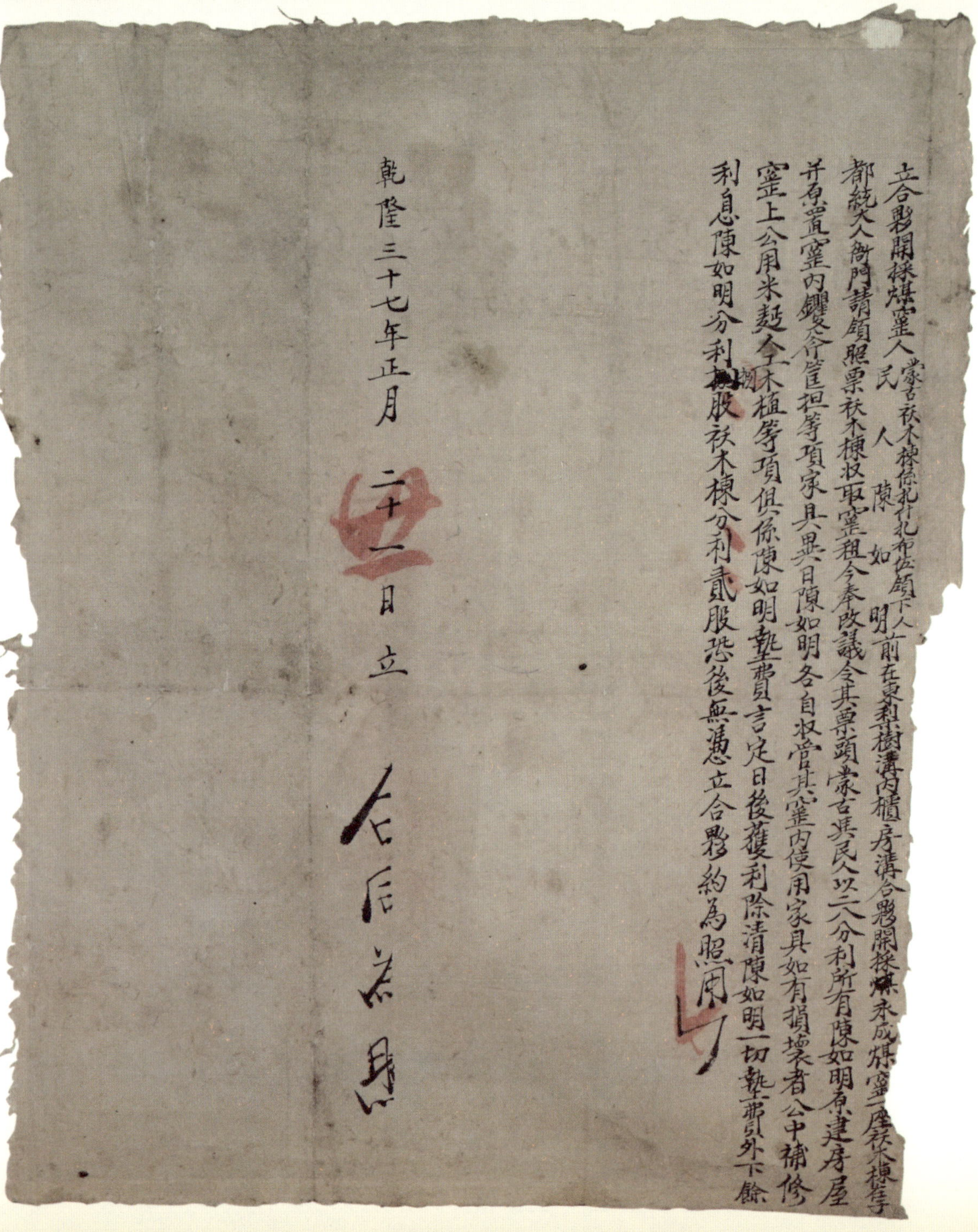

立合夥開採煤窯人蒙古祆木棟係扎什扎布佐領下人、民人陳如明，前在東刹素樹溝內櫃房溝合夥開採煤永成煤窯一座。祆木棟等
都統大人衙門請領照票，祆木棟收取窯租。今奉改議，令其票頭蒙古與民人以二八分利。所有陳如明原建房屋
并原置窯內鑼斧笸担等項家具，異日陳如明各自收管。其窯內使用家具如有損壞者，公中補修。
窯上公用米麪今木植等項，俱係陳如明墊費。言定日後獲利，除清陳如明一切墊費外，下餘
利息陳如明分利捌股，祆木棟分利貳股。恐後無憑，立合夥約為照用。

乾隆三十七年正月二十一日立

合同為照

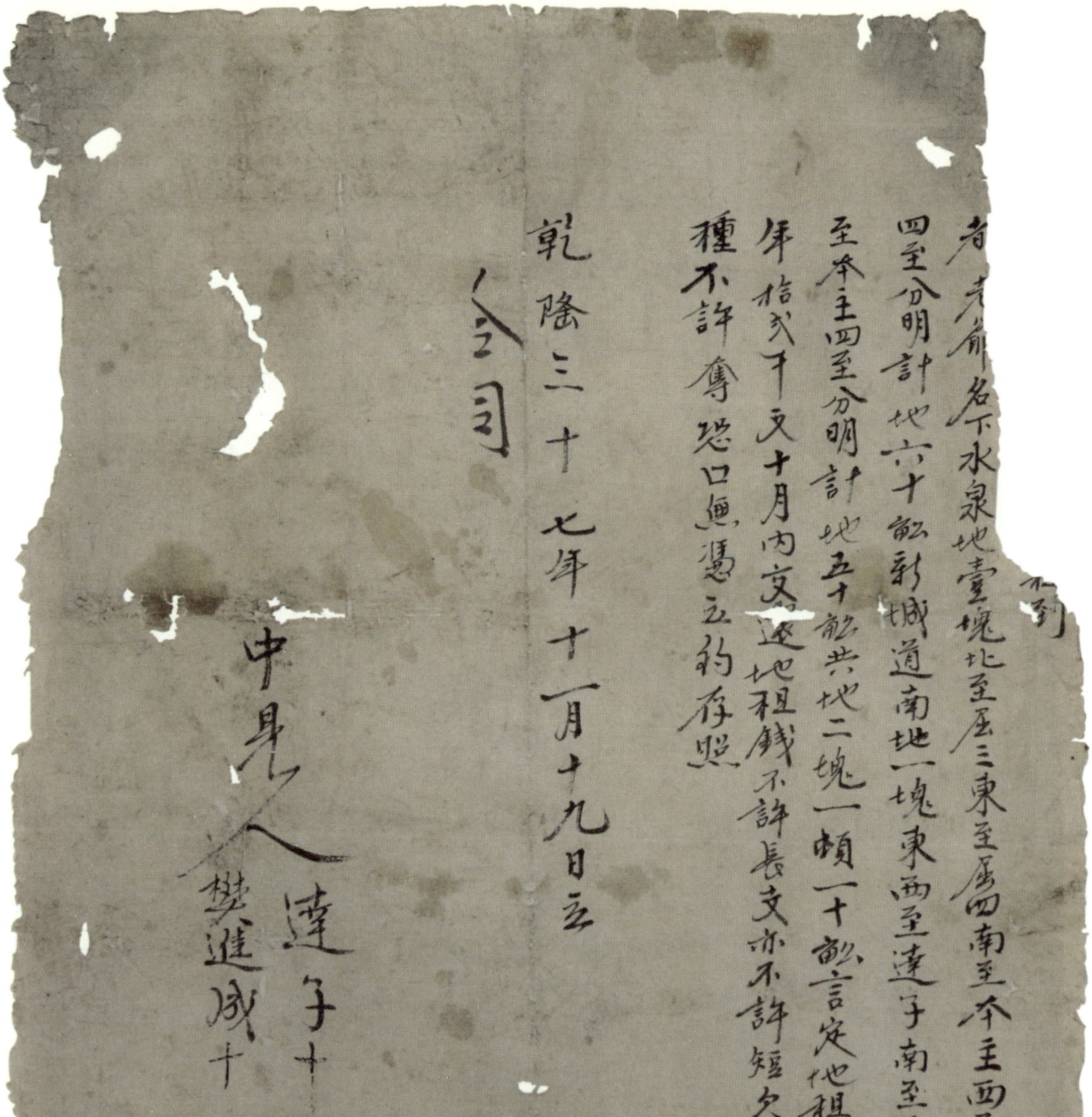
不到者老爺名下水泉地壹塊北至屋三東至屋四南至本主西至屋三
四至分明計地六十畝新城道南地一塊東西至達子南至道北
至本主四至分明計地五十畝共地二塊一頓一十畝言定地租不每
年拾貳千文十月內交遂地租錢不許長支亦不許短欠許
種不許奪恐口無憑立約存照
乾隆三十七年十一月十九日立
合同
中見人 達子十
樊進成十

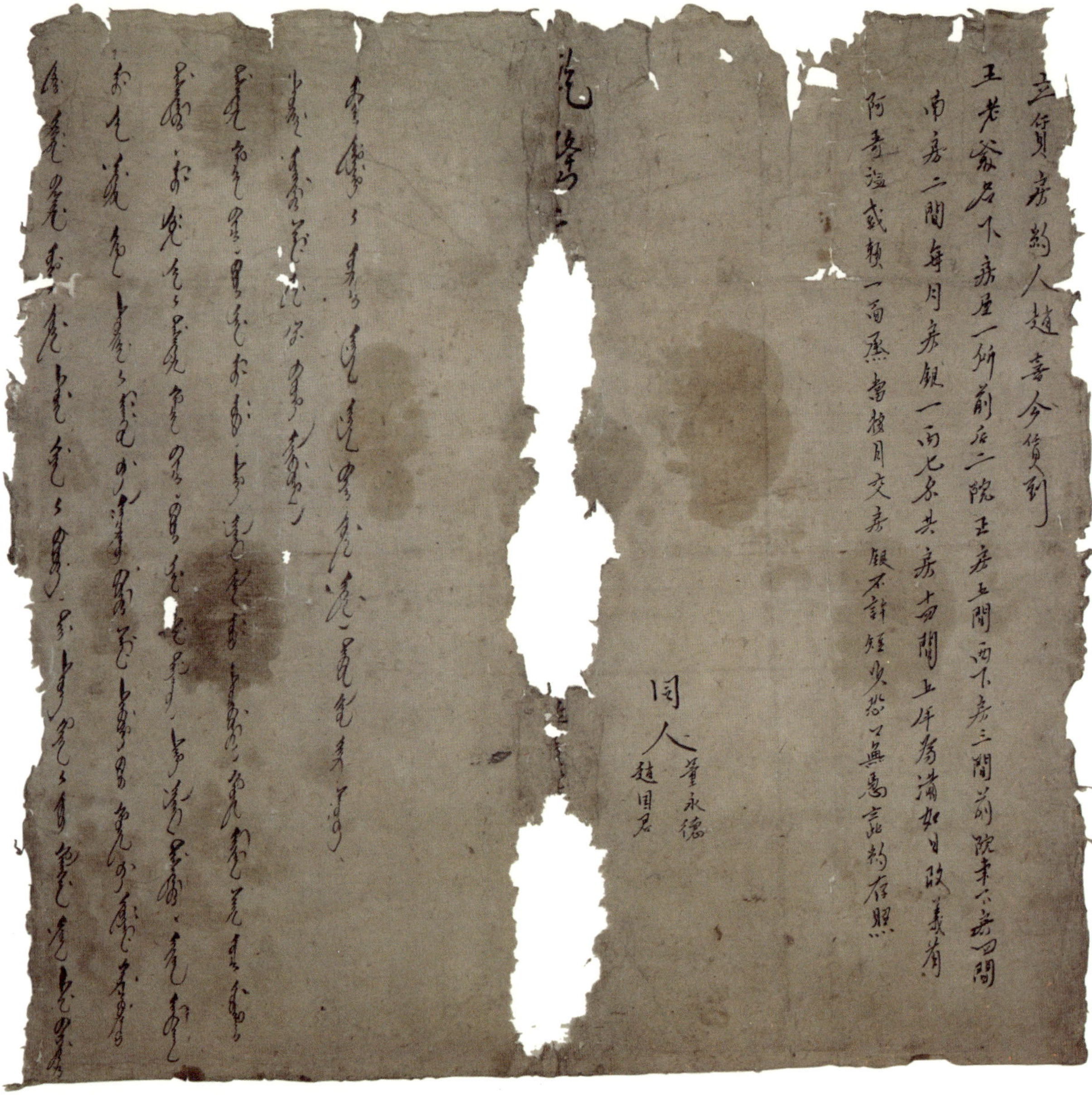
立賃房約人趙喜今賃到
王老爺名下房屋一所前后二院正房五間西下房三間前院東下房四間
南房二間每月房銀一两七条共房十五間上年爲滿如日敢義有
阿哥溢錢類一面承當按月交房銀不許短少恐口無憑立此約存照
乾隆[illegible]
同人 董永德 趙同君

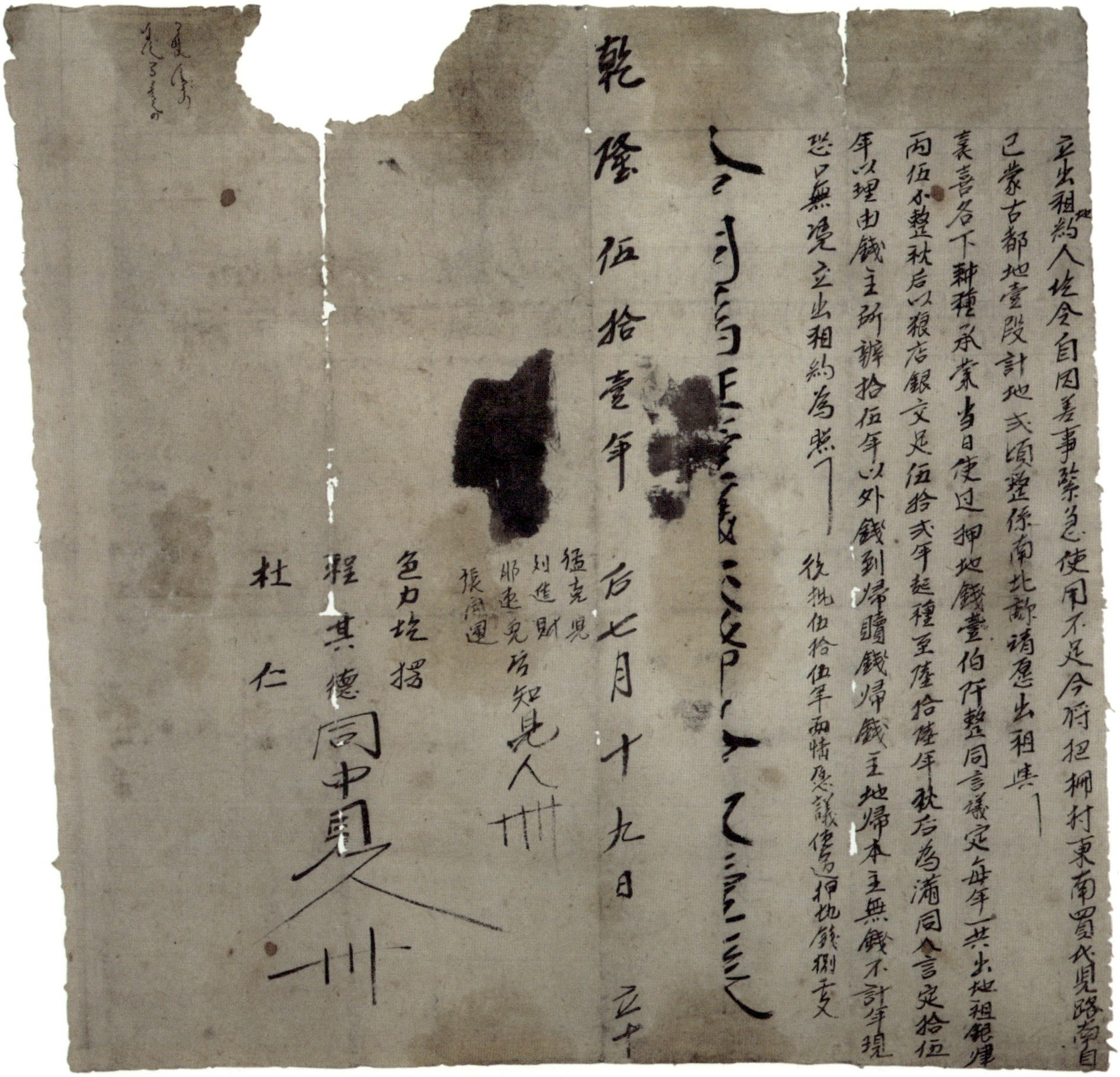

立出租約人圪令自因差事緊急使用不足今將把栅村東南買代見路南自己蒙古都地壹段計地弍頃整係南北畝請憑出租與袁喜名下耕種承業當日使过押地錢壹伯仟整同言議定每年一共出地租銀肆兩伍分整秋后以粮店銀文足伍拾弍年起種至陸拾陸年秋后為滿同人言定拾伍年以理由錢主所辦拾伍年以外錢到歸贖錢歸錢主地歸本主無錢不計年現恐口無憑立出租約為照

後批伍拾伍年兩情愿議償過押地錢捌串文

乾隆伍拾壹年后七月十九日 立十

猛克兒 刘進財 那速兒台 張尚運 知見人 十十十

色力圪摺 程其德 杜仁 同中見人 十十

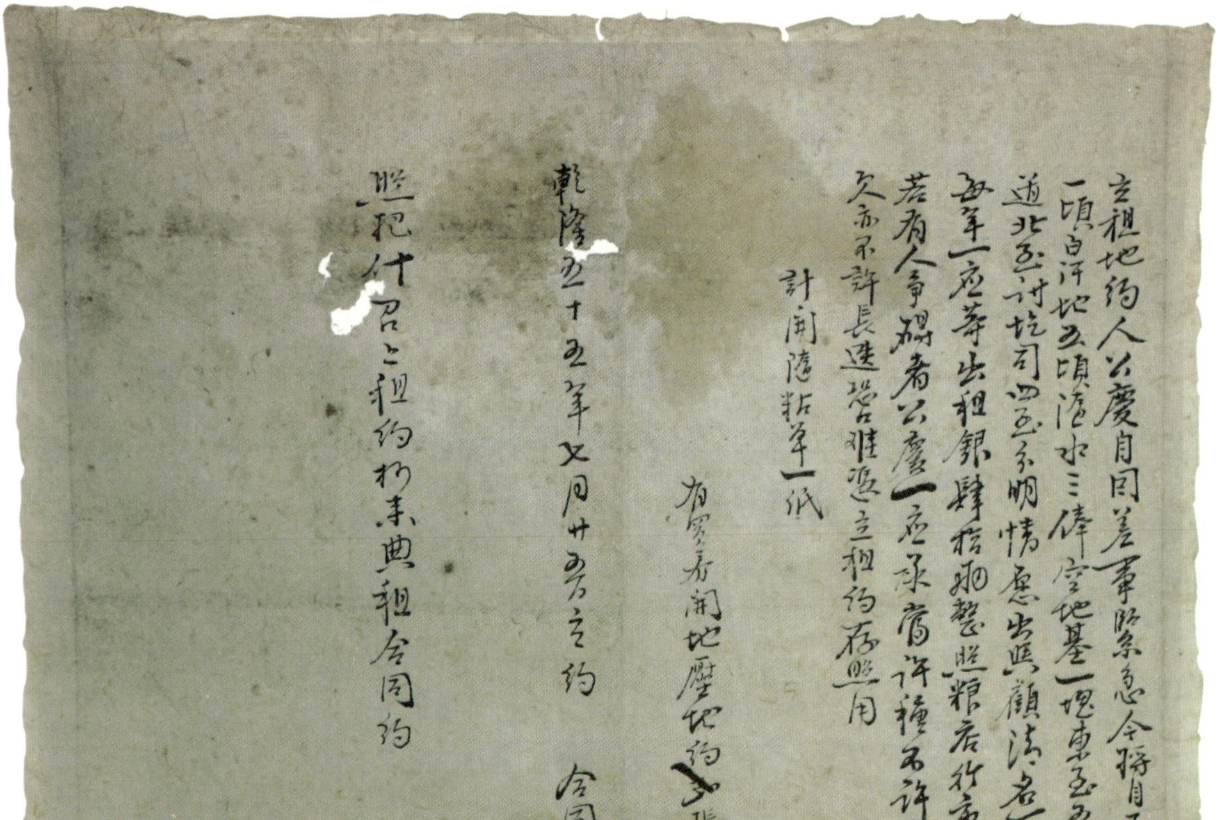

立租地約人公慶自因差事緊急今將自己雲社堡村水地
一頃白汗地五頃隨水三俸空地基一塊東至五把什南至道西至
道北至討拉司四至分明情愿出與韓清名下耕種同人言定
每年一應等出租銀肆拾兩整照粮店行市交辦秋後交足
若有人爭碍者公慶一應承當許種不許奪不許長支錢
欠亦不許長迭恐口難憑立租約存照用

計開隨粘單一紙

有買蒙開地壓地約一張共存

乾隆五十五年七月廿五日立約　合同約落為清字語

照把什召之租約將來典租合同約

嘉庆年

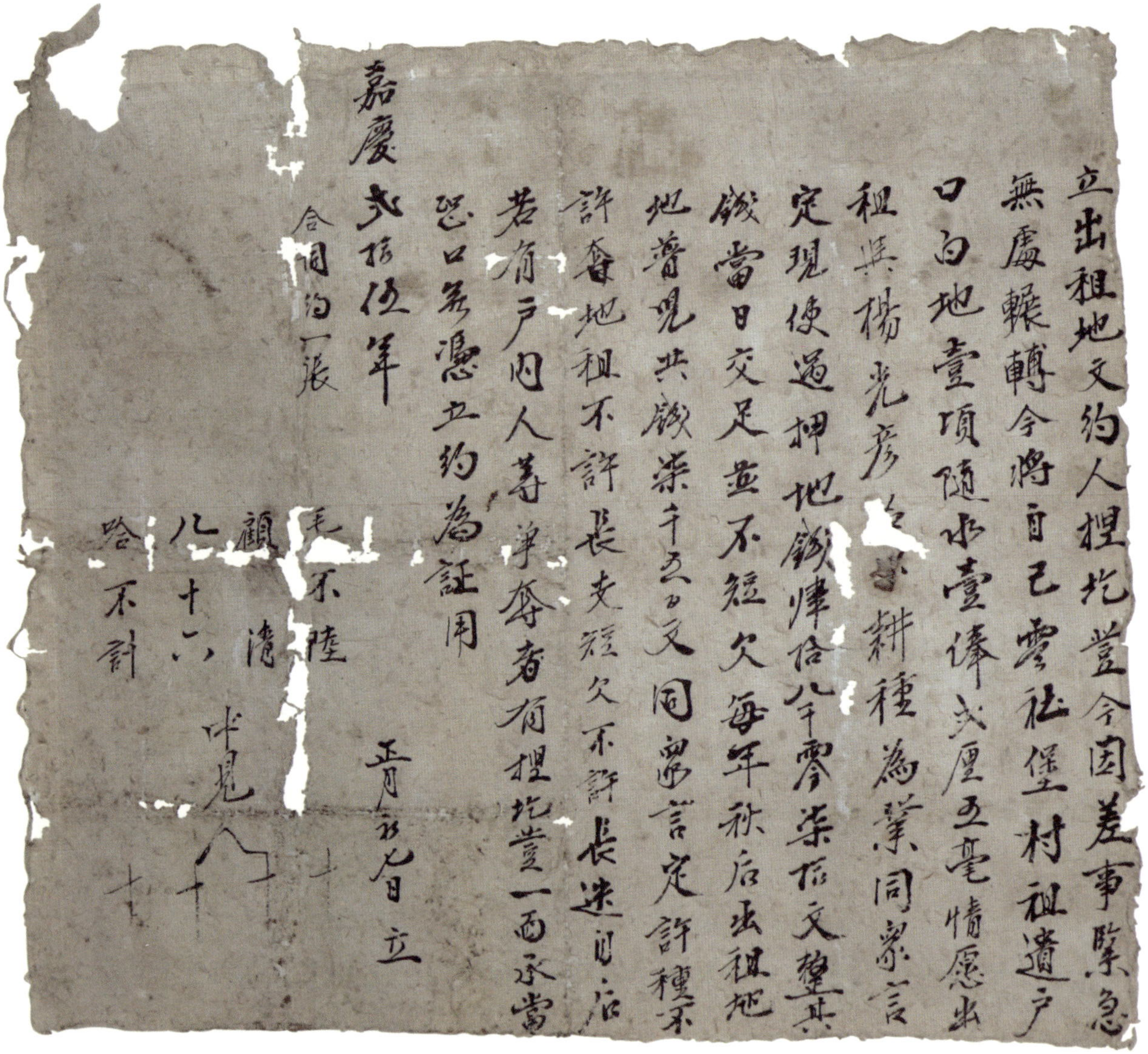

立出租地文约人捏圪登今因差事緊急
無處輾轉今將自己雲社堡村祖遺户
口白地壹項隨水壹俸弍厘五毫情愿出
租與楊光彦名下耕種為業同衆言
定現使過押地錢肆佰八千零柒拾文整其
錢當日交足並不短欠每年秋后出租地
地普見共錢柒千五百文同衆言定許種不
許奪地租不許長支短欠不許長迭日后
若有户内人等爭奪者有捏圪登一面承當
恐口無憑立约為証用
嘉慶弍拾伍年正月初八日　立
合同约一張
毛不陸　十
顧滄　十
八十八　十
哈不計　十
仝見

道光年

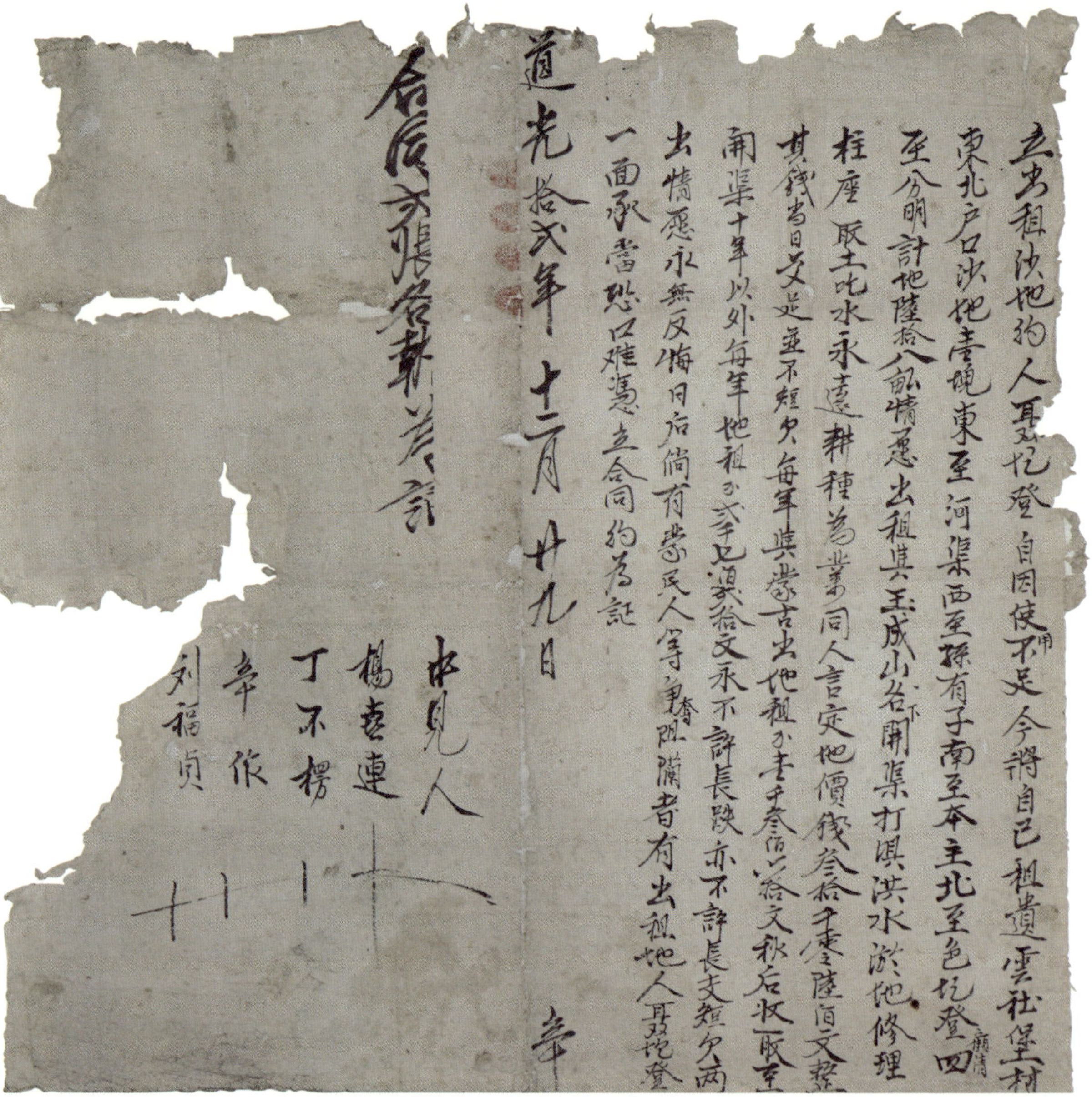
立出租決地約人耳圪登自因使用不足今將自己祖遺雲社堡村
東北户口決地壹塊東至河渠西至孫有子南至本主北至色圪登四
至分明計地陸拾八畝情愿出租與王成山名下開渠打堺洪水澆地修理
柱座取土吃水永遠耕種為業同人言定地價錢叁拾千零陸佰文整
其錢當日交足並不短欠每年與蒙古出地租錢壹千叁佰伍拾文秋后收取
開渠十年以外每年地租錢弍千五佰弍拾文永不許長跌亦不許長支短欠兩
出情愿永無反悔日后倘有蒙民人等爭奪阻攔者有出租地人耳圪登
一面承當恐口难憑立合同約為証
道光拾弍年 十二月 廿九日 章
中見人 楊喜連 丁不楞 章作 刘福貞
合同文張各執壹紙

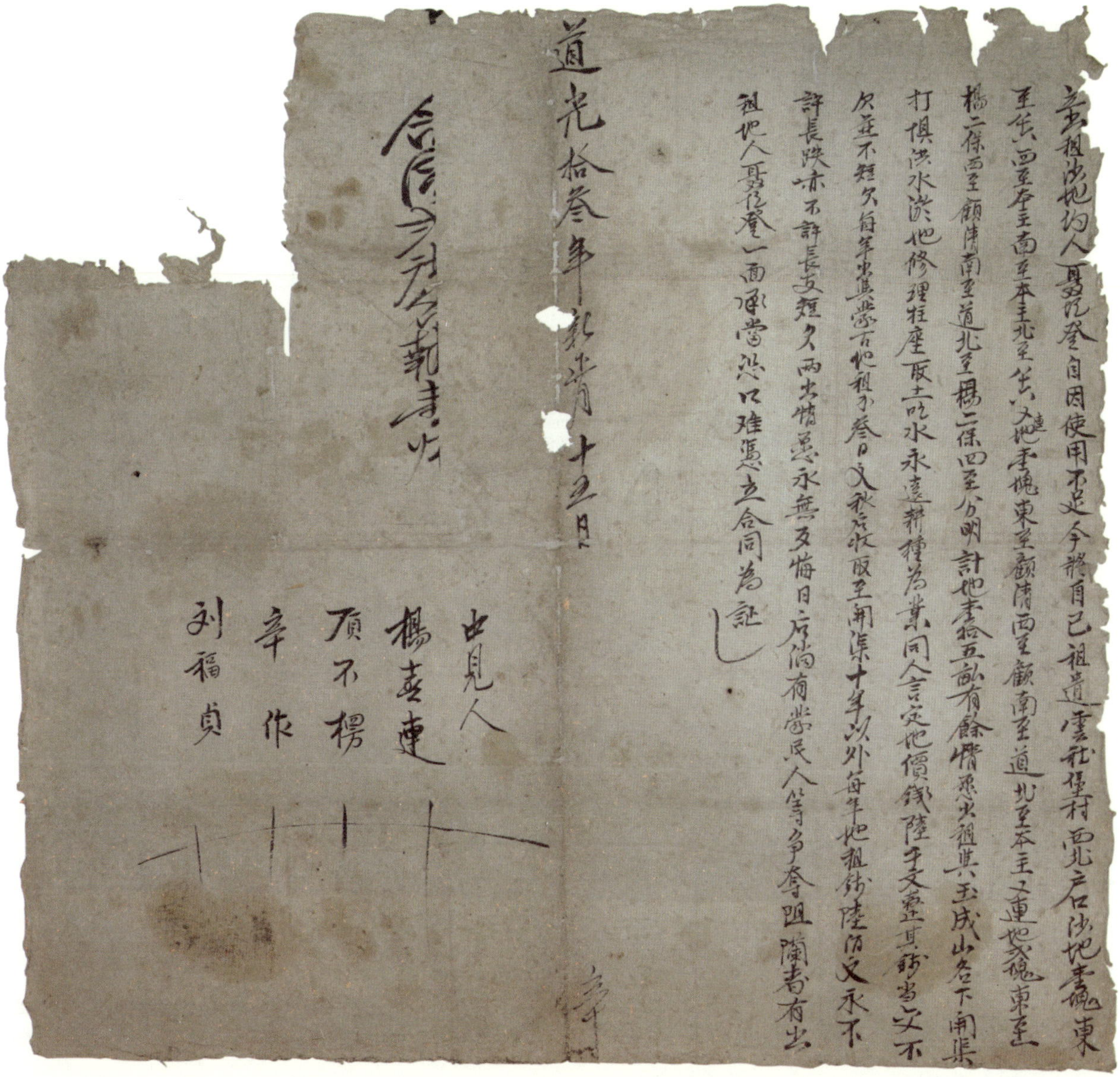
立租沙地約人聶兆登自因使用不足今將自己祖遺雲社堡村西北户口沙地壹塊東
至侯六西至李王南至本主北至侯六又連地壹塊東至顧清西至顧南至道北至本主又連地壹塊東至
楊二保西至顧清南至道北至楊二保四至分明計地壹拾五畝有餘情愿出租與王成山名下開渠
打俱洪水淤地修理粧座取土吃水永遠耕種為業同人言定地價錢陸千文整其錢當交不
欠並不短欠每年出其荒石地租子叁百文秋後收取至開渠十年以外每年地租錢陸佰文永不
許長跌亦不許長支短欠兩出情愿永無反悔日後倘有業民人等爭奪阻擱者有出
租地人聶兆登一面承當恐口難憑立合同為証
道光拾叁年新正月十五日
出見人
楊喜連
顶不楞
辛作
刘福貞

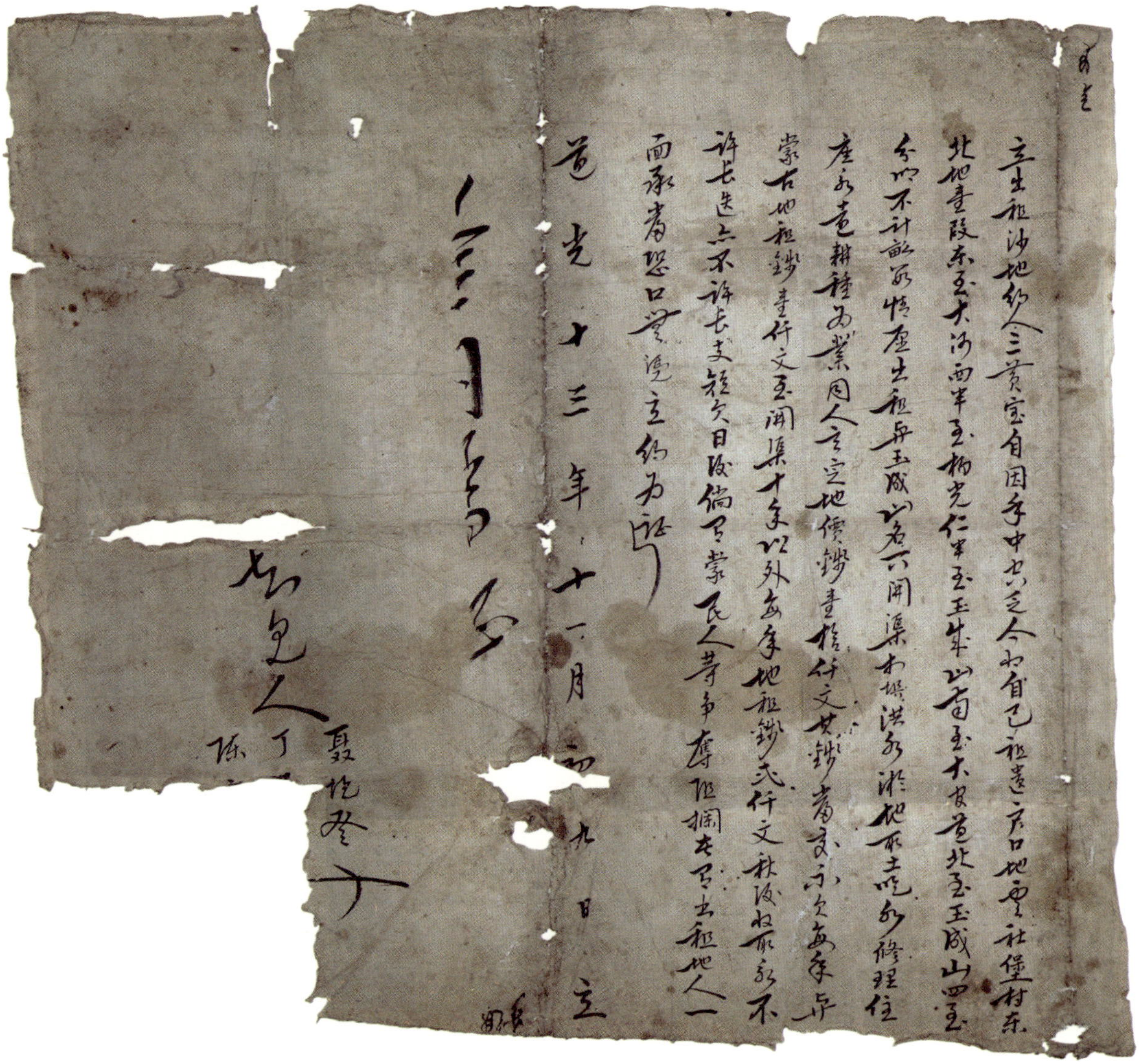
立出租沙地约人三贵宝，自因手中空乏，今将自己祖遗户口地坐社堡村东
北地壹段，东至大河，西半至杨光仁，半至王朱山，南至大道，北至王成山，四至
分明，不计亩数，情愿出租与王成山名下开渠打堰，洪水淤地，取土垫地，修理住
座，永远耕种为业。同人言定地价钱壹拾仟文，其钱当交不欠。每年应
蒙古地租钱壹仟文，至开渠十年以外，每年地租钱弍仟文，秋后收取，永不
许长迭，亦不许长支短欠。日后倘有蒙民人等争夺阻搁，有出租地人一
面承当。恐口无凭，立约为证。
道光十三年十一月初九日 立
知见人 聂挽登 十

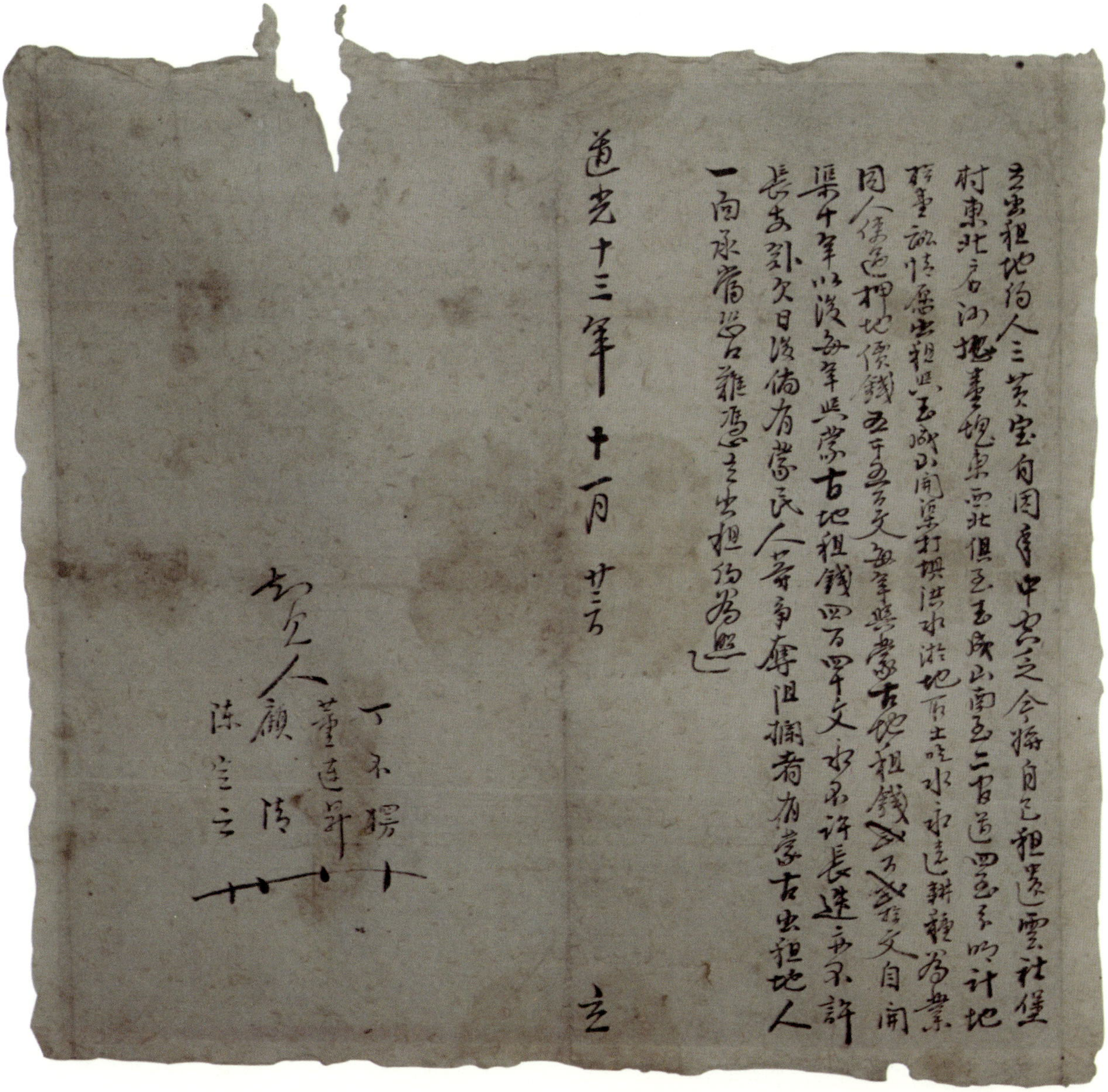
立出租地約人三艾宝自因手中空乏今將自己租遠雲社堡
村東北石河攤地壹塊東西北俱至王成山南至二官道四至分明計地
拾畝情愿出租與王成山開渠打壩洪水淤地可土吃水承遠耕種為業
同人價過押地價錢五千五百文每年與常古地租錢一千二百文自開
渠十年以後每年與常古地租錢四百四十文永不許長遠再不許
長支短欠日後倘有當民人等争奪阻攔者有常古出租地人
一面承當恐口難憑立出租約為照

道光十三年十一月廿三日 立

中見人 丁不揚 董廷昇 顧傳 陈宜之 十 十 十 十

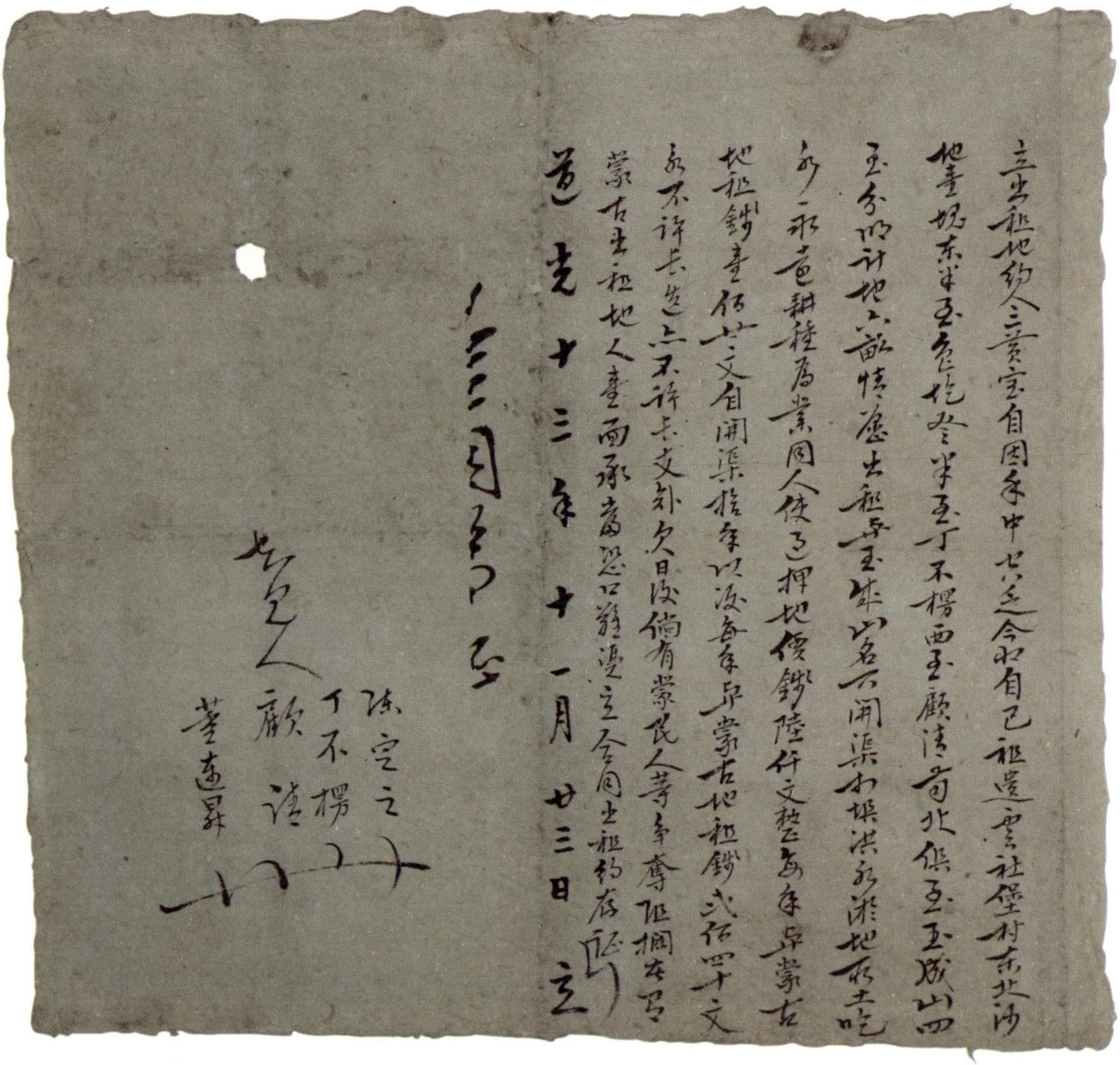

立出租地约人三贵宝，自因手中空乏，今将自己祖遗云社堡村东北河地壹块，东半至乔圪垯，半至丁不楞，西至顾清奇，北俱至玉成山，四至分明，计地六亩，情愿出租与王朱山名下开渠打坝、洪水淤地、永远吃水，永远耕种为业。同人使过押地价钱陆仟文整，每年与蒙古地租钱壹佰六十文，自开渠指年以后，每年与蒙古地租钱弍佰四十文，永不许长迭，亦不许长支文外欠，日后倘有蒙民人等争夺阻挡，有写蒙古出租地人壹面承当。恐口难凭，立会同出租约存照。

道光十三年十一月廿三日 立

十二月初八至

知见人 陈宝元 十
丁不楞 十
顾清 十
董连升 十

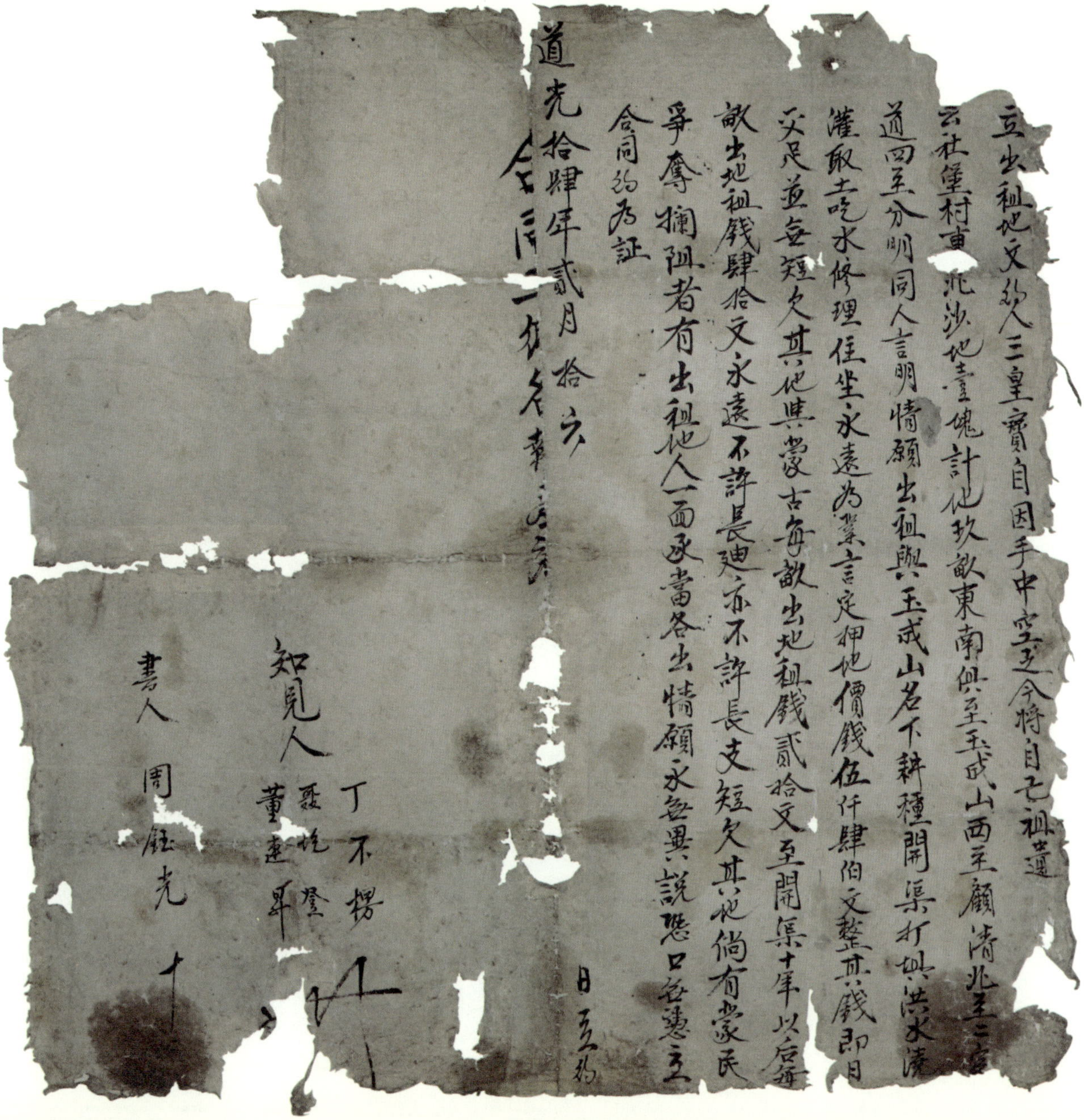

立出租地文約人三皇寶自因手中空乏今將自己祖遺
六社堡村亩北沙地壹塊計地玖畝東南與至王戎山西至顧清兆至二[illegible]
道四至分明同人言明情願出租與王戎山名下耕種開渠打壩洪水澆
灌取土吃水修理住坐永遠為業言定押地價錢伍仟肆伯文整其錢即日
交足並無短欠其地與蒙古每畝出地租錢貳拾文至開渠十年以后每
畝出地租錢肆拾文永遠不許長迪亦不許長支短欠其地倘有蒙民
爭奪攔阻者有出租地人一面承當各出情願永無異說恐口無憑立
合同約為証

道光拾肆年貳月拾六 日立約

知見人 丁不楞 十
聶皖登
董連昇

書人 周鈺光 十

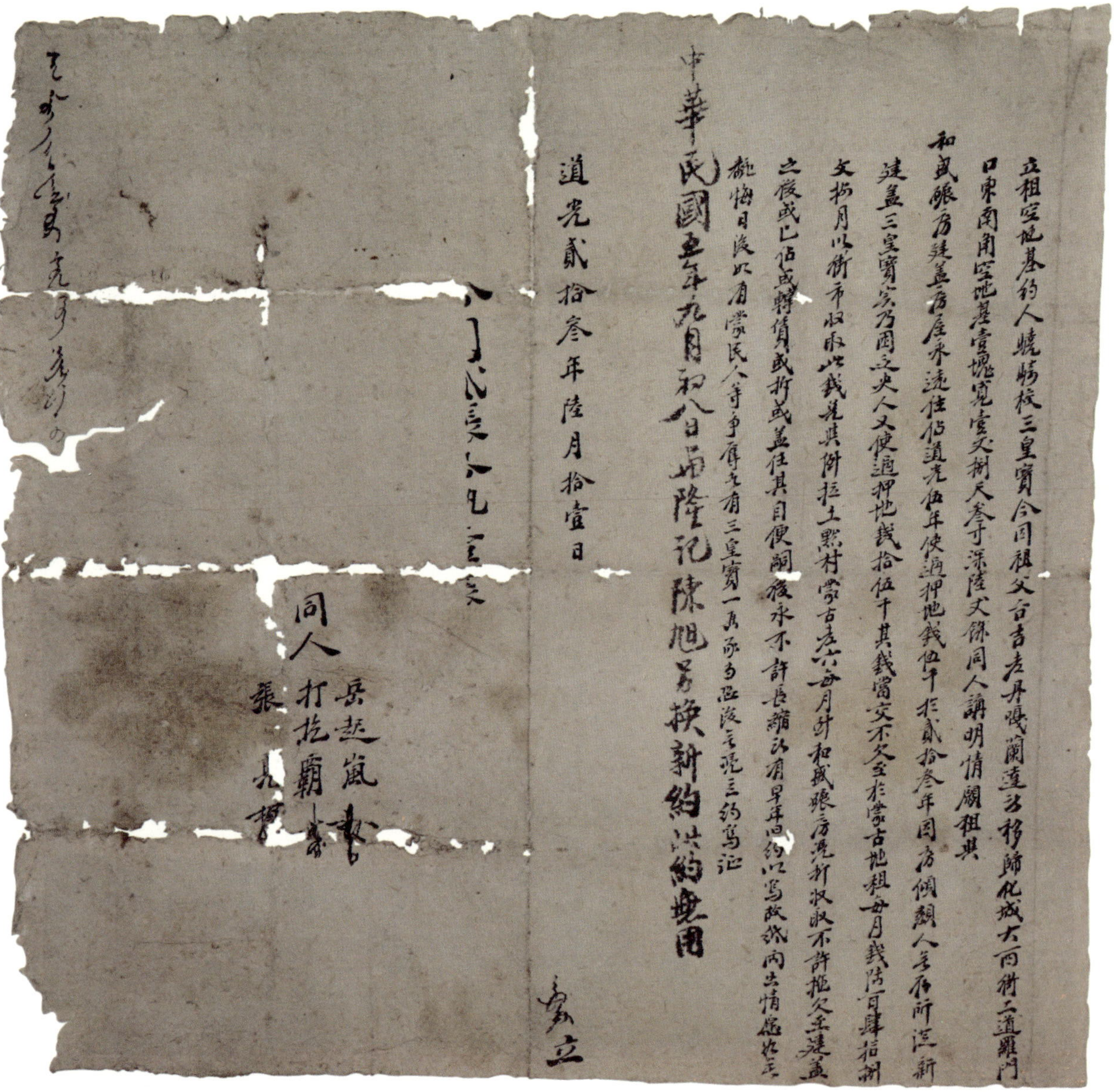

立租空地基約人蟯瑞枝三皇寶今同祖父台吉老丹嘎蘭達名移歸化城大西街二道羅門
口東南角空地基壹塊寬壹丈捌尺叁寸深陸丈餘同人講明情願租與
和盛號房建盖房屋永遠住佔道光伍年使過押地錢伍千於貳拾叁年因房倒翻人等在所從新
建盖三皇寶安乃因之央人又使過押地錢拾伍千其錢當交不欠至於蒙古地租每月錢陸百肆拾捌
文按月以街市收取此錢兌與附拉土默村蒙古老六每月財和盛號房憑折收取不許拖欠至建盖
之後或已佔或轉賃或折或盖任其自便嗣後永不許長縮以有早年舊約以寫改就內出情愿此是
執悔日後如有蒙民人等争奪者有三皇寶一面承當恐後無憑立約爲記

中華民國五年九月初八日局隆記陳旭昇換新約此約無用

道光貳拾叁年陸月拾壹日　　立

同人　岳趙嵐　書
打拉霸
張九增

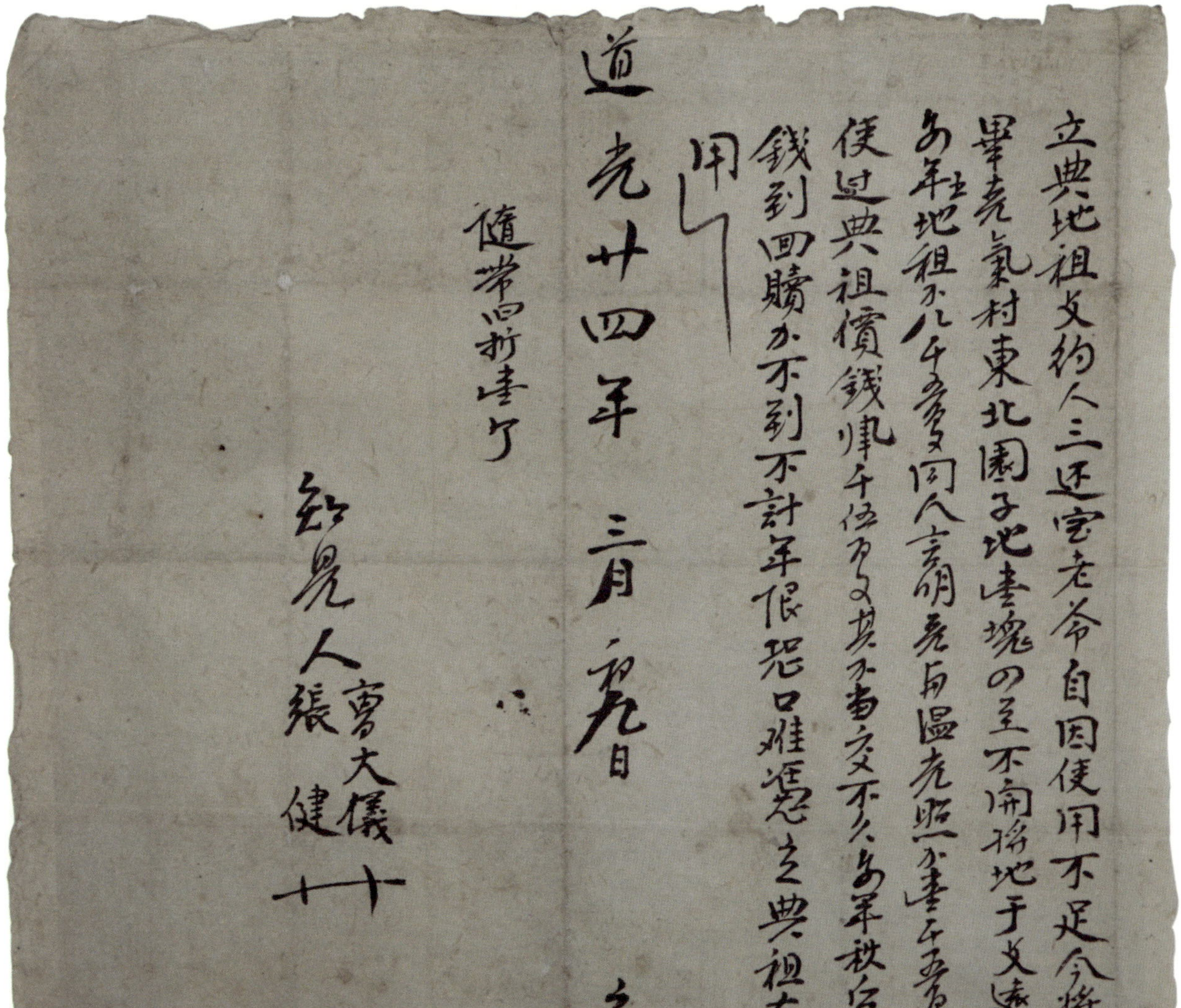

立典地租文約人三廷寶老爺自因使用不足今將自己
畢克氣村東北園子地壹塊四至不開將地于文遠耕種
每年地租錢八千文同人言明先與區克照錢壹千五百文現
使過典租價錢肆千伍百文其錢當交不欠每年秋後交納
錢到回贖如不到不討年限空口難憑恐立典租存照
用

道光廿四年　三月初九日　立

隨帶回折壹个

知見人　曹大儀　張健　十十

咸丰年

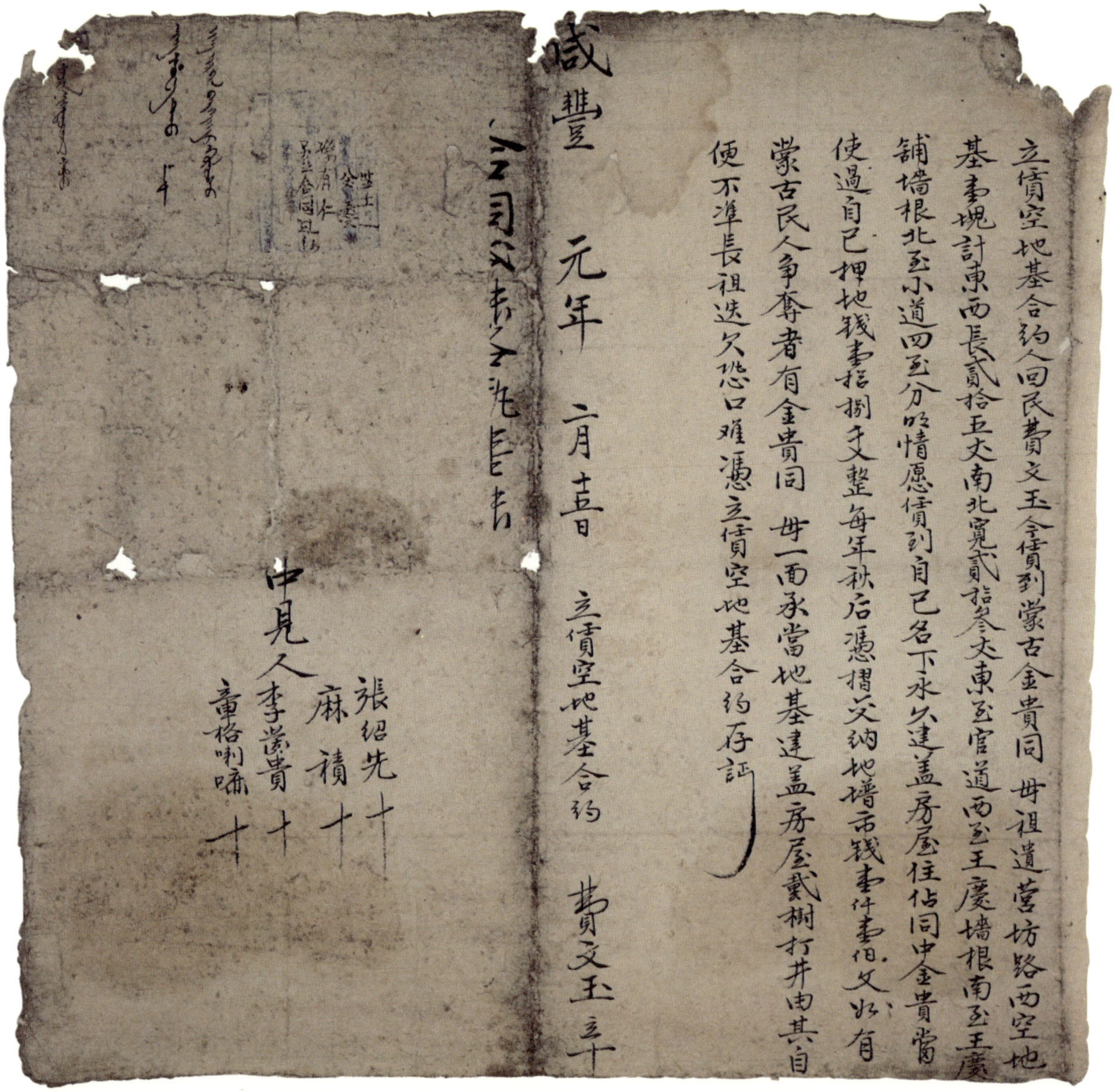

立賃空地基合約人回民費文玉今賃到蒙古金貴同 毋祖遺營坊路西空地基壹塊計東西長貳拾五丈南北寬貳拾叁丈東至官道西至王慶墻根南至王慶舖墻根北至小道四至分明情愿賃到自己名下永久建蓋房屋住佔同中金貴當使過自己押地錢壹拾捌千文整每年秋后憑摺交纳地譜市錢壹仟壹佰文以有蒙古民人爭奪者有金貴同 毋一面承當地基建盖房屋栽樹打井由其自便不準長祖迭欠恐口難憑立賃空地基合約存証

咸豐 元年 二月 十五日 立賃空地基合約 費文玉 立十

中見人 張紹先十 麻積十 李崇貴十 童格喇嘛十

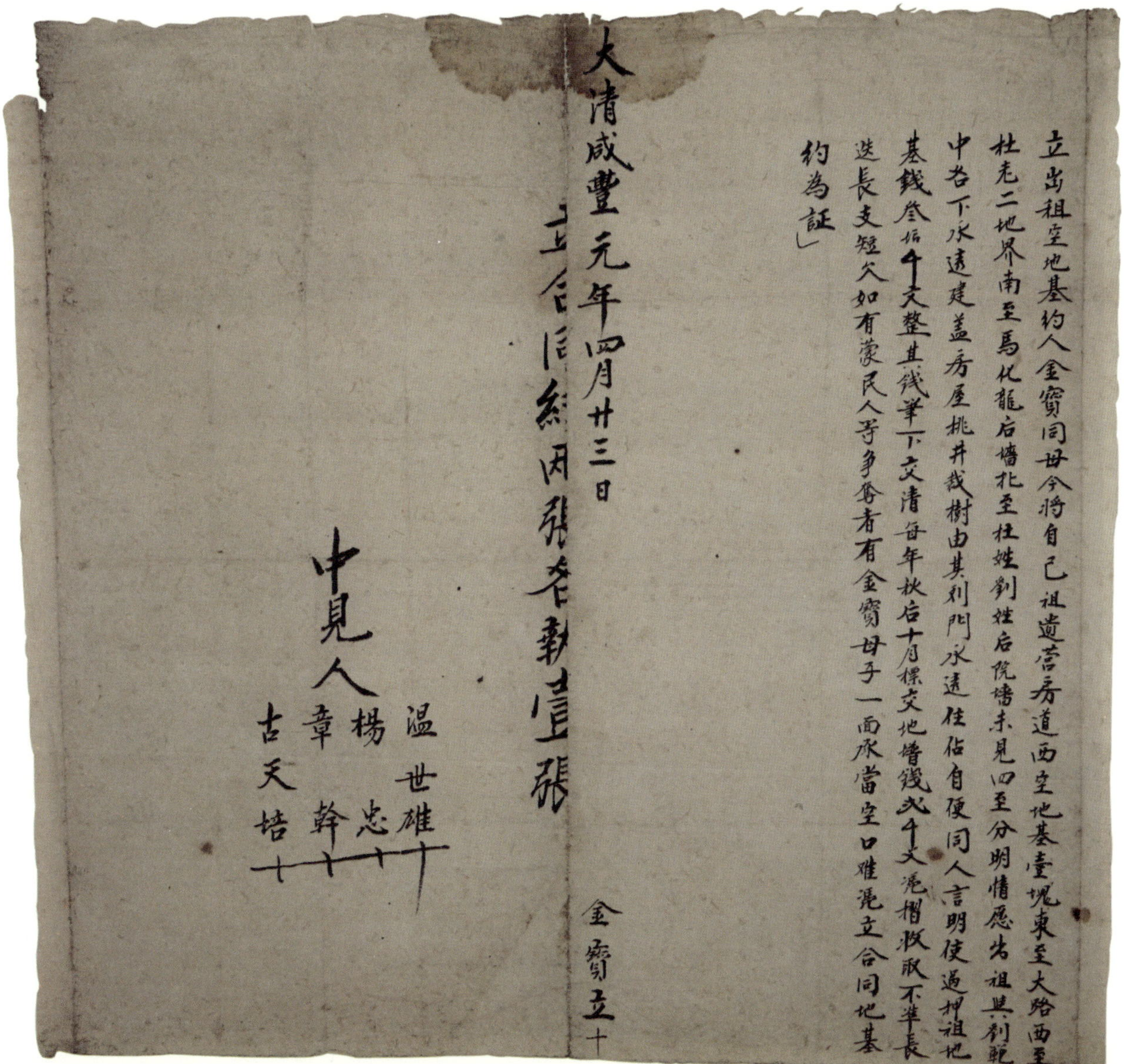
立出租空地基約人金寳同母今將自己祖遺営房道西空地基壹塊東至大路西至
杜尧二地界南至馬化龍后墻北至杜姓劉姓后院墻未見四至分明情愿出祖與劉範
中名下永遠建蓋房屋挑井栽樹由其刘門永遠住佔自便同人言明使過押祖地
基錢叁佰千文整其錢筆下交清每年秋后十月標交地增錢弍千文憑摺收取不準長
迭長支短欠如有蒙民人等爭奪者有金寳母子一面承當空口難憑立合同地基
約為証」

大清咸豐元年四月廿三日

立合同紙兩張各執壹張

金寳立十

中見人
温世雄十
楊忠十
章幹十
古天培十

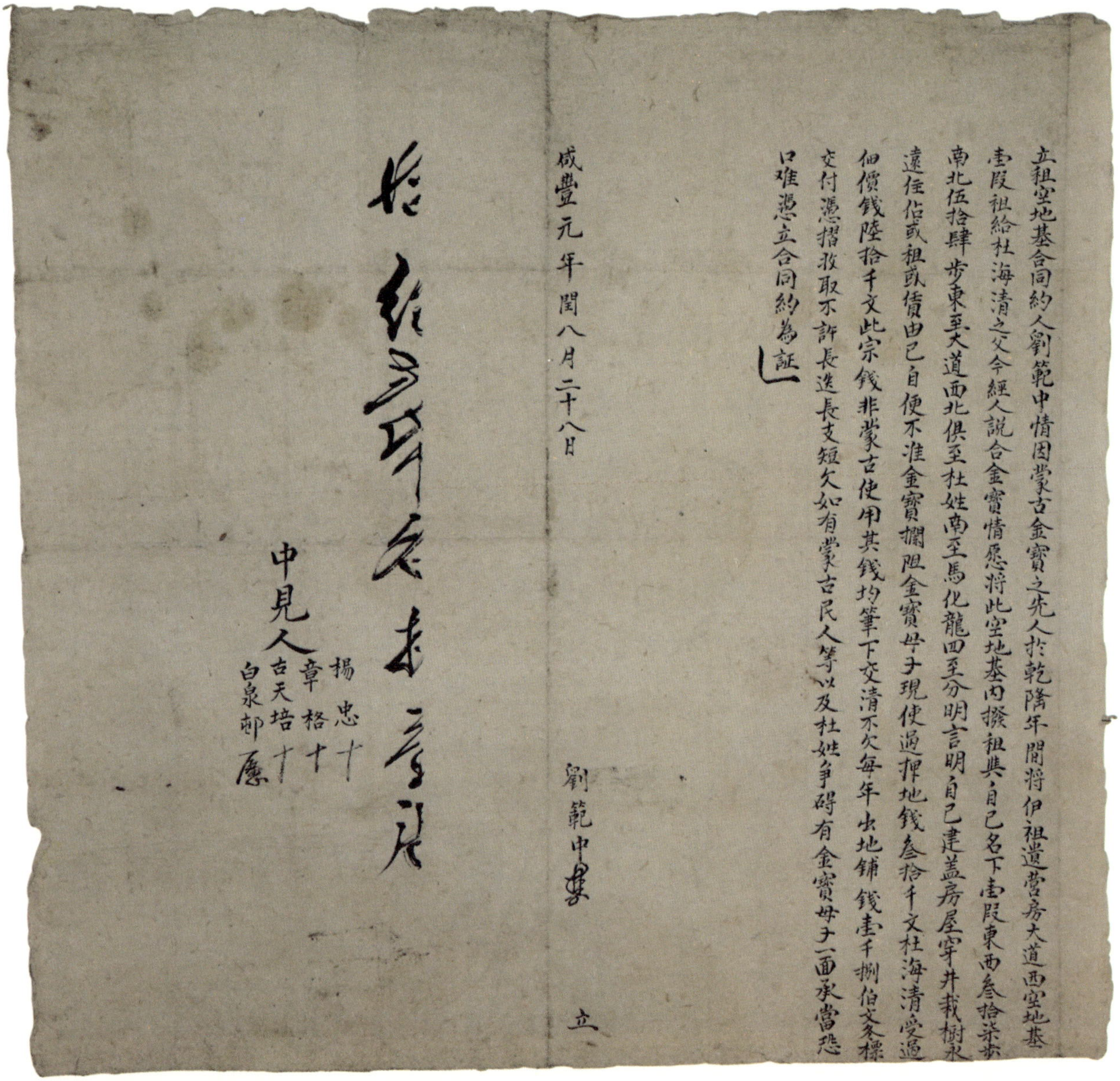
立租空地基合同約人劉範中情因蒙古金寶之先人於乾隆年間將伊祖遺營房大道西空地基
壹段租給杜海清之父今經人説合金寶情愿將此空地基内撥租典自己名下壹段東西叁拾柒步
南北伍拾肆步東至大道西北俱至杜姓南至馬化龍四至分明言明自己建蓋房屋穿井栽樹永
遠任佔或租或債由己自便不准金寶攔阻金寶母子現使過押地錢叁拾千文杜海清受過
佃價錢陸拾千文此宗錢非蒙古使用其錢均筆下交清不欠每年出地鋪錢壹千捌伯文冬標
交付憑摺收取不許長迭長支短欠如有蒙古民人等以及杜姓爭碍有金寶母子一面承當恐
口难憑立合同約為証

咸豐元年閏八月二十八日　　劉範中（押）立

[illegible]

中見人　楊忠十　章格十　古天培十　白泉郁應

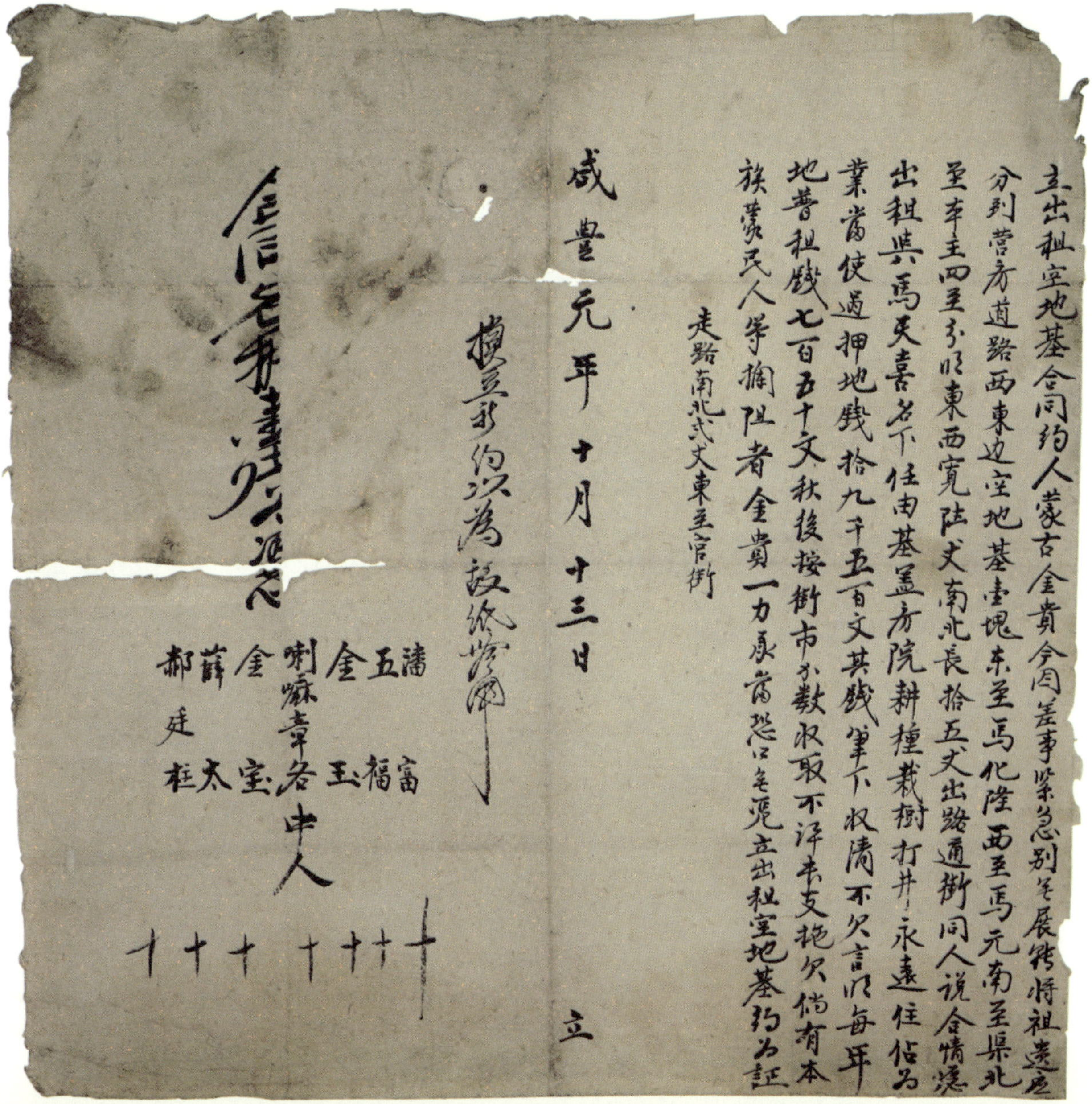
立出租空地基合同约人蒙古金貴今因差事紧急别無展转将祖遗座
分到营房道路西東边空地基壹塊东至馬化隆西至馬元南至県北
至本主四至分明東西寬陆丈南北長拾五丈出路通街同人説合情愿
走路南北弍丈東至官街
出租與馬天喜名下任由基盖房院耕種栽樹打井永遠住佔為
業當使過押地錢拾九千五百文其錢筆下收清不欠言明每年
地普租錢七百五十文秋後按街市分數收取不許长支拖欠倘有本
族蒙民人等攔阻者金貴一力承當恐口無凴立出租空地基约為証

咸豐元年十月十三日 立

擴立新约以為證據用

潘富 五福 金玉 喇嘛章各 金室 薛太 郝廷柱 中人
十 十 十 十 十 十 十

[illegible]

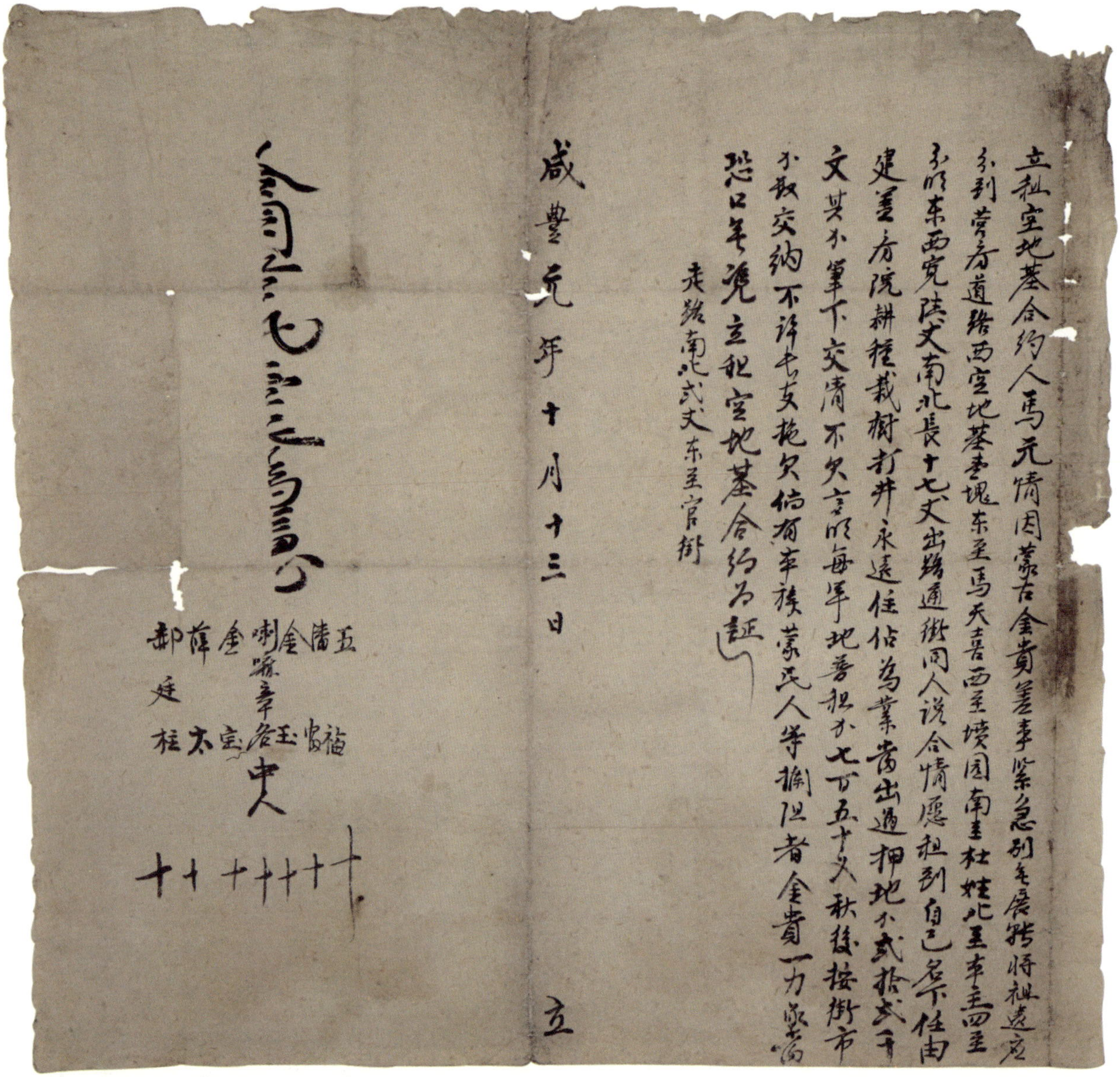

立租空地基合約人馬元情因蒙古金貴差事緊急別無展轉將祖遺應
分到營房道路西空地基壹塊東至馬天喜西至墳園南至杜娃北至車主四至
分明東西寬陸丈南北長十七丈出路通衢同人說合情願租到自己名下任由
建蓋房院耕種栽樹打井永遠住佔為業當出過押地錢弍拾弍千
文其錢筆下交清不欠言明每年地普租錢七百五十文秋後按衙市
錢交納不許長支拖欠倘有本族蒙民人等攔阻者金貴一力承當
恐口無憑立租空地基合約為証
走路南北弍丈東至官街

咸豐元年十月十三日 立

五福 潘富 金玉 喇嘛章各 金宝 薛太 郝廷桂

中人

十 十 十 十 十 十 十

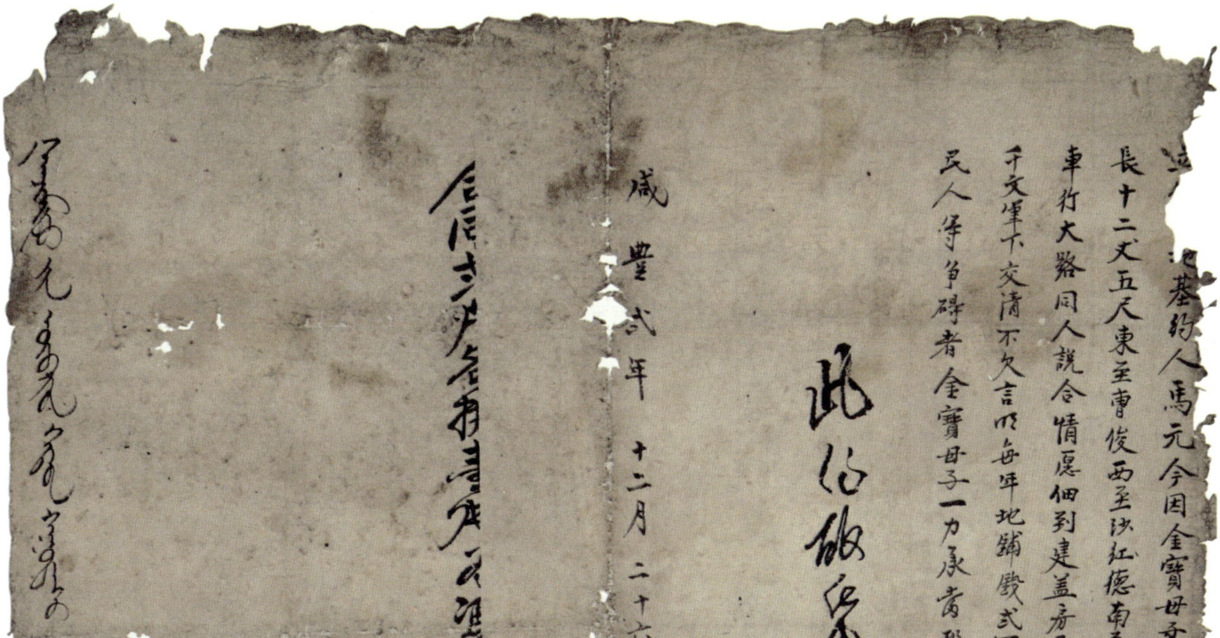
立[illegible]地基約人馬元今因金寶毋子将祖遺营房路西空地壹塊東
長十二丈五尺東至曹俊西至沙紅德南至馬天喜馬登映北至官道四至分明出路朝東
車行大路同人説合情愿佃到建盖房屋打井栽樹永遠為業當出過佃地價錢拾陸
千文笔下交清不欠言明每年地鋪錢弍百五十文秋後交納不許長支短欠倘有本族蒙
民人等争碍者金寶毋子一力承當恐口無凭立佃空地基合約為証

此約紙係兩用

咸豐弍年十二月二十六日

馬元十立

馮景照十
章杠中人十
杜海旺

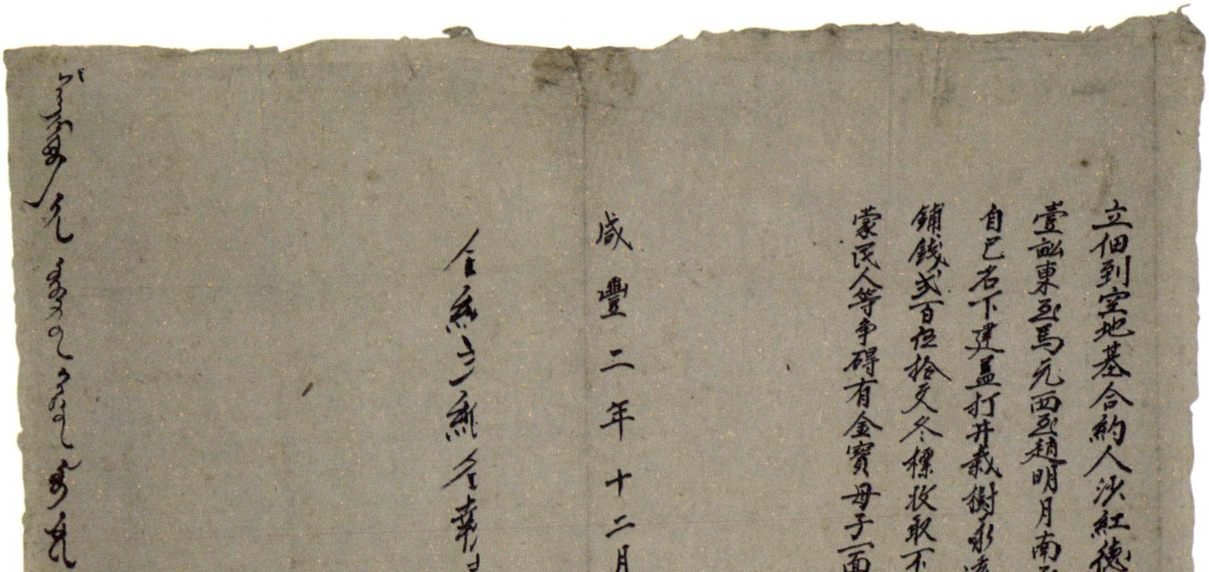

立佃到空地基合約人沙紅徳今蒙孀婦同子金寶將伊营房路西空地基壹塊東至馬元西至趙明月南至墳園北至劉金四至分明出路朝東情愿出佃與自己名下建蓋打井栽樹永遠為業使過押地錢拾弍千文當交不欠每年出地鋪錢弍百伍拾文冬標收取不許長支短欠長送日後如轉推與蒙古商明倘有蒙民人等爭碍有金寶母子一面承當恐口難憑立合約為証

合約二紙各執壹張

咸豐二年十二月二十六日　沙紅徳十　立

中見人　馮景照十　章　杠十　杜海旺十

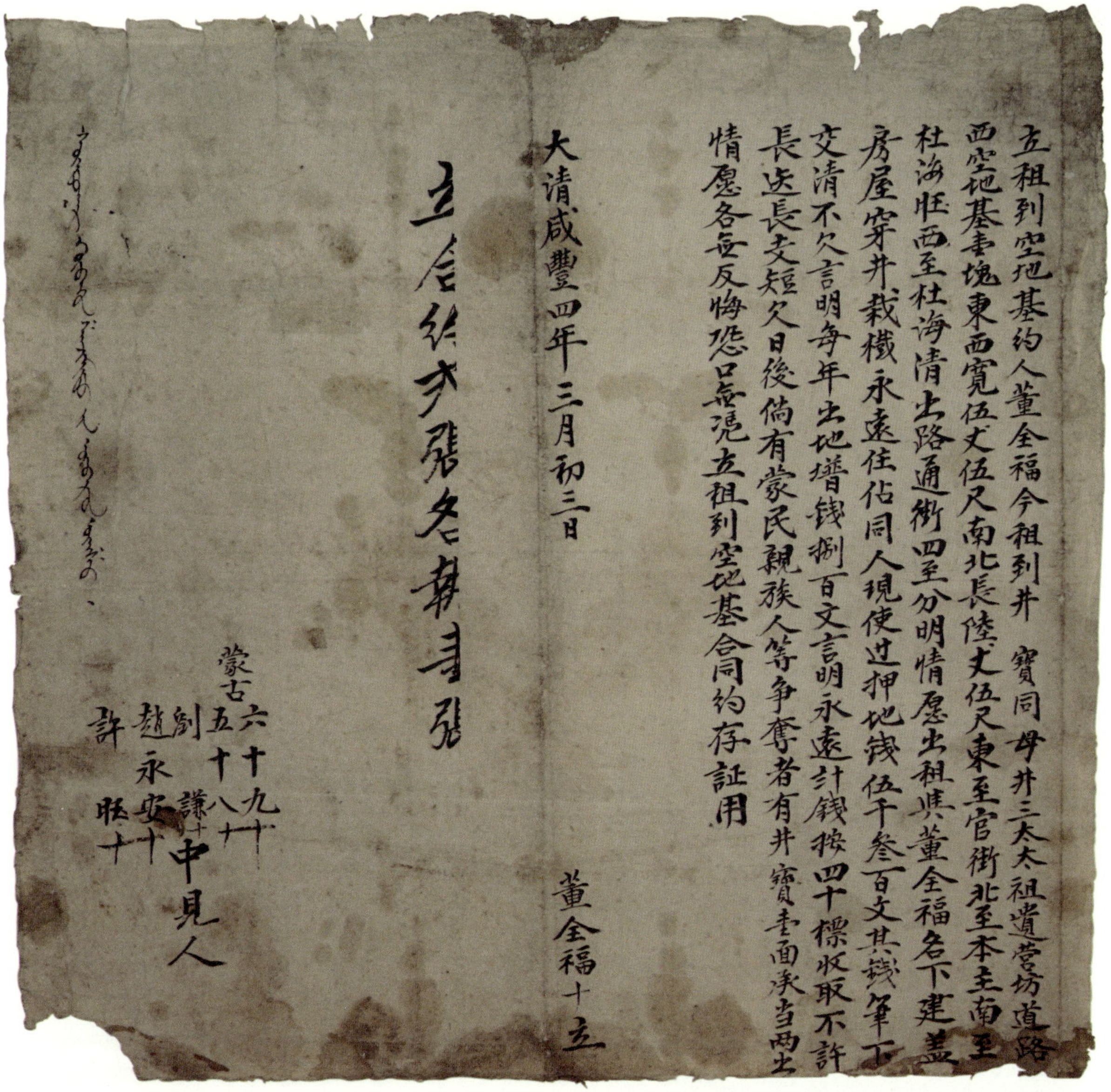

立租到空地基約人董全福今租到井 寶同母井三太太祖遺營坊道路
西空地基壹塊東西寬伍丈伍尺南北長陸丈伍尺東至官街北至本主南至
杜海旺西至杜海清出路通街四至分明情愿出租與董全福名下建盖
房屋穿井栽樹永遠住佔同人現使过押地錢伍千叁百文其錢筆下
交清不欠言明每年出地增錢捌百文言明永遠計錢按四十標收取不許
長送長支短欠日後倘有蒙民親族人等爭奪者有井寶壹面承当兩出
情愿各無反悔恐口無憑立租到空地基合同約存証用

大清咸豐四年三月初三日 董全福十立

立合約文字兩張各執壹張

蒙古六十九十
五十八十
劉謙十
趙永安十
許旺十
中見人

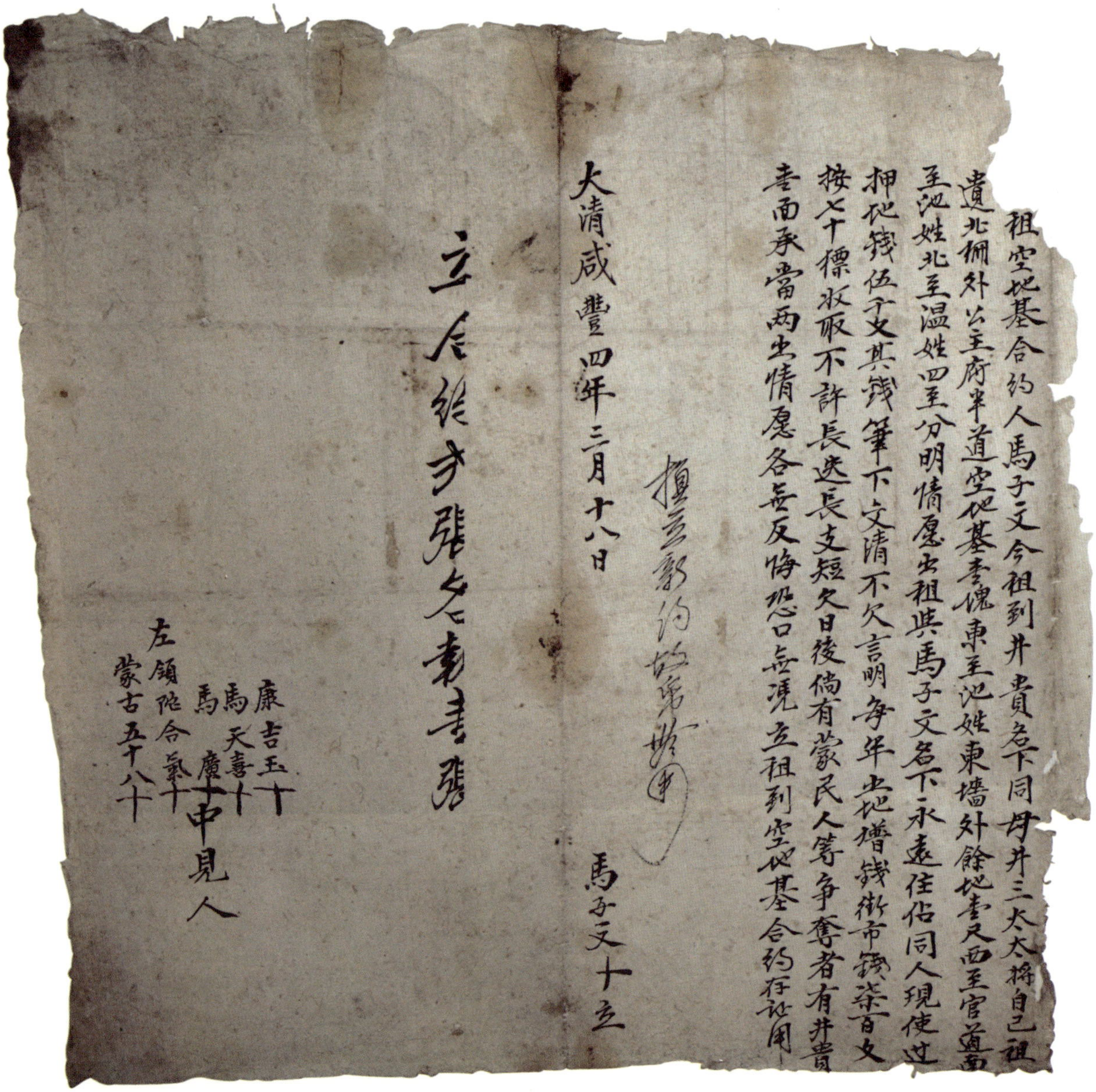

租空地基合約人馬子文今租到井貴名下同母井三太太將自己祖
遺北柵外公主府半道空地基壹塊東至池姓東墻外餘地壹尺西至官道南
至池姓北至温姓四至分明情愿出租與馬子文名下永遠住佔同人現使過
押地錢伍千文其錢筆下交清不欠言明每年出地增錢街市錢柒百文
按七十標收取不許長迭長支短欠日後倘有蒙民人等争奪者有井貴
壹面承當兩出情愿各無反悔恐口無憑立租到空地基合約存証用

擅立新約故紙無用

大清咸豐四年三月十八日　　馬子文十立

立合約字張各執壹張

康吉玉十
馬天喜十
馬廣十
左領陀合氣十
蒙古五十八十
中見人

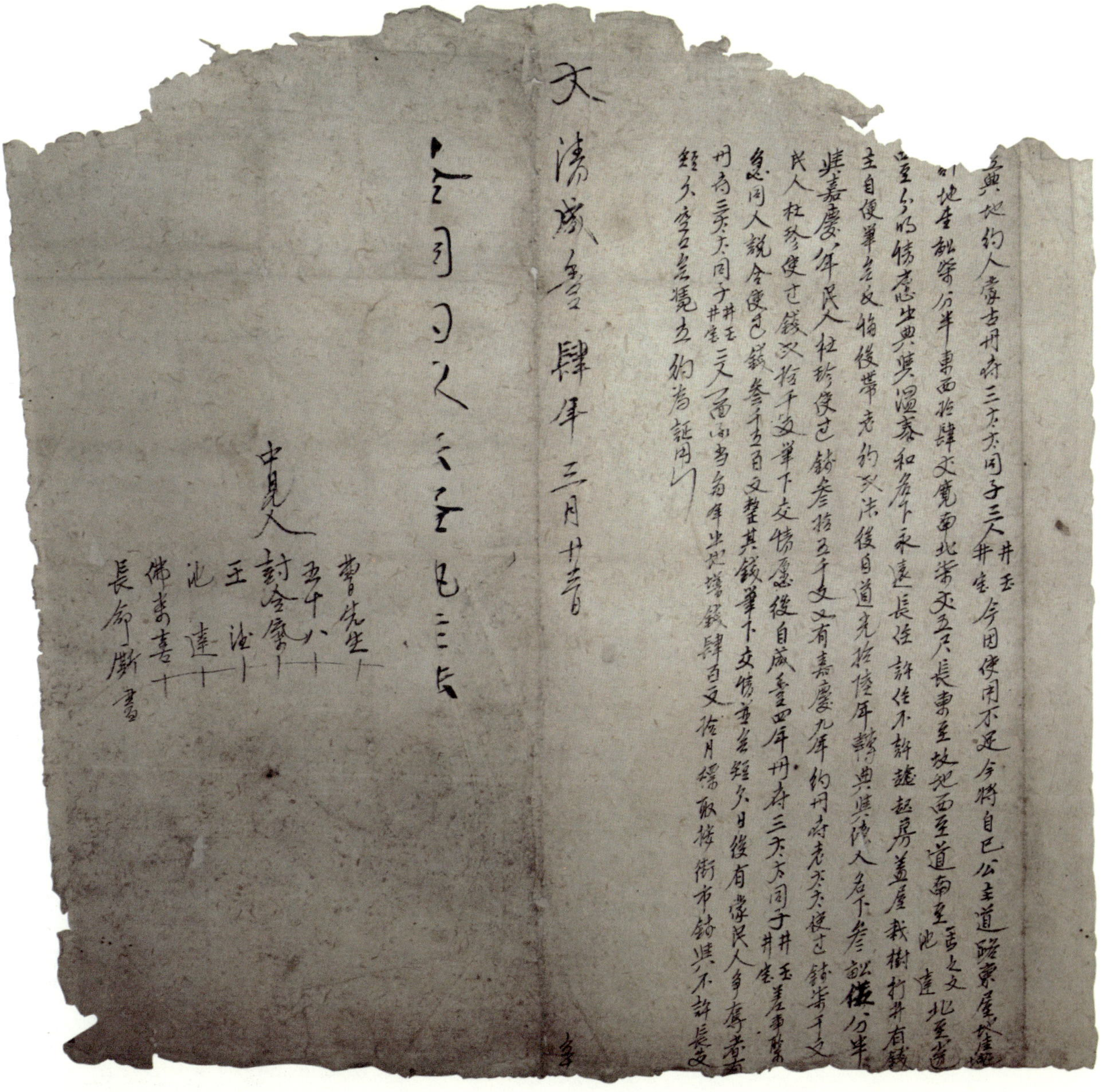
立典地約人李古冊府三大大同子三人井玉井堂今因使用不足今將自己公主道路東屋基地
一塊地壹叚計分半東西拾肆丈寬南北叁丈五尺長東至故地西至道南至吾文池達北至道
四至分明情愿出典與溫泰和名下永遠長住許住不許拆起房蓋屋栽樹打井有錢
主自便單文恃後帶交約契後自道光拾陸年轉典與溫德人名下叁畝分半
又嘉慶八年民人杜珍使过錢叁拾五千文又有嘉慶九年約冊府老大大使过錢柒千文
民人杜珍使过錢貳拾千文單下交情愿後自咸豐四年冊府三大大同子井玉井堂差事緊
急同人說合使过錢叁千五百文整其錢筆下交情並無短欠日後有償民人多寡叁
冊府三大大同子井玉井堂二人一面承當每年出地增錢肆百文拾月繳取按街市錢與不許長支
短欠恐口無憑立約為証用

大清咸豐肆年三月廿二日

合同日人各執一張

中見人
曹先生
孟千八
封金鑾
王 泌
池 達
佛春喜
長命斷書

字

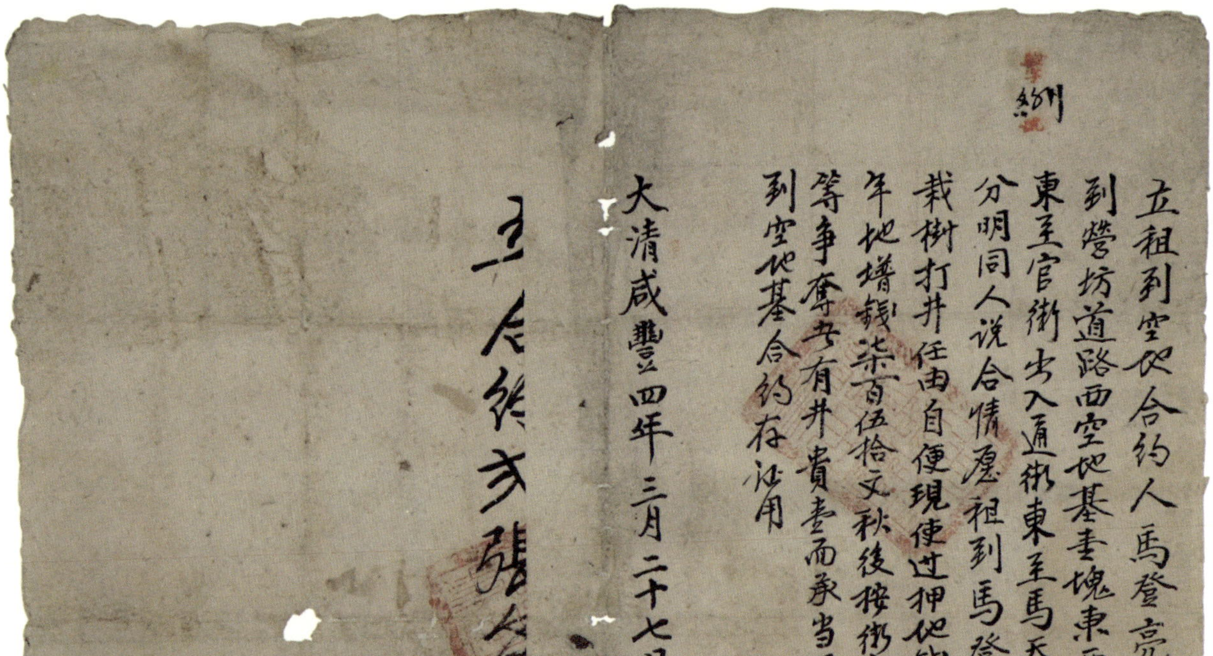

立租到空地合约人馬登亮今租到蒙古井貴祖遺差分到營坊道路西空地基壹塊東西寬陸丈南北長柒拾丈走路南北寬貳丈東至官街出入通衕東至馬天喜西至墳園南至刘姓北至馬元四至分明同人说合情愿租到馬登亮名下永遠住佔為業起房盖宅栽樹打井任由自便現使过押地錢貳拾伍千文其钱筆下交清不欠分文言明每年地増錢柒百伍拾文秋後按街市钱收取不許長支短欠倘有蒙民人等争奪有井貴壹面承当两出情愿各無反悔恐口無凭立租到空地基合约存照用

大清咸豐四年三月二十七日

馬登亮十立

立合约文張各執壹張

章喝十

曾士英十

井貴十

馬元貴十

杜海清十

中見人

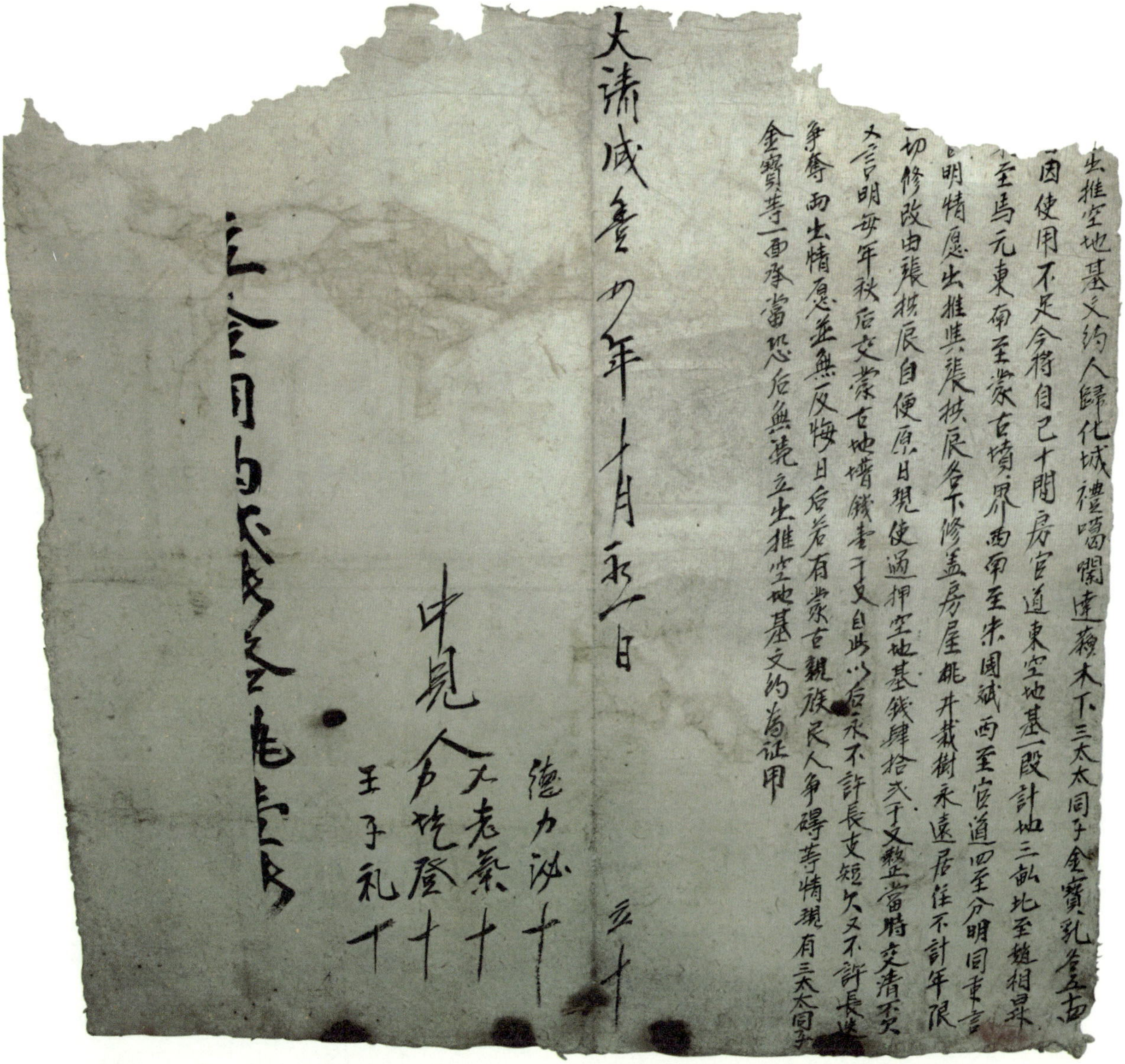
立出推空地基文约人歸化城禮噶喇嘛達賴木下三太太同子金寶乳名立由
因使用不足今將自己十間房官道東空地基一段計地三畝北至姚相昇
至馬元東南至蒙古墳界西南至朱國斌西至官道四至分明同衆言
明情愿出推與張扶辰名下修盖房屋挑井栽樹永遠居住不計年限
一切修改由張扶辰自便原日現使過押空地基錢肆拾弍千文整當時交清不欠
又言明每年秋后交蒙古地增錢壹千文自此以后永不許長支短欠又不許長送
爭奪两出情愿並無反悔日后若有蒙古親族民人爭碍等情現有三太太同子
金寶等一面承當恐后無憑立出推空地基文约為証用
大清咸豐四年十月初一日　立　十
中見人　德力泌　十
大老爺　十
尹德登　十
王子礼　十

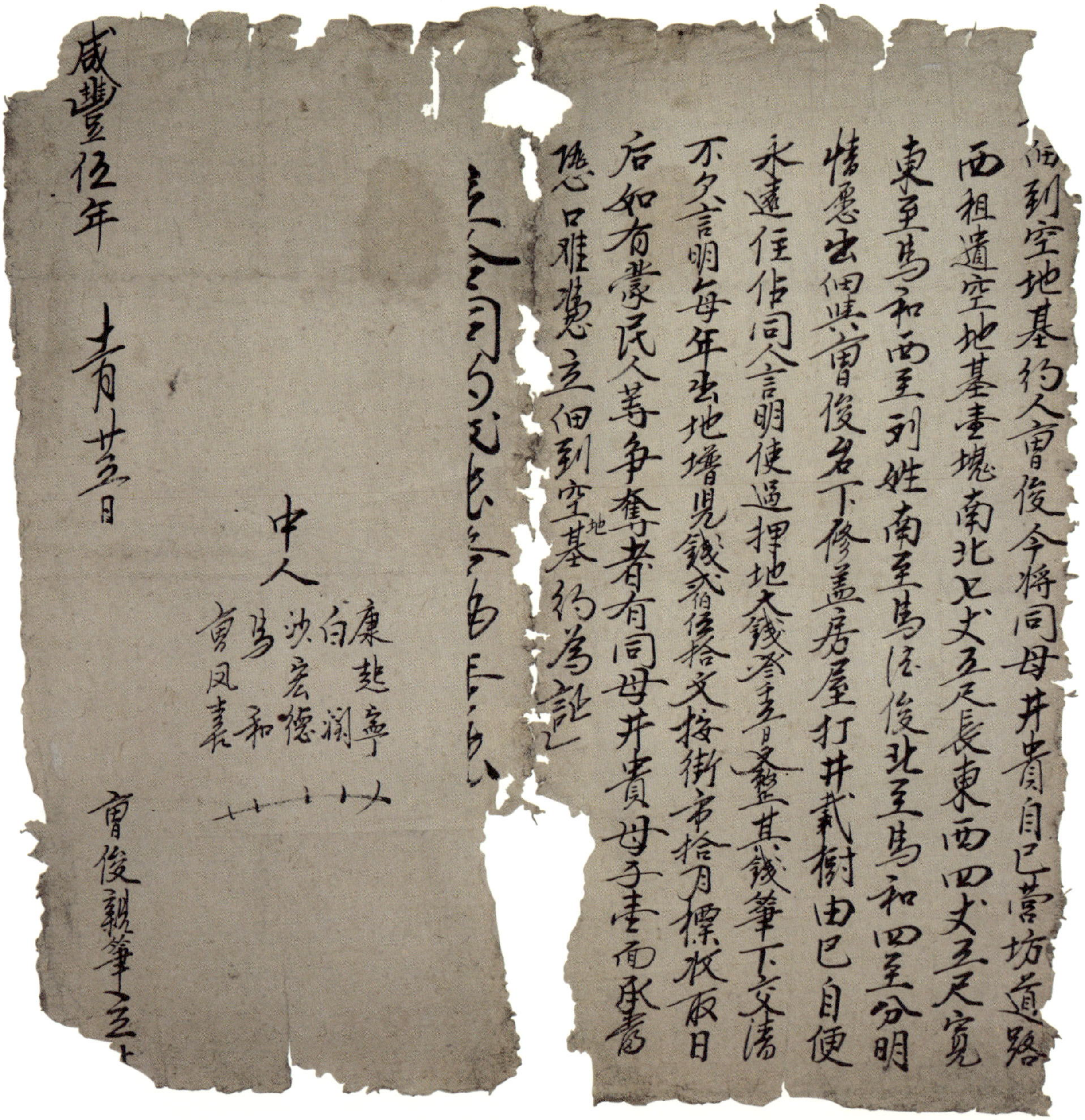

佃到空地基約人曾俊今將同母井貴自己營坊道路
西祖遺空地基壹塊南北已丈五尺長東西四丈五尺寬
東至馬和西至列姓南至馬法俊北至馬和四至分明
情愿出佃與曾俊名下修蓋房屋打井栽樹由己自便
永遠住佔同人言明使過押地大錢叁千五百文整其錢筆下交清
不久言明每年出地增見錢貳佰伍拾文按街市拾月標收取日
后如有蒙民人等爭奪者有同母井貴母子壹面承當
恐口難憑立佃到空地基約為證

中人 康趂寧 十
白潤 十
汝宏德 十
馬和 十
曾鳳嘉 十

咸豐伍年十二月廿五日

曾俊親筆立十

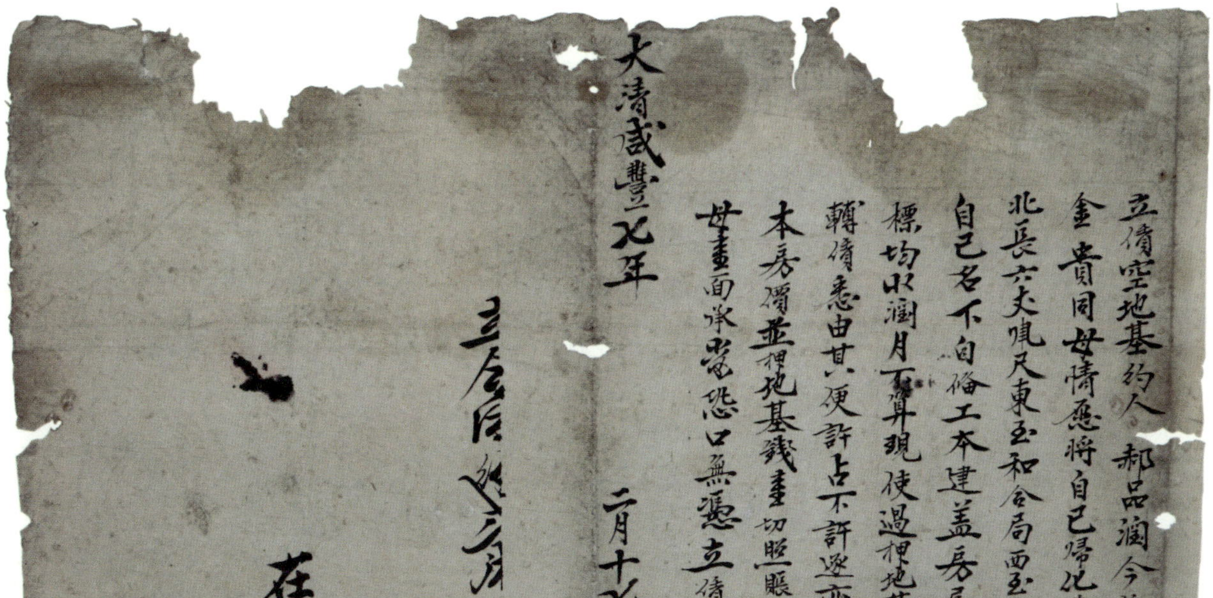

立賃空地基約人郝品潤今賃到
金貴同母情愿將自己帰北堆小西街坐南向北空地壹塊東西寬弍丈九尺南
北長六丈陸尺東至和合局西至王姓基南至本主北至官街四至分明情愿賃到
自己名下自備工本建蓋房屋永遠住占同中言定每月地舖錢弍佰五拾文按四
標均收潤月不算現使過押地基錢六千文其錢當交不欠嗣后准其自己轉推
轉賃悉由其便許占不許逐亦不許增長地舖錢倘其逐碾之情將自己自備工
本房價并押地基錢壹切照賬如數交割倘有各內人等[illegible]爭奪者有金貴同
母壹面承當恐口無憑立賃空地基約為証

大清咸豐七年　二月十七日　郝品潤立十

在中人
范紀維十
孫人棟十
三採十
禹攀龍十

立租空地基約人馬和合租到金貴祖遺營坊道路西空地基
壹塊東至張姓西至本主南至牛姓北至公柱四至分明西南
角出路東西寬一丈南北通至大道同人言明情愿出租與馬
和名下修蓋房屋打井栽樹由己自便限使過約大錢五
千文整每年出蒙古地普錢弍百五十文安四季標收取
日后倘有蒙民人等爭奪者有金貴一面承當恐口無憑
立出租空地普約為証

豐七年四月十八日立　　立十

立合同約為正

于山甫
杜海忠
中見人
十　十

至同治弍年四月二十四日以后以為故紙无用

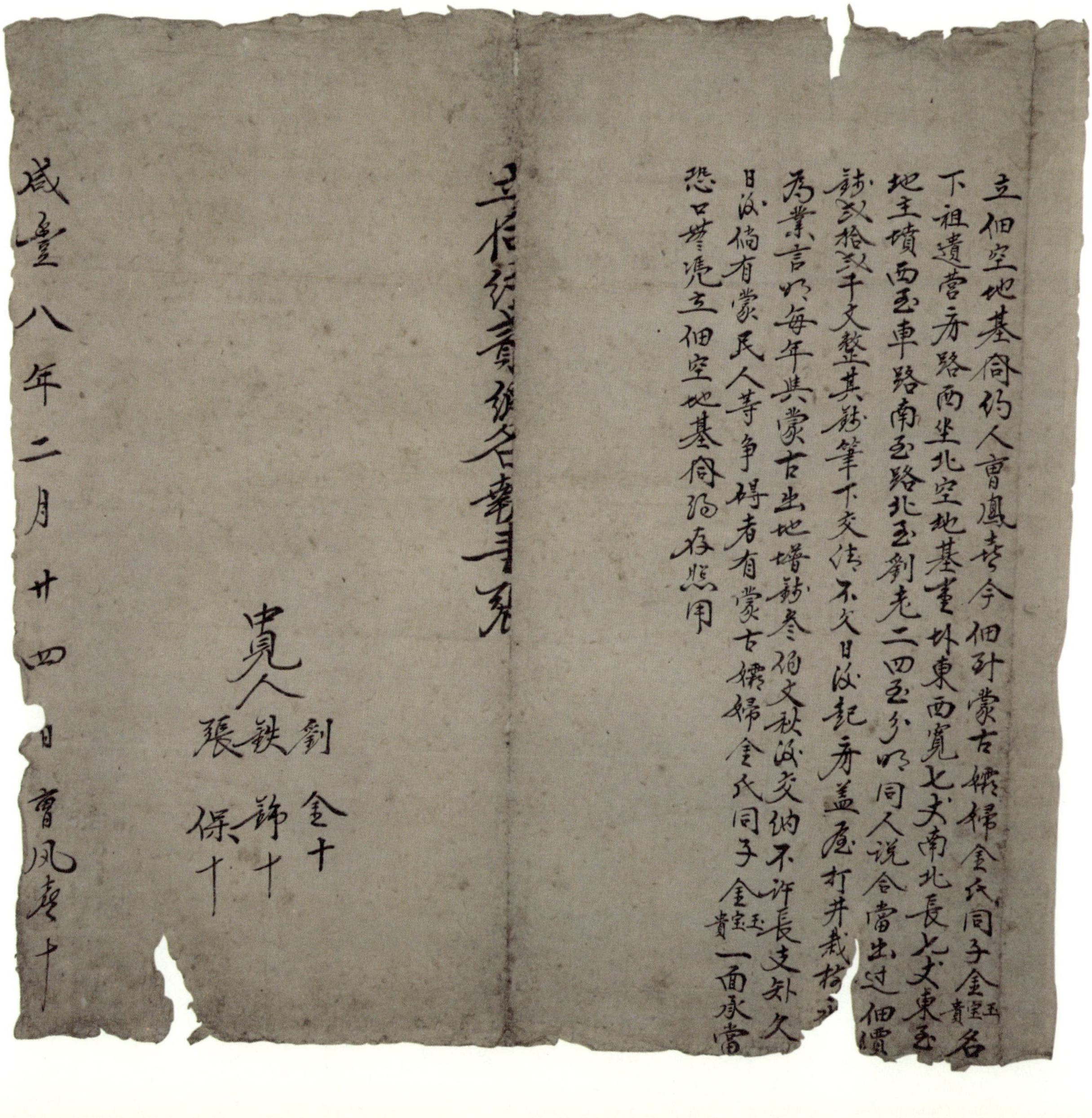

立佃空地基字約人曾鳳喜今佃到蒙古孀婦金氏同子金玉貴名
下祖遺營房路西坐北空地基壹塊東西寬七丈南北長七丈東至
地主墳西至車路南至路北至劉老二四至分明同人說合當出过佃價
錢弍拾弍千文整其錢筆下交清不欠日後起房蓋屋打井栽樹永
為業言明每年與蒙古出地譜錢叁佰文秋後交納不許長支短欠
日後倘有蒙民人等爭碍者有蒙古孀婦金氏同子金玉貴一面承當
恐口無憑立佃空地基字約存照用

立佃約貳紙各執[illegible]

中見人 劉金十
鉄錦十
張保十

咸豐八年二月廿四日 曾鳳喜十

同治年

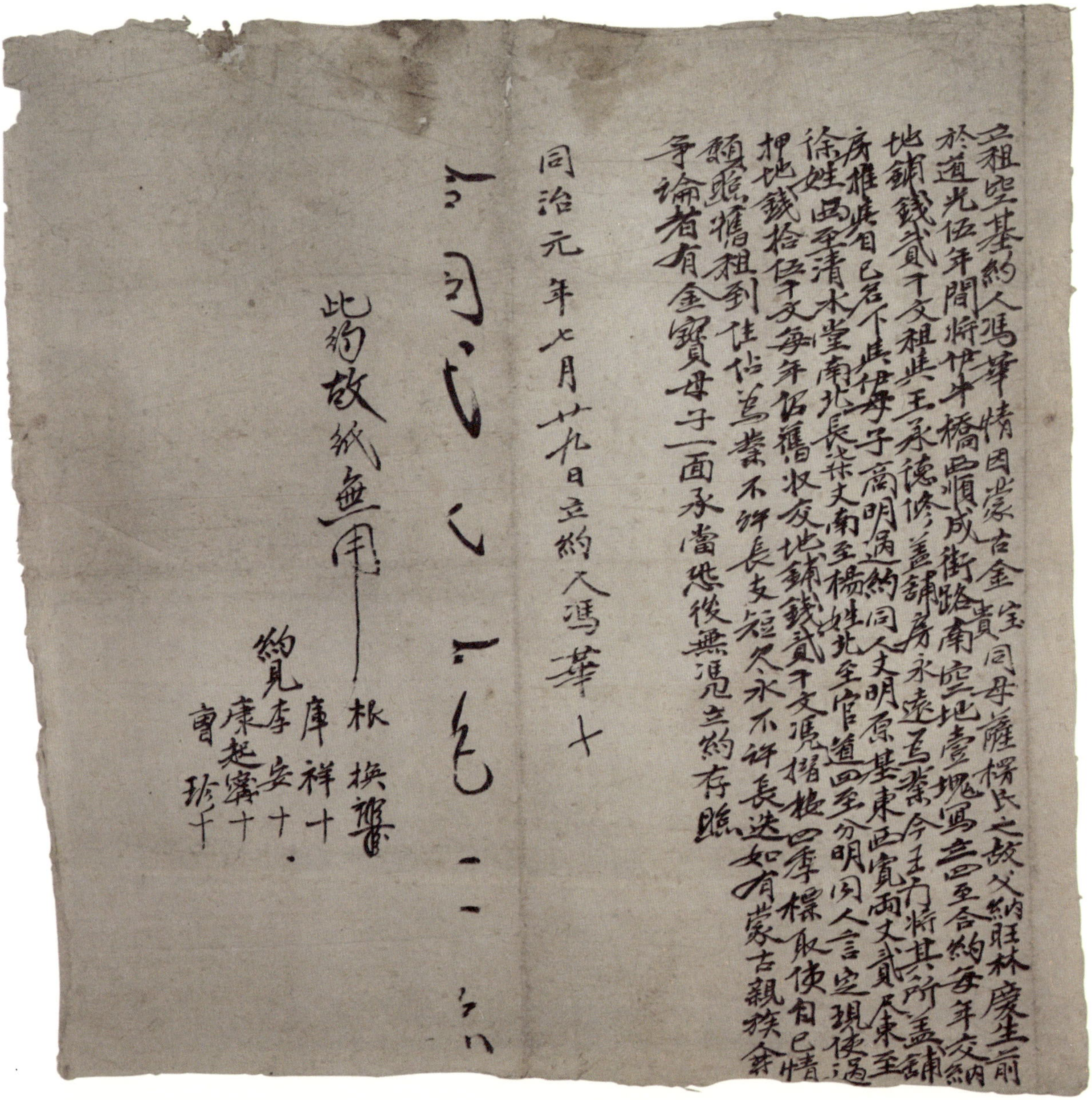

立祖空基約人馮華情因蒙古金宝同母蓰樗氏之故父納旺林慶生前於道光伍年間將廿牛橋西順成街路南空地壹塊寫立四至合約每年交納地鋪錢貳千文祖與王承德修蓋鋪房永遠為業今王門將其所蓋鋪房推與自己名下與伊母子商明過約同人丈明原基東西寬兩丈貳尺東至徐姓西至清木堂南北長叁丈南至楊姓北至官道四至分明同人言定現使過押地錢拾伍千文每年仍舊收交地鋪錢貳千文憑摺按四季標取使自己情願照舊租到住佔為業不許長支短欠永不許長迭如有蒙古親族人等爭論者有金寶母子一面承當恐後無憑立約存照

同治元年七月廿九日立約人馮華 十

此約故紙無用

根換 押

庫祥 十

約見 李安 十

康起寧 十

曾珍 十

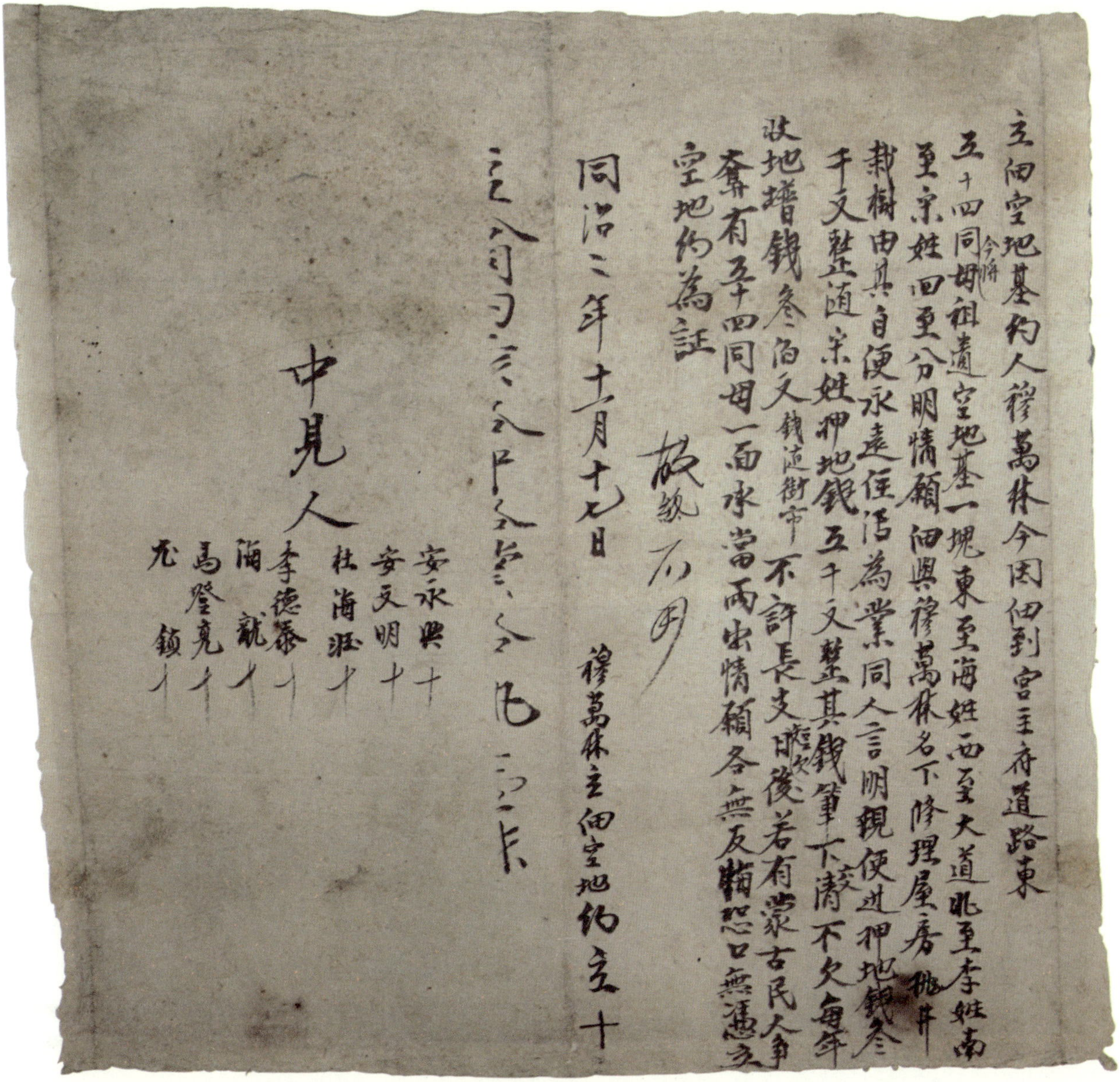

立佃空地基約人穆萬林今因佃到官主府道路東
五十四同母祖遺空地基一塊東至海姓西至大道北至李姓南
至宋姓四至分明情願佃與穆萬林名下修理屋房挑井
栽樹由其自便永遠住活為業同人言明現使迸押地錢叁
千文整通宋姓押地錢五千文整其錢筆下清交不欠每年
收地增錢叁佰文錢通街市不許長支暗後若有蒙古民人爭
奪有五十四同母一面承當兩出情願各無反悔恐口無憑立
空地約為証　故級石用
同治二年十一月十七日　穆萬林立佃空地約立十
立合同二合同合同合　二張
中見人
安永興十
安文明十
杜海旺十
李德榮十
海　龍十
馬登亮十
尤　鎮十

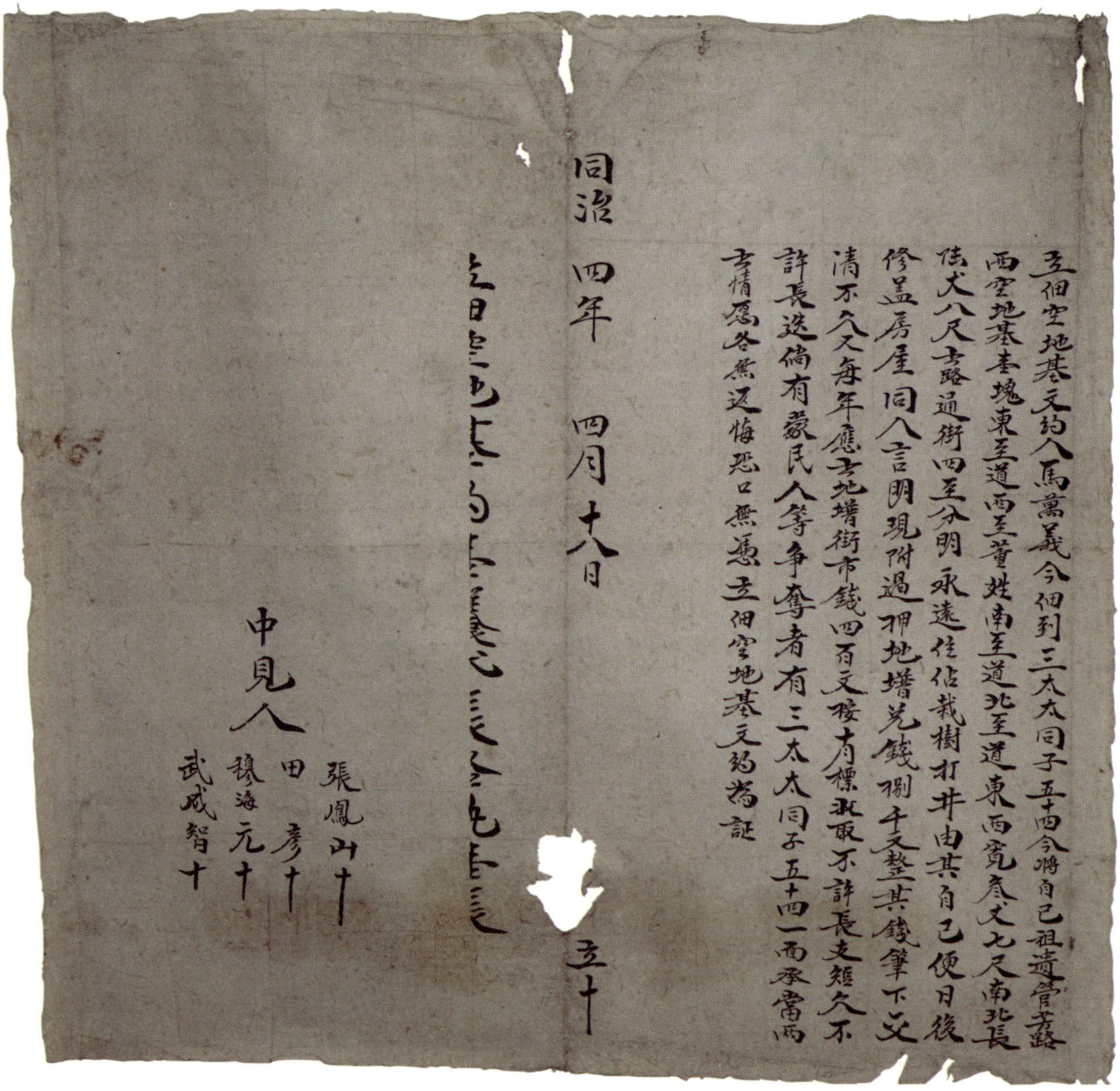

立佃空地基文約人馬萬義今佃到三太太同子五十四今將自己祖遺管業路
西空地基壹塊東至道西至董姓南至道北至道東西寬叁丈七尺南北長
陸丈八尺出路通街四至分明永遠住佔栽樹打井由其自己便日後
修盖房屋同人言明現附過押地增光錢捌千文整其錢筆下交
清不欠又每年應出地增街市錢四百文按十月標收取不許長支短欠不
許長送倘有蒙民人等爭奪者有三太太同子五十四一面承當兩
出情愿各無返悔恐口無憑立佃空地基文約為証

同治四年四月十六日 立十

中見人 張鳳山十 田彥十 穆海元十 武威智十

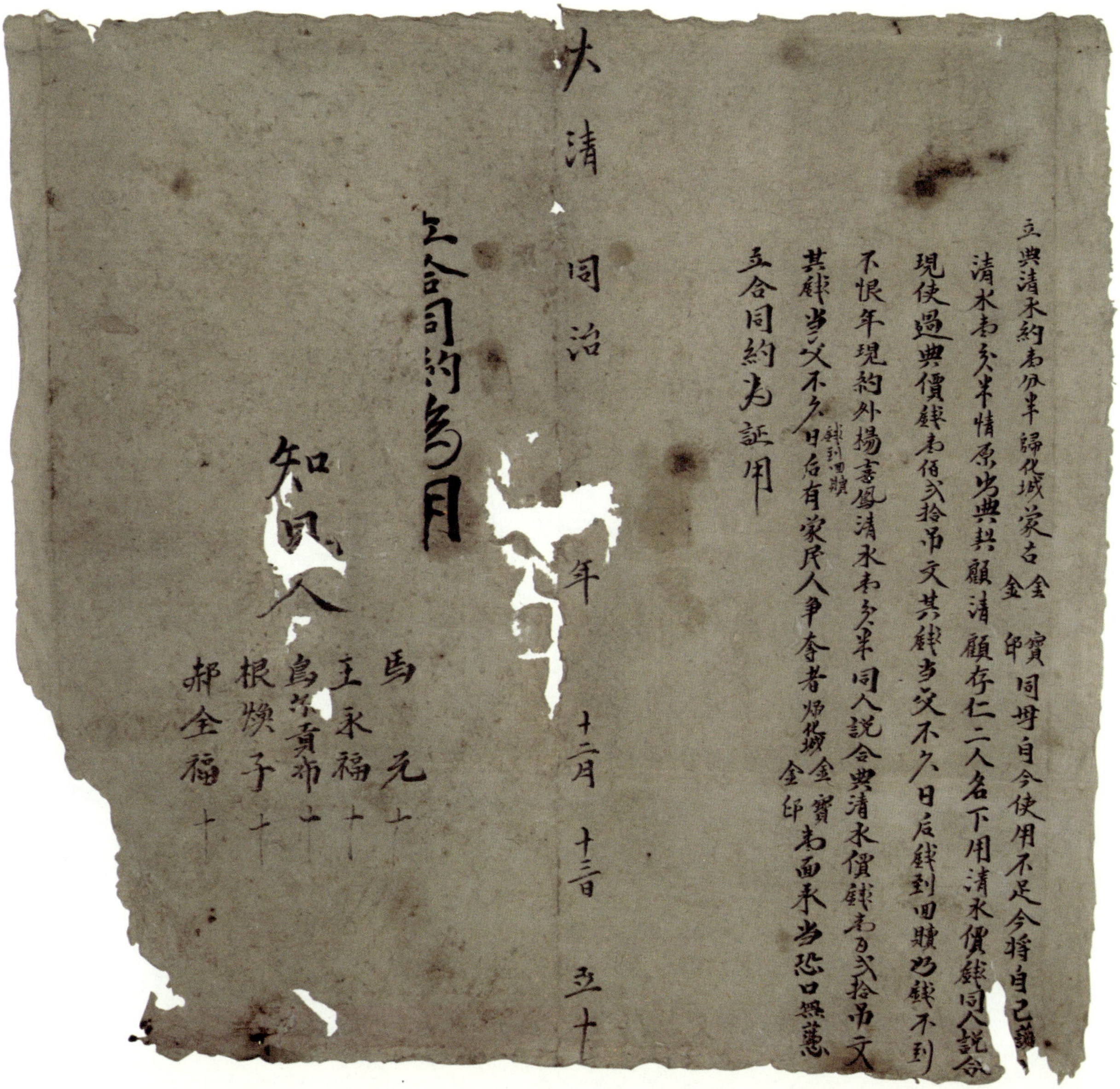

立典清水約人伙半歸化城蒙古金寶同母自今使用不足今將自己蒴
清水壹分半情原出典與顧清顧存仁二人名下用清水價錢同人說合
現使過典價錢壹佰弍拾吊文其錢當交不欠日后錢到回贖無錢不到
不限年現約外揚書屬清水壹分半同人說合典清水價錢壹百弍拾吊文
其錢當交不欠錢到回贖日后有家民人爭奪者俱係金寶壹面承當恐口無憑
立合同約為証用

大清同治　年　十二月　十三日　立　十

立合同約為用

知見人
馬元十
王永福十
烏尔貢布十
根煥子十
郝全福十

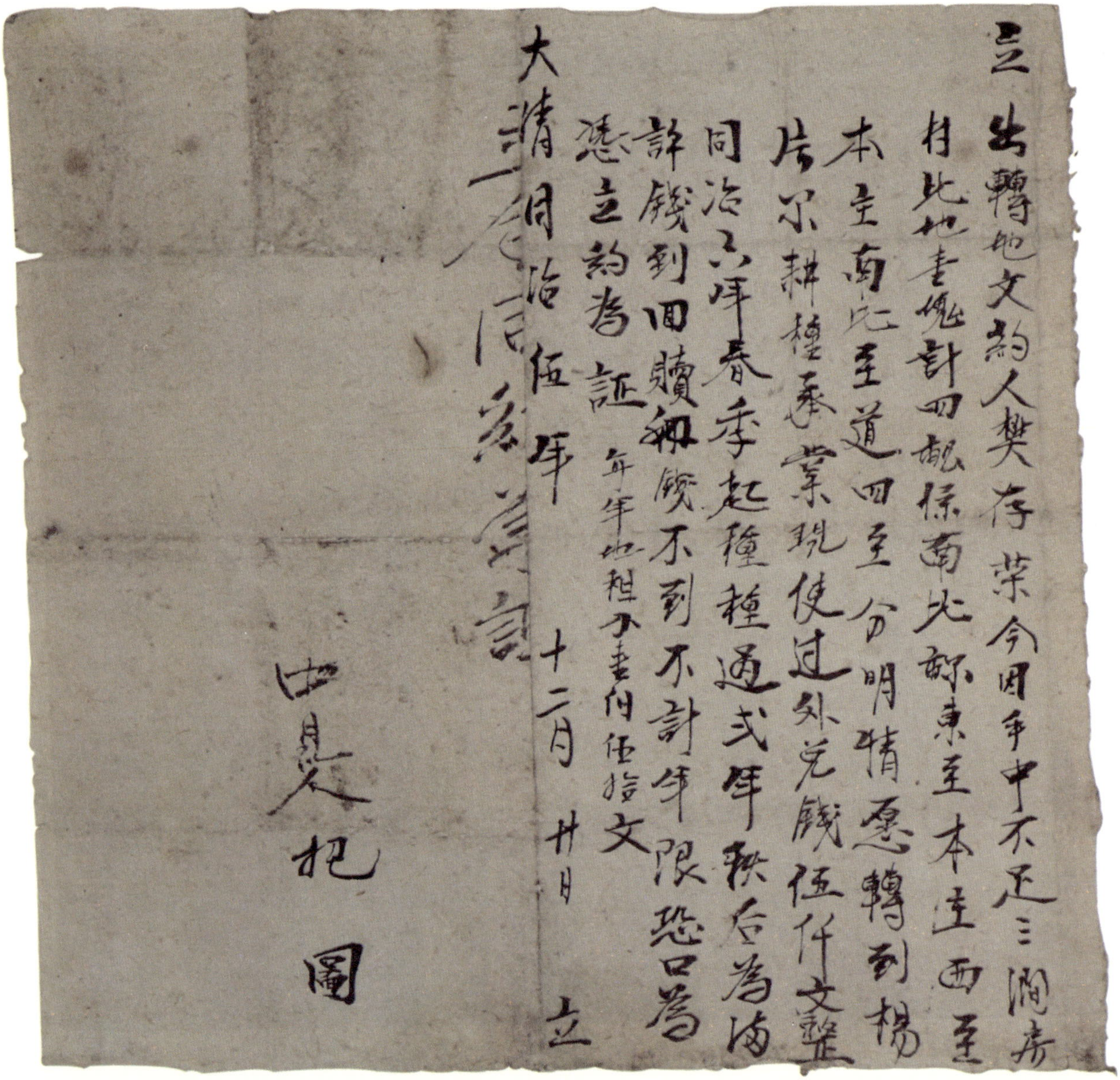

立出轉地文約人樊存榮，今因手中不足，三間房村北地壹塊，計四畝，係南北畛，東至本主，西至本主，南北至道，四至分明。情愿轉到楊占不耕種承業，現使過外兑錢伍仟文整，同治六年春季起種，種通弍年，秋後為满，許錢到回贖，錢不到不計年限。恐口為憑，立約為証。

年年地租子壹佰伍拾文

大清同治伍年十二月廿日 立

三合[illegible]記

中見人 把圖

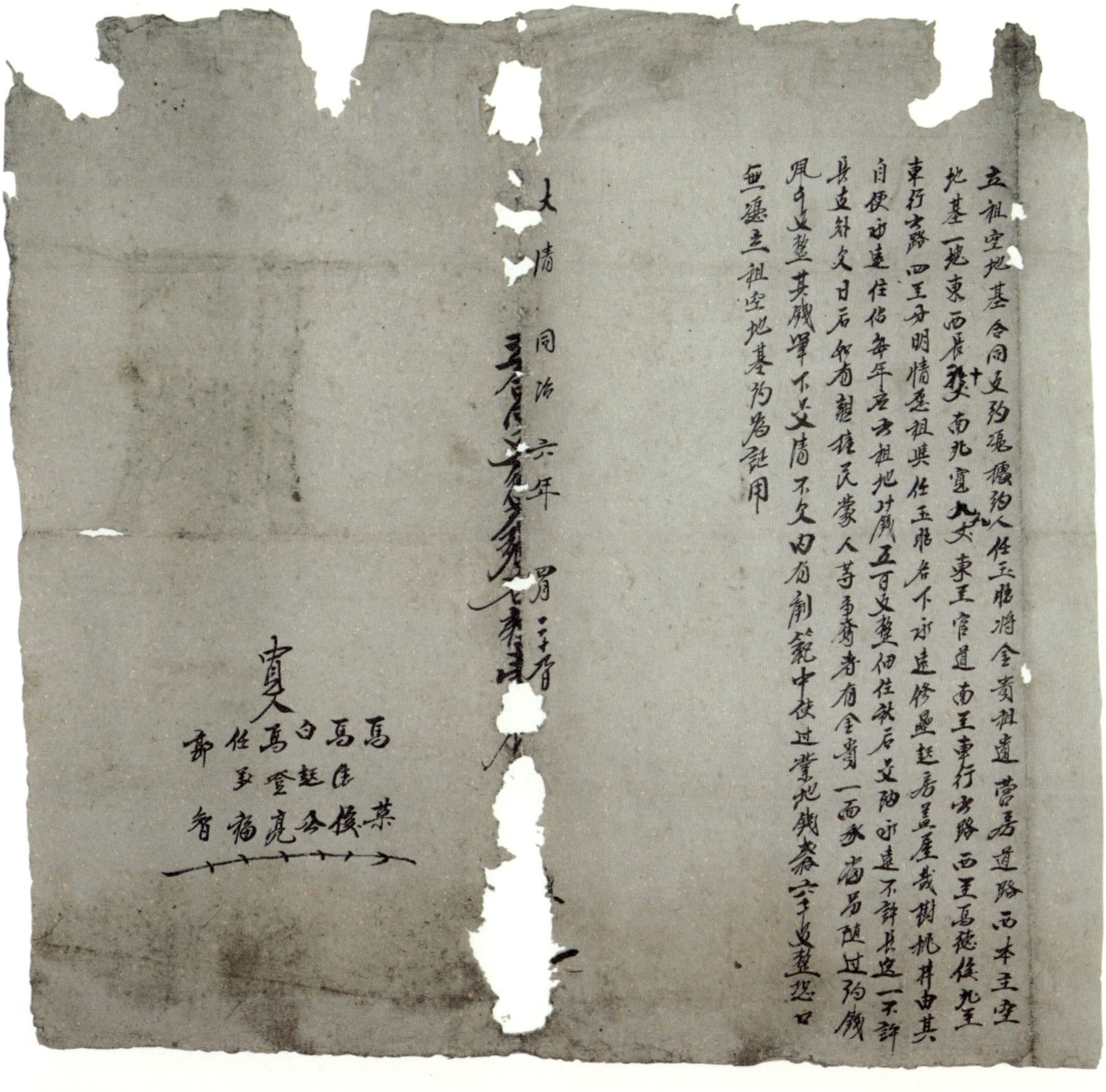

立祖空地基合同文約憑據約人任玉聯將金貴祖遺營房道路西本主空
地基一塊東西長拾十丈南北寬九丈東至官道南至車行出路西至馬德俊北至
車行出路四至分明情愿祖與任玉根名下永遠修蓋起房蓋屋栽樹挖井由其
自便永遠住佔每年應出祖地錢五百文整佃住就后交納永遠不許長支一不許
長支欠文日后如有親族人等爭奪者有金貴一面承當另隨过約錢
現年文整其錢筆下交清不欠因有別議中保过業地錢拾六千文整恐口
無憑立祖空地基約為証用

大清同治六年 月二十七日

實
馬葉 馬住俊 白趙公 馬登亮 任玉福 郝智

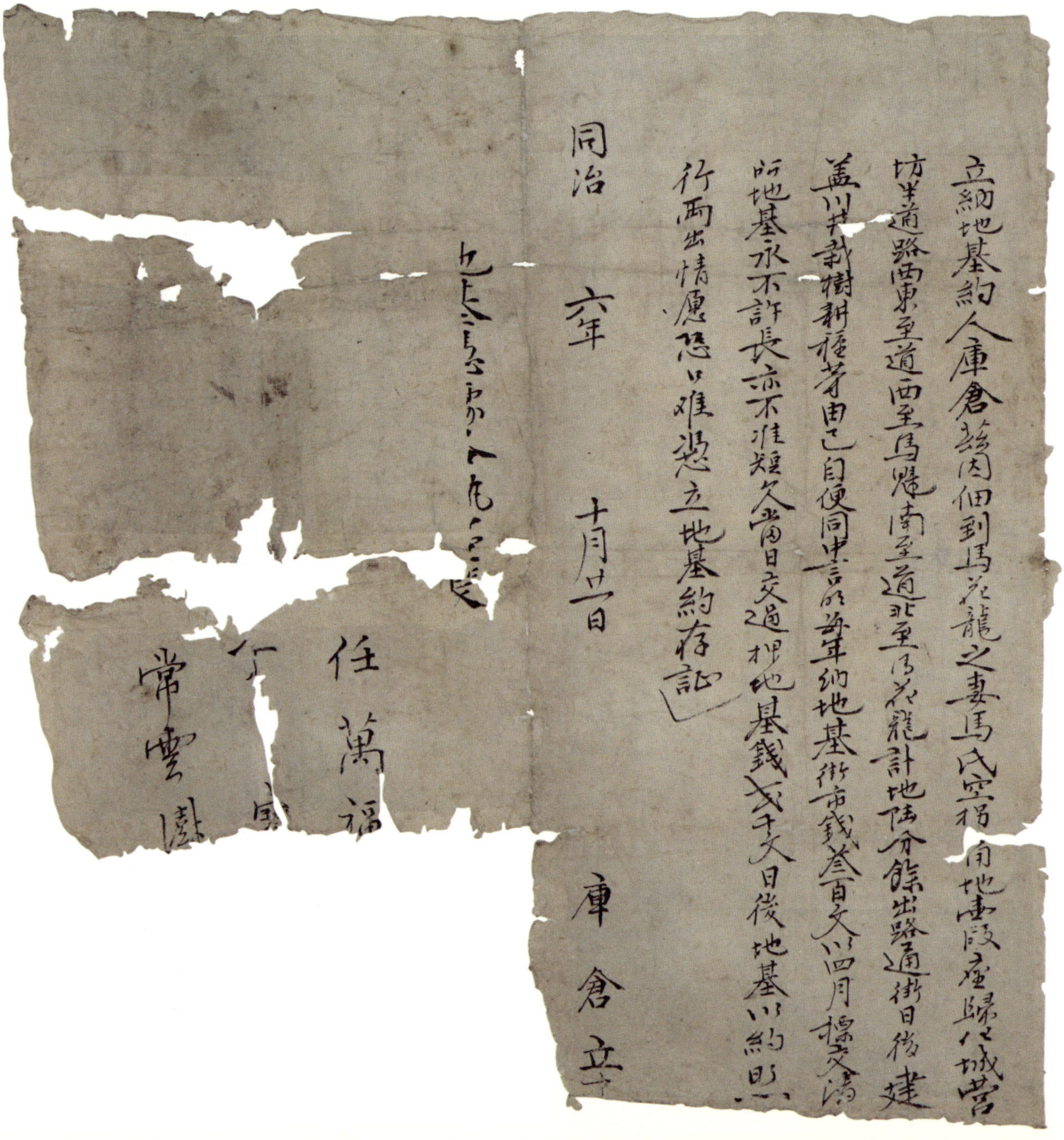

立租地基約人庫倉茲因佃到馬花龍之妻馬氏空場南地壹段座歸化城營坊半道路西東至道西至馬姓南至道北至馬花龍計地陆分餘出路通街日後建蓋川井栽樹耕種等由己自便同中言明每年納地基街市錢叁百文以四月標交清所地基永不許長[illegible]不准短欠當日交過押地基錢弍千文日後地基以約照行兩出情愿恐口難憑立地基約存証

同治六年十月廿一日 庫倉立

任萬福

常雲[illegible]

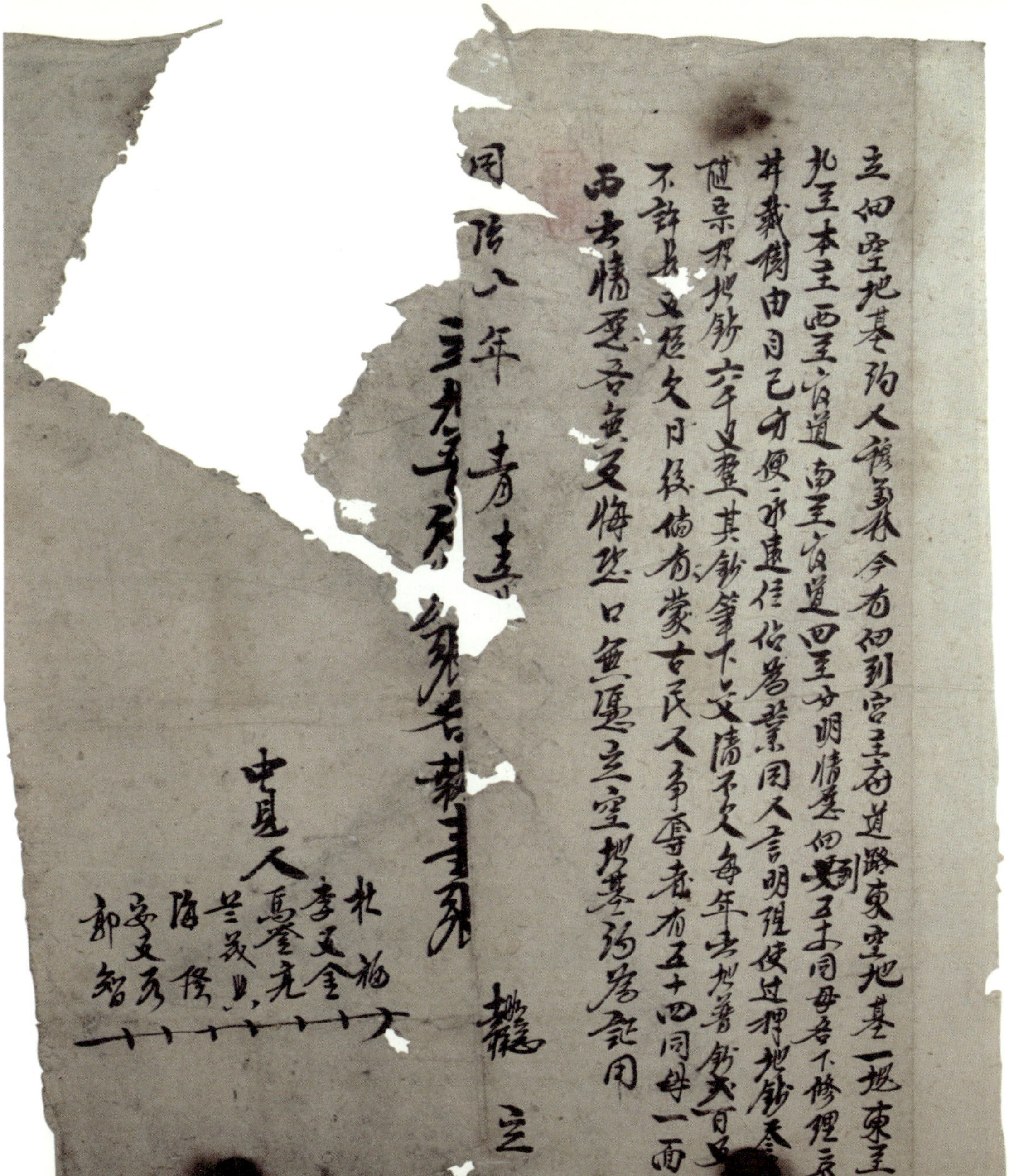

立佃空地基約人張五林今有佃到官主府道路東空地基一塊東至海登

北至本主西至官道南至官道四至分明情愿佃到與子孫同母吾不修理房屋銚

井栽樹由自己方便永遠住佔為業同人言明理使過押地錢叁[illegible]

随樂押地錢六千文整其錢筆下交清不欠人每年出地普錢式百五[illegible]

不許長支短欠月後倘有蒙古民人爭奪者有五十四同母一面承當

兩出情愿各無反悔恐口無憑立空地基約為証用

同治八年 青 吉 [illegible] 立

[illegible]

中見人 杜福 李文全 馬登亮 王義山 海僧 安文秀 郭智

立佃地基約人趙亮今佃到金印十間房路東空地基壹塊情愿自己佃到永遠住佔起造房屋栽種樹枚挖井走水出入開门由其自便所有四至長短東西寬壹拾弍丈五尺南北柒丈五尺北至馬姓南至北長成東至王姓西至大道四至分明同中言定現使過押地錢壹拾千文其錢筆下交清不欠每年地譜市錢柒百文限至十月標憑摺取錢自立約之后不準長取短欠亦不許長迭而两出情愿永無異説日后以有蒙民人等爭碍者有金印一面承當恐口無憑立約存証

大清同治十年四月十八日　趙亮立十

同治十三年十二月芳吉夫分之千人

中人　賈貫十　文玉祥十　劉福十　孟世魁十　周存禮十

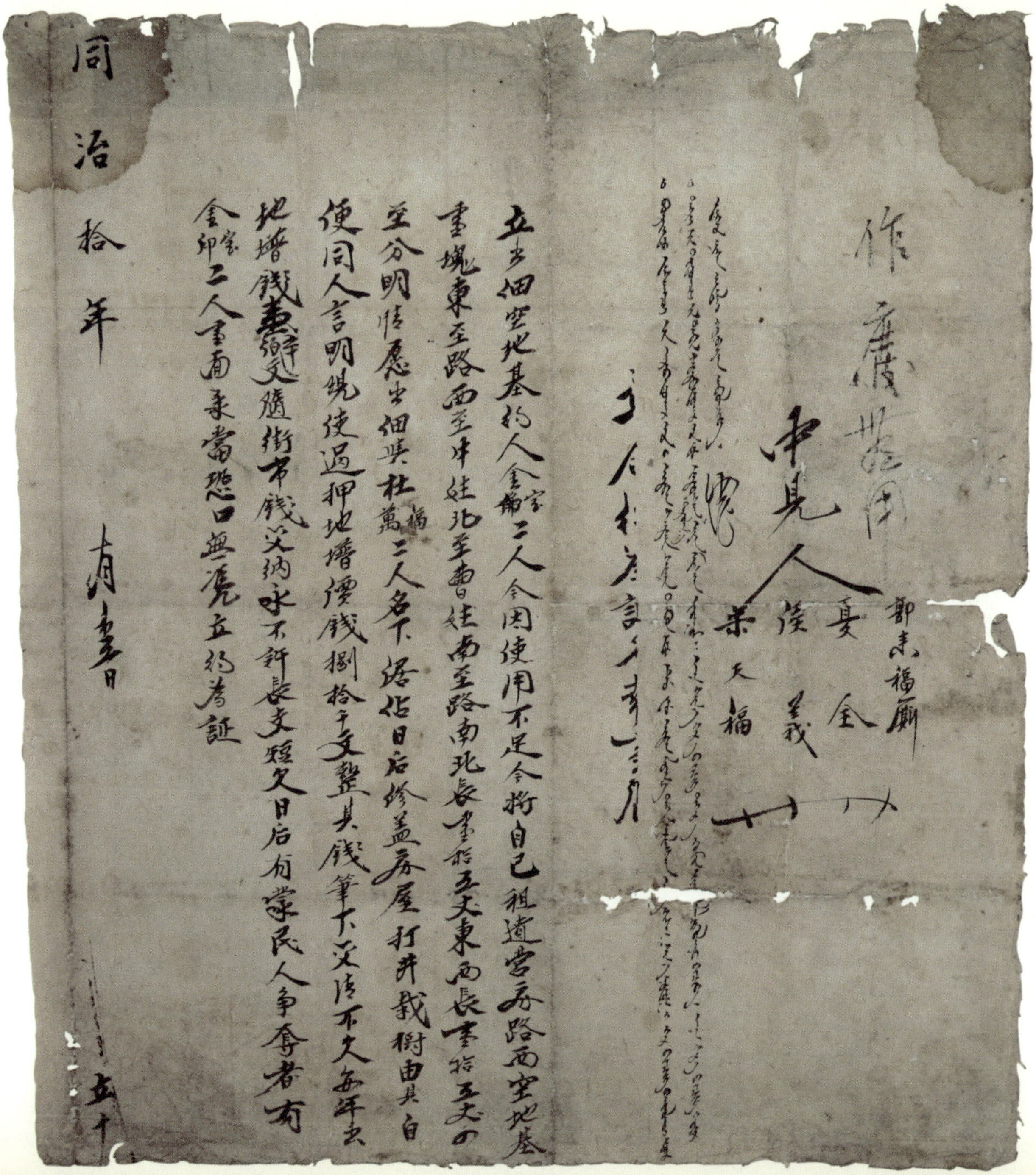
立出佃空地基約人金錦宝二人今因使用不足今將自己祖遺営房路西空地基
壹塊東至路西至牛姓北至曹姓南至路南北長壹拾五丈東西長壹拾五丈四
至分明情愿出佃與杜萬福二人名下居住日后修盖房屋打井栽樹由其自
便同人言明現使過押地增價錢捌拾千文整其錢筆下交清不欠每年出
地增錢壹伍百文随街市錢交納永不許長支短欠日后有蒙民人争奪者有
金錦宝二人壹面承當恐口無凭立約為證

中見人 鄭東福 晏全 陳義 宋天福

同治拾年 有 日 立

重立出賣永遠房地約人归化城蒙古金寶、金印同母蘇因原地[illegible]係祖於乾隆五十五年置買自己祖遺護口水旱地六頃，與兄顧清分種承業。

嘉慶二十二年因夫祖欠先[illegible]款[illegible]當官將顧清所種地一半典賣於楊喜鳳名下，以結租錢，日后許顧姓備價取贖。下剩水旱地三項，清水一分半。

顧清承種作價二百二十千，至道光十七年顧毅於三項地内將村東之六十畝典與賈登漢名下，約載錢到回贖。咸豐五年顧深之孫顧存仁向賈

登漢名下備價取贖，此地賈登漢托故不放，經控潢府堂訊，結賞登漢贖價錢五十六千八百文，地归蒙古原約存案。此五十六千八百錢係

出顧姓原地，依旧結舊數，顧姓承種。賈登漢見地归顧姓，賈登漢尋訟，至同治十年延訟未息，經人說合，又使過顧姓錢一百二十千文，共

地三項，共使過地價錢三百四十千文，每年秋后出租錢一十六千文。重立新約與賈姓，毫無干涉。日后再有別人爭奪者，有地

主蒙古金寶、金印一面承當。恐后無憑，立永遠合同約存照。

水旱分推賈秉[illegible]、賈發鼓名下承遠澆灌耕種，與蒙古另作新約。

大清同治十年十二月十三日 立

知見人
馬元 十
王水福 十
烏尔貢布 十
根焕 十
郝全福 十

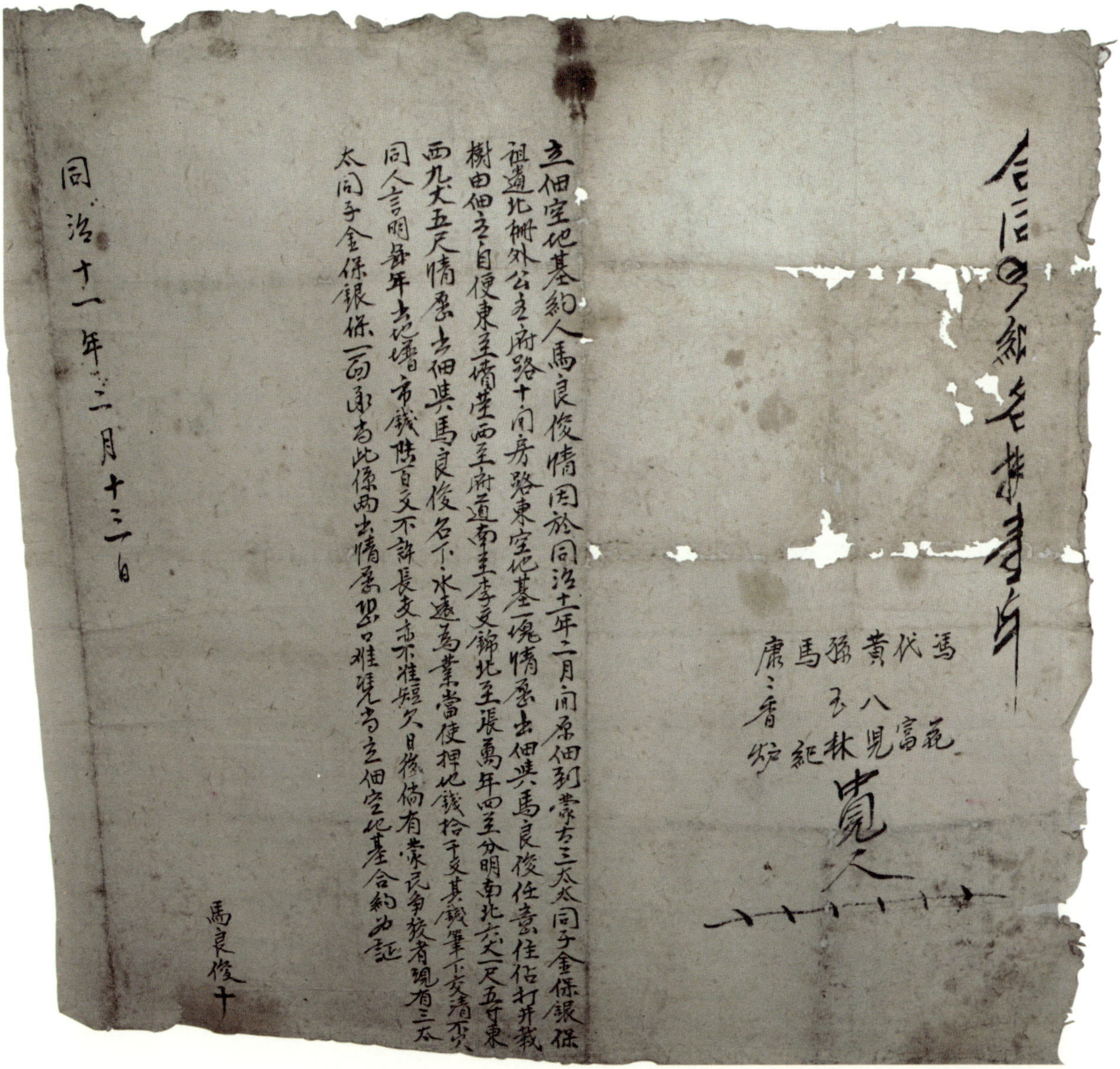
立佃空地基約人馬良俊情因於同治十一年二月間原佃到蔡古三太太同子金保銀保
祖遺北柵外公主府路十间房路東空地基一塊情愿出佃與馬良俊任意住佔打井栽
樹由佃主自便東至墳塋西至府道南至李文錦北至張萬年四至分明南北六丈一尺五寸東
西九丈五尺情愿出佃與馬良俊名下永遠為業當使押地錢拾千文其錢筆下交清不欠
同人言明每年出地增市錢陸百文不許長支亦不准短欠日後倘有蔡民争執者現有三太
太同子金保銀保一面承當此係兩出情愿恐口難憑立此佃空地基合約為証

馮花 代富 黃八兒 孫玉林 馬紀 康三香炉

見人

同治十一年二月十二日

馬良俊 十

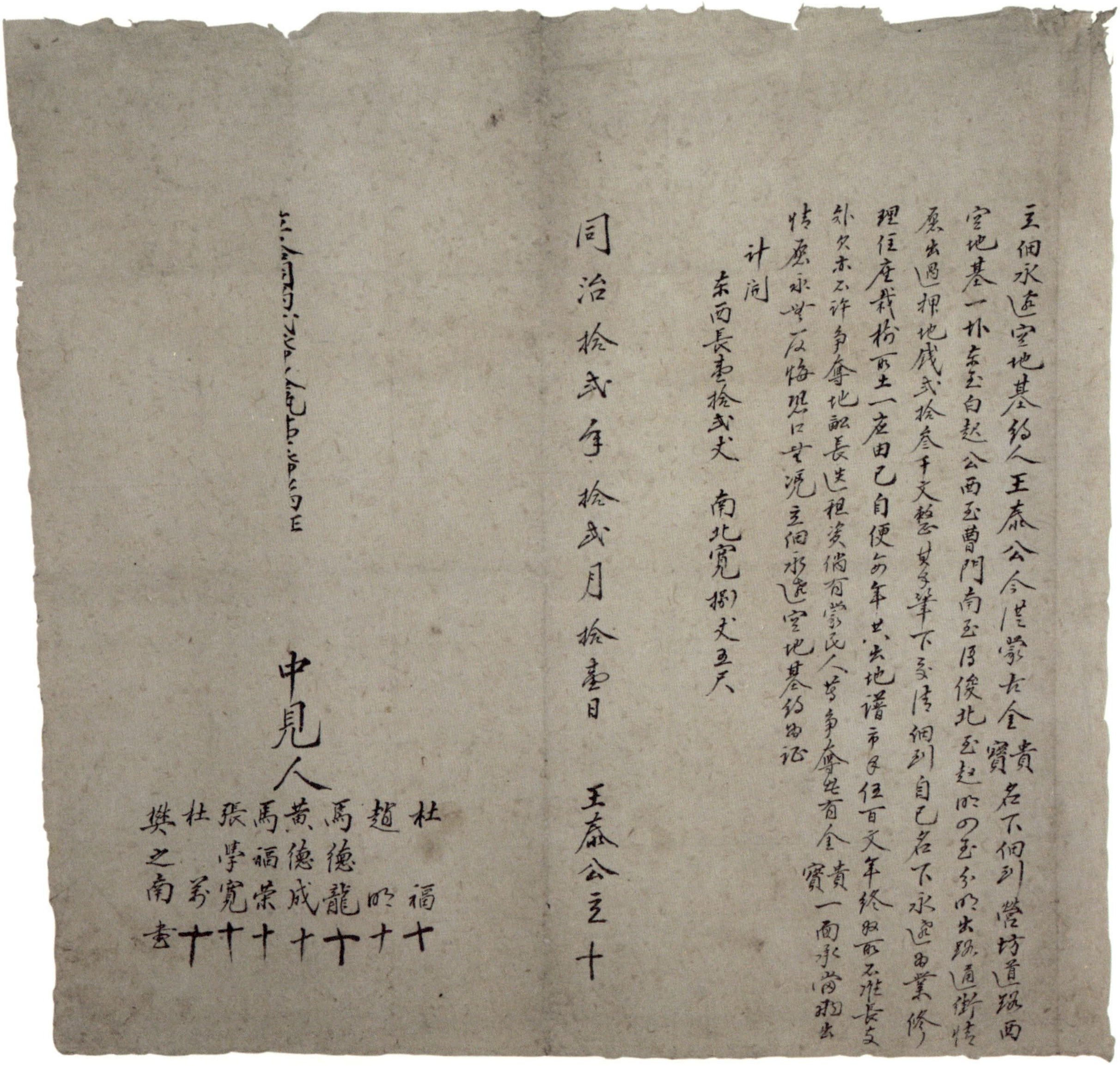

立佃永遠空地基約人王泰公今淂蒙古金貴名下佃到營坊道路西
空地基一塊東至白起公西至曹門南至得俊北至趙明四至分明出路通街情
愿出過押地錢弍拾叁千文整其錢筆下交清佃到自己名下永遠為業修
理住座栽樹取土一應由己自便每年共出地譜市錢伍百文年終收取不准長支
外欠亦不許爭奪地畝長遠租資倘有蒙民人等爭奪悉有金貴一面承當做出
情愿永無反悔恐口無憑立佃永遠空地基約為證

計開

東西長壹拾弍丈　南北寬捌丈五尺

同治拾弍年拾弍月拾壹日　王泰公立 十

中見人
杜福 十
趙明 十
馬德龍 十
黄德成 十
馬福榮 十
張學寬 十
杜茂 十
樊之南書

光绪年

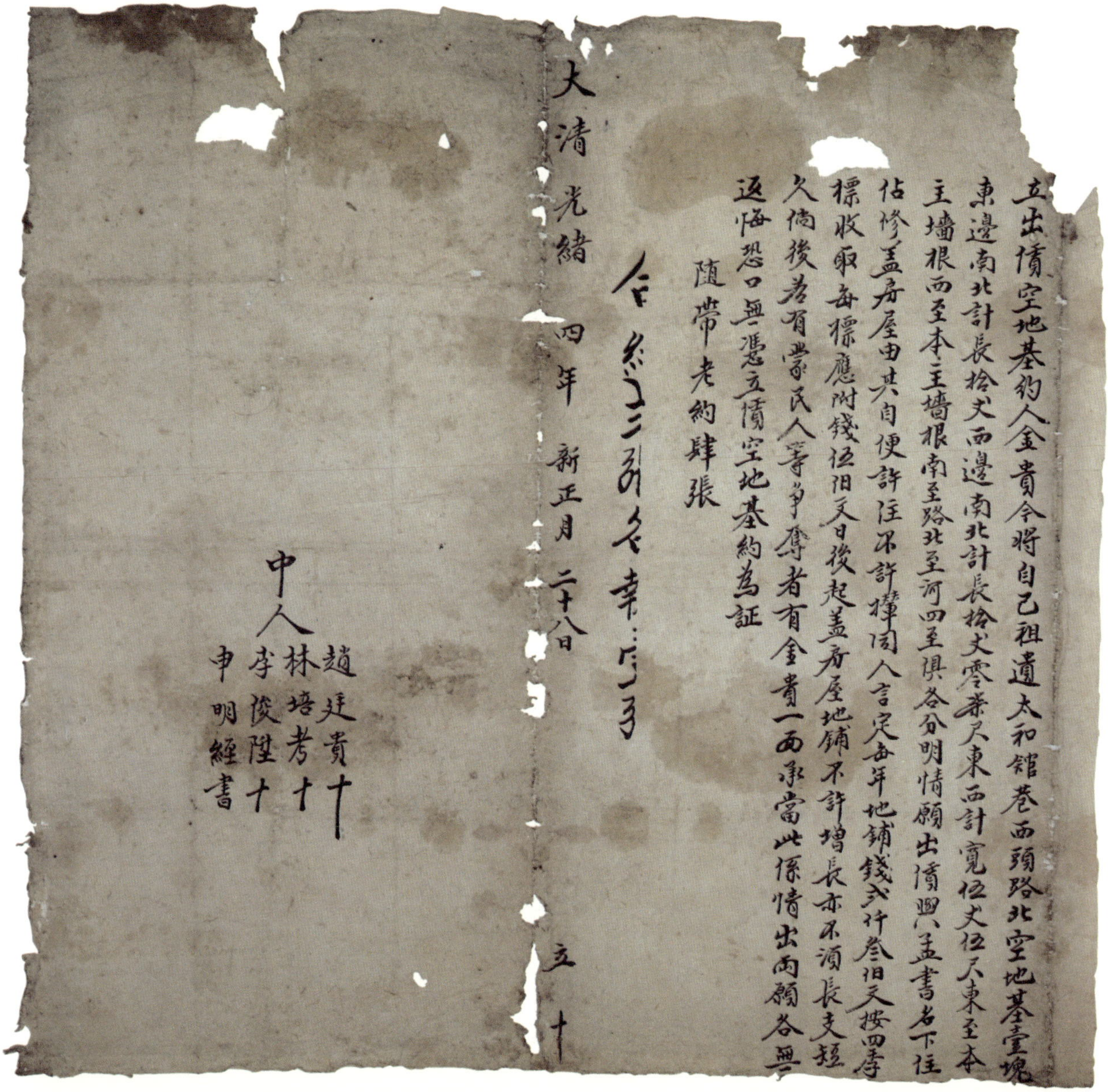
立出賃空地基約人金貴今將自己祖遺太和館巷西頭路北空地基壹塊
東邊南北計長拾丈西邊南北計長拾丈零柒尺東西計寬伍丈伍尺東至本
主墻根西至本主墻根南至路北至河四至俱各分明情願出賃與孟書名下住
佔修蓋房屋由其自便許住不許攆回人言定每年地鋪錢弍仟叁佰文按四季
標收取每標應附錢伍佰文日後起蓋房屋地鋪不許增長亦不須長支短
欠倘後若有蒙民人等爭奪者有金貴一面承當此係情出兩願各無
返悔恐口無憑立賃空地基約為証
隨帶老約肆張

大清光緒四年新正月二十八日 立 十

中人 趙廷貴十
林培考十
李俊陞十
申明經書

立佃空地基文約人曾禄今佃[illegible]下應分到祖遺營坊道路西空地基壹
塊東西寬八丈弍尺五南北長十五丈東至任姓西至馬姓南至曾姓北至巷路
四至分明同人言明情愿出佃與曾禄名下任由建蓋房屋打井栽樹起土由己自
便永遠為業現使過佃價大錢[illegible]十文整其錢筆下交清不欠車行向東走路
出水通至官街倘有蒙氏人等爭奪者有金保一力承當恐口無憑立佃空
地基文約為証每年出菜古地普街市錢伍百文按秋后取

光緒四年六月廿五日　曾禄立十

立合同[illegible]

中見人　馬萬銀十　任萬魁十　丁貴十　馮花十　丁玉十　馬昌十

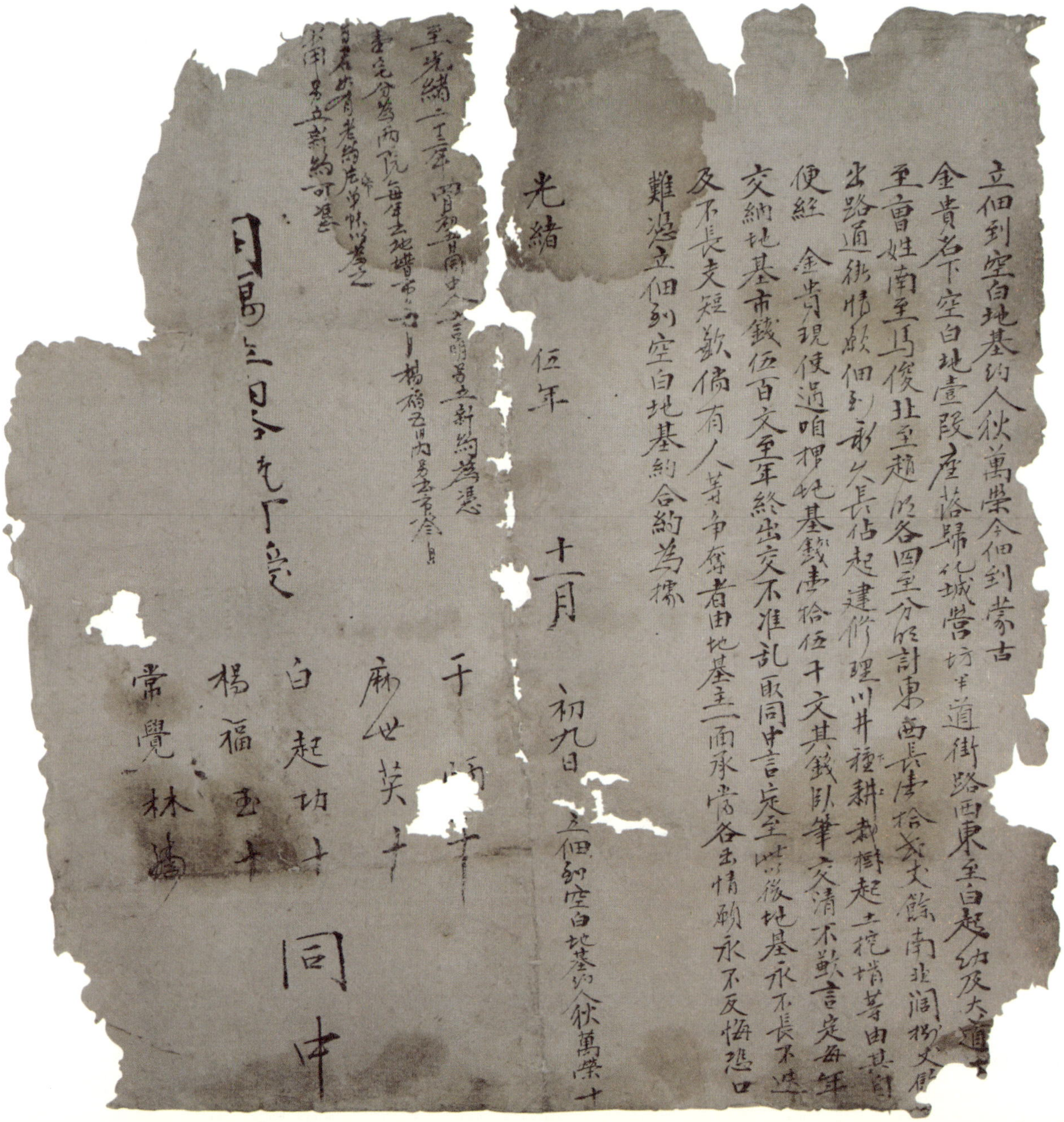

立佃到空白地基约人秋萬榮今佃到蒙古
金貴名下空白地壹段座落歸化城營坊半道街路西東至白起功及大道
至曹姓南至馬俊北至趙姓各四至分明計東西長壹拾叁丈餘南北闊拾丈餘
出路道街情願佃到永遠長佔起建修理川井種耕栽樹起土挖坑等由其自
便經 金貴現使過咱押地基錢壹拾伍千文其錢卧筆交清不欠言定每年
交納地基市錢伍百文至年終出交不准乱取同中言定至此後地基永不長不送
及不長支短歉倘有人等争奪者由地基主一面承當各出情願永不反悔恐口
難憑立佃到空白地基約合約為據

光緒 伍年 十一月 初九日 立佃到空白地基约人秋萬榮 十

同中

千 福 十

麻世英 十

白起功 十

楊福 十

常覺林 押

至光緒二十二年四月初四日同中人言明另立新約為憑
其地分為兩院每年出地譜市錢一千 楊福五月內另出市錢叁千
倘有出有老約居單帖以為之
廢另立新約可憑

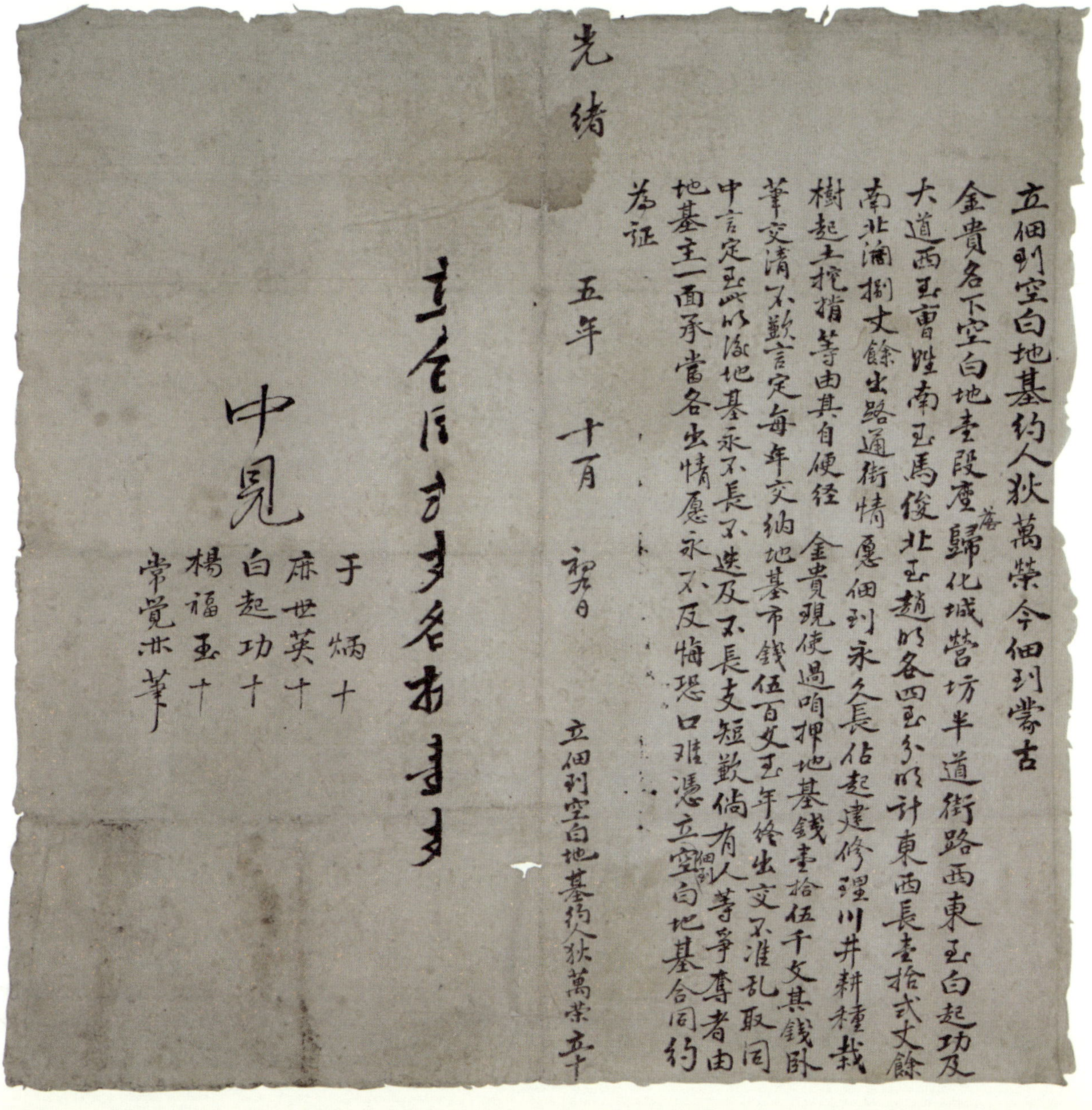
立佃到空白地基约人狄萬榮今佃到嘗古
金貴名下空白地壹段座落歸化城營坊半道街路西東至白起功及
大道西至曹姓南至馬俊北至趙姓各四至分明計東西長壹拾弍丈餘
南北濶捌丈餘出路通街情愿佃到永久長佔起建修理川井耕種栽
樹起土挖指等由其自便経 金貴現使過咱押地基錢壹拾伍千文其錢卧
筆交清不欠言定每年交納地基市錢伍百文至年終出交不准乱取同
中言定至此以後地基永不長不迭及不長支短欠倘有人等爭奪者由
地基主一面承當各出情愿永不反悔恐口难憑立佃到空白地基合同约
為証

光緒 五年 十月 初 日 立佃到空白地基约人狄萬榮 立十

中見
于炳十
麻世英十
白起功十
楊福玉十
常覺洪筆

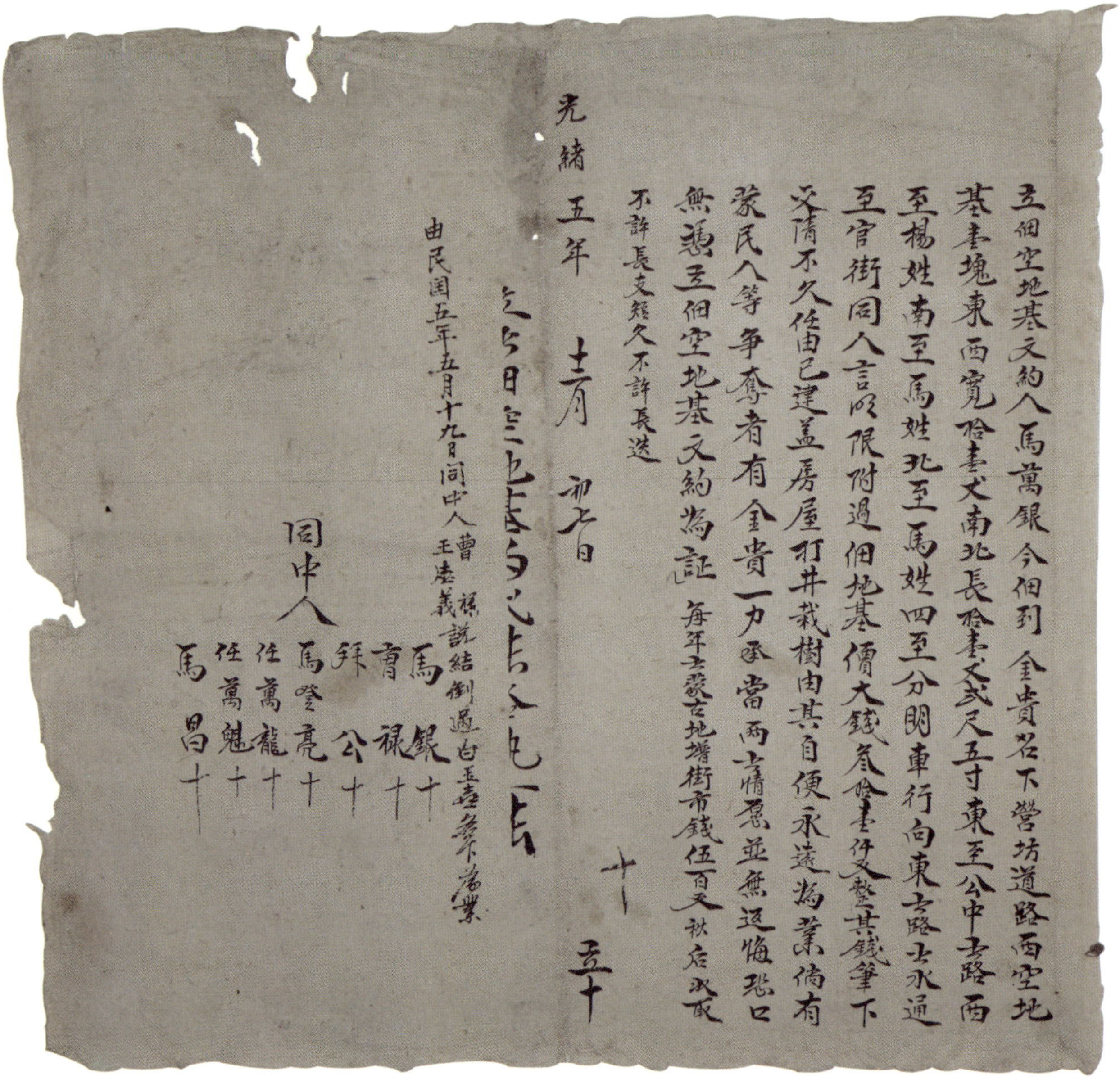

立佃空地基文約人馬萬銀今佃到 金貴名下營坊道路西空地
基壹塊東西寬拾壹丈南北長拾壹丈弍尺五寸東至公中出路西
至楊姓南至馬姓北至馬姓四至分明車行向東出路出水通
至官街同人言明限附過佃地基價大錢叁拾壹仟文整其錢筆下
交清不久任由己建蓋房屋打井栽樹由其自便永遠為業倘有
蒙民人等爭奪者有金貴一力承當兩出情愿並無返悔恐口
無憑立佃空地基文約為証 每年出蒙古地增街市錢伍百文 秋后收取
不許長支短欠不許長送

光緒五年十二月初七日 立

十一 五十

又六日王也喜白之丈九尺一丈

由民国五年五月十九日同中人曹禄 王建義說結倒過白玉喜名下為業

同中人
馬銀十
曹禄十
拜公十
馬登亮十
任萬龍十
任萬魁十
馬昌十

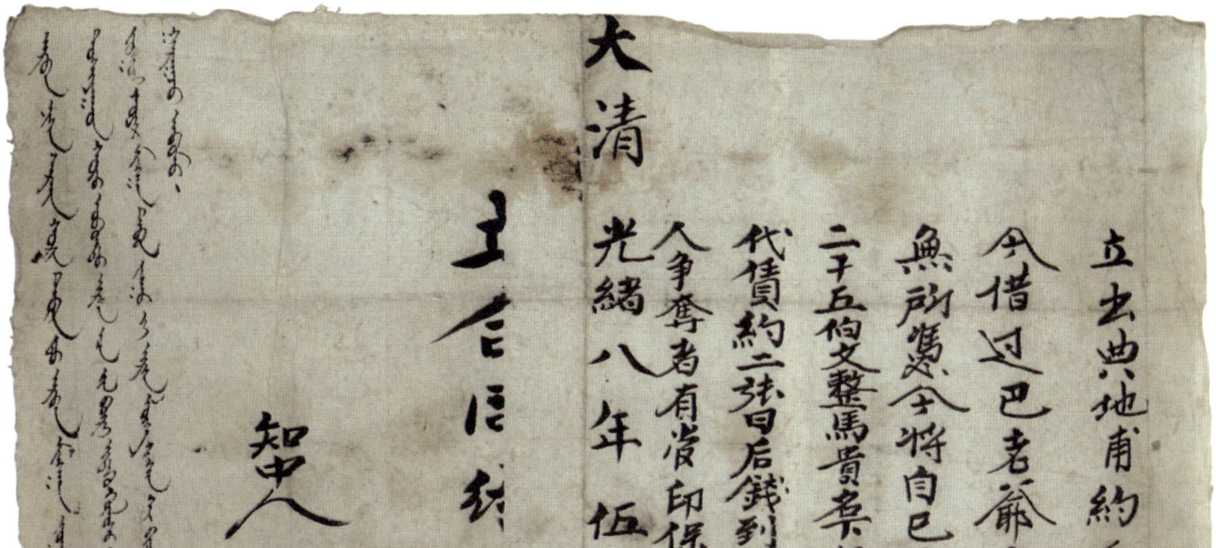

立出典地甫約人官印保仝因使用不足
仝借过巴老爺名下外兑錢二拾仟文整 因
無所凑仝将自巳營房路西霍掌櫃条收吃七千錢
二千五伯文整馬貴条每年收吃外兑錢二千五百文以抵利息隨
代借約二張日后錢到回贖如錢不到不計年限倘有蒙民
人争奪者有當印保一面承當恐口無凴立當約存照用
大清
光緒八年伍月二十三日 立
知中人 長海 六十五

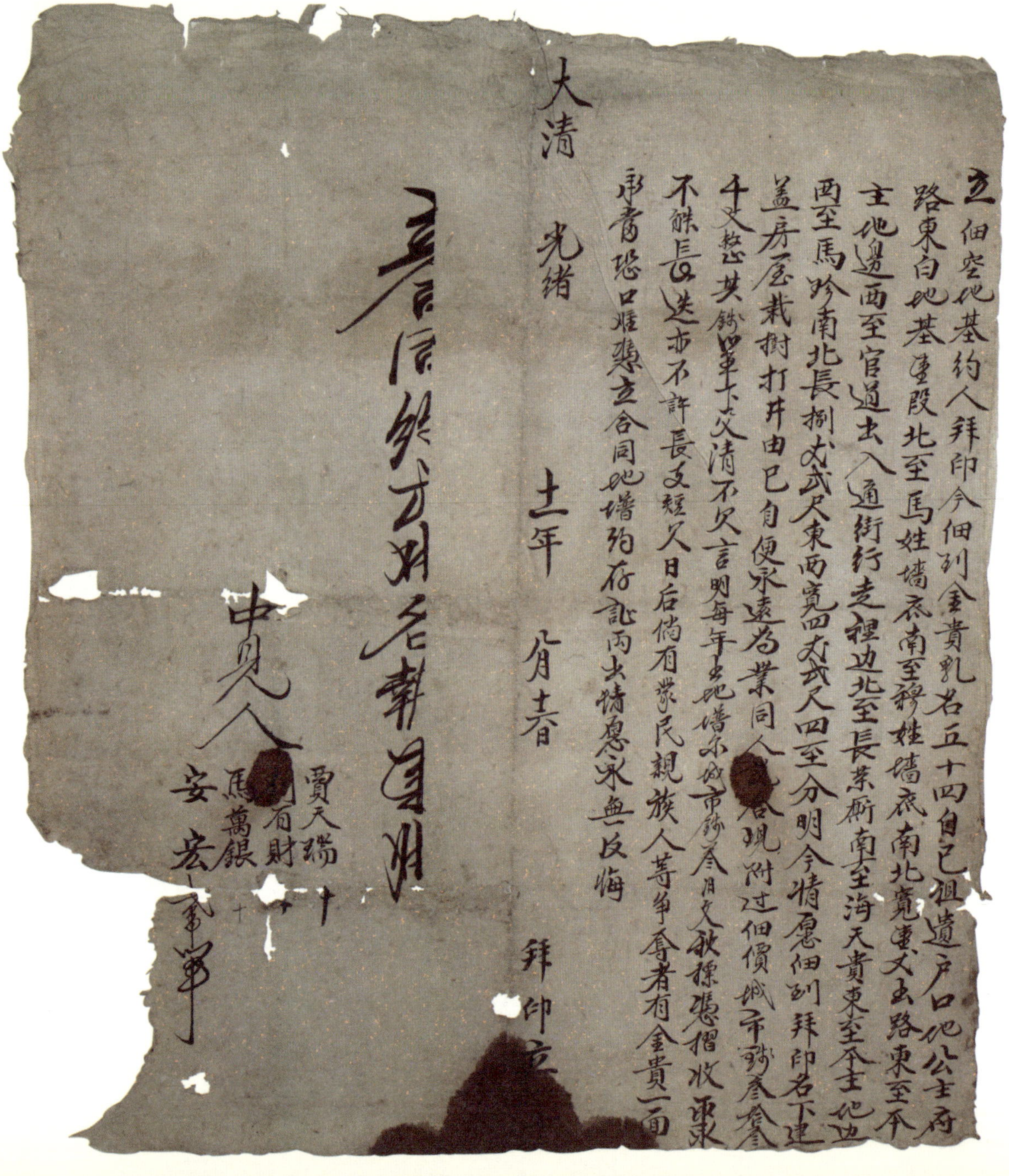

立佃空地基约人拜印今佃到金贵乳名五十四自己祖遺户口地公主府
路東白地基壹段北至馬姓墙底南至穆姓墙底南北寬壹丈五尺路東至本
主地边西至官道出入通街行走裡边北至長業廝南至海天貴東至本主地边
西至馬珍南北長捌丈弍尺東西寬四丈弍尺四至分明今情愿佃到拜印名下建
盖房屋栽樹打井由已自便永遠為業同人言明現附过佃價城市錢叁
千文整其錢筆下交清不欠言明每年出地譜城市錢叁百文秋標憑摺收取
不能長迭亦不許長支短欠日后倘有蒙民親族人等争奪者有金贵一面
承當恐口難憑立合同地譜约存証両出情愿永無反悔

大清光绪十一年二月十五日　拜印立

立合同約兩張各執壹張

中見人　賈天瑞十　馬有財十　馬萬银十　安宏軍

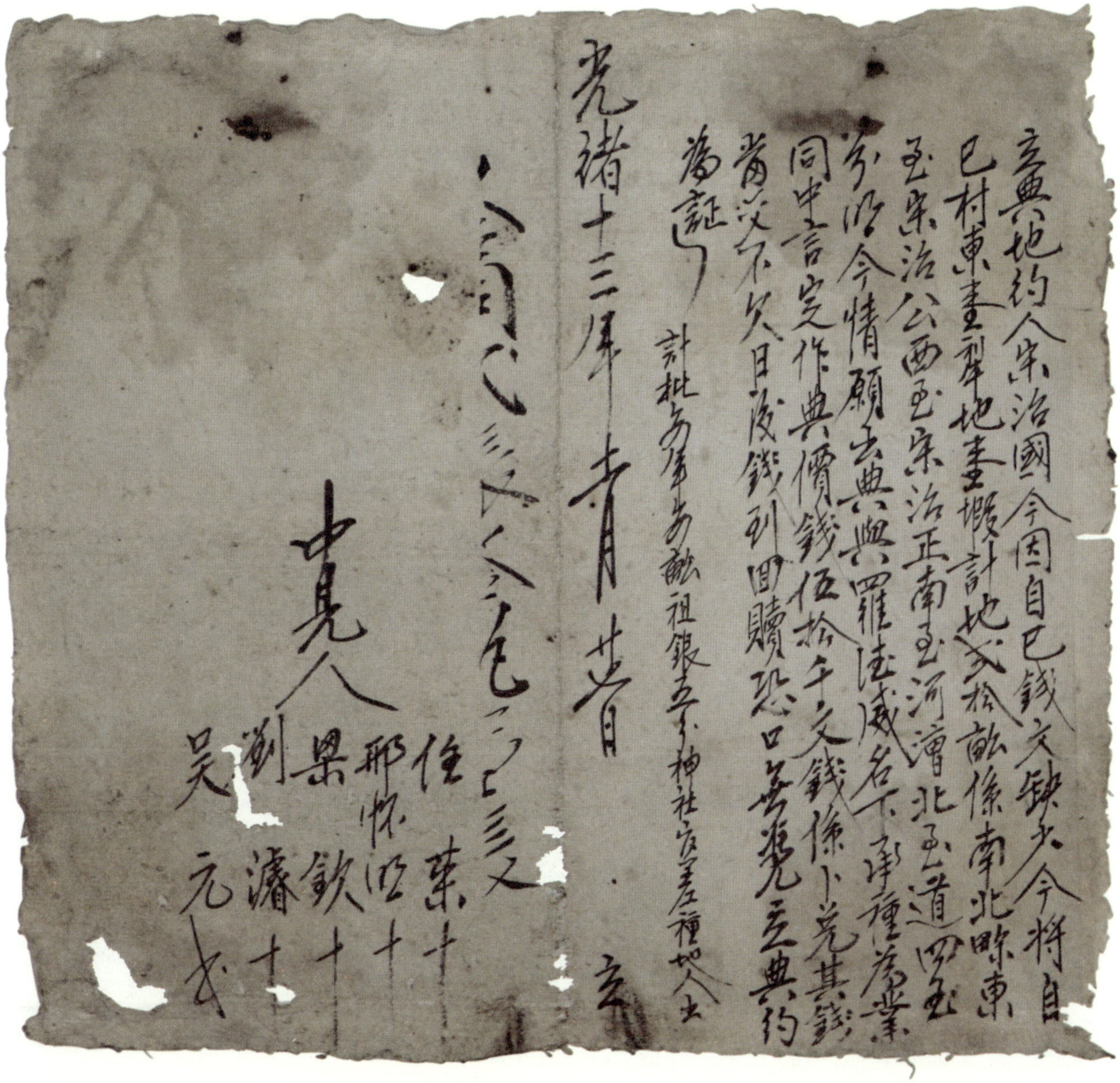

立典地約人宋治國今因自己錢文缺少今將自
己村東壹犁地壹塅計地弍拾畝係南北畛東
至宋治公西至宋治正南至河漕北至道四至
分明今情願出典與羅德威名下承種為業
同中言定作典價錢伍拾千文錢係卜兑其錢
當交不欠日後錢到回贖恐口無憑立典約
為證
計批每年每畝租銀五分神社在承種地人出
光緒十三年十月廿四日立
中見人
任葉十
郝懷冰十
梁欽十
劉濬十
吴元式

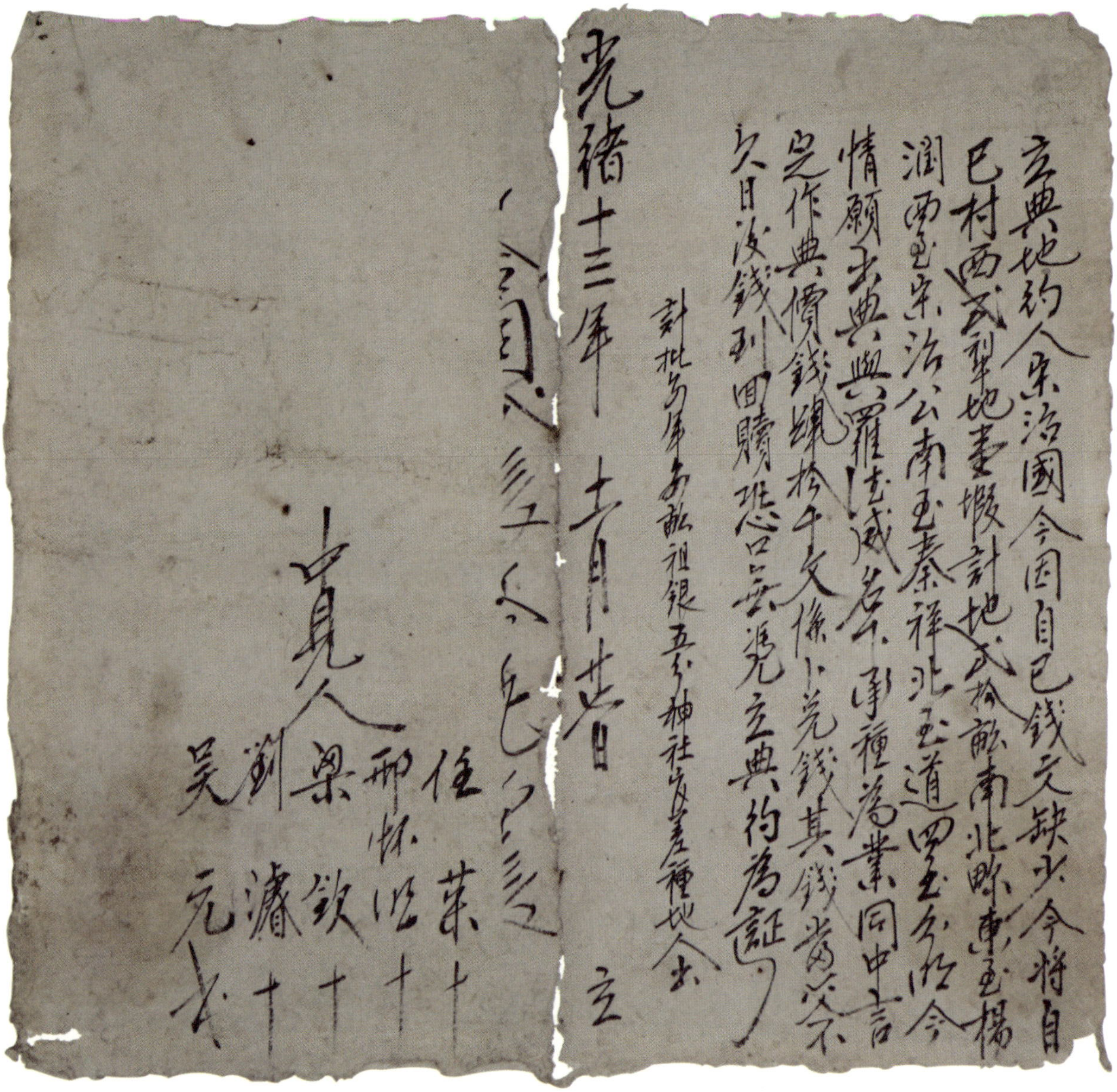

立典地约人宋治国，今因自己钱文缺少，今将自
己村西贰犁地壹段，计地贰拾亩，南北畛，东至杨
润，西至宋治公，南至秦祥，北至道，四至分明，今
情愿出典与罗佳成名下承种为业，同中言
定作典价钱捌拾千文，係下交钱，其钱当交不
欠，日后钱到回赎，恐口无凭，立典约为证。

計地每年每亩租银五分，神社收差，種地人出。

光绪十三年十一月廿一日 立

見人
任荣 十
邢怀旺 十
梁钦 十
刘濬 十
吴元长

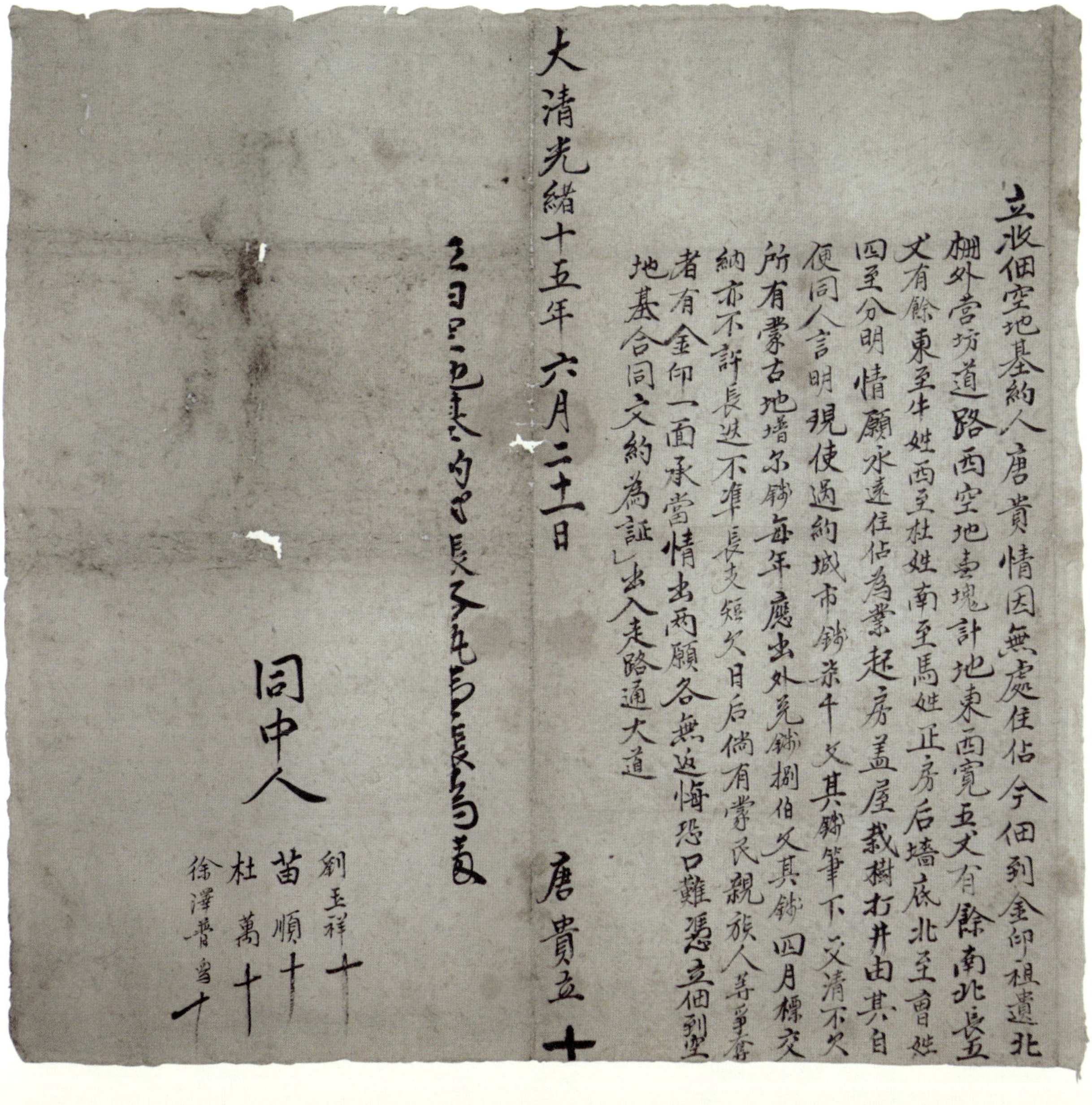

立收佃空地基約人唐貴情因無處住佔今佃到金印祖遺北
柵外營坊道路西空地壹塊計地東西寬五丈有餘南北長五
丈有餘東至牛姓西至杜姓南至馬姓正房后墻底北至曾姓
四至分明情願永遠住佔為業起房蓋屋栽樹打井由其自
便同人言明現使過約城市錢柒千文其錢筆下交清不欠
所有蒙古地增尔錢每年應出外兑錢捌伯文其錢四月標交
納亦不許長迭不準長支短欠日后倘有蒙民親族人等爭奪
者有金印一面承當情出兩願各無返悔恐口難憑立佃到空
地基合同文約為証 〻出入走路通大道

大清光緒十五年六月二十日　唐貴立 十

[illegible]

同中人
劉玉祥 十
苗順 十
杜萬 十
徐澤普書 十

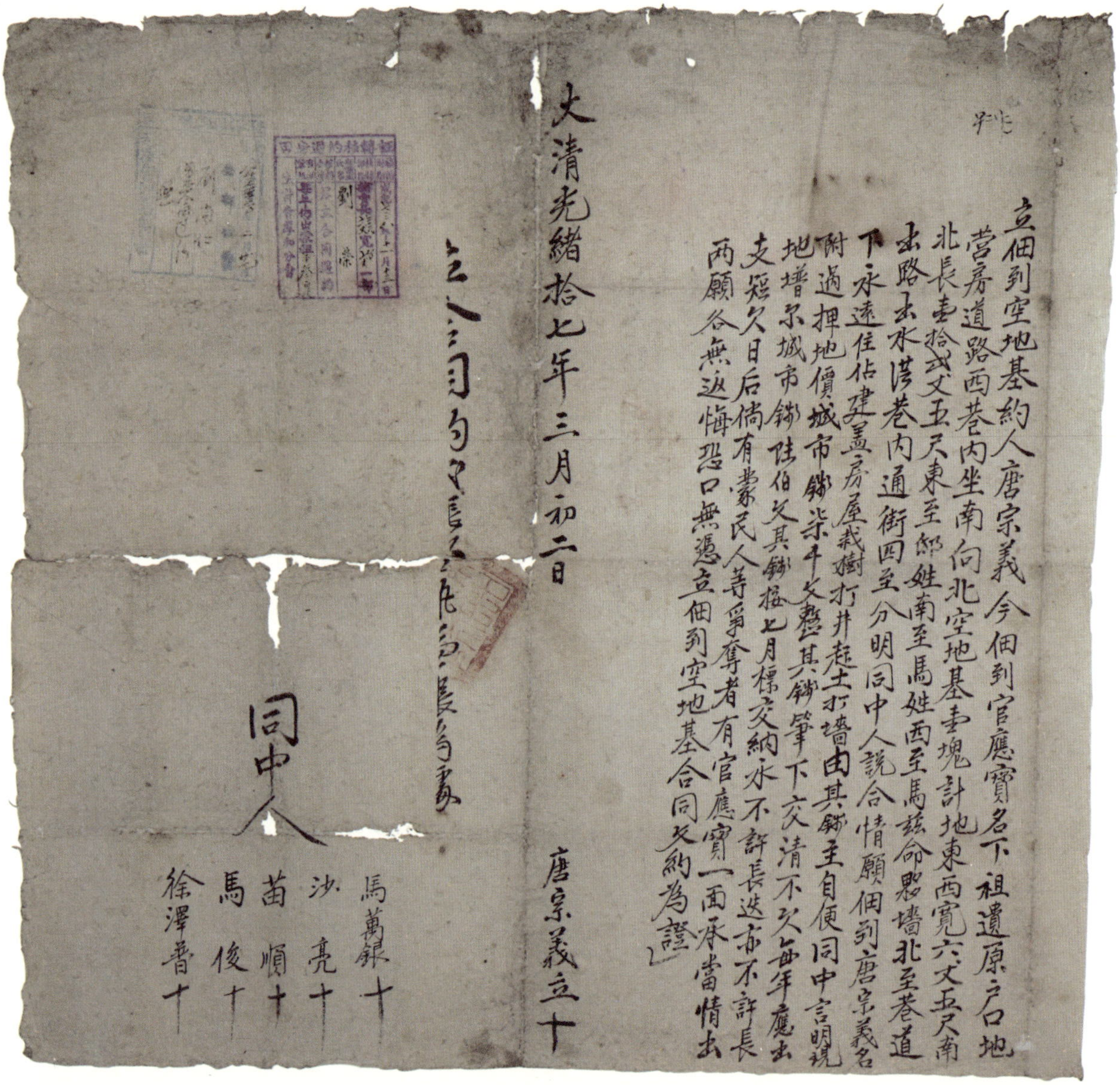

立佃到空地基約人唐宗義今佃到官應寶名下祖遺原户口地
營房道路西巷内坐南向北空地基壹塊計地東西寬六丈五尺南
北長壹拾弍丈五尺東至邸姓南至馬姓西至馬茲命墻北至巷道
出路出水落巷内通街四至分明同中人說合情願佃到唐宗義名
下永遠住佔建蓋房屋栽樹打井起土打墻由其錢主自便同中言明現
附過押地價城市錢柒千文整其錢筆下交清不欠每年應出
地増系城市錢陆伯文其錢按七月標交納永不許長迭亦不許長
支短欠日后倘有蒙民人等爭奪者有官應寶一面承當情出
兩願各無返悔恐口無憑立佃到空地基合同文約為證

大清光緒拾七年三月初二日　唐宗義立十

同中人　馬萬銀十　沙亮十　苗順十　馬俊十　徐澤普十

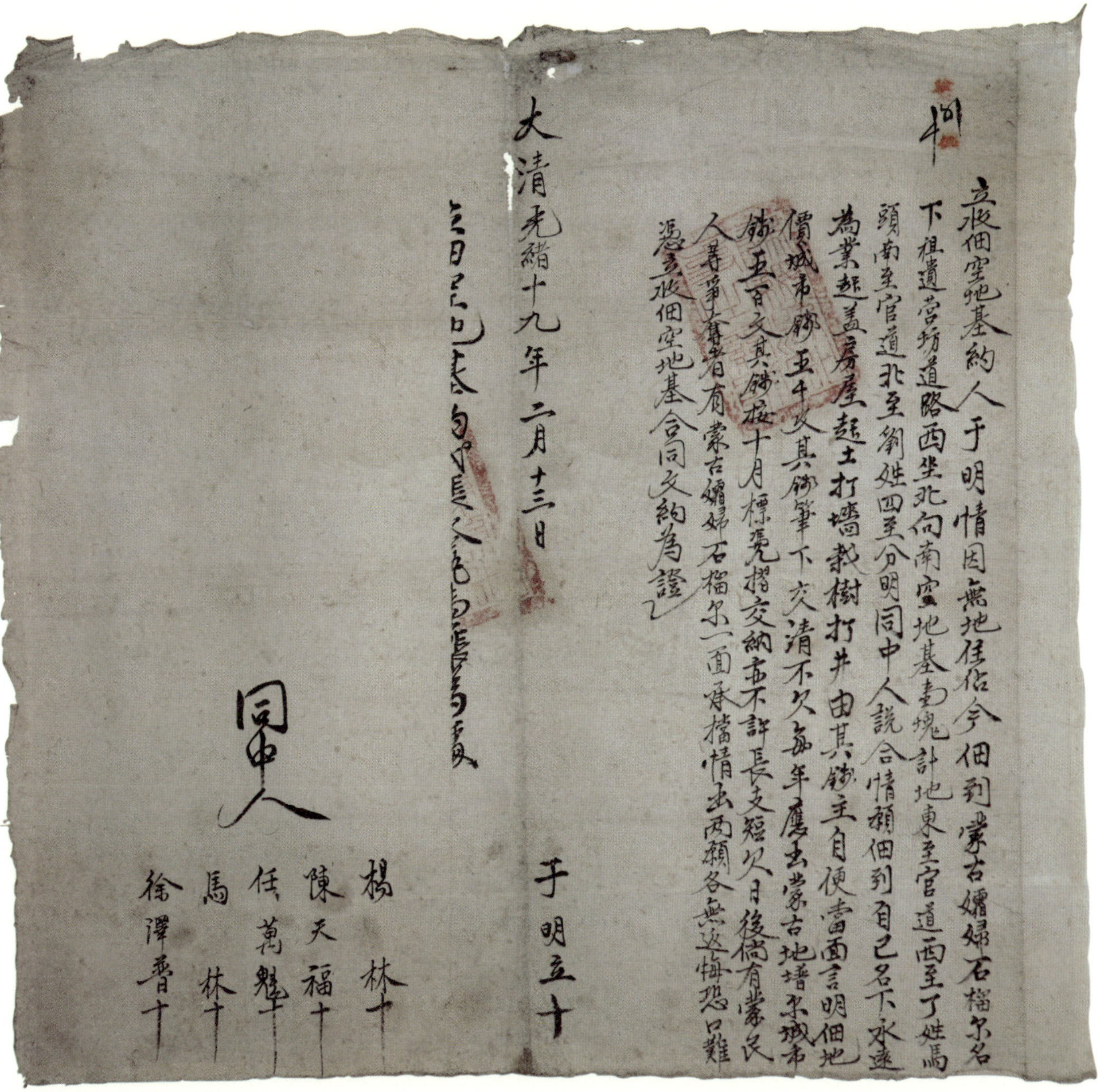

押

立永佃空地基約人于明情因無地住佔今佃到蒙古孀婦石榴尔名下祖遺營房道路西坐北向南空地基壹塊計地東至官道西至丁姓馬頭南至官道北至劉姓四至分明同中人說合情願佃到自己名下永遠為業起蓋房屋起土打墻栽樹打井由其錢主自便當面言明佃地價城市錢五千文其錢筆下交清不欠每年應出蒙古地增米城市錢五百文其錢按十月標兑摺交納無不許長支短欠日後倘有蒙民人等爭奪者有蒙古孀婦石榴尔一面承擋情出兩願各無返悔恐口難憑立永佃空地基合同文約為證

大清光緒十九年二月十三日

[illegible]

于明立十

同中人

楊林十

陳天福十

任萬魁十

馬林十

徐澤普十

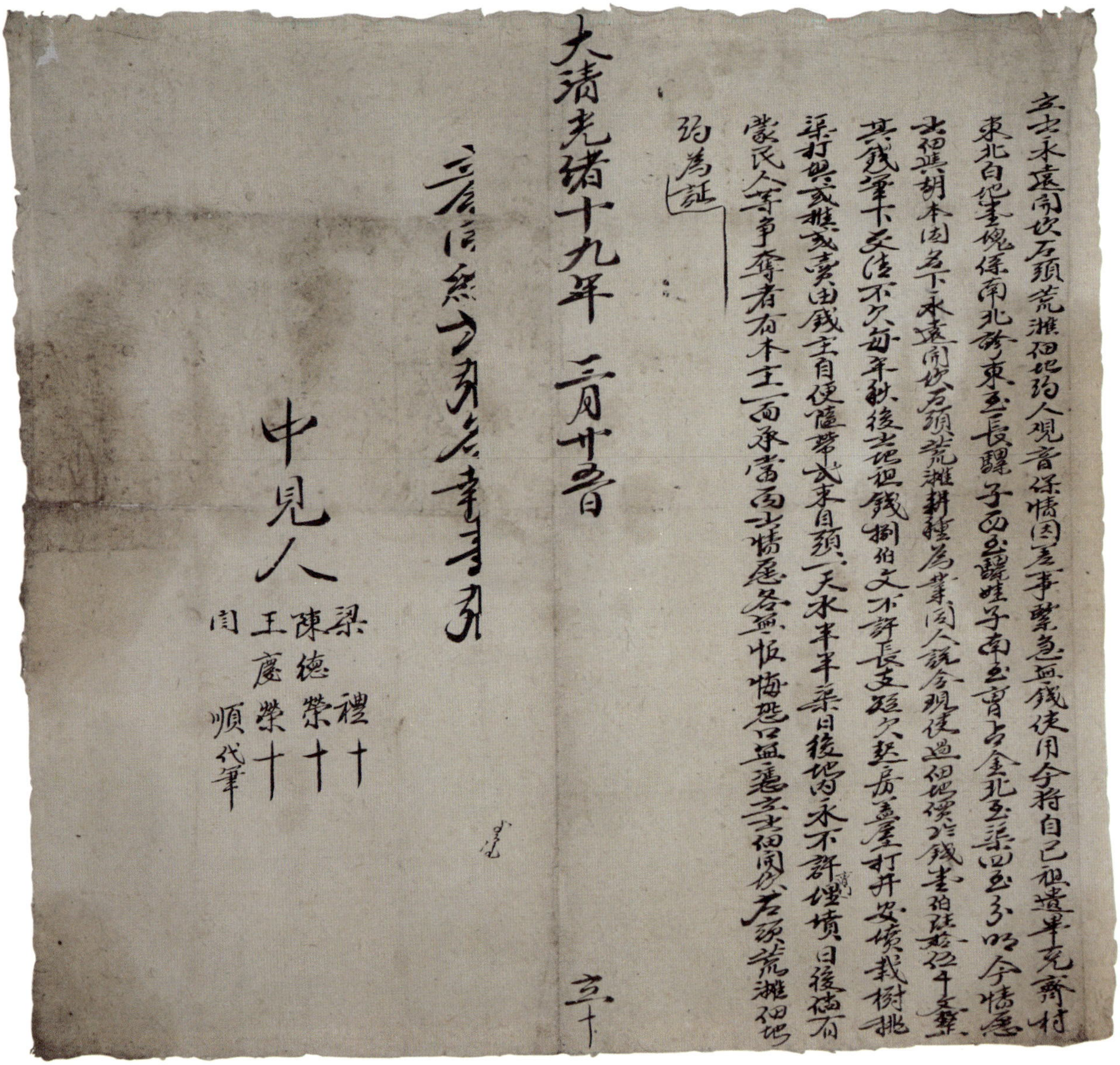

立出永遠開攻石頭荒灘佃地約人觀音保，情因差事緊急，無錢使用，今將自己祖遺半克齊村東北白地壹塊，係南北畛，東至長醜子，西至醜娃子，南至官占，北至渠，四至分明。今情愿出佃與胡本國名下永遠開攻石頭荒灘耕種為業。同人說合，現使過佃地價作錢壹伯陸拾千文整，其錢筆下交清不欠。每年秋後出地租錢捌伯文，不許長支短欠。起房蓋屋、打井安墳、栽樹挑渠打壩，或推或賣，由錢主自便。隨帶戈末自頭一天水半半渠。日後地內永不許埋墳。日後倘有蒙民人等爭奪者，有本主一面承當。兩出情愿，各無返悔。恐口無憑，立出佃開攻石頭荒灘佃地約為証。

大清光緒十九年三月廿一日　立十

[illegible]

中見人　梁禮十　陳德榮十　王慶榮十　閆順代筆

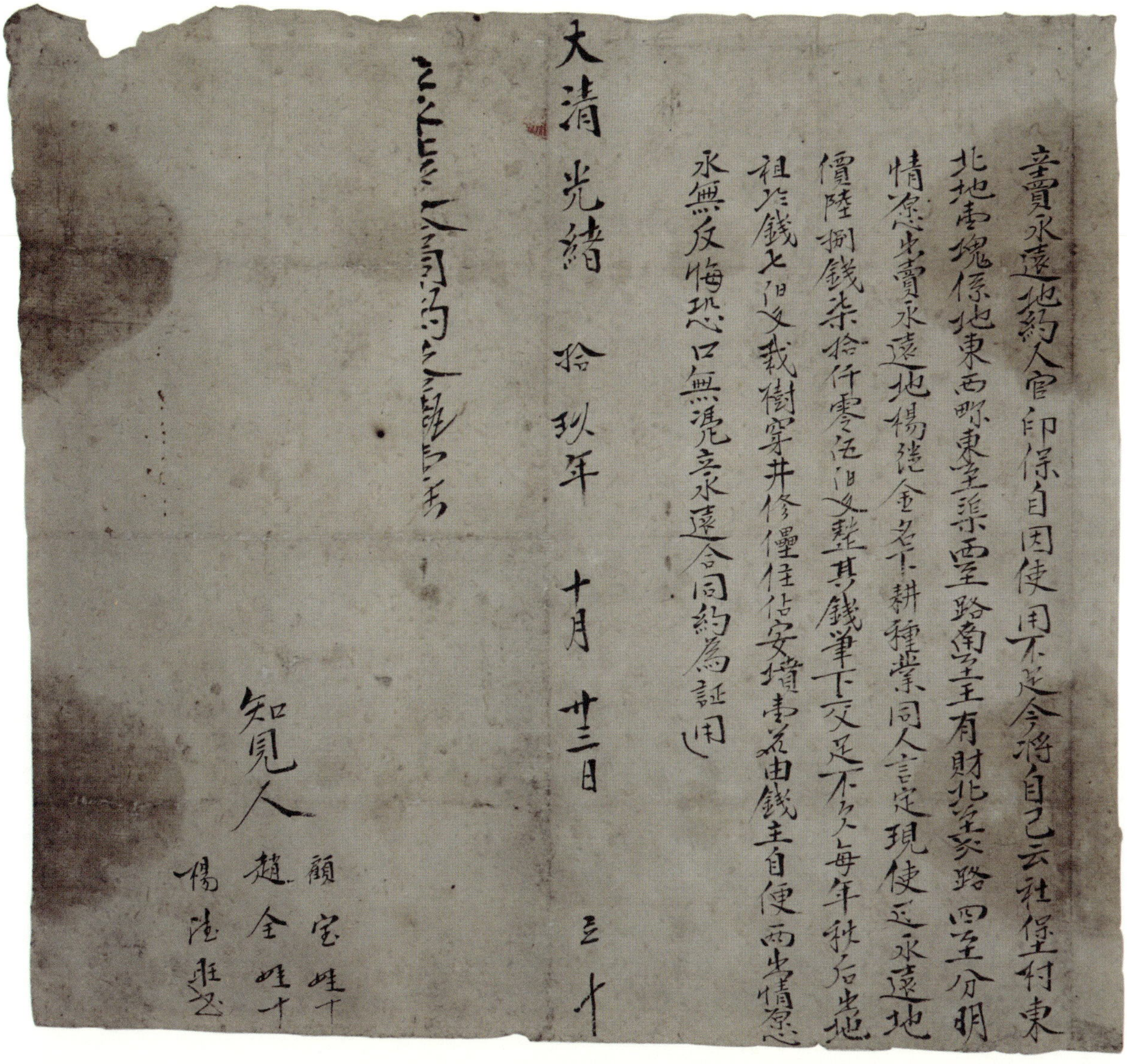
立賣永遠地約人官印保，自因使用不足，今將自己云社堡村東
北地壹塊，係地東西畛，東至渠，西至路，南至主有財，北至大路，四至分明，
情愿出賣永遠地，楊德金名下耕種為業，同人言定現使过永遠地
價陸捌錢柒拾仟零伍佰文，整其錢筆下交足不欠，每年秋后出地
租於錢七佰文，栽樹穿井修墓任作安墳，壹應由錢主自便，兩出情愿，
永無反悔，恐口無憑，立永遠合同約為証用。

大清光緒拾玖年十月廿三日 立十

知見人 顧宝 姓十 趙全 姓十 楊德旺 押

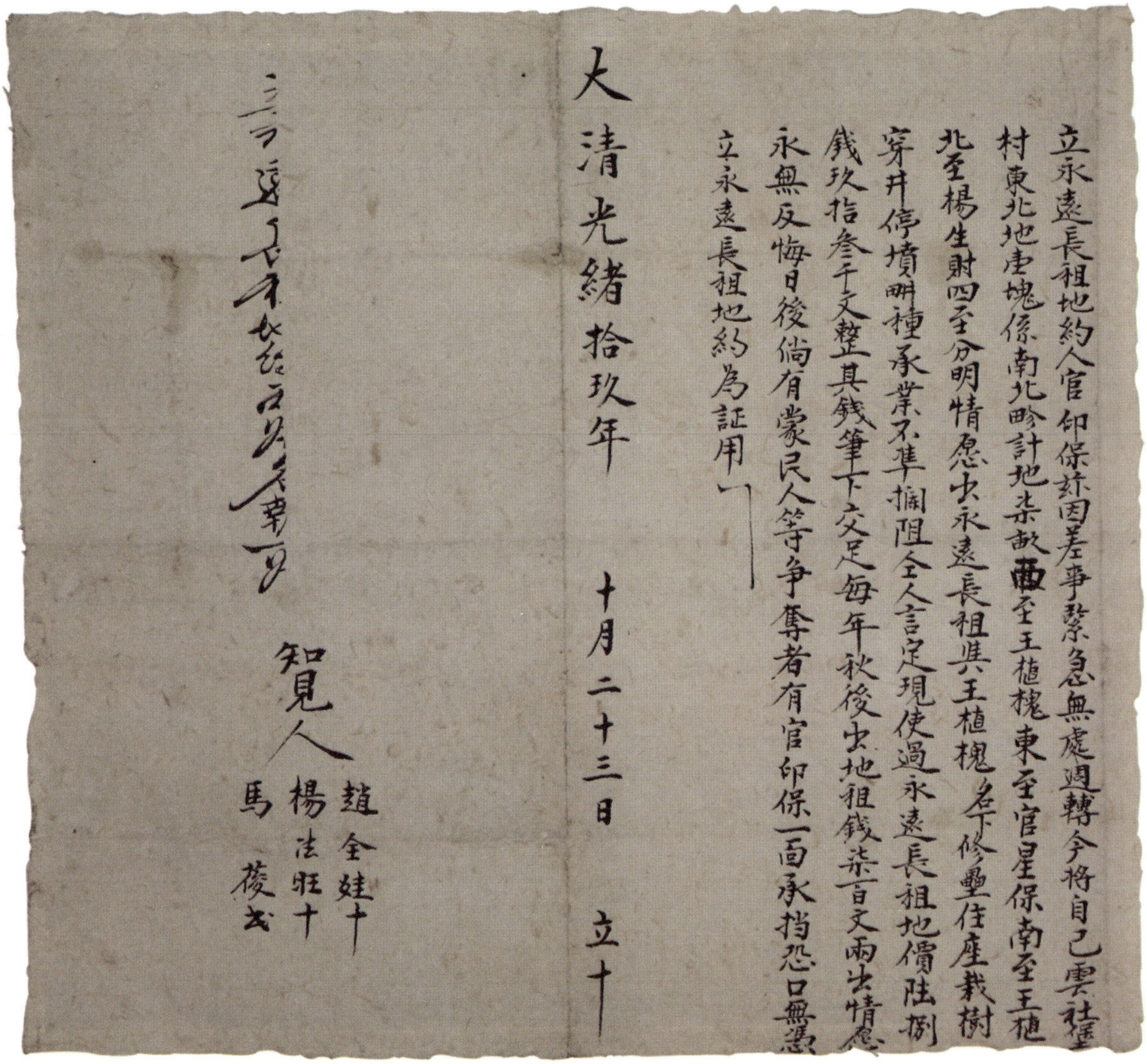

立永遠長租地約人官印保茲因差事緊急無處週轉今將自己雲社堡村東北地壹塊係南北畛計地柒畝西至王植槐東至官星保南至王植北至楊生財四至分明情愿出永遠長租與王植槐名下修壘住座栽樹穿井停墳耕種承業不準攔阻今人言定現使過永遠長租地價陸捌錢玖拾叁千文整其錢筆下交足每年秋後出地租錢柒百文兩出情愿永無反悔日後倘有蒙民人等爭奪者有官印保一面承擋恐口無憑

立永遠長租地約為証用

大清光緒拾玖年　十月二十三日　立十

[illegible]

知見人　趙全娃十　楊法旺十　馬稜書

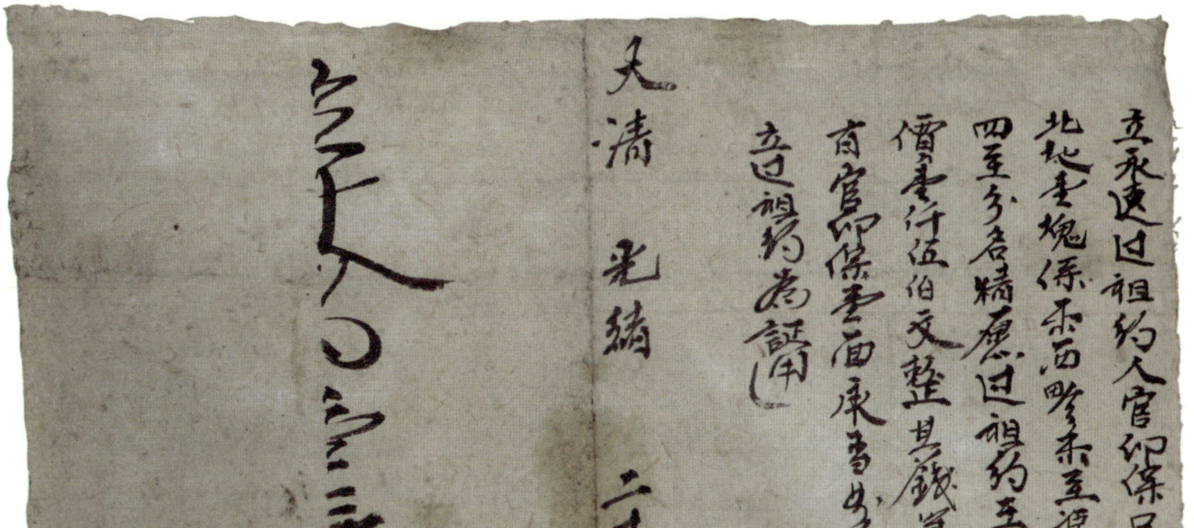

立永远过租约人官印保口使用不足今将自己雲社堡村东
北地壹塊係东西畛东至渠西至路南至顧保娃北至杨訂金
四至分名精愿过租约主有智名下同人言定现使过过租约
價壹仟伍伯文整其钱笔下交足不欠如有業民人争当有
官印保壹面承当如本年秋后出地租钱壹伯五拾文恐口無憑
立过租约為証用

大清 光绪 二十年 三月初八日 立

立人口官[illegible]

中見人 杨五斗 顾六十 呂力许

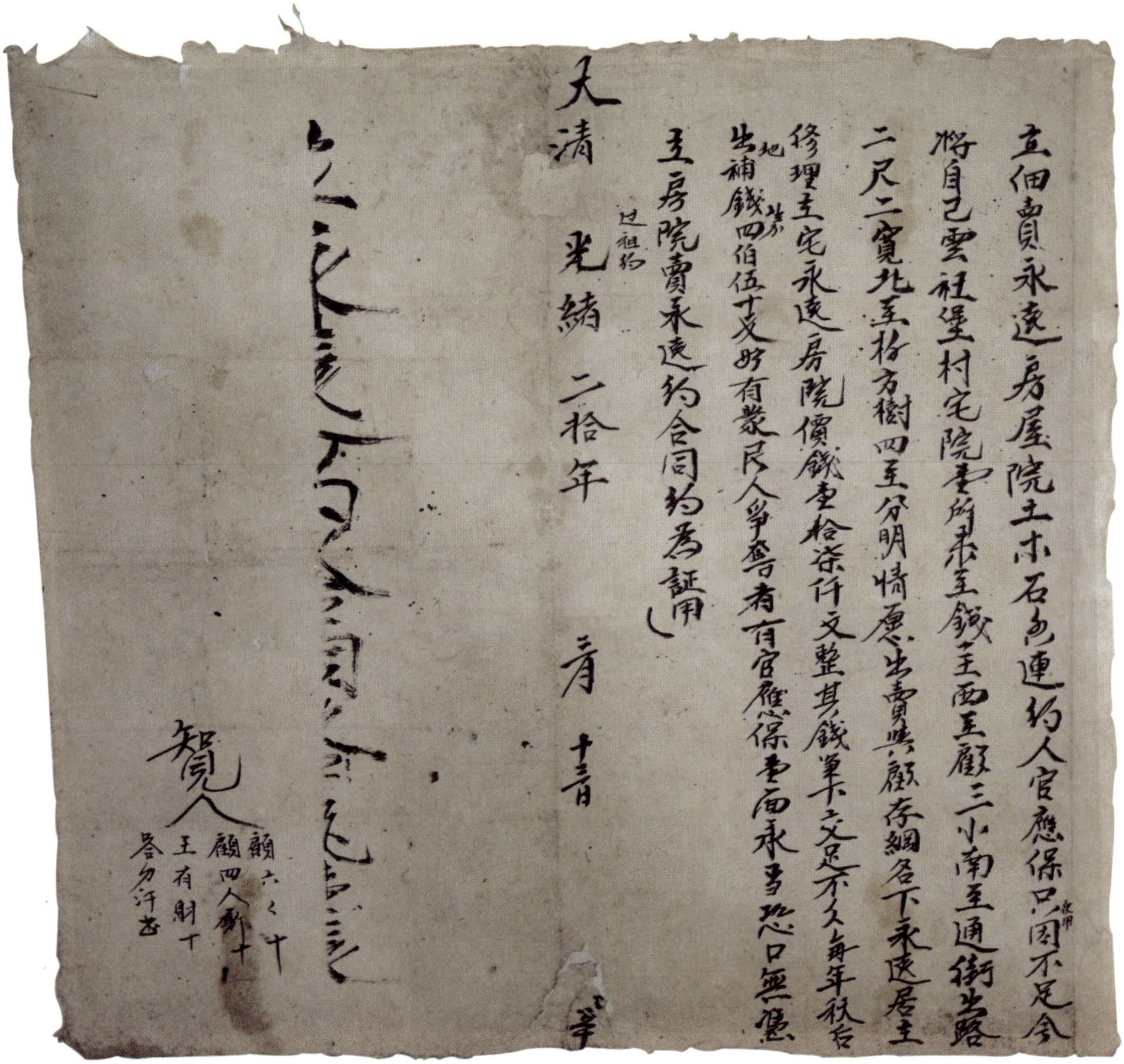

立佃賣永遠房屋院土木石相連約人官應保口因不足今
將自己雲社堡村宅院壹所，東至錢主，西至顧三小，南至通衢出路
二尺二寬，北至格方樹，四至分明，情愿出賣與顧存綱名下永遠居主
修理主宅永遠房院，價錢壹拾柒仟文整，其錢筆下交足不欠，每年秋后
出地補錢出四伯伍十文，如有蒙民人爭奪者，有官應保壹面承當，恐口無憑
立房院賣永遠約合同約為証用
过祖约
大清 光緒二拾年 二月 十二日 立字
知見人 顧六十 顧四人斯十 王有財十 呂勿汗書

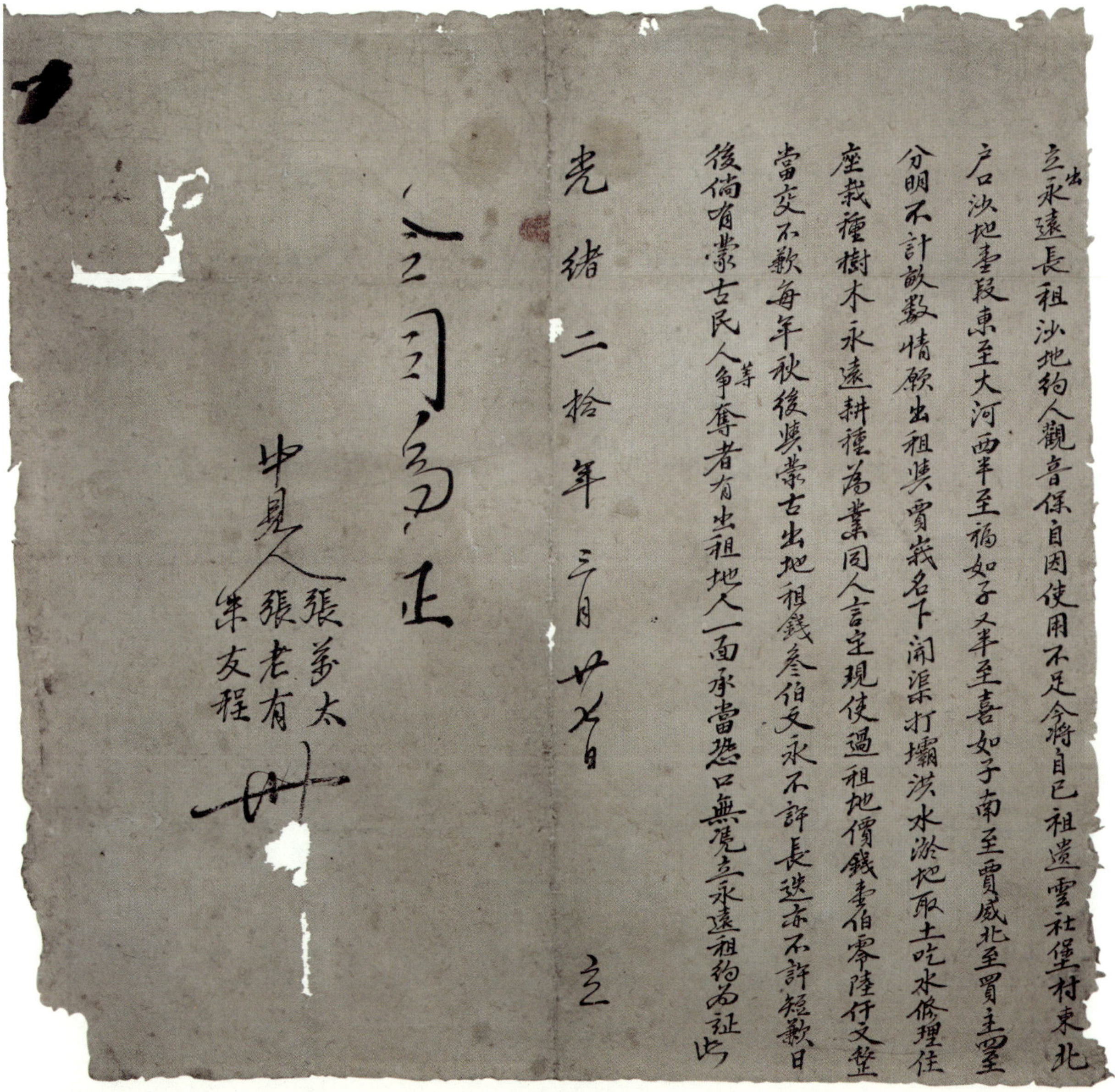
立出永遠長租沙地約人觀音保自因使用不足今將自已祖遺雲社堡村東北
户口沙地壹段東至大河西半至福如子又半至喜如子南至賈威北至買主塋
分明不計畝數情願出租與賈箴名下開渠打壩洪水淤地取土吃水修理住
座栽種樹木永遠耕種為業同人言定現使過租地價錢壹伯零陸仟文整
當交不歉每年秋後與蒙古出地租錢叁伯文永不許長迭亦不許短歉日
後倘有蒙古民人等爭奪者有出租地人一面承當恐口無凴立永遠租約為証
光緒二拾年三月廿七日 立
合同為正
中見人 張茂太 張老有 朱友程
十

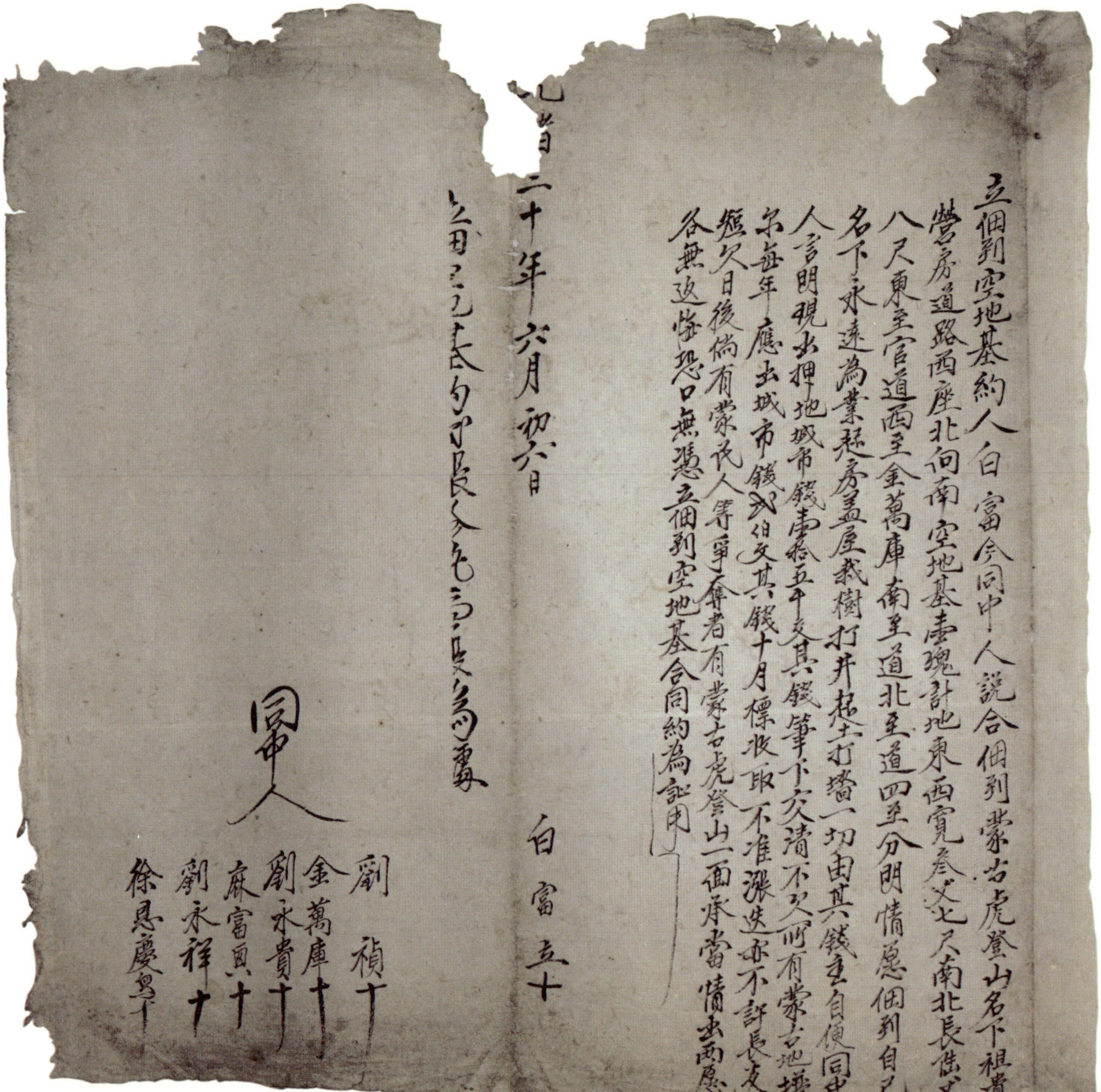
立佃到空地基約人白富今同中人説合佃到蒙古虎登山名下祖遺
營房道路西座北向南空地基壹塊計地東西寬叁丈七尺南北長伍丈
八尺東至官道西至金萬庫南至道北至道四至分明情愿佃到自己
名下永遠為業起房盖屋栽樹打井起土打墻一切由其錢主自便同中
人言明現出押地城市錢壹拾五千文其錢筆下交清不欠所有蒙古地增
示每年應出城市錢弍伯文其錢十月標收取不准漲迭亦不許長支
短欠日後倘有蒙民人等爭奪者有蒙古虎登山一面承當情出兩愿
各無返悔恐口無憑立佃到空地基合同約為証用

光緒二十年六月初六日

[illegible]

白富立十

同中人
劉禎十
金萬庫十
劉永貴十
麻富貢十
劉永祥十
徐恩慶十

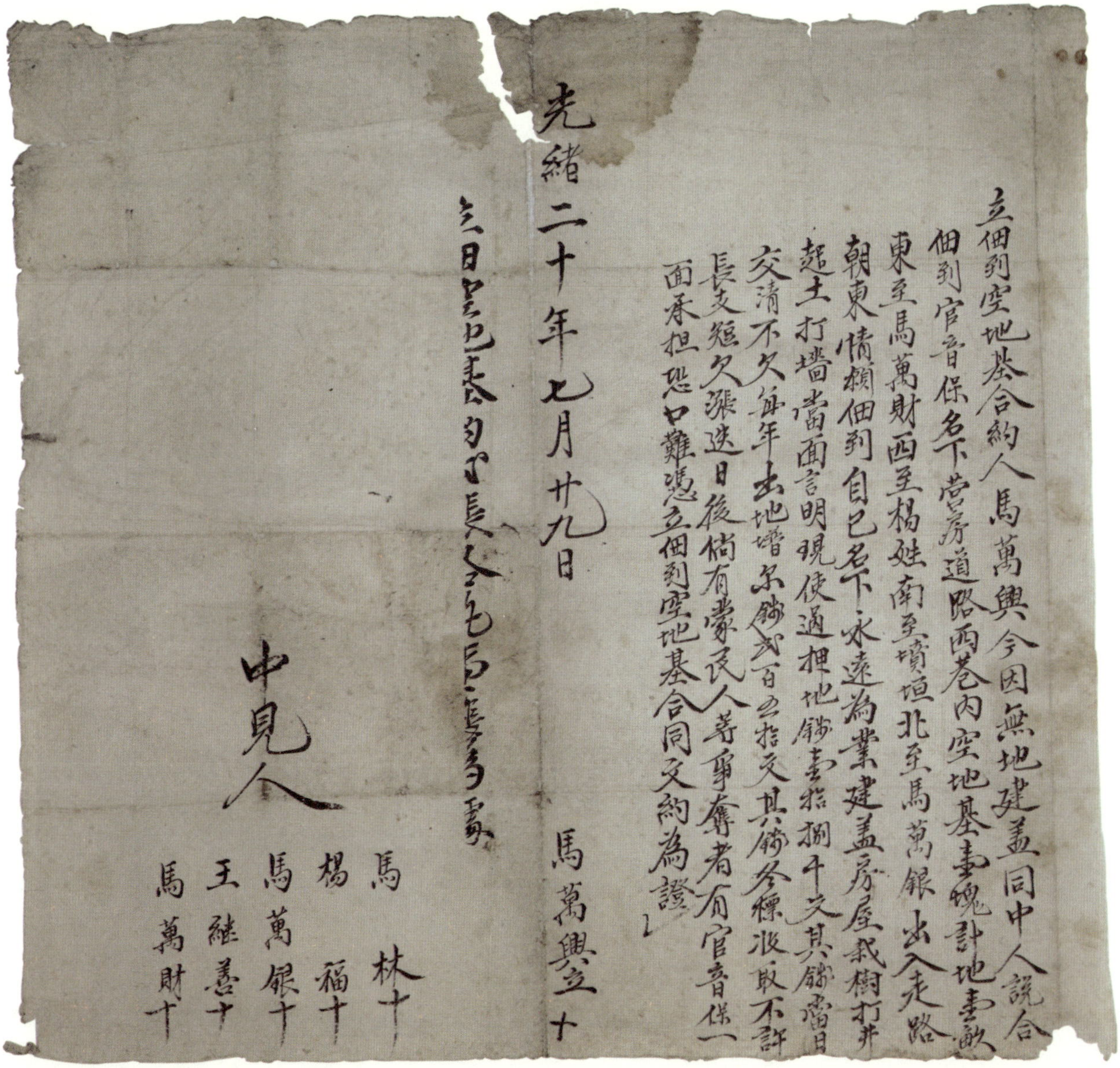
立佃到空地基合約人馬萬興今因無地建蓋同中人説合
佃到官音保名下營房道路西巷内空地基壹塊計地壹畝
東至馬萬財西至楊姓南至墳垣北至馬萬銀 出入走路
朝東情願佃到自己名下永遠為業建蓋房屋栽樹打井
起土打墻當面言明現使過押地錢壹拾捌千文其錢當日
交清不欠每年出地增租錢弍百五拾文其錢冬標收取不許
長支短欠漲迭日後倘有蒙民人等爭奪者有官音保一
面承担恐口難憑立佃到空地基合同文約為證

光緒二十年九月廿九日

立佃空地基合同文約兩張各執一張

馬萬興立 十

中見人
馬林十
楊福十
馬萬銀十
王繼善十
馬萬財十

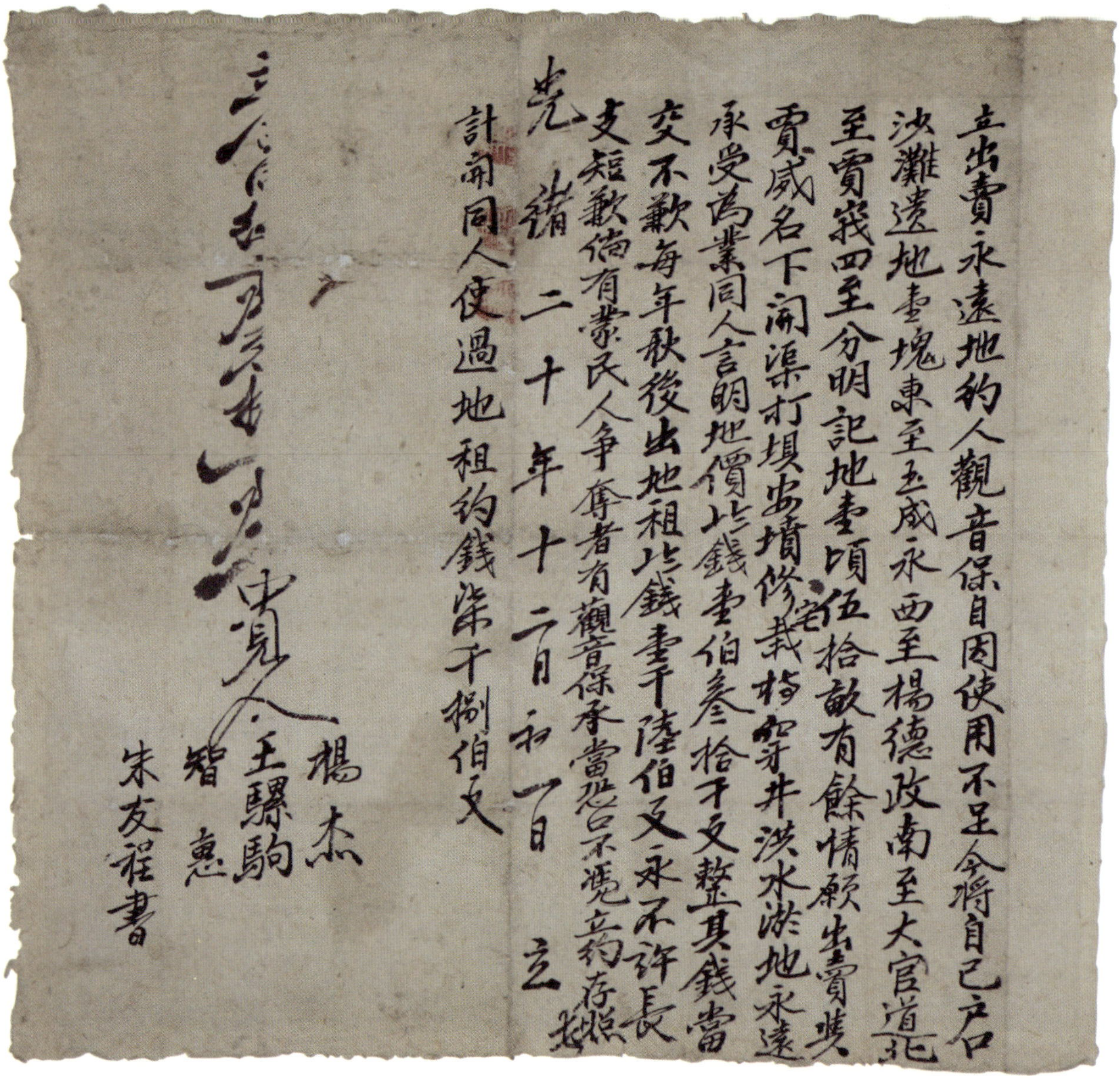
立出賣永遠地約人觀音保，自因使用不足，今將自己戶口
沙灘遺地壹塊，東至五成，西至楊德政，南至大官道，北
至賈窯，四至分明，記地壹頃伍拾畝有餘，情願出賣與
賈威名下，開渠打壩，安墳修宅，栽樹，穿井，洪水淤地，永遠
承受為業。同人言明，地價錢壹伯叁拾千文整，其錢當
交不欠，每年秋後出地租錢壹千陸伯文，永不許長
支短欠。倘有蒙民人爭奪者，有觀音保承當。恐口不憑，立約存照。
光緒二十年十二月初一日　立
計開同人使過地租約錢柒千捌伯文
見人　楊杰
王驟駒
智惠
朱友程書

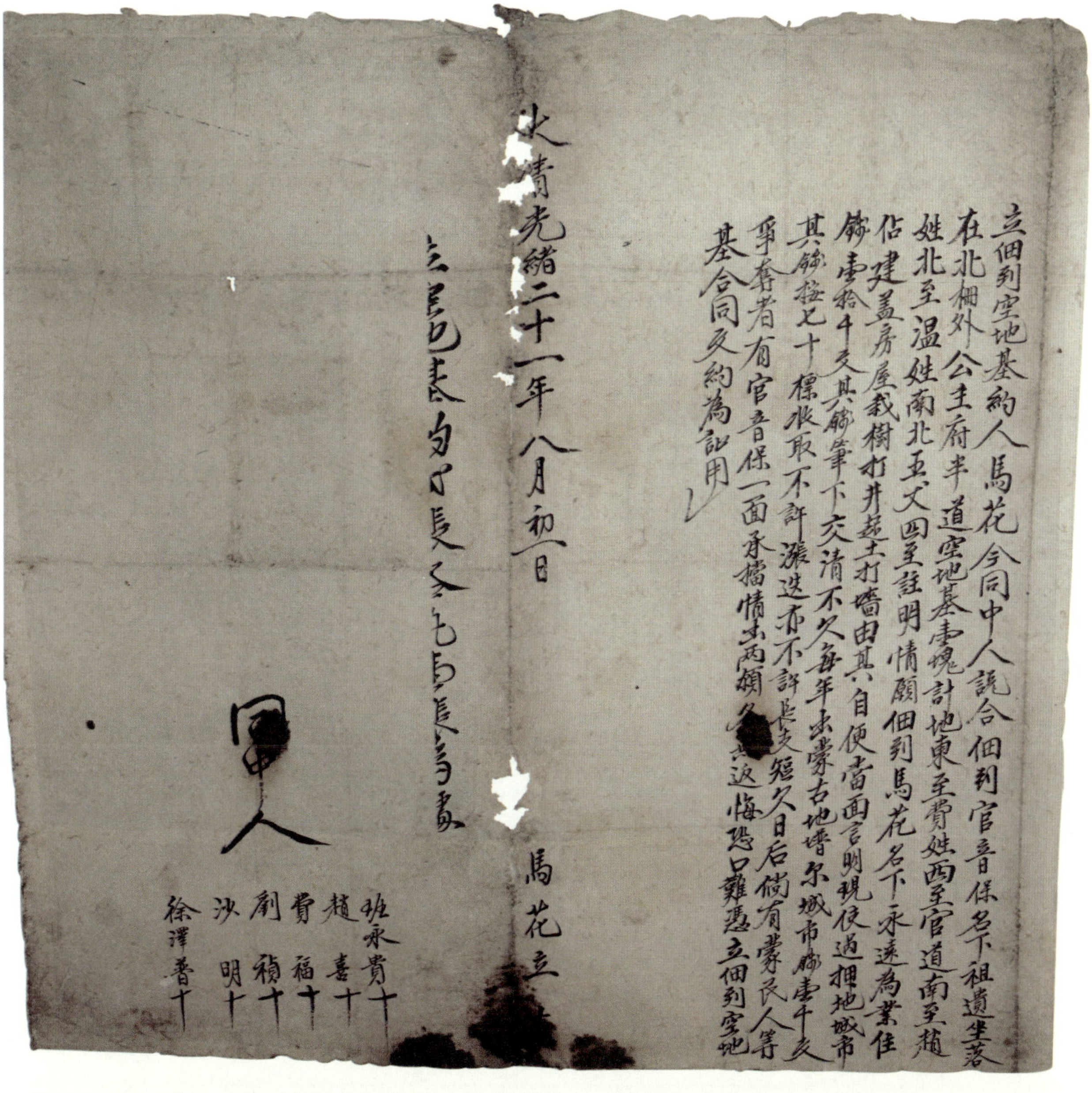

立佃到空地基約人馬花今同中人說合佃到官音保名下祖遺坐落在北栅外公主府半道空地基壹塊計地東至賈姓西至官道南至趙姓北至温姓南北五丈四至註明情願佃到馬花名下永遠為業任佔建蓋房屋栽樹打井起土打墻由其自便當面言明現使過押地城市錢壹拾千文其錢筆下交清不欠每年出蒙古地譜京城市錢壹千文其錢按七十標張取不許漲迭亦不許長支短欠日后倘有蒙民人等爭奪者有官音保一面承擋情出兩願各無返悔恐口難憑立佃到空地基合同文約為証用

大清光緒二十一年八月初五日

立[illegible]書

馬花立十

中人

班永貴十

趙喜十

賈福十

劉積十

沙明十

徐澤普十

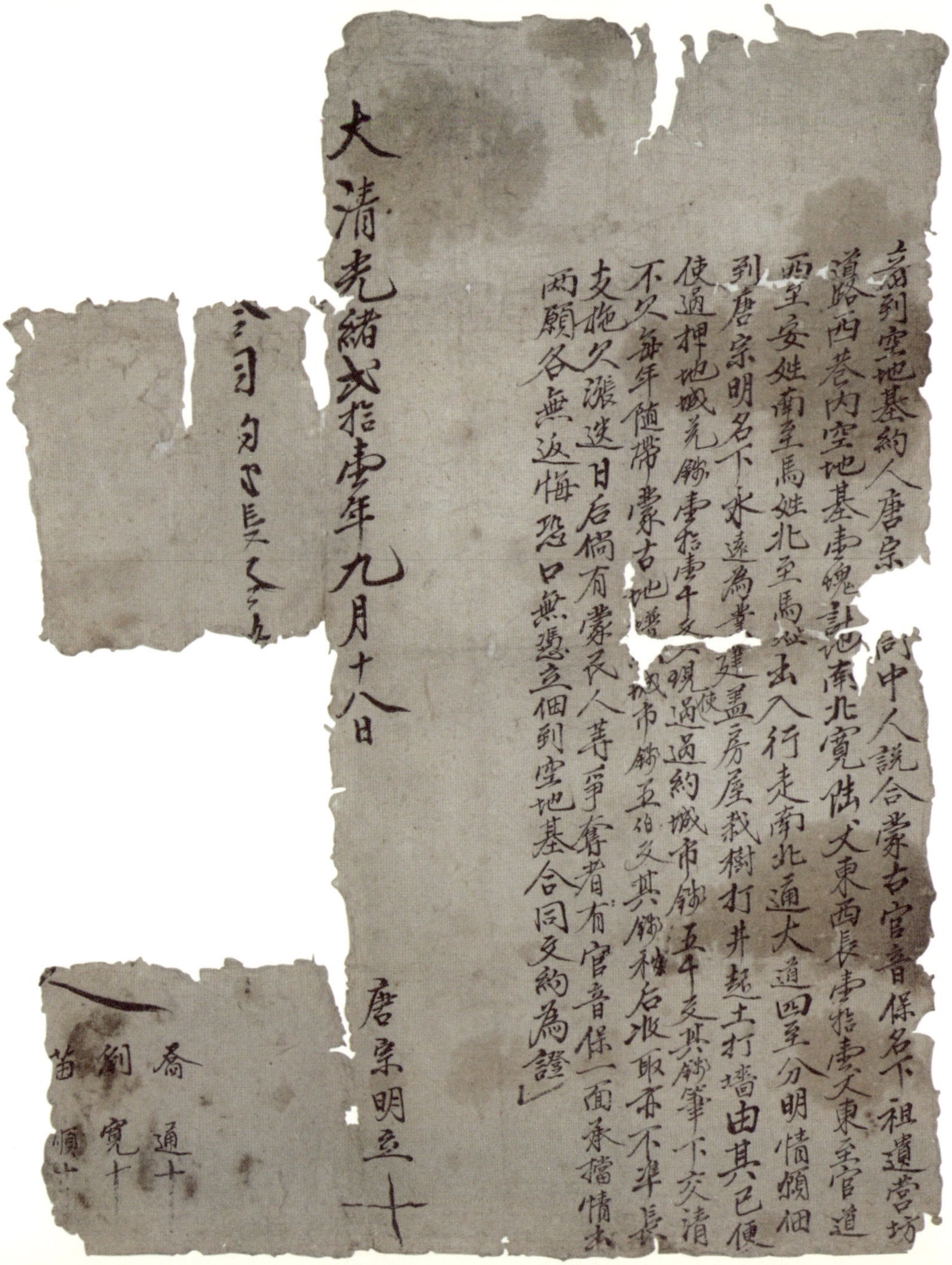
立到空地基約人唐宗 同中人說合蒙古官音保名下祖遺營坊
道路西巷內空地基壹塊，計地南北寬陸丈，東西長壹拾壹丈，東至官道，
西至安姓，南至馬姓，北至馬姓，出入行走南北通大道，四至分明，情願佃
到唐宗明名下永遠為業，建蓋房屋，栽樹打井，起土打墻，由其己便。
使過押地城元錢壹拾壹千文，（使）現過過約城市錢五千文，其錢筆下交清
不欠。每年隨帶蒙古地譜城市錢五佰文，其錢秋后收取，不準長
支拖欠。譜送日后倘有蒙民人等爭奪者，有官音保一面承擋，情出
兩願，各無返悔，恐口無憑，立佃到空地基合同文約為證。

大清光緒貳拾壹年九月十八日 唐宗明立十

喬 通十
劉 寬十
苗 順十

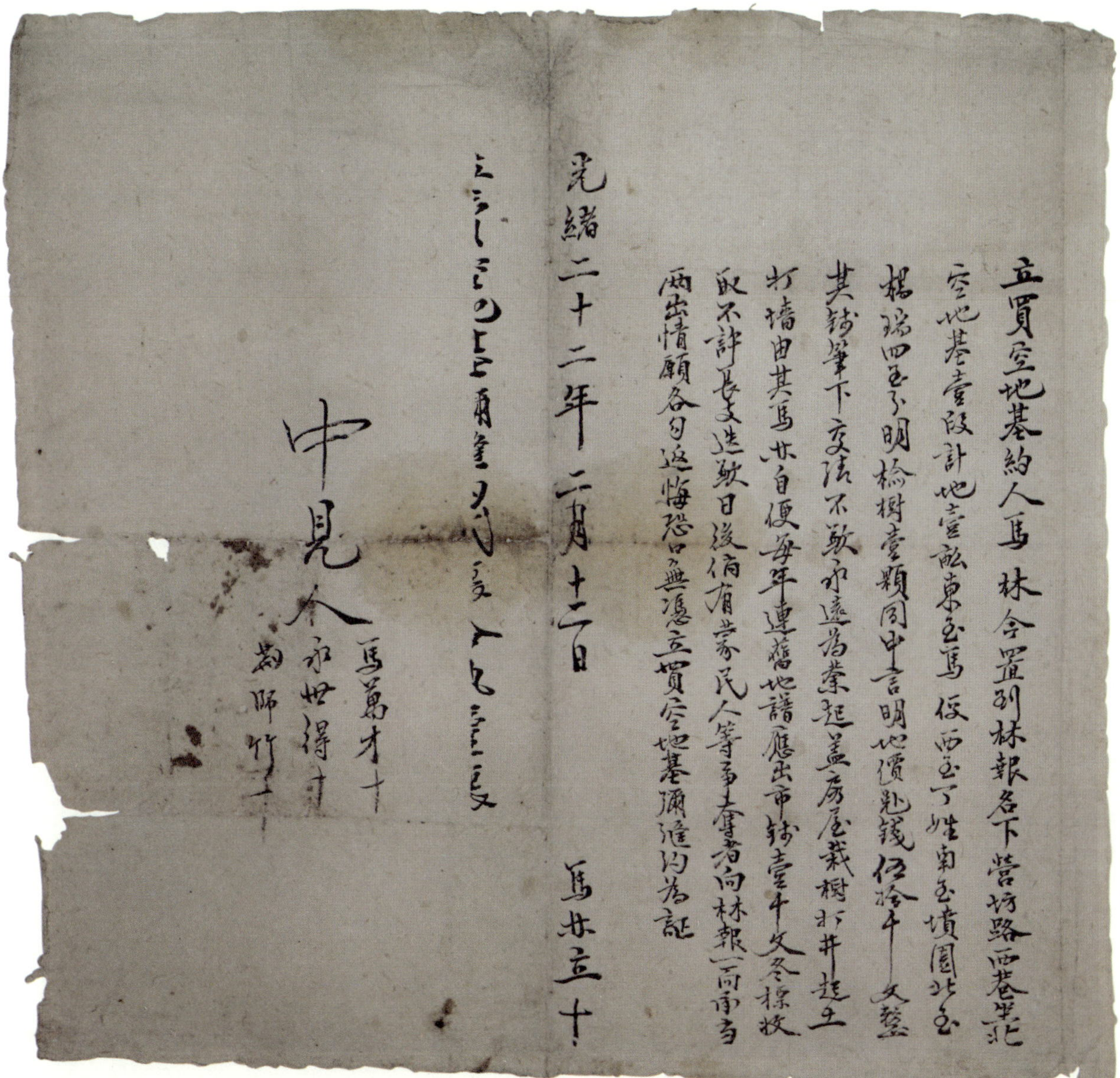

立買空地基約人馬 林今置到林報名下營坊路西巷北空地基壹段計地壹畝東至馬 仮西至丁姓南至墳園北至楊瑞四至分明檢樹壹顆同中言明地價足錢伍拾千文整其錢筆下交清不欠永遠為業起蓋房屋栽樹打井起土打墻由其馬𠦜自便每年連舊地譜應出市錢壹千文各操救取不許長支迭欺日後倘有當家民人等爭奪者向林報一面承当兩出情願各無返悔恐口無憑立買空地基願退約為証

光緒二十二年二月十二日　馬𠦜立十

中見人　馬萬才十　李永世得十　馬師竹十

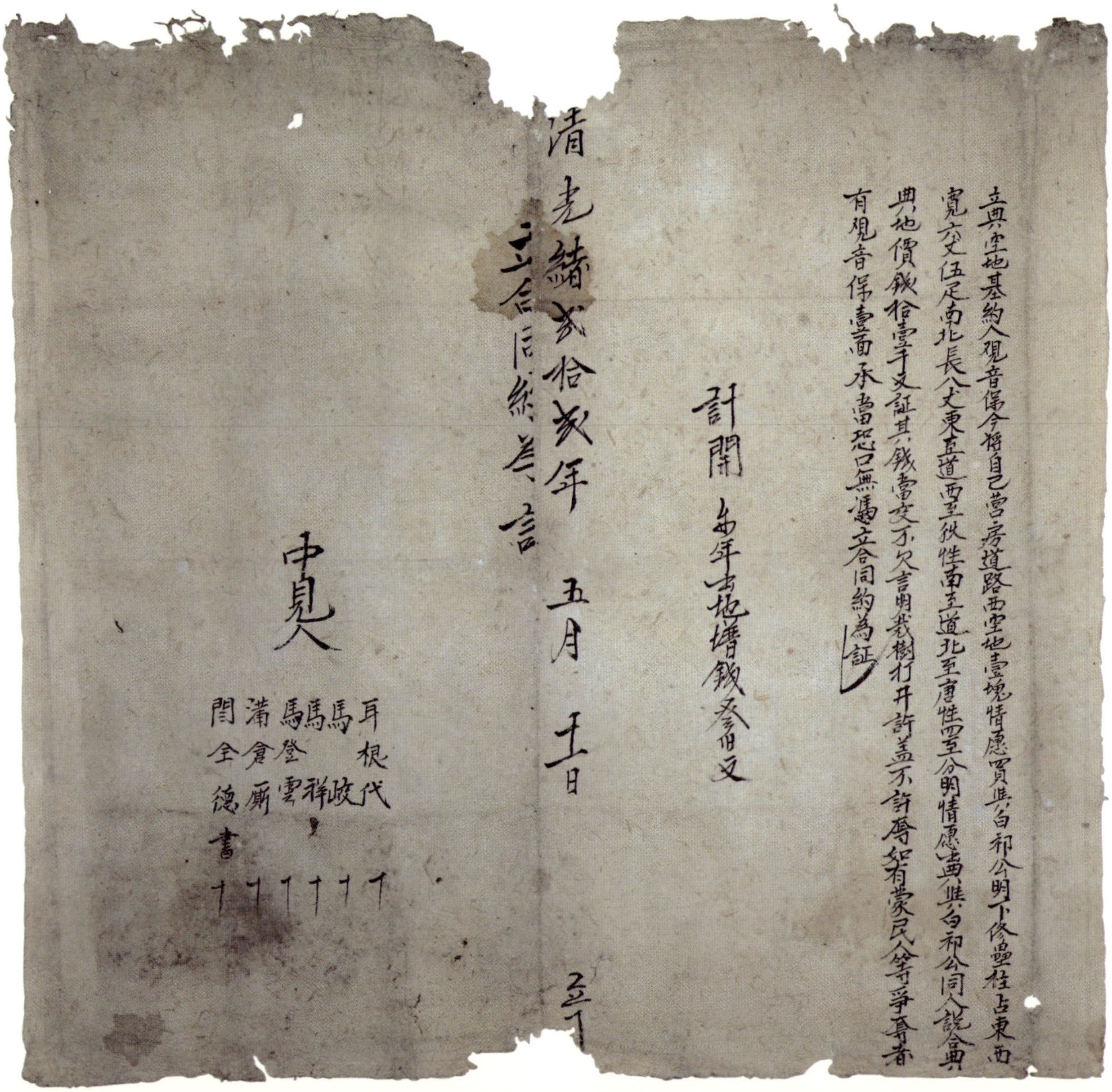
立典空地基約人觀音保今將自己營房道路西空地壹塊情愿買與白和公明下修蓋住占東西
寬六丈伍尺南北長八丈東至道西至狄姓南至道北至唐姓四至分明情愿出典與白和公同人說合典
典地價錢拾壹千文証其錢當交不欠言明栽樹打井許蓋不許原知有蒙民人等爭奪者
有觀音保壹面承當恐口無憑立合同約為証

計開　每年出地增錢叁百文

清光緒貳拾玖年　五月　十三日　立

立合同約各半言

中見人
耳根代十
馬政祥十
馬登雲十
滿倉廝十
閆全德十
書

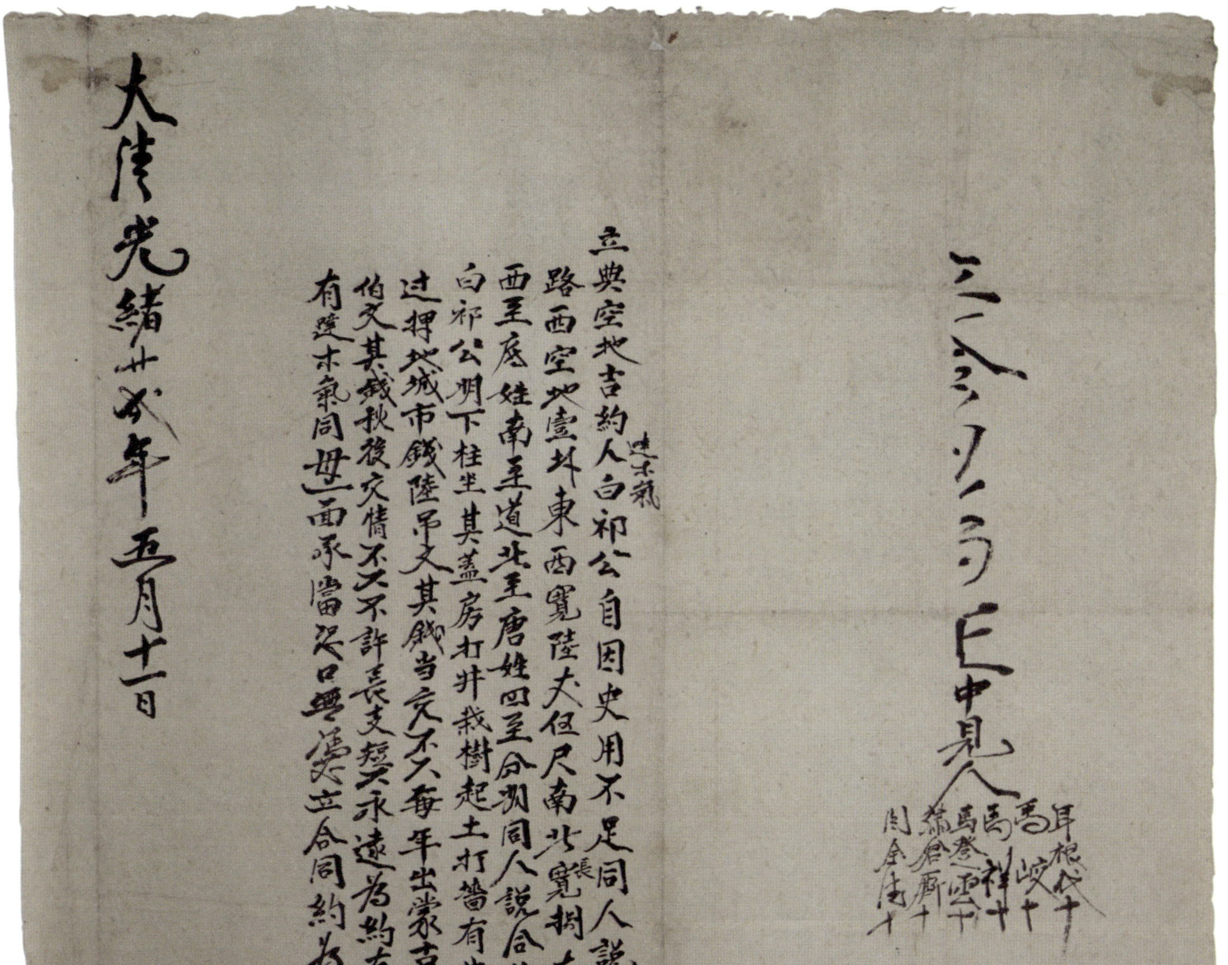
立典空地合約人白祁公自因史用不足同人說合營房道（達木氣）
路西空地壹塊東西寬陸丈伍尺南北長寬捌丈東至官道
西至底姓南至道北至唐姓四至分明同人說合情愿出典與
白祁公明下柱坐其蓋房打井栽樹起土打墻有其己便覓出
過押地城市錢陸吊文其錢當交不欠每年出蒙古代增城市錢叁
佰文其錢秋後交清不欠不許長支短欠永遠為約有蒙古人爭奪
有達木氣同母面承當恐口無憑立合同約為証用

中見人
耳根代十
馬峻十
馬祥十
馬叁雲十
蒲倉厮十
周金库十

大清光緒廿四年五月十二日

三十

立典空地基約人白柳公自下無處居住，央人說合，今買到
蒙古觀音保名下營房道西空地壹塊，言明永遠修理居住，言明
現使過過約外兑市錢伍千文整，其錢交清不欠，分文言明秋后
交地基市錢叁佰文，言明說过打井栽樹土木石相連，許蓋許挖，不許
爭奪，如有爭奪者，有蒙古觀音保一面承当。恐口难凭，立合同約為
證用。

大清光緒貳拾貳年五月十一日　立十

計開四至：東至官道，西至本主，南至古道，北至本主，四至開明

中見人
耳根代十
馬竣十
馬祥十
馬登雲十
蔣倉厩十
閆全海十

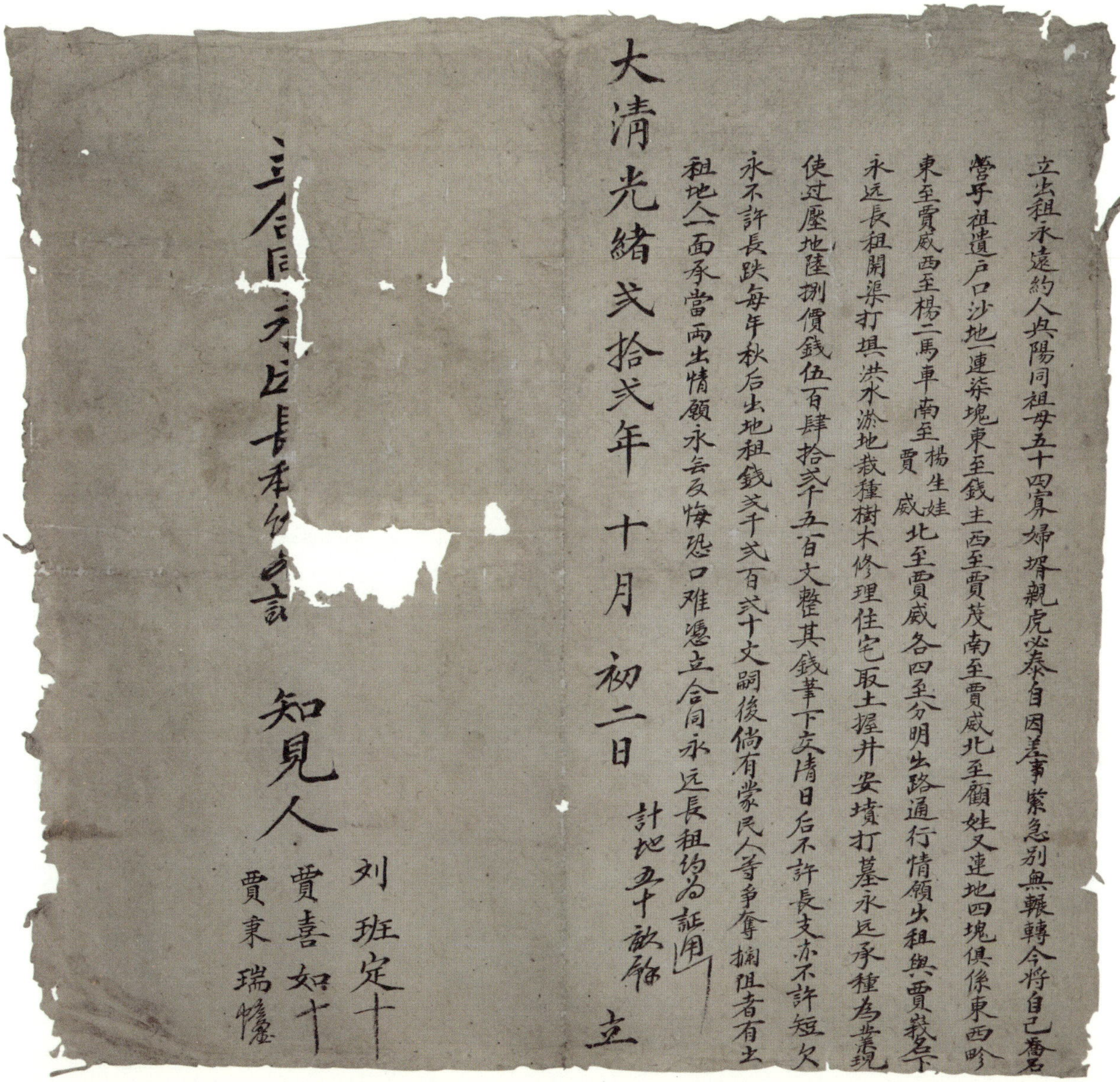
立出租永遠約人與陽同祖母五十四寡婦壻親虎必泰自因差事緊急別無輾轉今將自己番名
營爭祖遺户口沙地一連叁塊東至錢主西至賈茂南至賈威北至顧娃又連地四塊俱係東西畛
東至賈威西至楊二馬車南至楊生娃賈威北至賈威各四至分明出路通行情願出租與賈穀名下
永遠長租開渠打堤洪水淤地栽種樹木修理住宅取土握井安墳打墓永遠承種為業現
使过壓地陸捌價錢伍百肆拾弍千五百文整其錢筆下交清日后不許長支亦不許短欠
永不許長跌每年秋后出地租錢弍千弍百弍十文嗣後倘有蒙民人等爭奪攔阻者有出
租地人一面承當兩出情願永無反悔恐口難憑立合同永遠長租約為証用
大清光緒弍拾弍年十月初二日　計地五十畝　立
立合同永遠長租約存証
知見人　劉班定十　賈喜如十　賈東瑞

立出租永遠約人興陽同祖母五十四寡婦婿親虎必泰自因差事緊急別無輾轉今將自己祖遺户口沙地壹連叁塊係東西畛東至渠西至楊二馬車南至賈嶶北至賈嶶四至分明出路通行情願出租與賈威名下永遠長租開渠打垻洪水淤地栽種樹木修理住宅取土掘井安墳打墓永遠承種為業同衆言定現使過壓地陸捌價錢壹百五拾捌千文整其錢筆下交清日後不許長支亦不許短欠永不許長跌每年秋後出地租錢五百文嗣後倘有蒙民人等爭奪攔阻者有出租地人一面承當兩出情願永無反悔恐口難憑立合同永遠長租約為証用

大清光緒弍拾弍年十月初二日　立

立合同文约存照

知見人
刘班定十
賈喜如十
賈東瑞懷

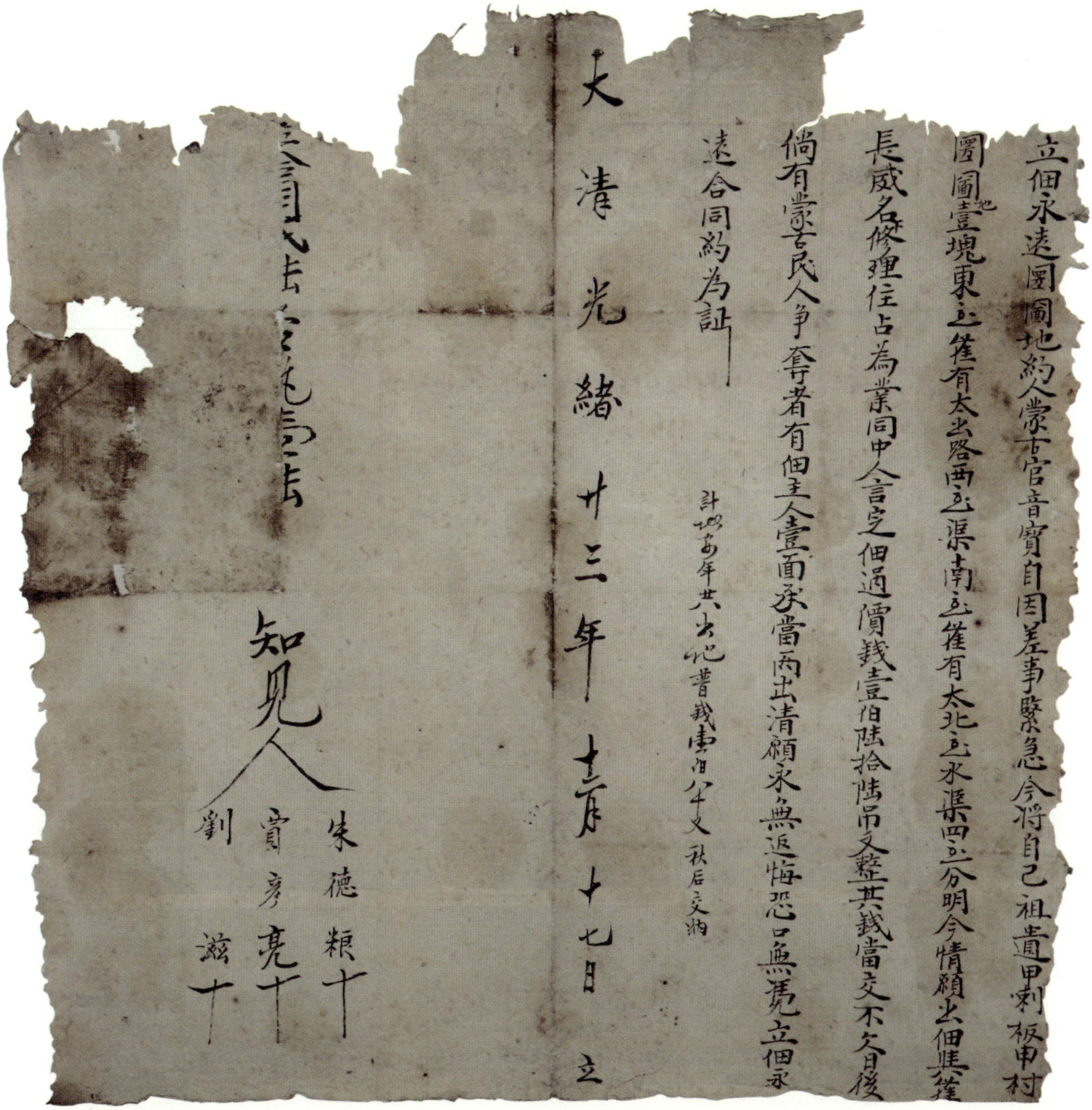

立佃永遠圐圙地約人蒙古官音寶自因差事緊急今將自己祖遺甲喇板申村
圐圙壹地塊東至塄有太出路西至渠南至塄有太北至水渠四至分明今情願出佃與塄
長威名下修理住占為業同中人言定佃過價錢壹伯陸拾陸吊文整其錢當交不欠日後
倘有蒙古民人爭奪者有佃主人壹面承當兩出清願永無返悔恐口無憑立佃永
遠合同約為証

計地每年共出地普錢壹伯八千文 秋后交納

大清光緒廿三年十二月十七日 立

知見人
朱德粮十
賈彥亮十
劉滋十

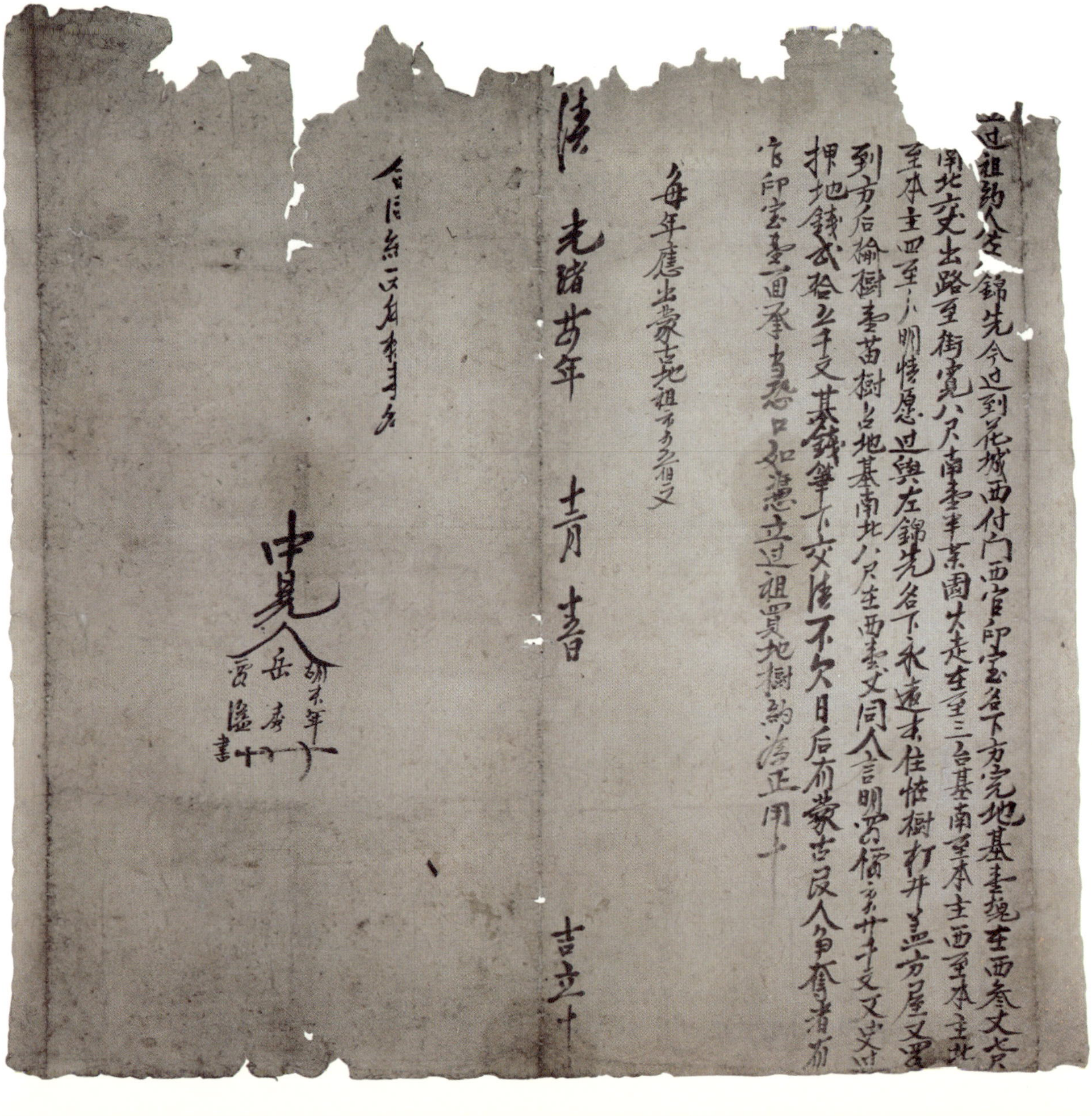

立过祖约人金锦先，今过到花城西付门西官印宝名下方完地基壹块，坐西叁丈七尺，
南北交出路至街宽八尺，南壹半菜园大走坐至三台基，南至本主，西至本主，北
至本主，四至八明。情愿过与左锦先名下永远承住，栽树打井，盖房屋，又罢
到方后榆树壹苗，树占地基南北八尺，坐西壹丈。同人言明过价钱廿千文，又出文过
押地钱贰拾五千文，其钱笔下交清不欠。日后有蒙古民人争夺者，有
官印宝壹面承当。恐口如凭，立过祖买地树约为证用。
每年应出蒙古地租市钱五佰文
清 光绪廿年 十二月 十二日 吉立十
合同系一式兩執壹名
中见人 岳庆十 胡木年十 贾逸书

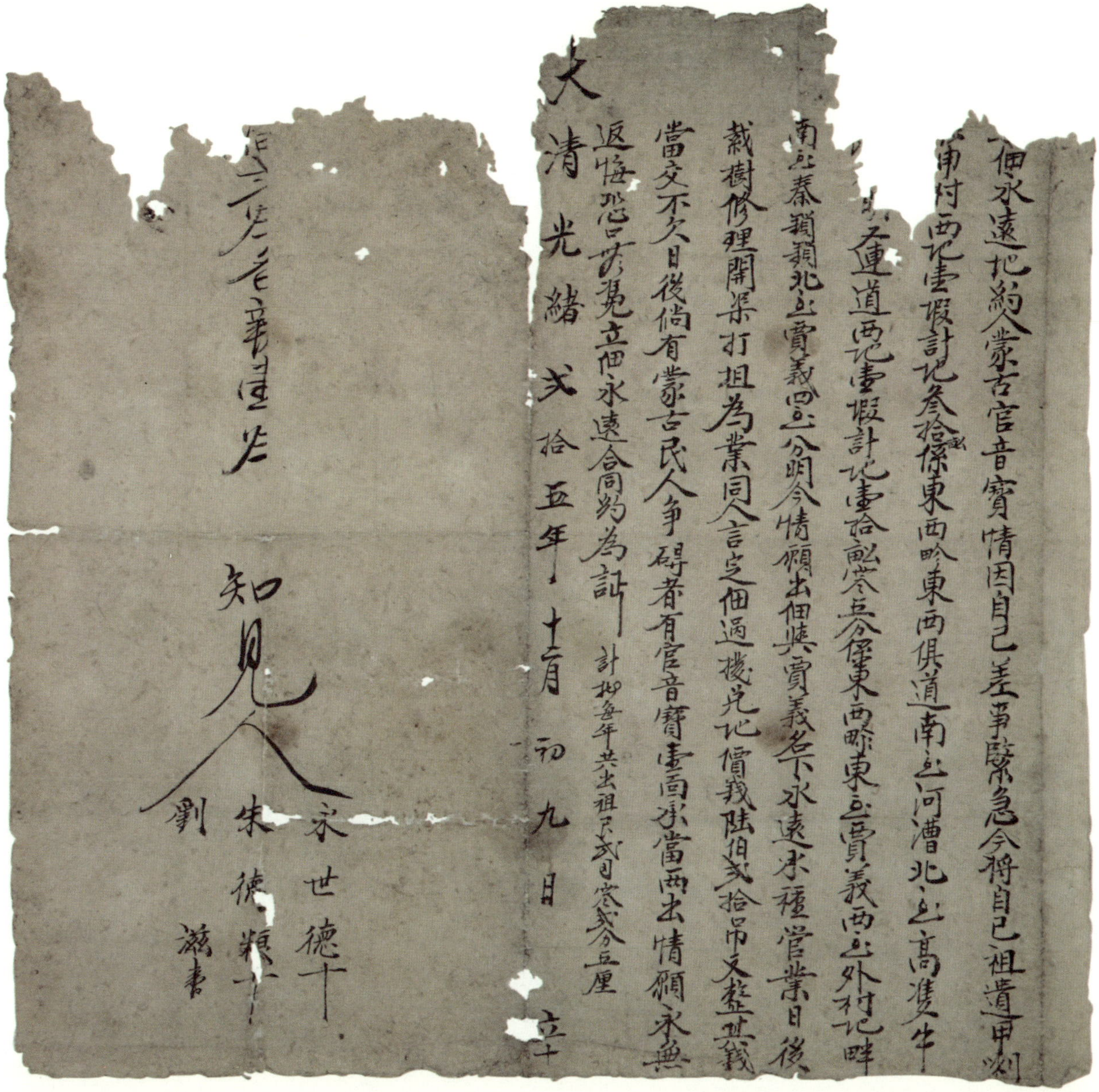

佃永遠地約人蒙古官音寶情因自己差事緊急今將自己祖遺甲刈
南村西地壹塅計地叁拾畝係東西畛東西俱道南至河漕北至高濮牛
至道西地壹塅計地壹拾畝零五分係東西畛東至賈義西至外村地畔
南至秦鋼鋼北至賈義四至分明今情願出佃與賈義名下永遠承種管業日後
栽樹修理開渠打垻為業同人言定佃過攬兑地價錢陸伯貳拾吊文整其錢
當交不欠日後倘有蒙古民人爭碍者有官音寶壹面承當兩出情願永無
返悔恐口無憑立佃永遠合同約為証 計地每年共出租錢貳百零貳分五厘
大清光緒貳拾五年十月初九日 立

信三先生親筆書

知見人 永世德十 朱德粮十

劉滋書

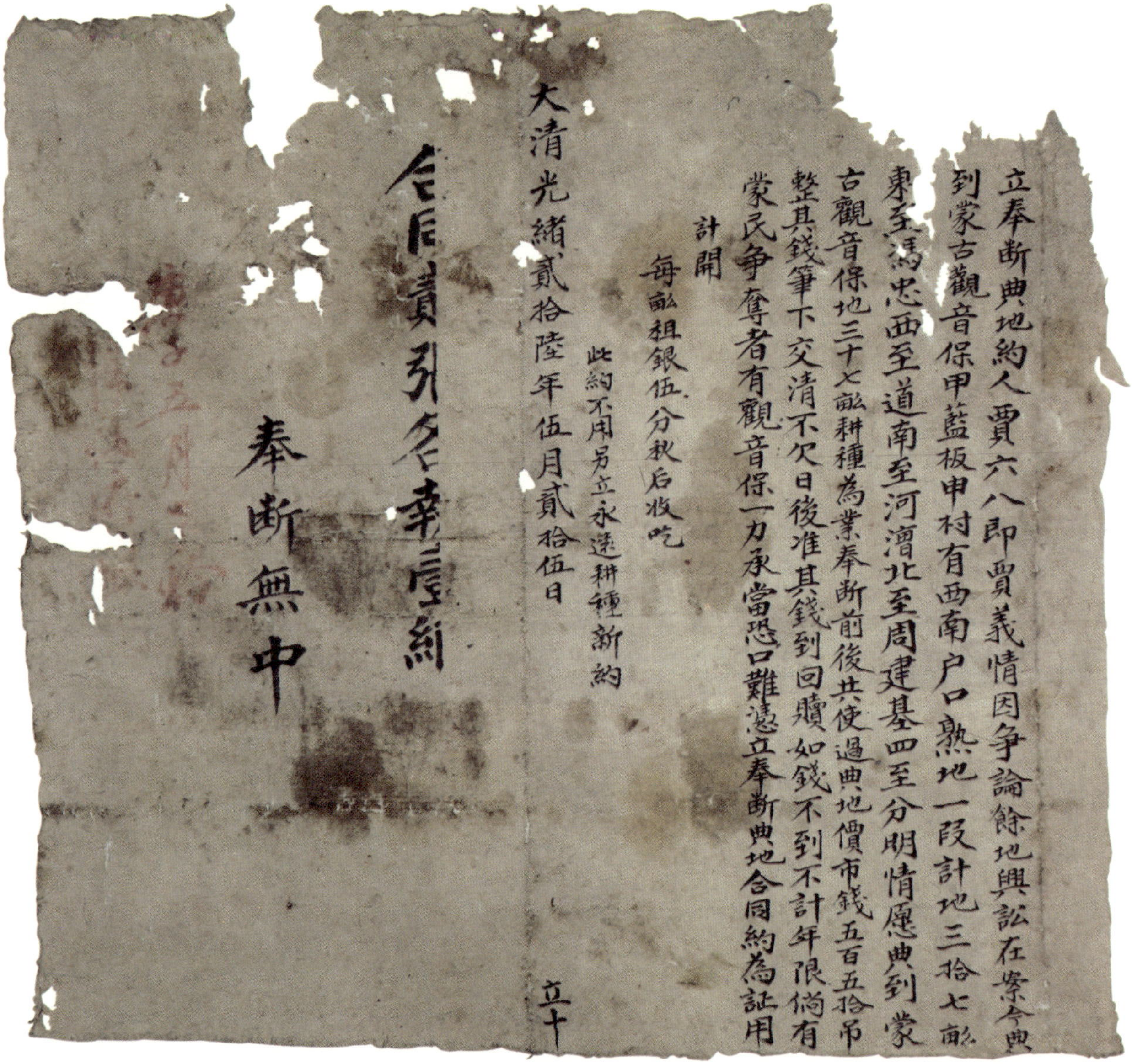

立奉断典地約人賈六八即賈義情因爭論餘地興訟在案今典
到蒙古觀音保甲藍板申村有西南户口熟地一段計地三拾七畝
東至馮忠西至道南至河漕北至周建基四至分明情愿典到蒙
古觀音保地三十七畝耕種為業奉断前後共使過典地價市錢五百五拾吊
整其錢筆下交清不欠日後准其錢到回贖如錢不到不計年限倘有
蒙民爭奪者有觀音保一力承當恐口難憑立奉断典地合同約為証用

計開
每畝租銀伍分秋后收吃
此約不用另立永遠耕種新約

大清光緒貳拾陸年伍月貳拾伍日　立十

[illegible]

奉断無中

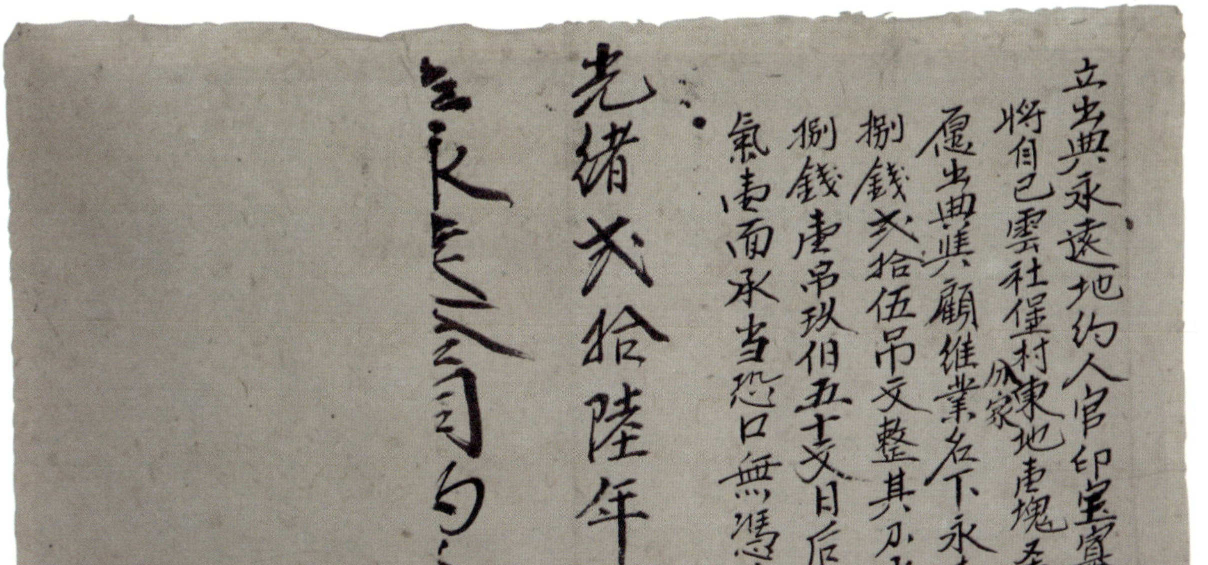

立出典永遠地約人官印宝寡夫仝子蓮木氣自因使用不足今
將自己雲社堡村從家東地壹塊蓮村南地弍塊蓮村西北地四塊情
愿出典與顧維業名下永遠耕種為業同人言明現使过陸
捌錢弍拾伍吊文整其刃当交不欠每年秋后出地租陸
捌錢壹吊玖佰五十文日后倘有蒙民人爭奪者有蓮木
氣壹面承当恐口無憑立永遠合同執約為証用

光绪弍拾陸年 十月 習日 立

中見人 陳保尔十
趙成美十
什全太

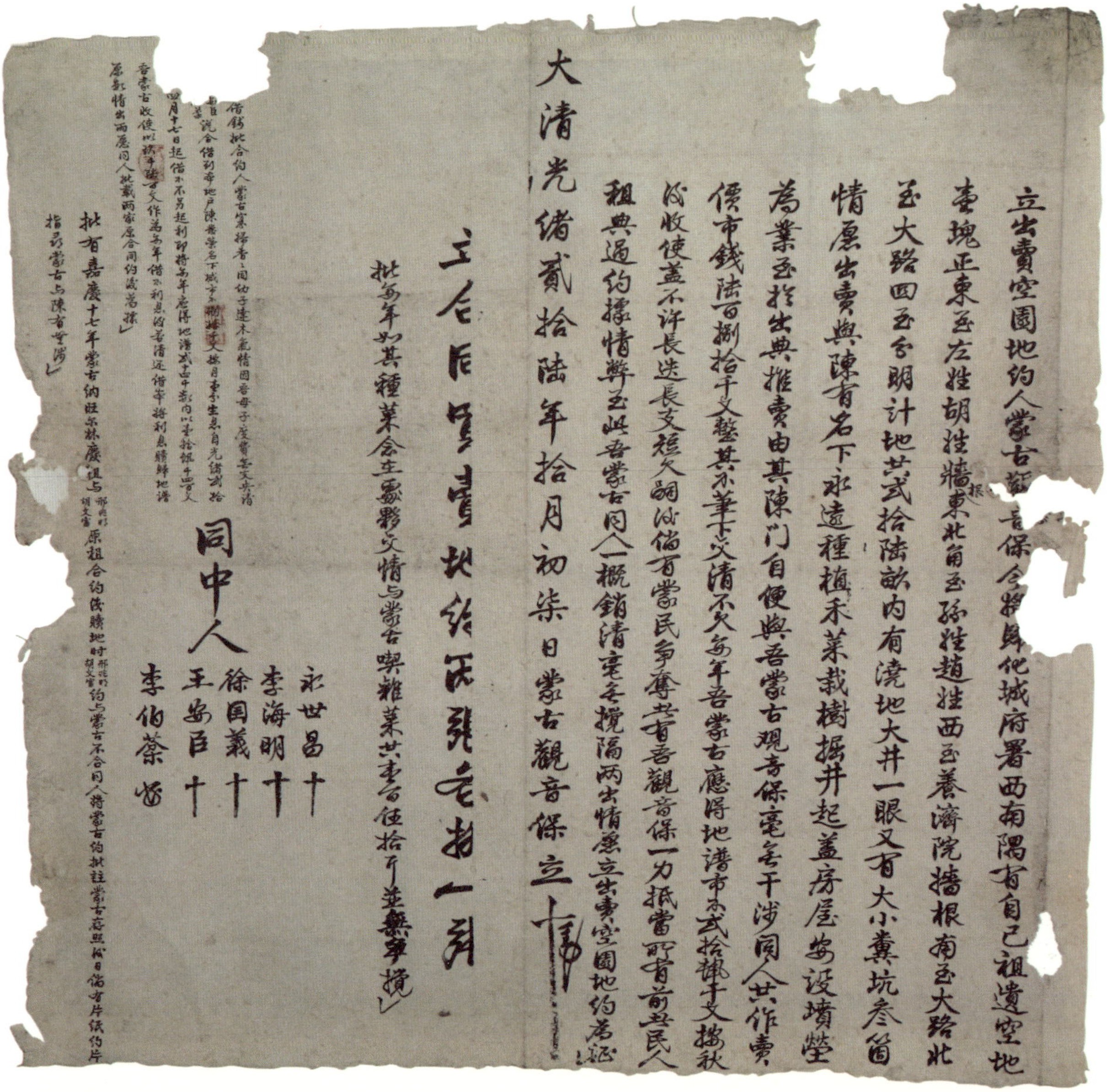

立出賣空園地約人蒙古□□音保，今將歸化城府署西南隅有自己祖遺空地壹塊，正東至左姓、胡姓牆根，東北角至孫姓、趙姓，西至養濟院牆根，南至大路，北至大路，四至分明，計地共貳拾陸畝，內有澆地大井一眼，又有大小糞坑叁個，情愿出賣與陳有名下永遠種植禾菜，栽樹，掘井，起蓋房屋，安設墳塋為業，至於出典、推賣由其陳门自便，與吾蒙古觀音保毫無干涉，同人共作賣價市錢陸百捌拾千文整，其錢筆下交清不欠。每年吾蒙古應得地譜市錢貳拾捌千文，按秋收使，蓋不許長迭長支，短欠硬付。倘有蒙民爭奪者，有吾觀音保一力抵當。所有前與民人租典過約據情弊，至此吾蒙古同人一概銷清，毫無攪隔。兩出情愿，立出賣空園地約為證。

大清光緒貳拾陸年拾月初柒日蒙古觀音保立十

立合同賣地約為證一樣

批：每年如其種菜，念在靈影交情，与蒙古喫雜菜共重伍拾斤，並無爭攬。

借錢批合約人蒙古宗揚壽、同姪子達木氣，情因吾母子度嚐無支，央請中人說合，借到本地户陳贵榮名下城市錢陸拾千文，按月壹分生息。自光緒貳拾□四月十七日起借，不另起利，即將每年應得地譜貳拾柒千文內以叁拾捌千四百文吾蒙古收使以外，每年下剩□千文作為每年借錢利息，俟吾清還借本，將利息勝歸地譜原數，情出兩願，同人批載兩家原合同約為據。

批有嘉慶十七年蒙古納旺朵林慶與胡文富原祖合約後贖地時，將胡文富約与蒙古不合同人將蒙古约批註，蒙古存照，倘日後有片紙約片指为蒙古与陳有無涉。

同中人
永世昌十
李海明十
徐国義十
王安臣十
李伯榮押

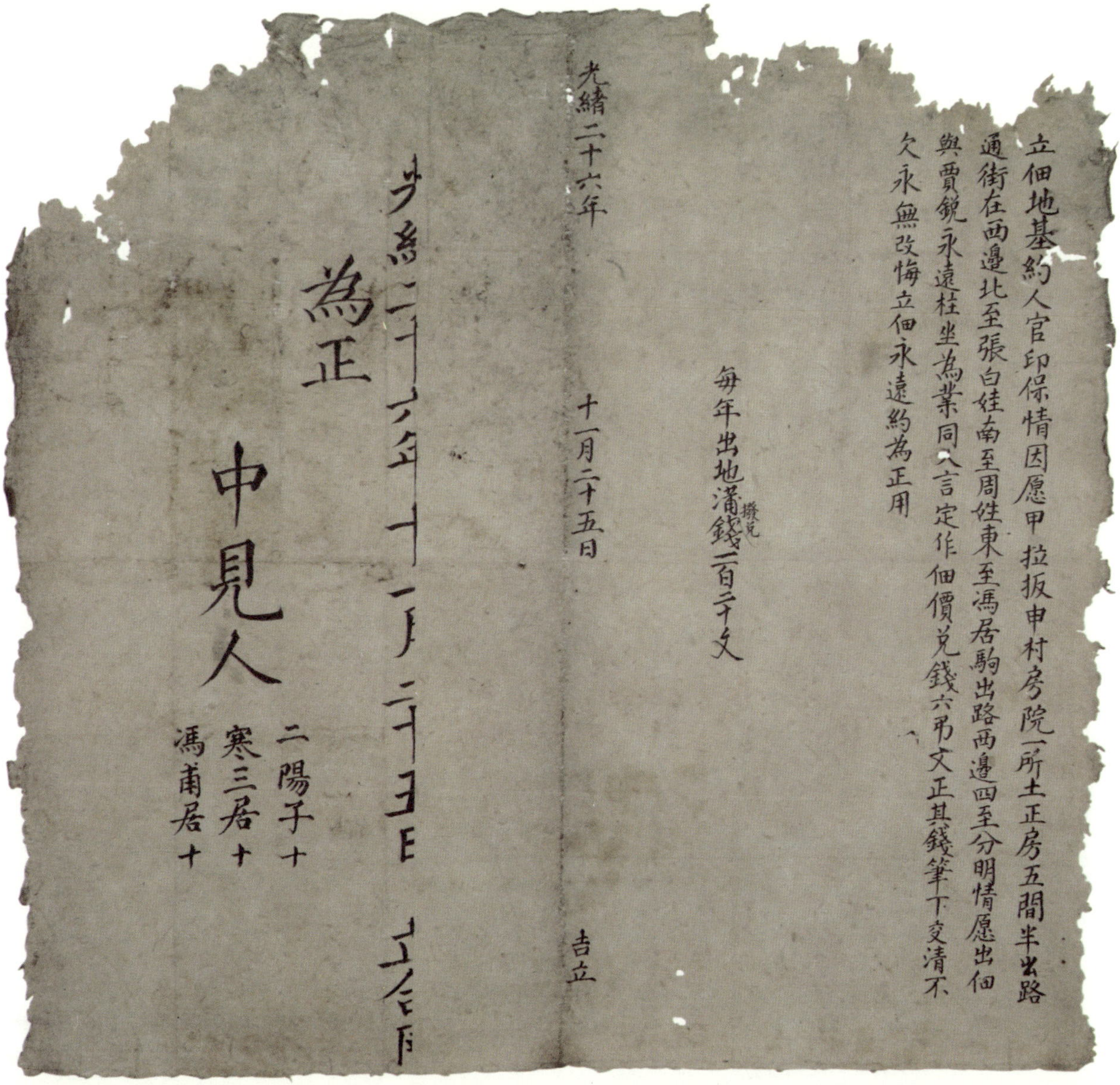

立佃地基約人官印保情因愿甲拉扳申村房院一所土正房五間半出路通街在西邊北至張白娃南至周姓東至馮居駒出路西邊四至分明情愿出佃與賈鋭永遠柱坐為業同人言定作佃價兑錢六吊文正其錢筆下交清不欠永無改悔立佃永遠約為正用

每年出地灘錢（撥兑）一百二十文

光緒二十六年十一月二十五日 吉立

為正

中見人 二陽子十 寒三居十 馮甫居十

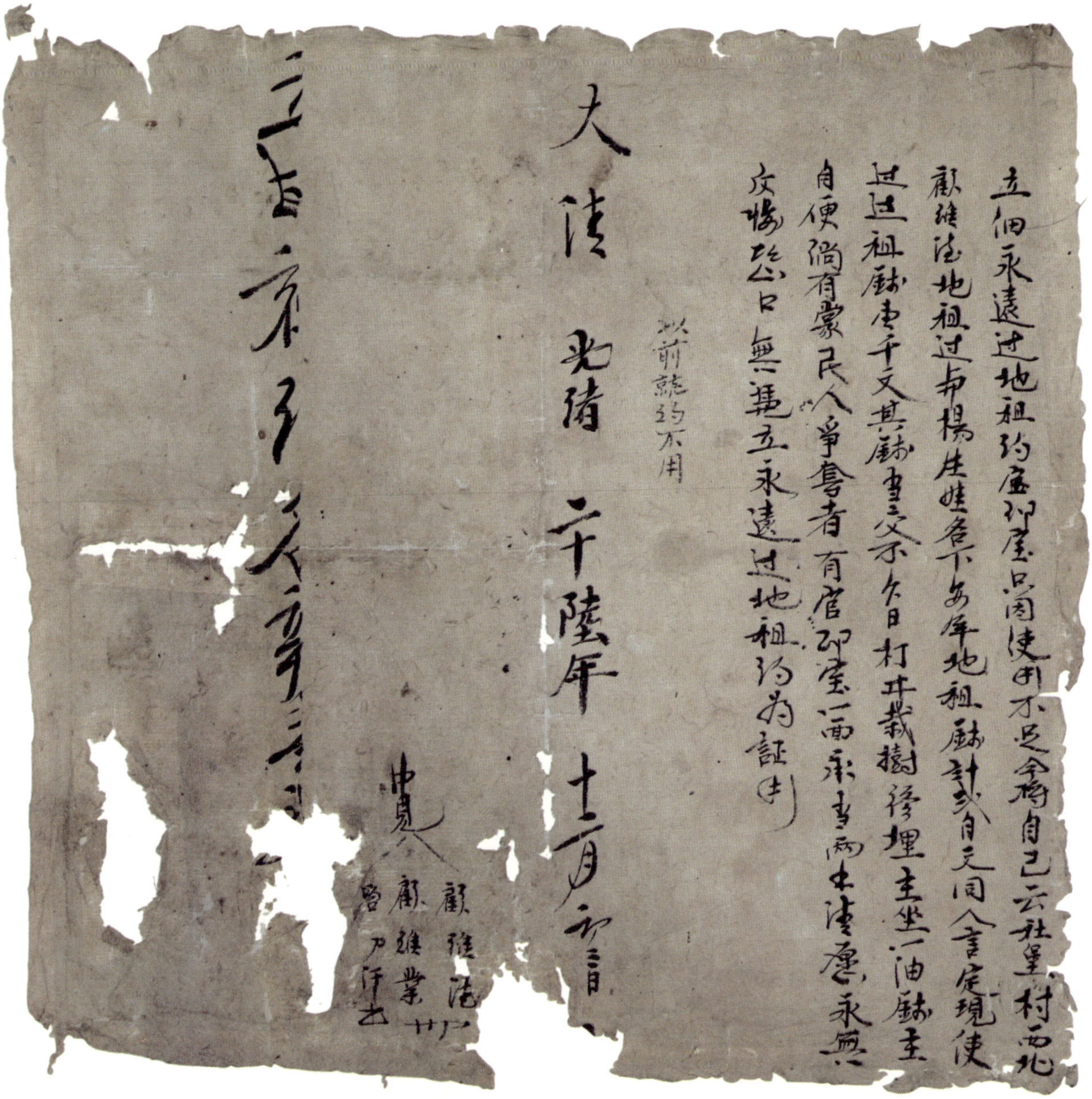

立佃永远过地租约压印人因使用不足今将自己云社堡村西北
蒯维德地租过与杨生娃名下每年地租钱计贰百文同人言定现使
过过祖钱壹千文其钱当交不欠日后打井栽树修埋主坐一油钱主
自便倘有蒙民人争夺者有压印人一面承当两不陆悬永无
反悔恐口无凭立永远过地租约为证用

以前旧约不用

大清光绪廿陆年十一月初二日

中见人 蒯维德十 蒯维业 曾刀汗十

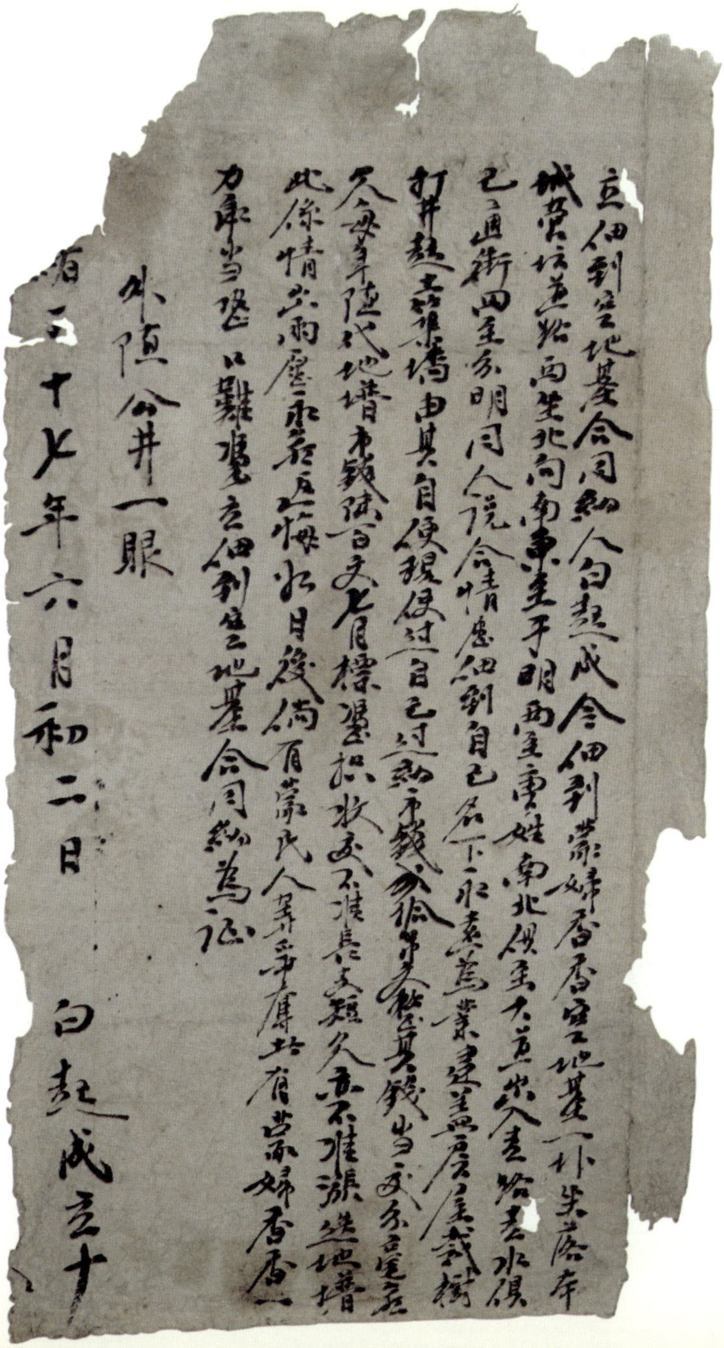

立佃剳字地基合同約人白起成今佃剳蔡婦香香字地基一塊坐落本
城黄坊巷路西坐北向南東至于明西至袁姓南北俱至大巷出入走路走水俱
已通衢四至分明同人說合情愿佃剳自己名下承為業建蓋房屋栽樹
打井起土築墻由其自便現係過自己過約承錢分拾千文整其錢當交系足
又每年隨代地增承錢陸百文七月標選按收交不損長支短欠亦不准漲迭地增
此係情出兩愿永不反悔如日後倘有蔡氏人等爭奪有蔡婦香香一
力承当恐口難憑立佃剳字地基合同約為証
外隨公井一眼
光緒二十七年六月初二日　白起成立十

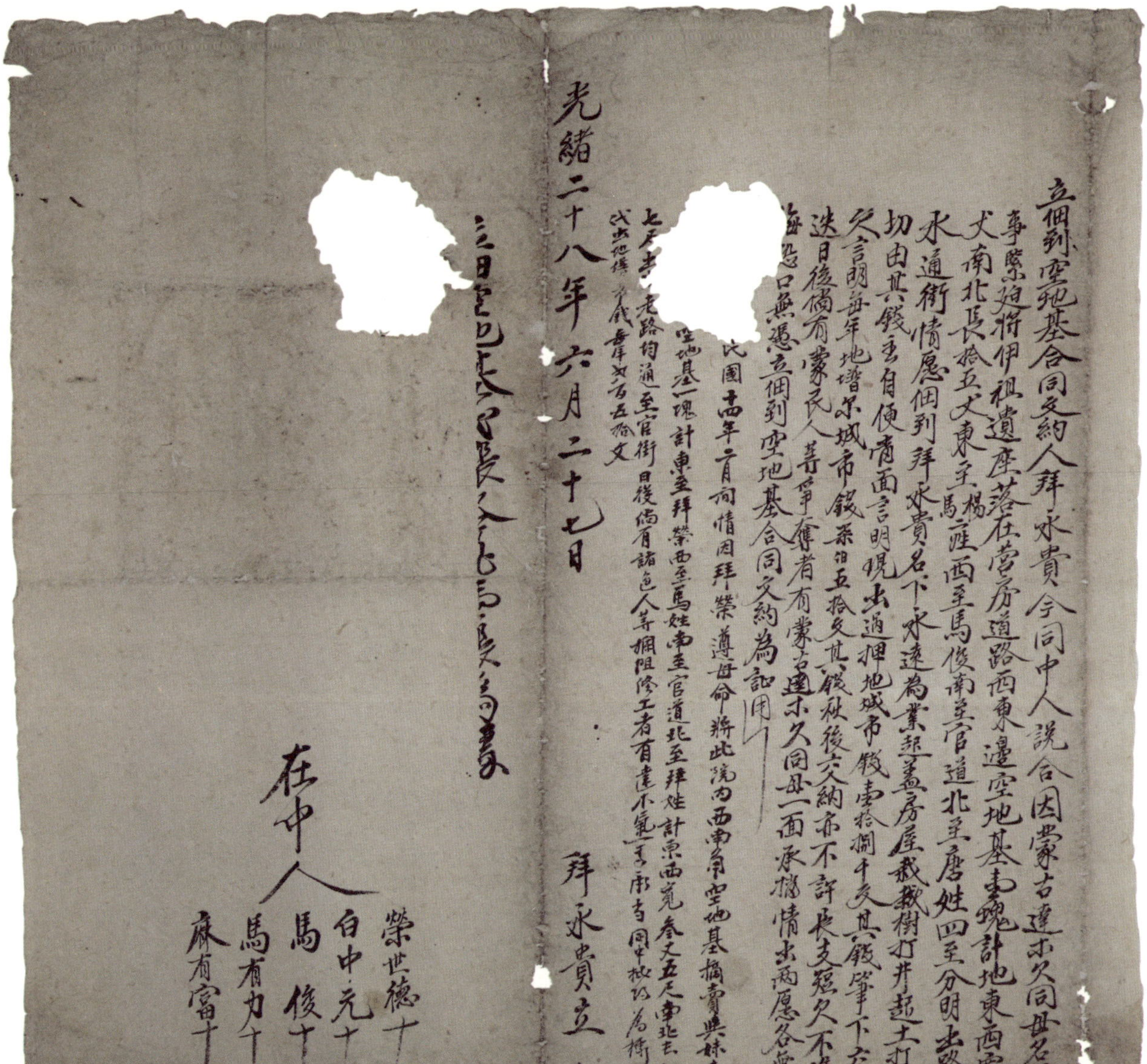

立佃到空地基合同文約人拜永貴，今同中人說合，因蒙古達木欠同母名下差事緊迫，將伊祖遺座落在營房道路西東邊空地基壹塊，計地東西寬陆丈，南北長拾五丈，東至楊馬莊，西至馬俊，南至官道，北至唐姓，四至分明，出路出水通街，情愿佃到拜永貴名下永遠為業，起蓋房屋、栽樹、打井、起土打墻，一切由其自便。當面言明，現出過押地城市錢壹拾捌千文，其錢筆下交清不欠。言明每年地增城市錢柒佰五拾文，其錢秋後交納，亦不許長支短欠，不准長漲。迭日後倘有蒙民人等爭奪者，有蒙古達木欠同母一面承擋。情出兩愿，各無返悔。恐口無憑，立佃到空地基合同文約為証用。

民國十四年十月间，情因拜榮遵母命將此院內西南角空地基摘賣與妹夫[illegible]空地基一塊，計東至拜榮，西至馬姓，南至官道，北至拜姓，計東西寬叁丈五尺，南北長八丈七尺[illegible]走路均通至官街，日後倘有諸色人等攔阻除工者，有[illegible]同中批明為據。[illegible]出地[illegible]每年[illegible]五拾文

光緒二十八年六月二十七日　拜永貴立　十

[illegible]

在中人　榮世德十　白中元十　馬俊十　馬有力十　麻有富十

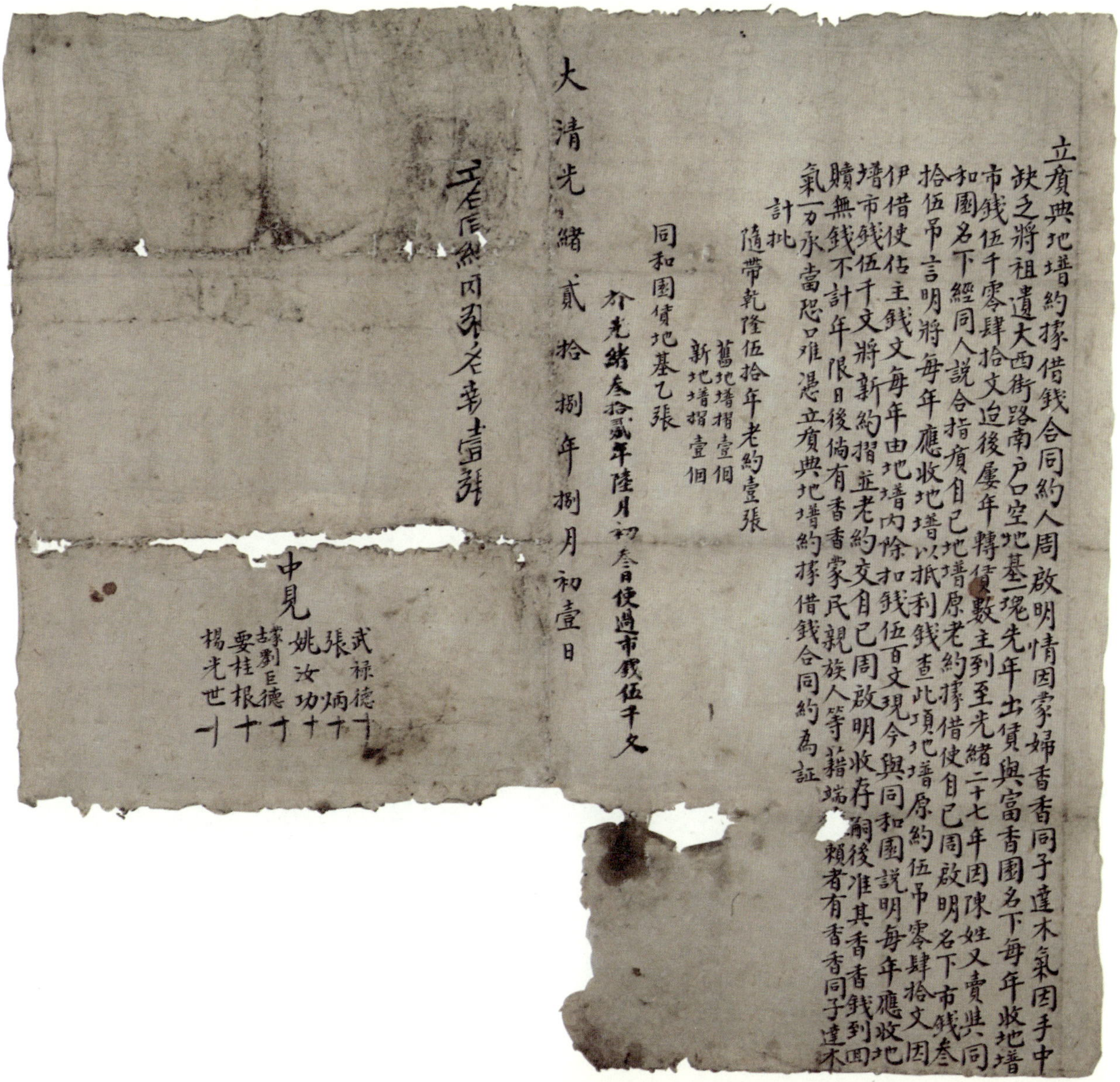
立賃典地增約摞借錢合同約人周啟明情因家婦香香同子達木氣因手中缺乏將祖遺大西街路南戶口空地基一塊先年出賃與富香園名下每年收地增市錢伍千零肆拾文迨後屢年轉賃數主到至光緒二十七年因陳姓又賣與同和園名下經同人說合指賃自己地增原老約摞借使自己周啟明名下市錢叁拾伍吊言明將每年應收地增以抵利錢查此項地增原約伍吊零肆拾文因伊借使佔主錢文每年由地增內除扣錢伍百文現今與同和園說明每年應收地增市錢伍千文將新約摺並老約交自己周啟明收存嗣後准其香香錢到回贖無錢不計年限日後倘有香香家民親族人等藉端賴者有香香同子達不氣一力承當恐口難憑立賃典地增約摞借錢合同約為証

計批

隨帶乾隆伍拾年老約壹張

舊地增摺壹個

新地增摺壹個

同和園賃地基乙張

於光緒叁拾貳年陸月初叁日使過市錢伍千文

大清光緒貳拾捌年捌月初壹日

中見

武祿德十

張炳十

姚汝功十

吉掌劉巨德十

要桂根十

楊光世十

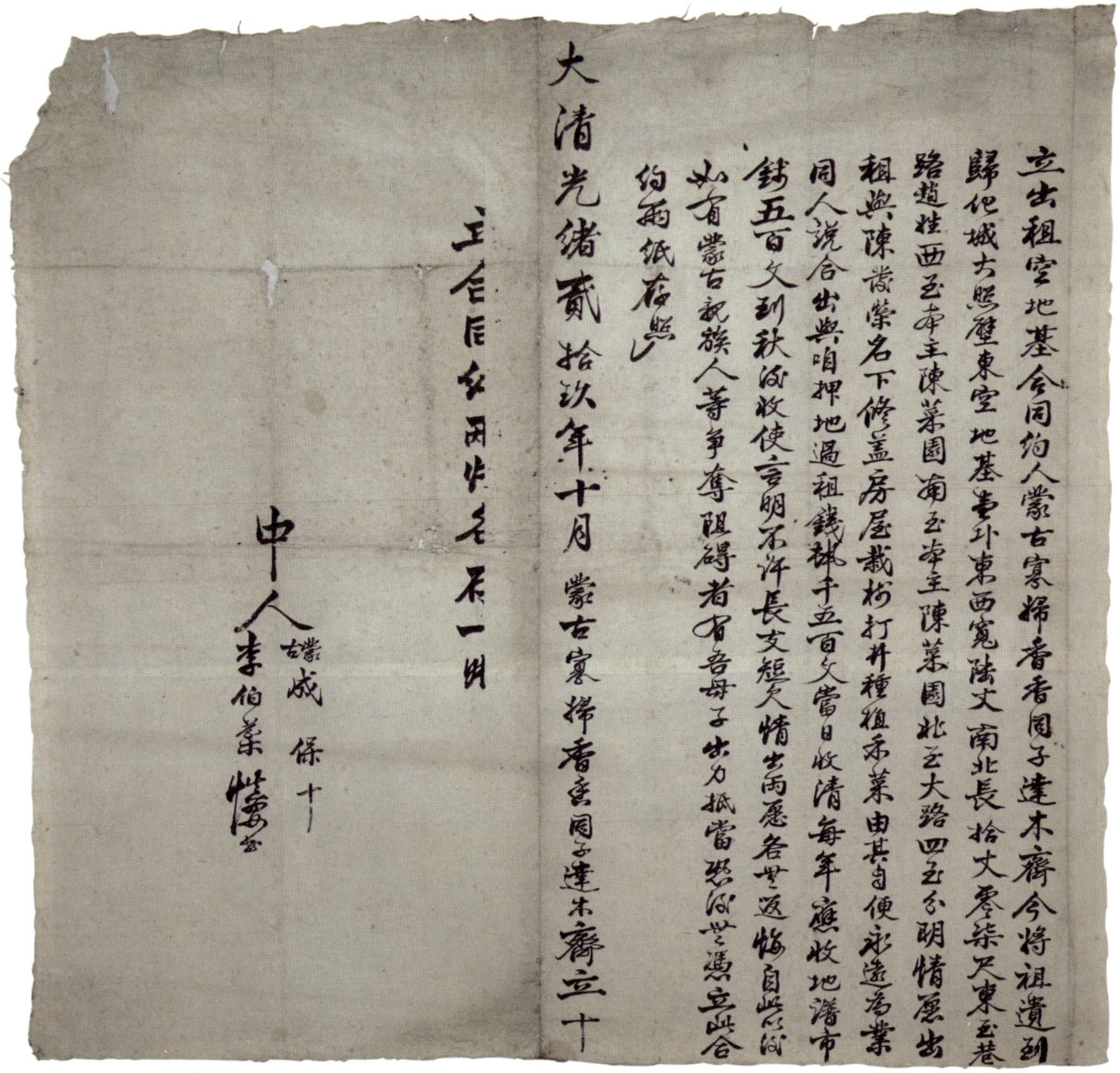
立出租空地基合同約人蒙古寡婦香香同子達木齊今將祖遺到
歸化城大照壁東空地基壹塊東西寬陸丈南北長拾丈零柒尺東至巷
路趙姓西至本主陳菜園南至本主陳菜園北至大路四至分明情愿出
租與陳貴榮名下修蓋房屋栽樹打井種植禾菜由其自便永遠爲業
同人説合出與咱押地過租錢壹拾千五百文當日收清每年應收地譜市
錢五百文到秋收使言明不許長支短欠情出兩愿各無返悔自此以後
如有蒙古親族人等爭奪阻碍者有吾母子出力抵當恐後無憑立此合
約兩紙存照
大清光緒貳拾玖年十月 蒙古寡婦香香同子達木齊立十
立合同約兩紙各執一張
中人 蒙古成保十
李伯業懷押

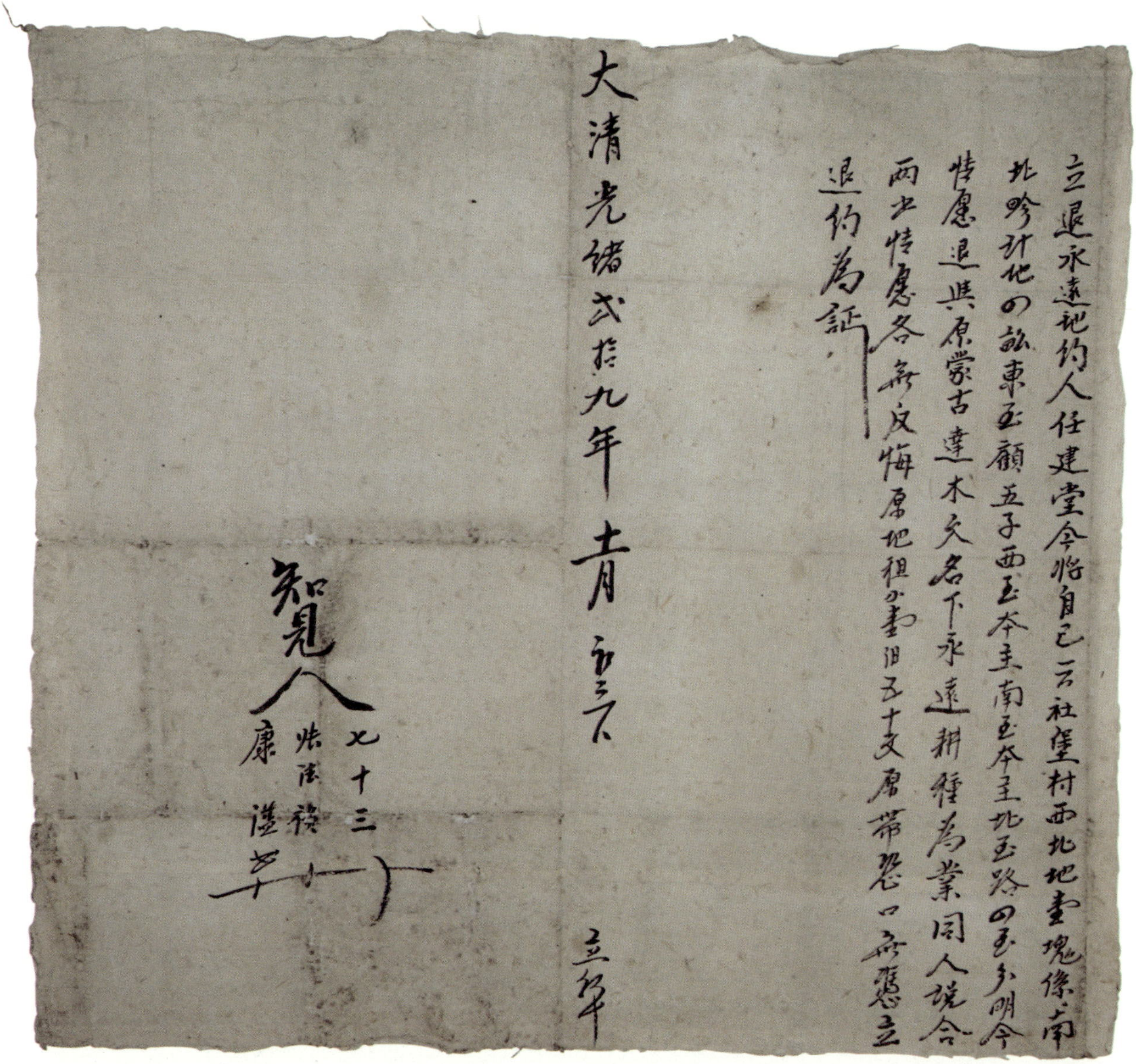
立退永遠地約人任建堂今將自己一分社堡村西北地壹塊係南北畛計地四畝東至顧五子西至本主南至本主北至路四至分明今情愿退與原業吉達木名下永遠耕種為業同人說合兩出情愿各無反悔原地租錢舊日五十文原帶照口無憑立退約為証

大清光緒貳拾九年十月初三日　立約

知見人　七十三　張治禄　康謹

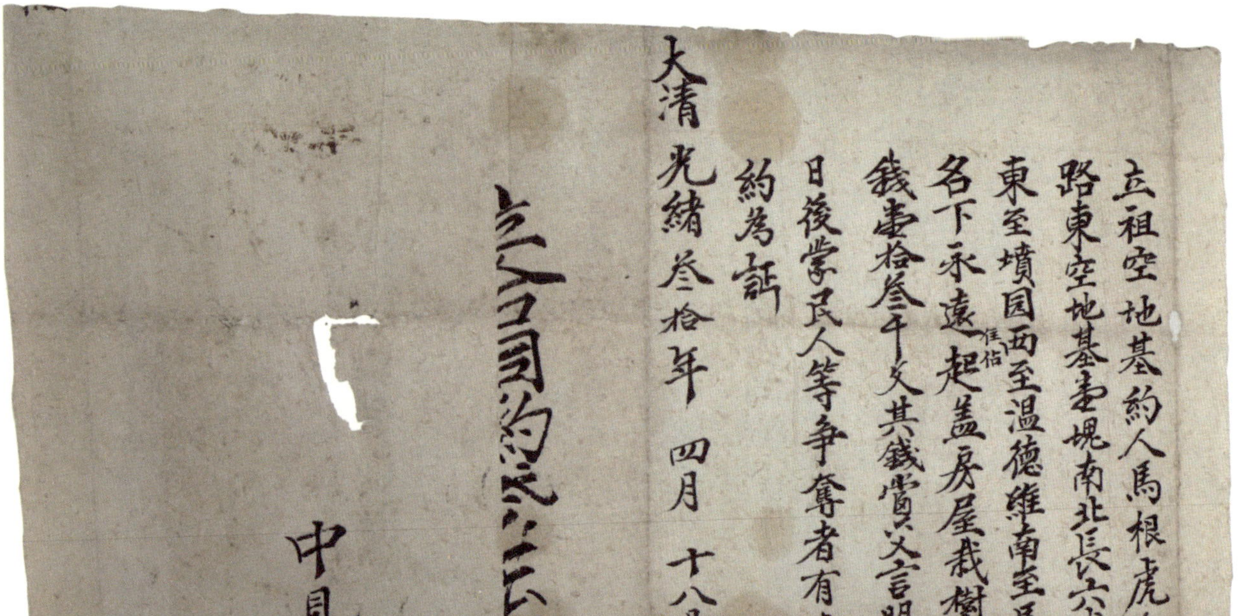

立祖空地基約人馬根虎今祖到蒙古佃達木欠祖遺十間房路東空地基壹塊南北長六丈八尺東西寬六丈六尺出路水道從西走東至墳园西至温德維南至馬姓北至官街四至分明今情願馬根虎名下永遠住佔起蓋房屋栽樹打井由其自便同人說合現使过押地城市錢壹拾叁千文其錢當下交言明每年出地增城市錢叁百文不準長支短日後蒙民人等爭奪者有達木欠毋手壹面承當恐口無憑立祖空地合約為証

大清光緒叁拾年四月十八日　馬根虎立十

立合同約

中見人　馬榮十　喬明十　穆二小十　馬後十

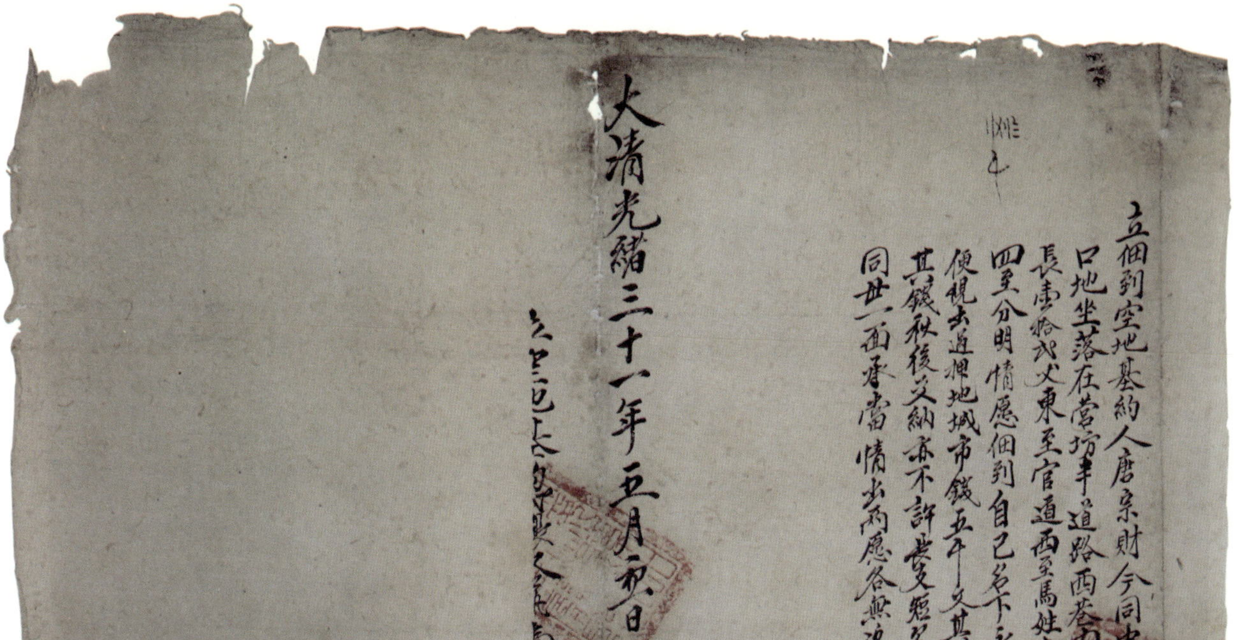
立佃到空地基約人唐宗財今同中人説合佃到蒙古嗹木氣同毋名下祖遺户
口地坐落在營坊半道路西巷内北向東空地基壹塊計地南北寬伍丈五尺東西
長壹拾弍丈東至官道西至馬姓南至馬萬銀北至馬林出入行走出水南北通大道
四至分明情愿佃到自己名下永遠為業建房蓋屋栽樹穿井起土打墻由其己
便視出道押地城市錢五千文其錢當交不欠每年出蒙古地增爾城市錢五伯文
其錢秋後交納亦不許長支短欠漲迭日後倘有蒙民人等爭奪者有嗹木氣
同毋一面承當情出兩愿各無返悔恐口無憑立佃到空地基合同約為証用

大清光緒三十一年五月初六日

唐宗財立 十

中見人

馬有富 十
喬 順 十
曾 禄 十
郭 全 十
張 明 十
徐悬慶 丁

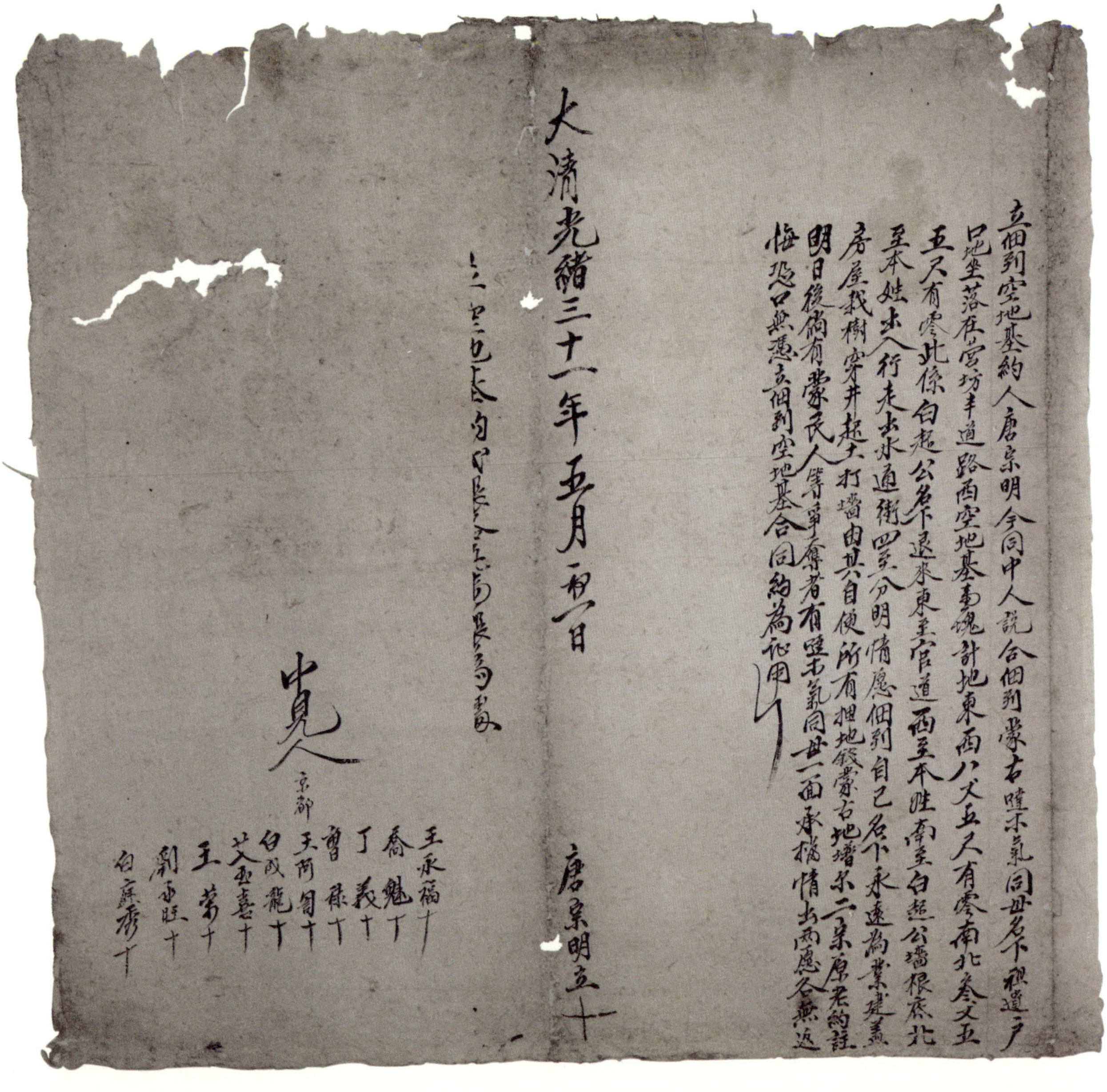

立佃到空地基約人唐亲明今同中人説合佃到蒙古噠不氣同毋名下祖遺户
口地坐落在営坊半道路西空地基壹塊計地東西八丈五尺有零南北叁丈五
五尺有零北係白起公名下退来東至官道西至本姓南至白起公墻根底北
至本姓出入行走出水通衢四至分明情愿佃到自己名下永遠為業建蓋
房屋栽樹穿井起土打墻由其自便所有押地錢蒙古地増不二亲原老約註
明日後倘有蒙民人等爭奪者有噠不氣同毋一面承擋情出兩愿各無返
悔恐口無憑立佃到空地基合同約為証用

大清光緒三十一年五月初一日

[illegible]

唐亲明立十

中見人

京都

王永福十
喬魁十
丁義十
曾祿十
王丙旬十
白成龍十
艾玉喜十
王芳十
劉玉旺十
白麻秀十

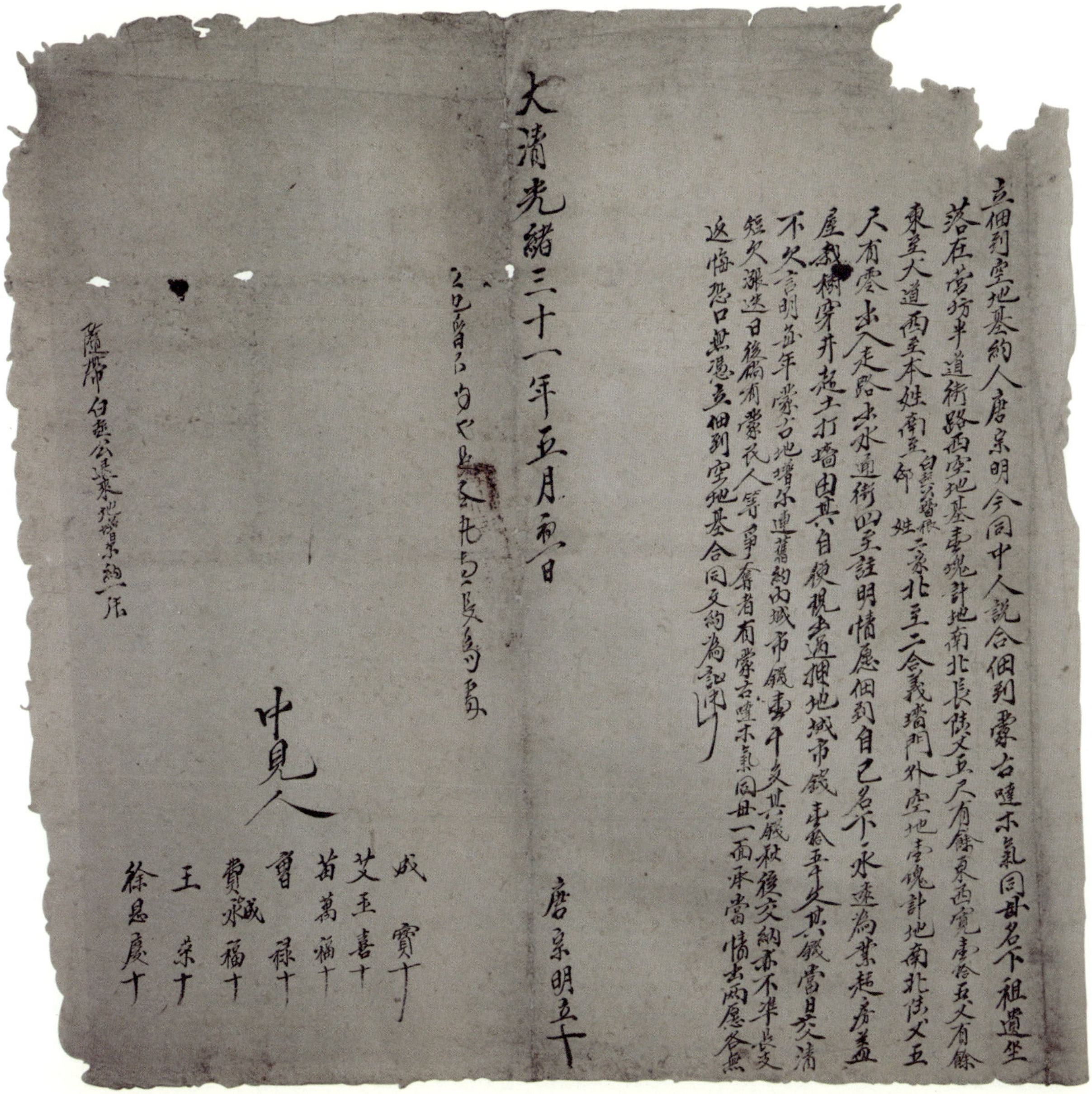

立佃到空地基約人唐宗明今同中人説合佃到蒙古噠不氣同母名下祖遺坐落在營坊半道街路西空地基壹塊計地南北長陸丈五尺有餘東西寬壹拾五丈有餘東至大道西至本姓南至白姓郝白姓又潘張姓二家北至二合義墻門外空地壹塊計地南北陸丈五尺有零出入走路出水通街四至註明情愿佃到自己名下永遠為業起房蓋屋栽樹穿井起土打墻由其自便現出過佃地城市錢壹拾五千文其錢當日交清不欠言明每年蒙古地增不連舊約內城市錢壹千文其錢秋後交納亦不準長支短欠漲迭日後倘有蒙民人等爭奪者有蒙古噠不氣同母一面承當情出兩愿各無返悔恐口無憑立佃到空地基合同文約為記用

大清光緒三十一年五月初一日　唐宗明立十

隨帶白姓公送來地增日票約一張

中見人　戚寶十　艾玉喜十　苗萬福十　曹祿十　費永戚福十　王宗十　徐恩慶十

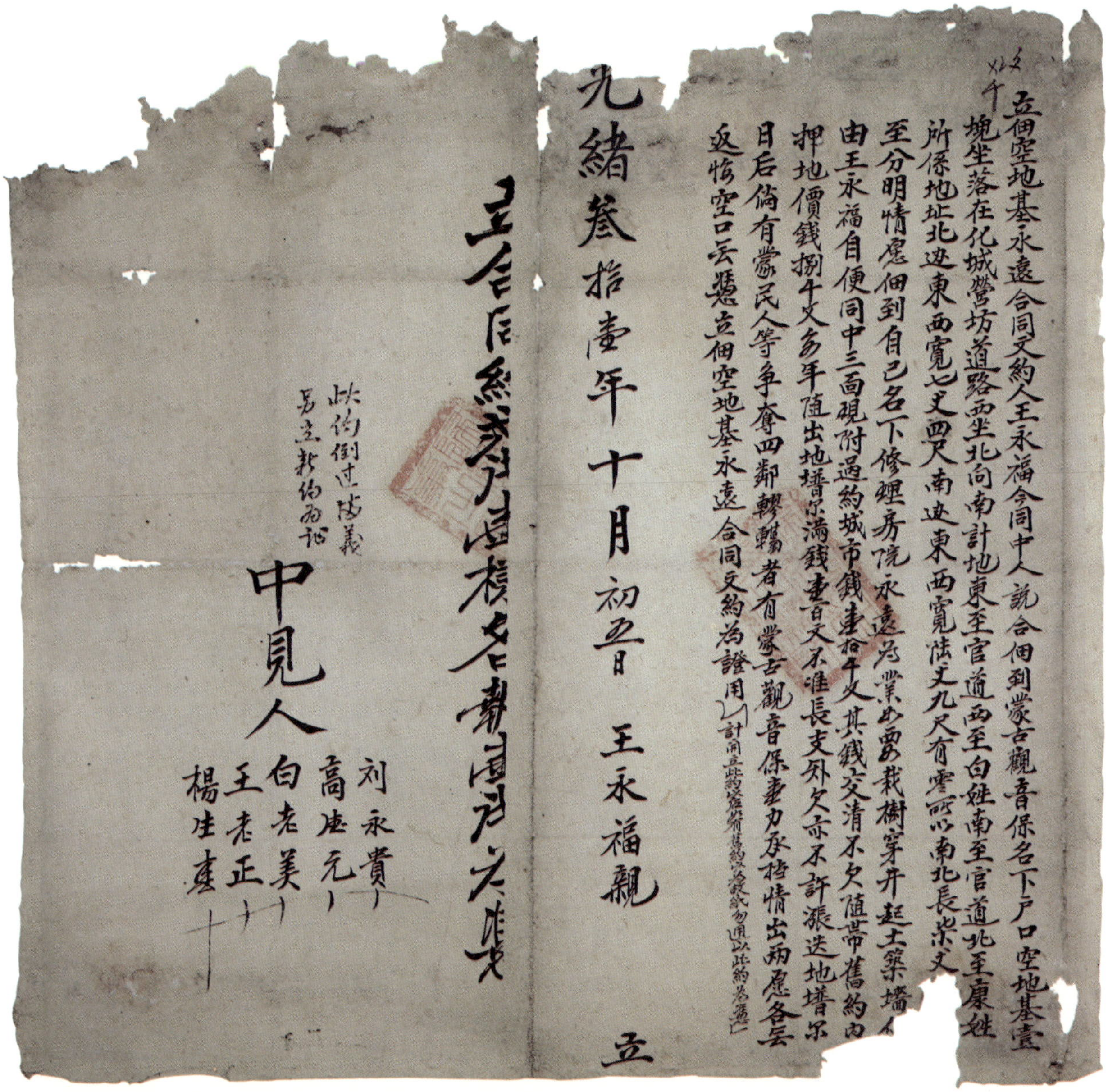

立佃空地基永遠合同文約人王永福，今同中人說合，佃到蒙古觀音保名下户口空地基壹塊，坐落在化城營坊道路西，坐北向南，計地東至官道，西至白姓，南至官道，北至康姓，所係地址北边東西寬七丈四尺，南边東西寬陆丈九尺有零，所以南北長柒丈，四至分明。情愿佃到自己名下修理房院，永遠為業。如要栽樹穿井，起土築墻，不由王永福自便。同中三面現附過約城市錢壹拾千文，其錢交清不欠。隨帶舊約內押地價錢捌千文。多年隨出地譜滿錢壹百文，不准長支外欠，亦不許漲迭地譜。日后倘有蒙民人等爭奪四鄰轇轕者，有蒙古觀音保壹力承擋。情出兩愿，各無返悔。空口無憑，立佃空地基永遠合同文約為證用。

計開立此約後從前舊約以為廢紙勿用，以此約為憑。

光緒叁拾壹年十月初五日　王永福親立

立合同約貳張各執壹張

此約倒过陆義另立新約為記

中見人　刘永貴　高應元　白老美　王老正　楊生春

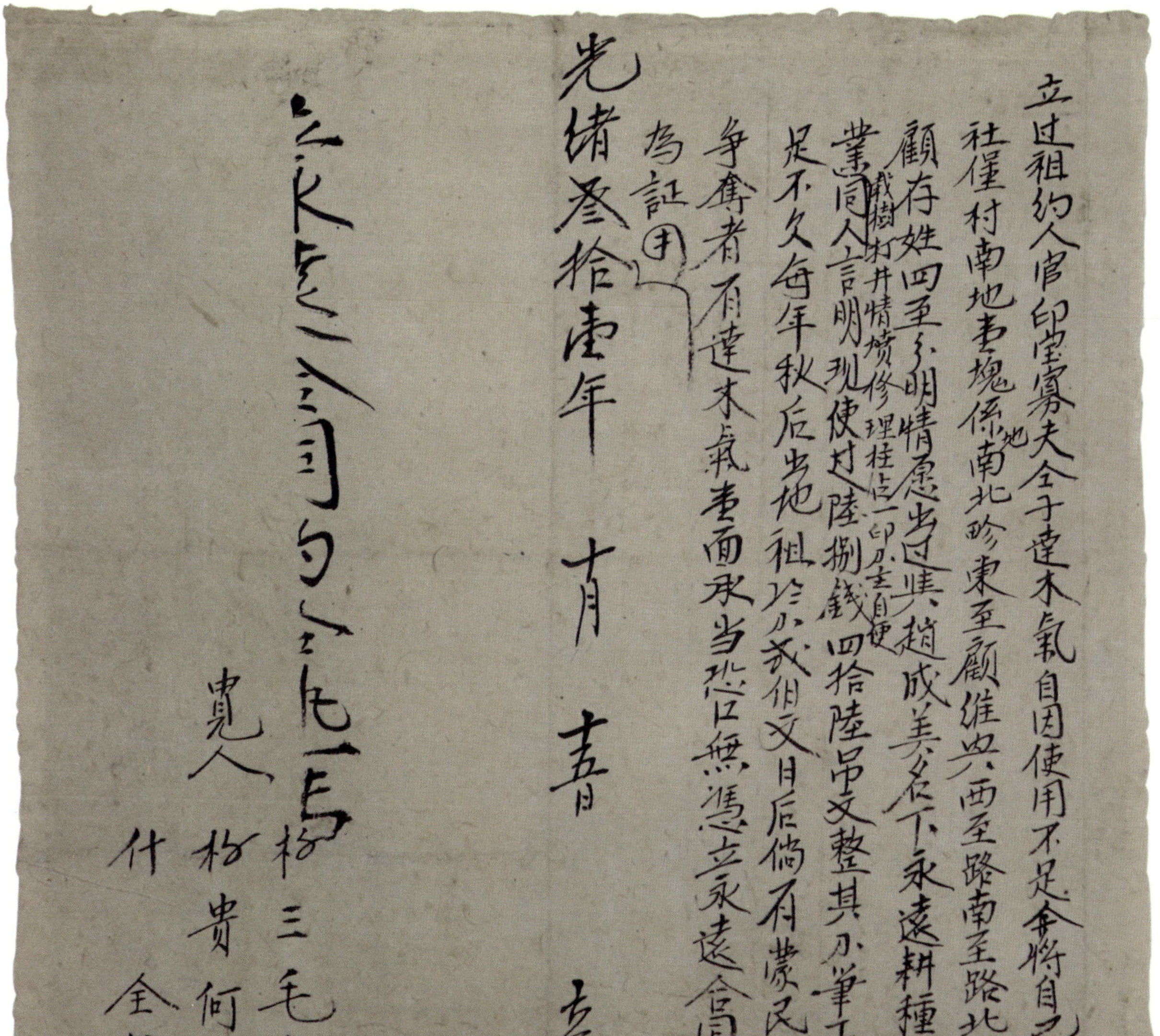

立过祖约人官印堂寡妇夫全子达木气自因使用不足，今将自己云
社堡村南地壹块，係地南北畛，东至顾维兴，西至路，南至路，北至
顾存姓，四至分明，情愿出过与赵成美名下永远耕种为
业，同人言明，现使过陆捌钱四拾陆吊文整，其钱笔下交（栽树打井，情愤修理，桂店一印，刀主自便）
足不欠，每年秋后出地租於公贰伯文，日后倘有蒙民人
争夺者，有达木气壹面承当，恐口无凭，立永远合同约
为证用

光绪叁拾壹年　十月　吉日　立

見人　杨三毛十
杨贵何十
什全太

立推佃地约人蓮木氣自因差事緊急今将自己不遗到大家营木匠营户口
荒滩壹塊係東西畛東至楊趙二姓西至渠南至楊毛丑北至路四至開明對
地壹頃壹拾畝有餘今情願推佃與王昇名下永遠耕種為業同人言明
現使过推佃地價大錢陸百柒拾伍千文其錢筆下交清不欠此地日后起
房蓋屋修壘住佔栽樹打井做墳埋墳係渠打堤清混水淤漫一應由
錢主自便兩出情願各無翻悔每年秋後出地租大錢弍千文日后倘有
蒙民人争奪者有蓮木氣一面承當恐口難憑立推佃地永遠约為証

用

大清光緒叁拾壹年拾弍月十壹日　立十

新约收纸不用

知見人
馮智十
肇永耀十
隊陳保十
閆生厚十
王芝蘭十

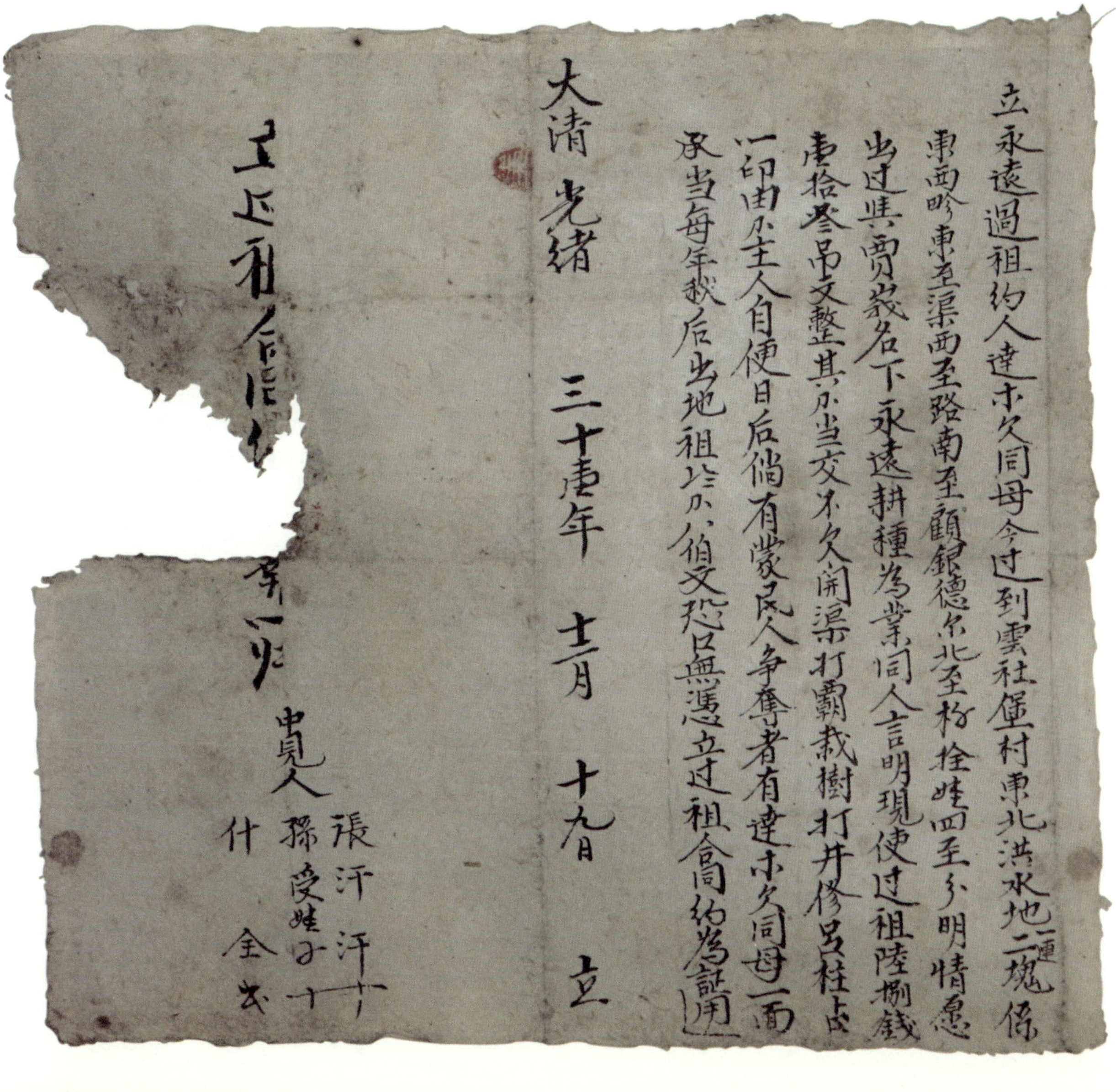

立永遠過祖約人達木欠同母今过到雲社堡村東北洪水地二塊係一連
東西畛東至渠西至路南至顧銀德北至楊栓娃四至分明情愿
出过與賈崧名下永遠耕種為業同人言明現使过祖陸捌錢
壹拾叁吊文整其錢当交不欠開渠打壩栽樹打井修蓋柱占
一切由錢主人自便日后倘有蒙民人争奪者有達木欠同母一面
承当每年秋后出地祖錢八伯文恐口無憑立过祖合同約為証用

大清光緒三十壹年十二月十九日立

立过祖合[illegible]第一號

中見人 張汗汗十
孫受娃子十
什全出

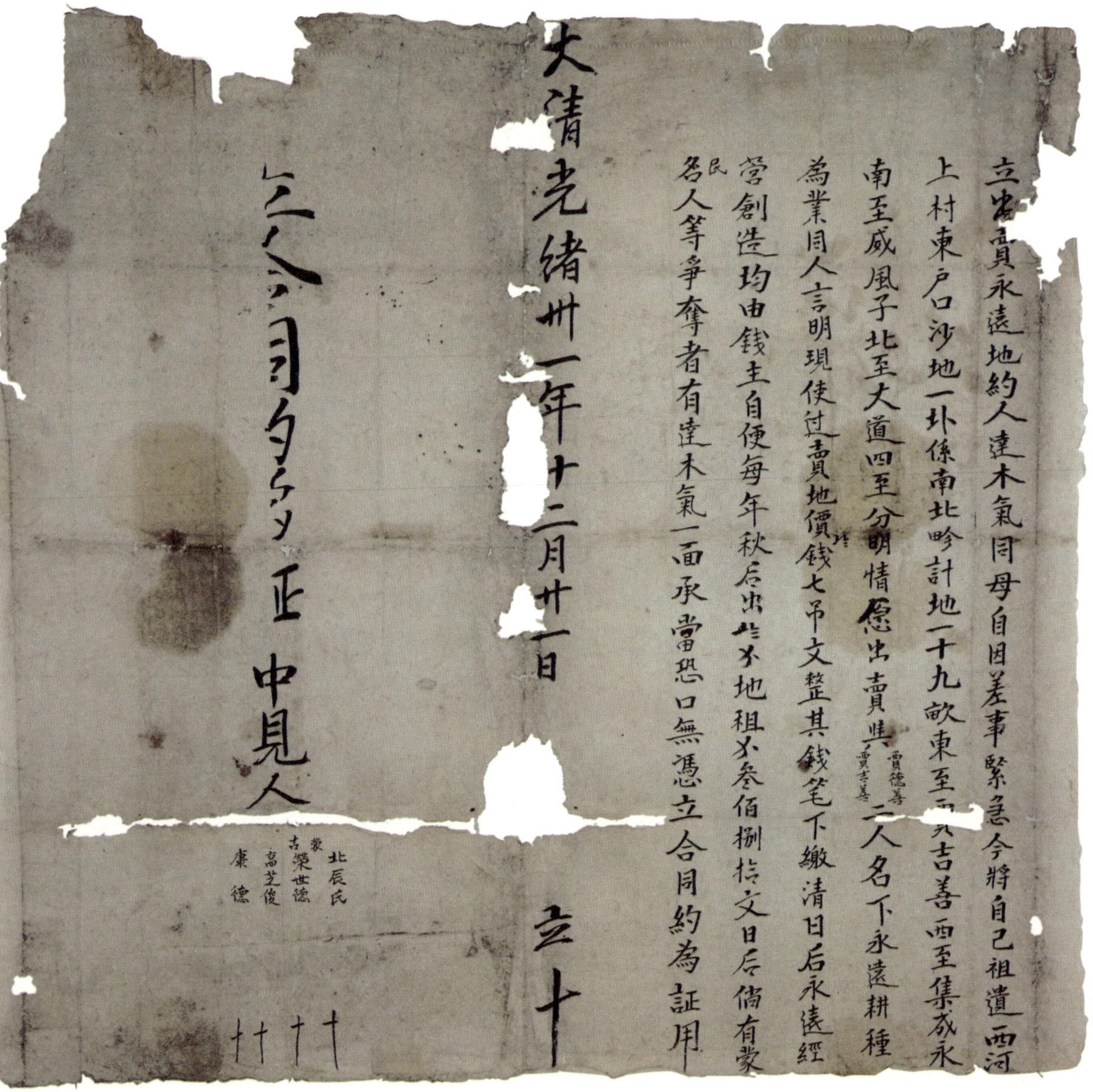
立出賣永遠地約人達木氣同母自因差事緊急今將自己祖遺西河
上村東户口沙地一圵係南北畛計地一十九畝東至□吉善西至集成永
南至威風子北至大道四至分明情愿出賣與賈德善賈吉善二人名下永遠耕種
為業同人言明現使過賣地價錢七吊文整其錢笔下繳清日后永遠經
營創造均由錢主自便每年秋后出此外地租外叁佰捌拾文日后倘有蒙民
名人等爭奪者有達木氣一面承當恐口無憑立合同約為証用

大清光緒卅一年十二月廿一日　立　十

中見人　北辰氏　蒙古榮世德　喬芝俊　康德　十　十　十　十

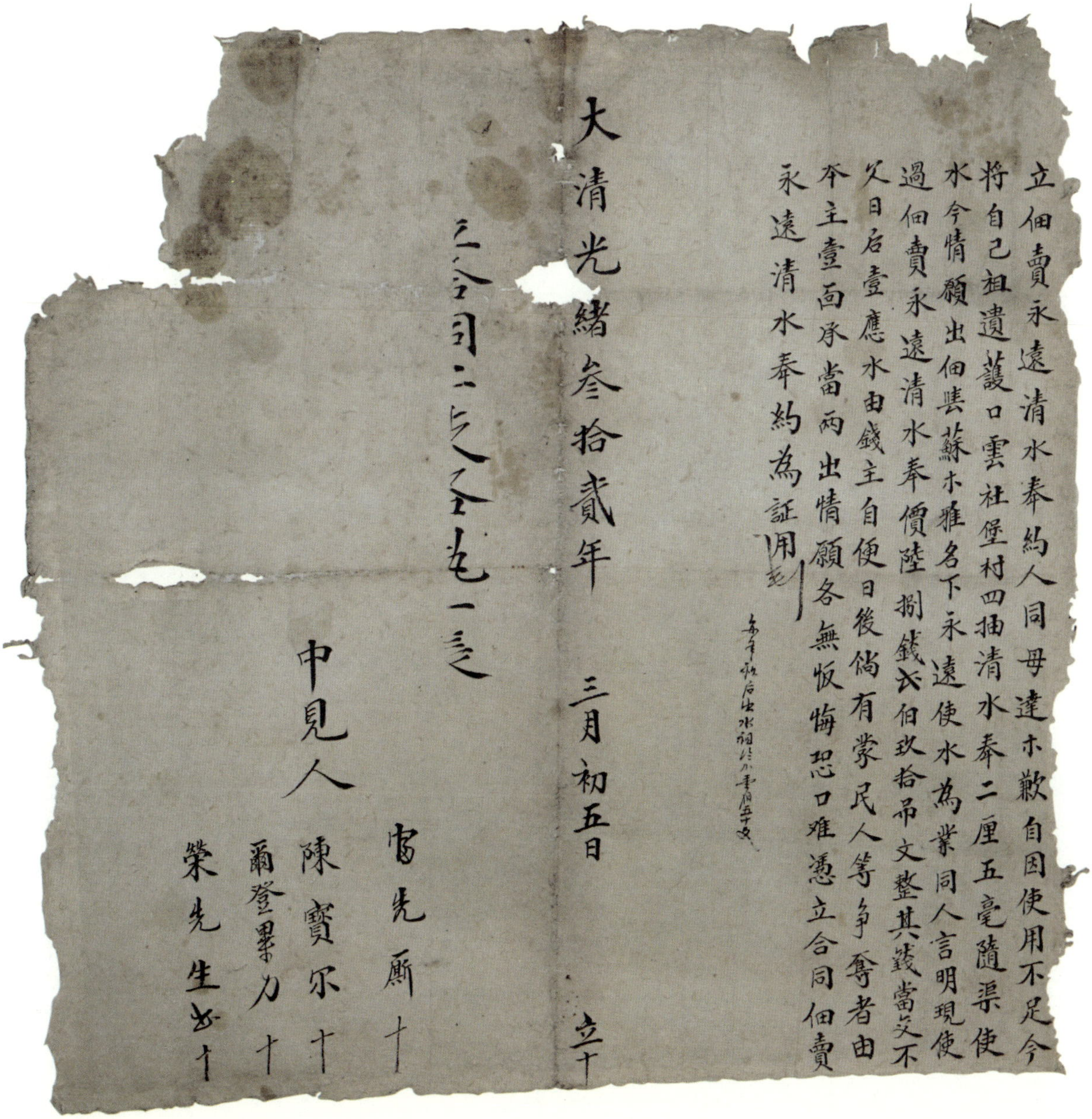
立佃賣永遠清水奉約人同母達木歡自因使用不足今
将自己祖遺護口雲社堡村四插清水奉二厘五毫隨渠使
水今情願出佃與蘇木雅名下永遠使水為業同人言明現使
過佃賣永遠清水奉價陸捌錢六伯玖拾吊文整其錢當交不
欠日后壹應水由錢主自便日後倘有蒙民人等争奪者由
本主壹面承當两出情願各無反悔恐口难憑立合同佃賣
永遠清水奉約為証用

每年秋后出水租錢八千伯五十文

大清光緒叁拾貳年　三月初五日　立十

立合同二紙各執一紙

中見人　雷先厮十　陳寶尔十　爾登畢力十　榮先生也十

立佃永遠清水参約人同母達木歡自因使用不足今將
自己原置到雲社堡村四拘清水参式厘五毫令情願出
佃与張所珠名下永遠使水為業隨渠使水清洪水澆灌一
应由錢主自便同人言明現使過佃水價錢式伯玖拾
吊文整其錢当交不欠日后如有舊約以為故紙不用以三十
二年三月廿日立新永遠約為憑日后倘有蒙民人等爭奪妨
有賣主一面承当两出情願各無反悔恐口無憑立合同永遠佃
水約為証用

每年攤出水租作大錢弍百五十文

大清　光緒　三十弍年　三月廿日　立

知見人
設進十
福來十
蘇木牙十
王有十
登高十
李財十
激灃书

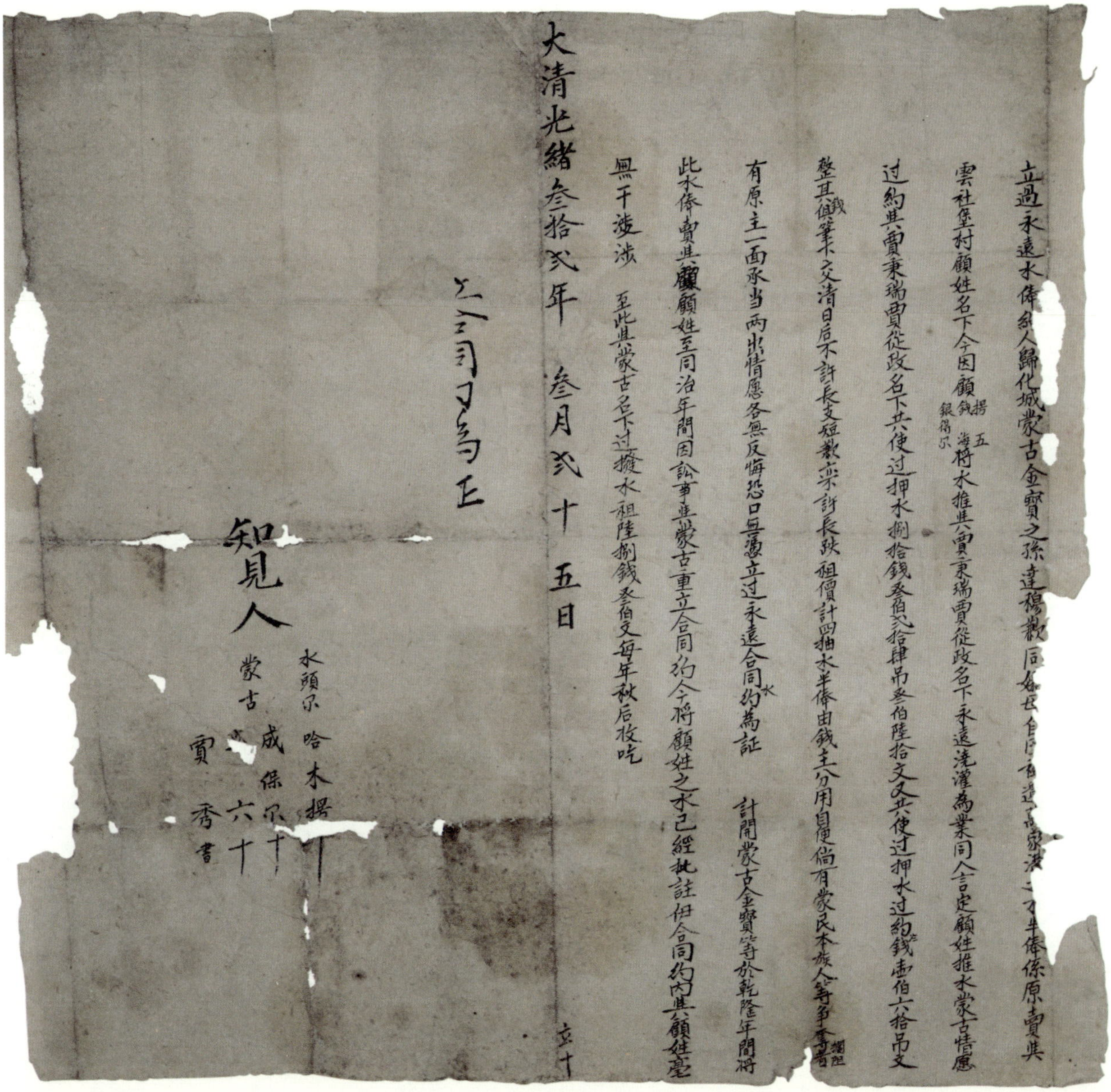

立過永遠水係約人歸化城蒙古金寶之孫達穆歉后每年自己有遠□家渡之水半俸係原賣與
雲社堡村顧姓名下今因顧錢揚五 海銀得尓將水推與賈秉瑞賈從政名下永遠澆灌為業同人言定顧姓推水蒙古情愿
过約與賈秉瑞賈從政名下共使过押水捌拾錢叁佰弍拾肆吊叁佰陸拾文又共使过押水过約錢壹佰六拾吊文
整其錢俱筆下交清日后不許長支短歉亦不許長跌租價計四抽水半俸由錢主分用自便倘有蒙民本族人等爭奪攔阻
有原主一面承当两出情愿各無反悔恐口無憑立过永遠合同水約為証 計開蒙古金寶等於乾隆年間將
此水俸賣與顧姓至同治年間因訟事與蒙古重立合同約今將顧姓之水已經批註但合同約內與顧姓毫
無干涉 至此與蒙古名下过撥水租陸捌錢叁佰文每年秋后收吃

大清光緒叁拾弍年叁月弍十五日 立

立合同為正

知見人 水頭尓 哈木揚十
蒙古 成保尓十
賈六十
賈秀 書

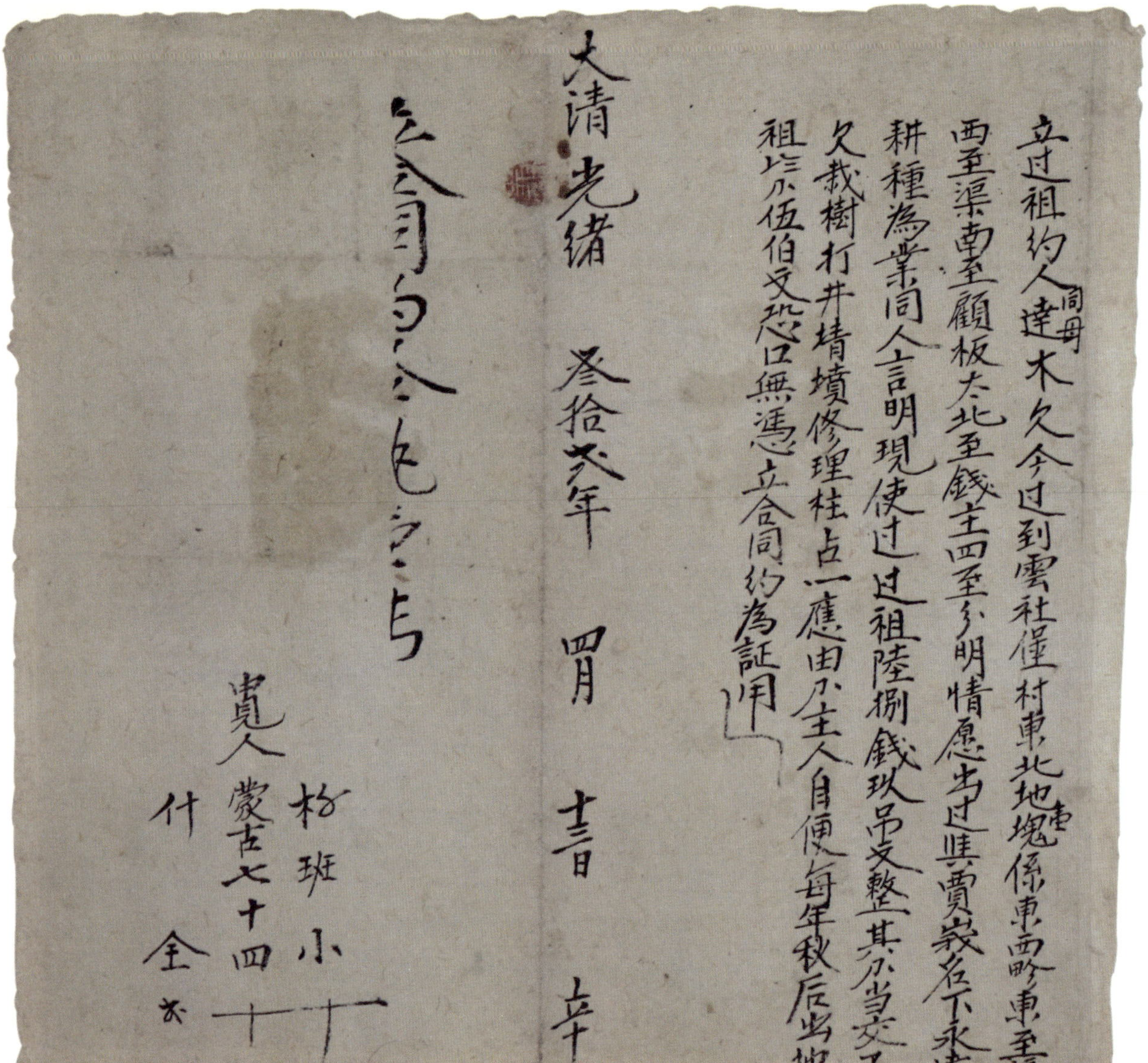

立过祖约人同母達木欠今过到雲社堡村東北地壹塊係東西畛東至渠
西至渠南至顧板太北至錢主四至分明情愿出过與賈義名下永遠
耕種為業同人言明現使过过祖陸捌錢玖吊文整其乃當交不
欠栽樹打井掯墳修理桂占一應由乃主人自便每年秋后出地
祖钱乃伍伯文恐口無憑立合同約為証用

大清光緒叁拾陆年四月吉日立

中見人 杨班小 十
蒙古七十四 十
什全太

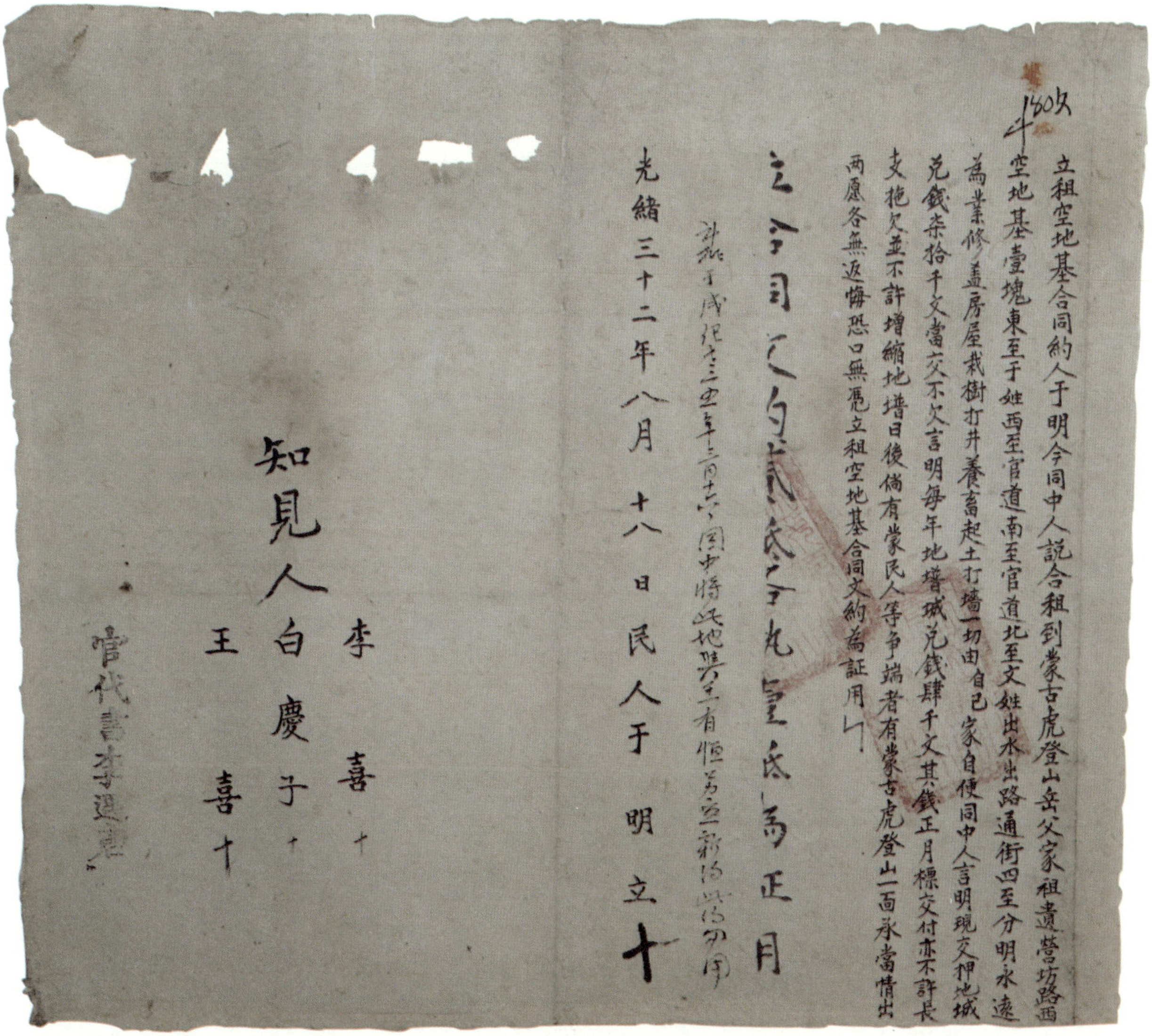

立租空地基合同約人于明今同中人説合租到蒙古虎登山岳父家祖遺營坊路西
空地基壹塊東至于姓西至官道南至官道北至文姓出水出路通街四至分明永遠
爲業修盖房屋栽樹打井養畜起土打墻一切由自己家自便同中人言明現交押地城
兑錢柒拾千文當交不欠言明每年地增城兑錢肆千文其錢正月標交付亦不許長
支拖欠並不許增縮地增日後倘有蒙民人等爭端者有蒙古虎登山一面承當情出
兩愿各無返悔恐口無憑立租空地基合同文約爲証用
立合同文白[illegible]全九皇[illegible]爲正月
此紙于民國十三年十二月十六日因中將此地契交有恒另立新約此約作廢用
光緒三十二年八月十八日民人于明立十
知見人 李喜十 白慶子十 王喜十
代書李遇恩

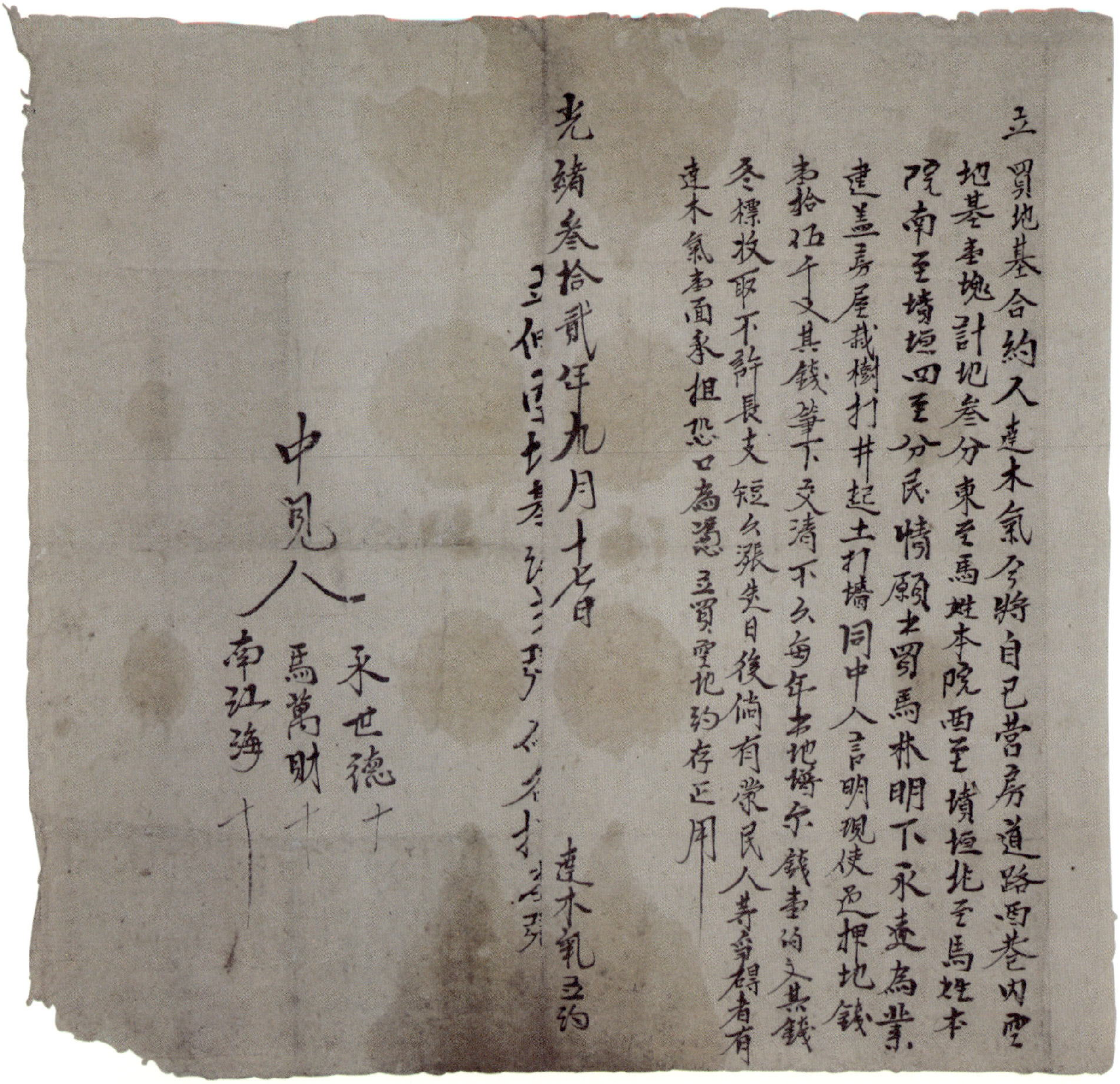

立賣地基合約人達木氣今將自己營房道路西巷内空
地基壹塊計地叁分東至馬姓本院西至墳塋北至馬姓本
院南至墻垣四至分民情願出賣馬林明下永遠為業
建蓋房屋栽樹打井起土打墻同中人言明現使過押地錢
壹拾伍千文其錢筆下交清不欠每年出地譜尔錢壹伯文其錢
冬標收取不許長支短欠漲失日後倘有蒙民人等爭碍者有
達木氣壹面承担恐口為憑立賣空地約存正用

光緒叁拾貳年九月十七日　達木氣立約

[illegible]

中見人　禾世德十　馬萬財十　南江海十

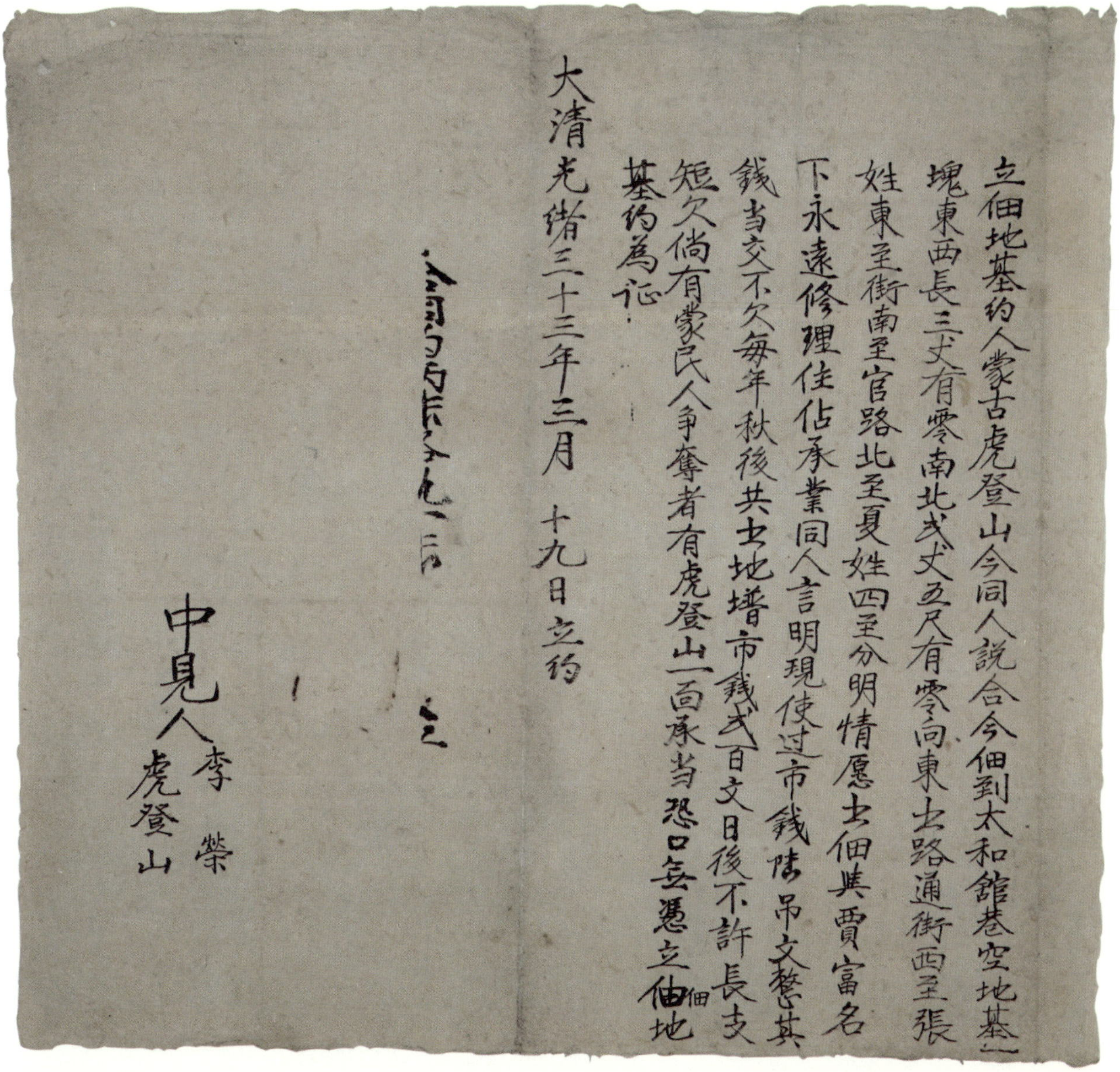
立佃地基約人蒙古虎登山今同人說合今佃到太和館巷空地基一
塊東西長三丈有零南北弍丈五尺有零向東出路通街西至張
姓東至街南至官路北至夏姓四至分明情愿出佃與賈富名
下永遠修理住佔承業同人言明現使过市錢陆吊文整其
錢当交不欠每年秋後共出地增市錢弍百文日後不許長支
短欠倘有蒙民人爭奪者有虎登山一面承当恐口無憑立佃地
基約為証

大清光緒三十三年三月 十九日立約

中見人李榮
虎登山

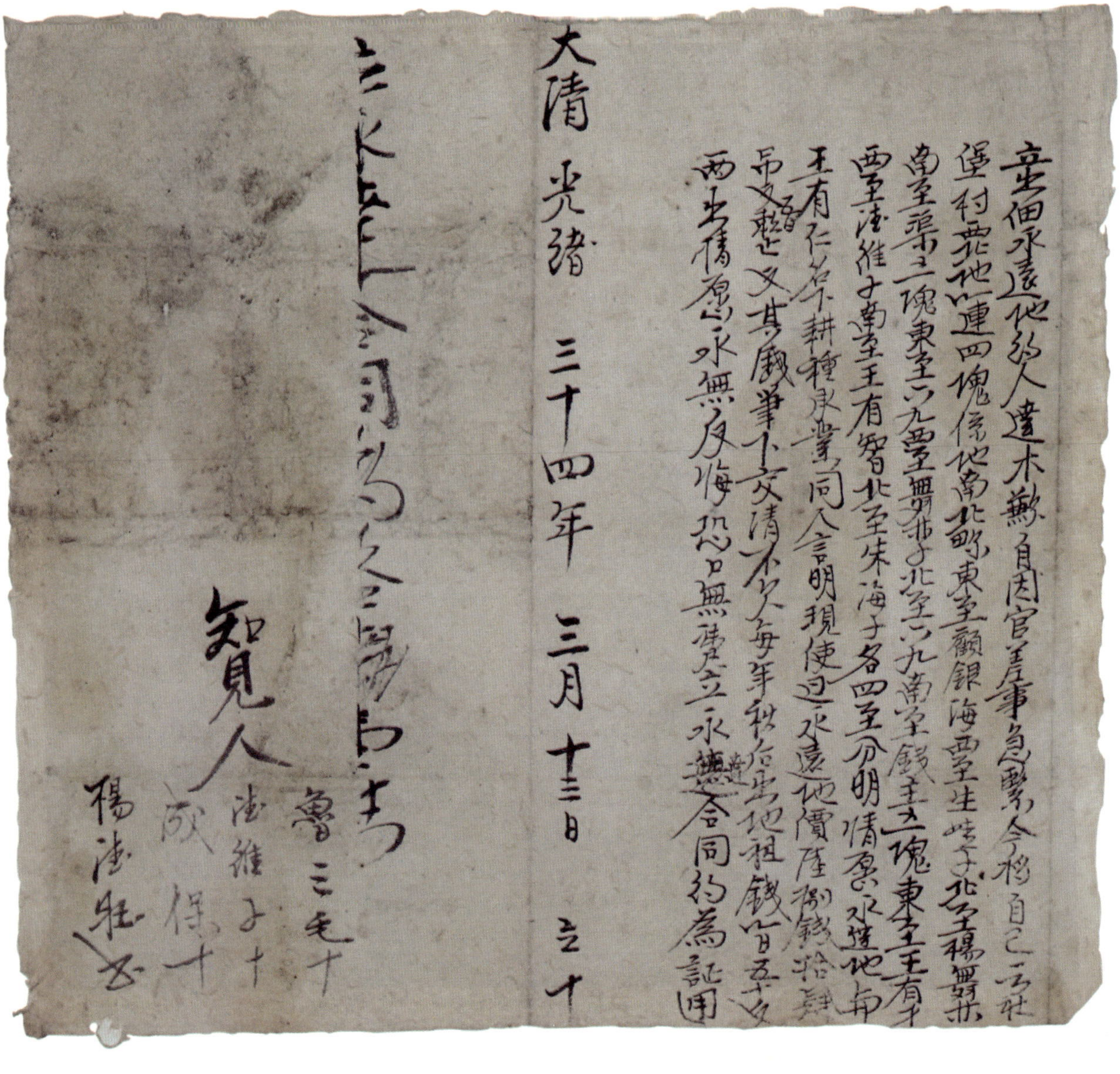

立租佃永遠地約人達木歡，自因官差事急緊，今將自己云社堡村西北地一連四塊，係地南北畛，東至顧銀海，西至生娃子，北至楊毌拱，南至渠；第二塊東至六九，西至毌拱子，北至六九，南至錢；第三塊東至王有才，西至法維子，南至王有智，北至朱海子，各四至分明，情愿永遠地角王有仁名下耕種承業，同人言明，現使過永遠地價陸捌錢拾肆吊文整，其錢筆下交清不欠，每年秋后出地租錢官五十文，西出情愿，永無反悔，恐口無憑，立永遠合同約為証用。

大清光緒三十四年三月十三日　立十

立永遠合同約人二張各執

知見人　魯三毛十　法維子十　成保十　楊法旺书

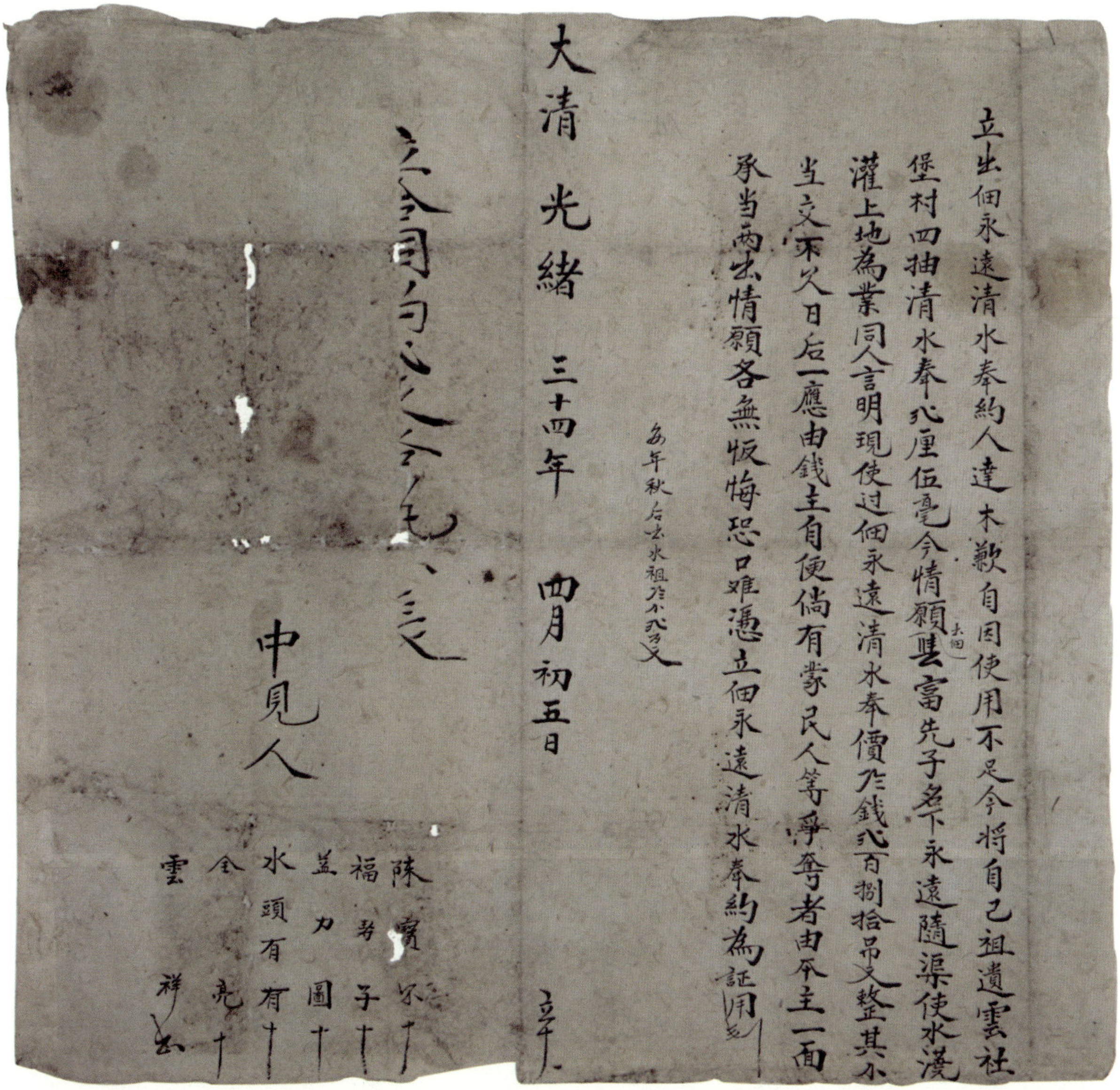
立出佃永遠清水奉約人達木歎自因使用不足今將自己祖遺雲社
堡村四抽清水奉弍厘伍毫今情願出佃與富先子名下永遠隨渠使水漢
灌上地為業同人言明現使过佃永遠清水奉價乍錢弍百捌拾吊文整其不
当文不欠日后一應由錢主自便倘有蒙民人等爭奪者由本主一面
承当兩出情願各無恢悔恐口难憑立佃永遠清水奉約為証用

每年秋后出水租乍小弍吊文

大清光緒三十四年四月初五日　立

立合同合之人全毛之之

中見人
陳寶　十
福子　十
益力圖　十
水頭有有　十
全亮　十
雲祥

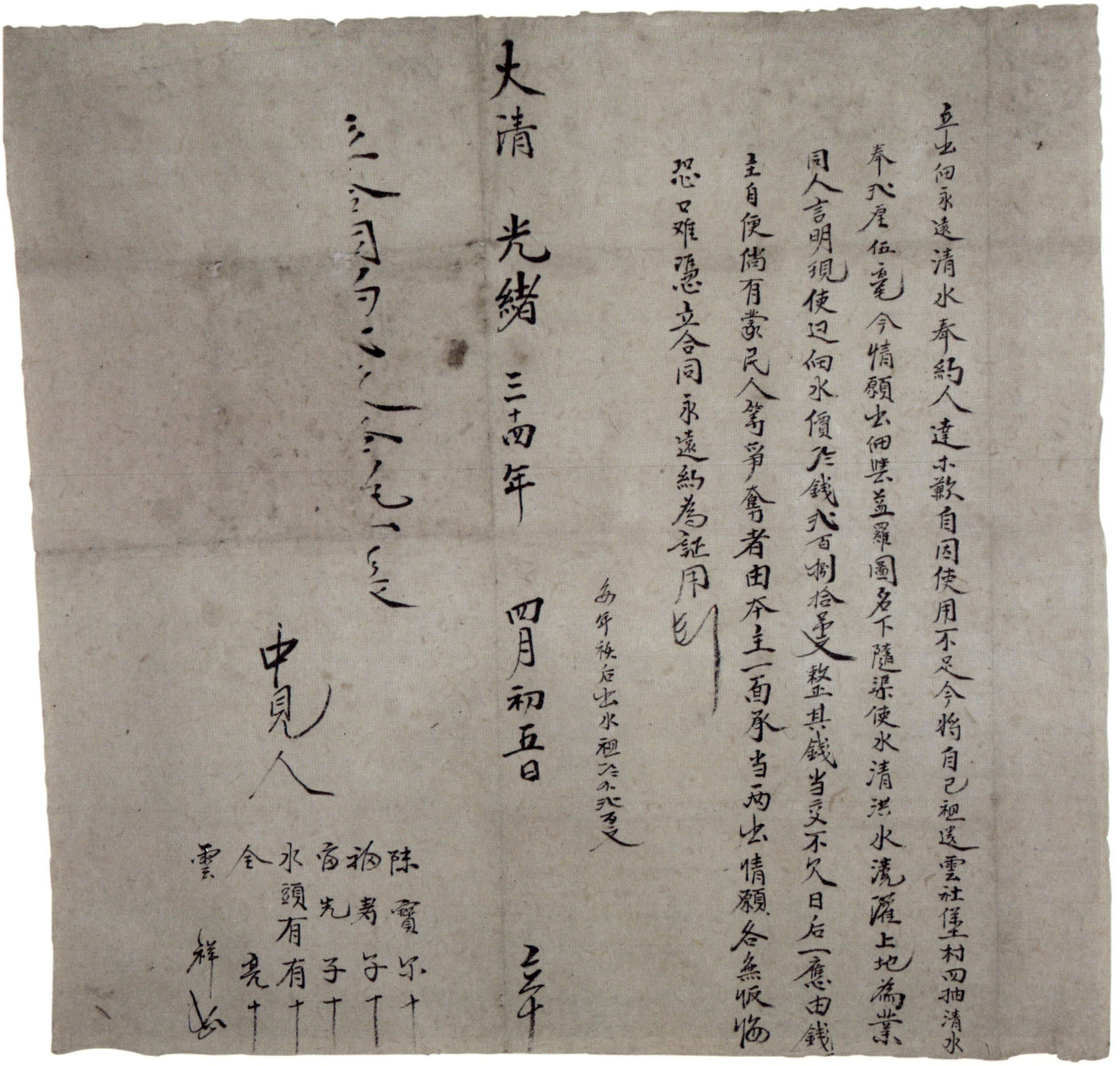

立出佃永遠清水奉約人達木歡，自因使用不足，今將自己祖遺雲社堡村四抽清水奉弍厘伍毫，今情願出佃與蓋羅圖名下隨渠使水，清洪水澆灌上地爲業。同人言明現使過佃水價大錢弍百捌拾吊文整，其錢當交不欠。日后一應由錢主自便，倘有蒙民人等爭奪者，由本主一面承当。两出情願，各無反悔。恐口难憑，立合同永遠約爲証用。

每年秋后出水租大錢弍百文

大清光緒三十四年四月初五日　立

合同約二張各執一張

中見人　陳寶尔十　祁壽子十　高先子十　水頭有有十　全亮十　雲祥

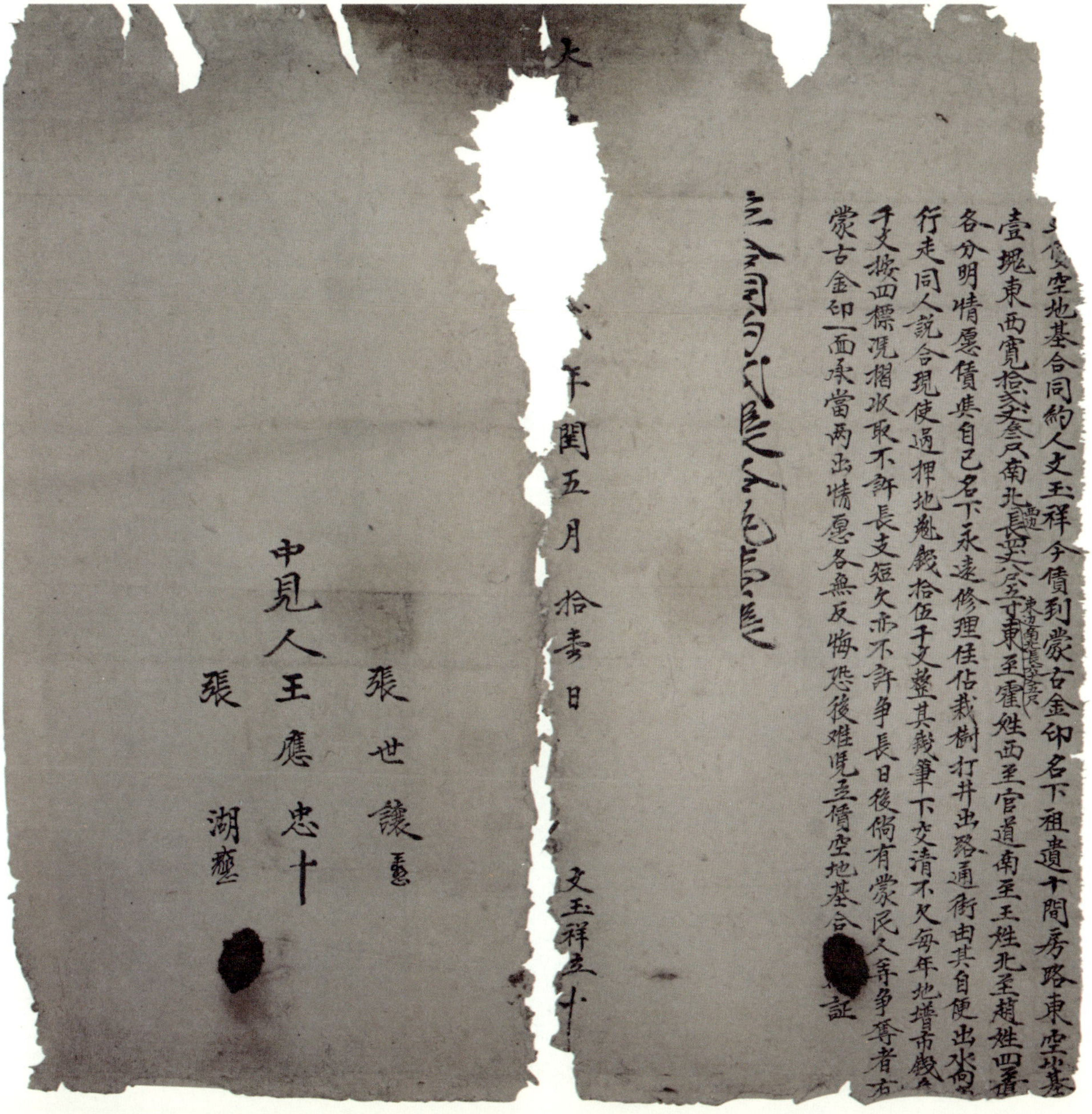
立賃空地基合同約人文玉祥今賃到蒙古金印名下祖遺十間房路東空地基
壹塊東西寬拾丈叁尺南北長西邊六丈五寸東邊南北長六丈五寸東至霍姓西至官道南至王姓北至趙姓四至
各分明情愿賃與自己名下永遠修理任佔栽樹打井出路通衔由其自便出水向
行走同人說合現使過押地拠錢拾伍千文整其錢筆下交清不欠每年地增市錢
千文按四標現摺收取不許長支短欠亦不許爭長日後倘有蒙民人等爭奪者有
蒙古金印一面承當兩出情愿各無反悔恐後難憑立賃空地基合[同]証

大[清]……年閏五月拾壹日　文玉祥立十

中見人王應忠十
張世讓
張湖瀛

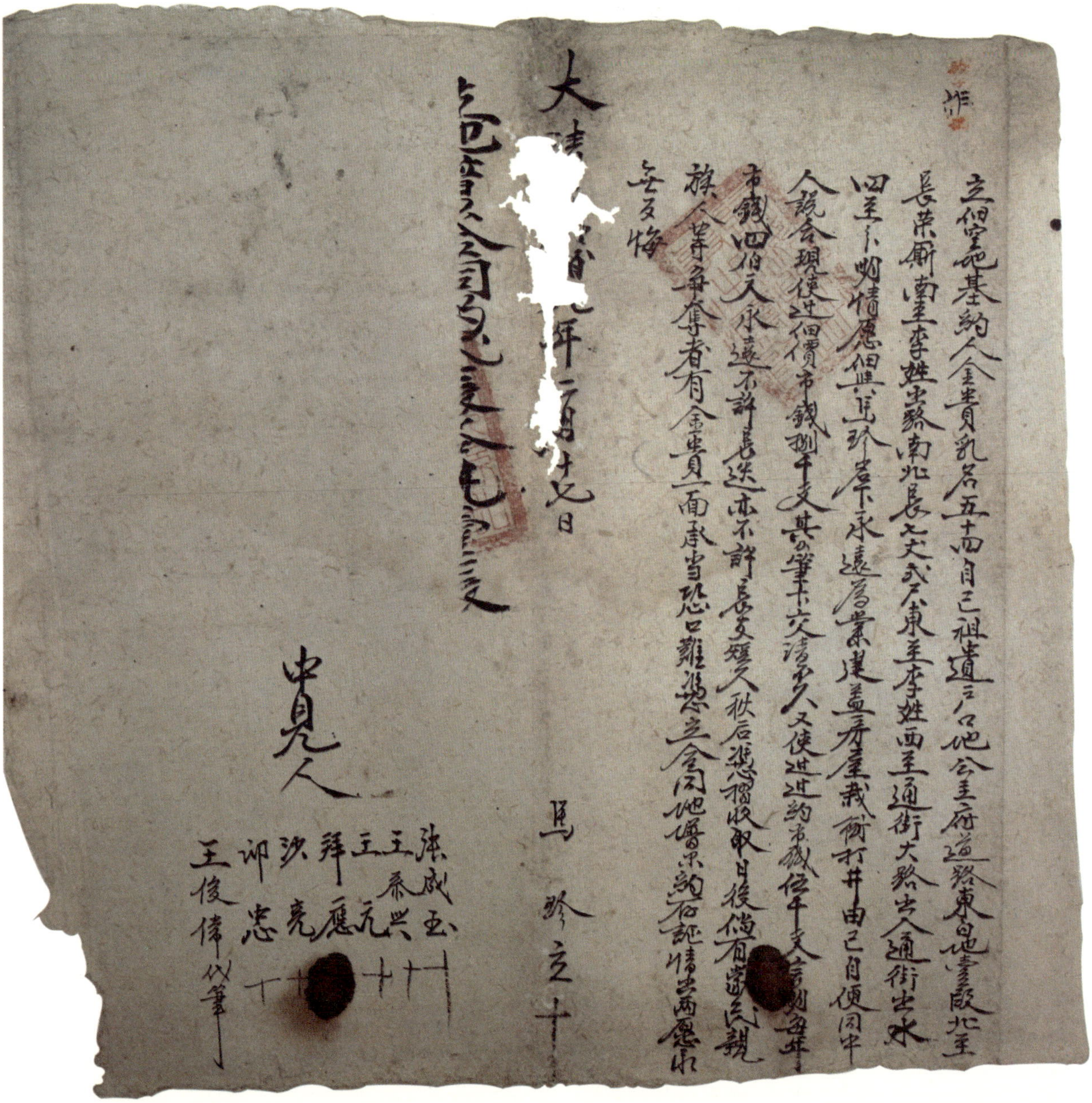

立佃空地基約人金貴乳名五十四自己祖遺空地公主府道路東白地壹段北至
長榮廟南至李姓出路南北長七丈弍尺東至李姓西至通街大路出入通街出水
四至下明情愿佃與馬珍名下永遠為業建蓋房屋栽樹打井由己自便同中
人說合現使過佃價市錢捌千文其地筆下交清不欠又使過過約市錢伍千文言明每年
市錢四佰文永遠不許長迭亦不許長支短欠秋后憑摺收取日後倘有蒙古親
族人等爭奪者有金貴一面承當恐口難憑立合同地增約存証情出兩愿永
無反悔

大清[illegible]年十一月廿七日

合同約各執一張

馬珍立十

中見人
張威玉十
王恭兴十
王元十
拜應
沙亮
邱忠十
王俊偉代筆

宣统年

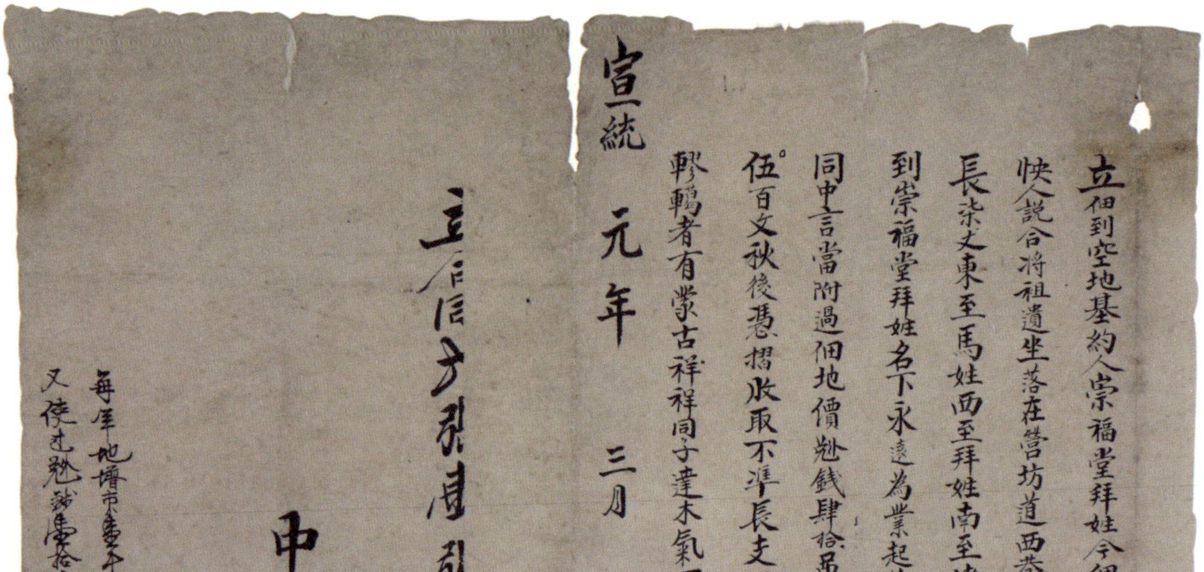

立佃到空地基約人崇福堂拜姓今佃到蒙古祥祥同子達木氣今因伊母子使用不便
快人説合將祖遺坐落在營坊道西巷内路北有空地基壹塊計東西寬肆丈五尺南北
長柒丈東至馬姓西至拜姓南至墳園土崗北至王姓四至分明今同中説合已情愿佃
到崇福堂拜姓名下永遠為業起蓋房屋栽樹打井起土壘墻一應修理由己自便
同中言當附過佃地價艳錢肆拾吊文其錢筆下交清不欠言明每年地譜城市錢
伍百文秋後憑摺收取不準長支短欠漲迭地譜日後倘有蒙民親族人等爭奪
轇轕者有蒙古祥祥同子達木氣一面承當兩出情愿各無返悔恐口難憑立合同約為証

宣統元年三月二十五日 崇福堂拜姓立

立合同約據

中見人
路福魁 十
金滿庫 十
蒙古成保爾 十
潤宏 十
王有林 十

每年地譜市錢壹千文
又使過艳錢叁拾千文

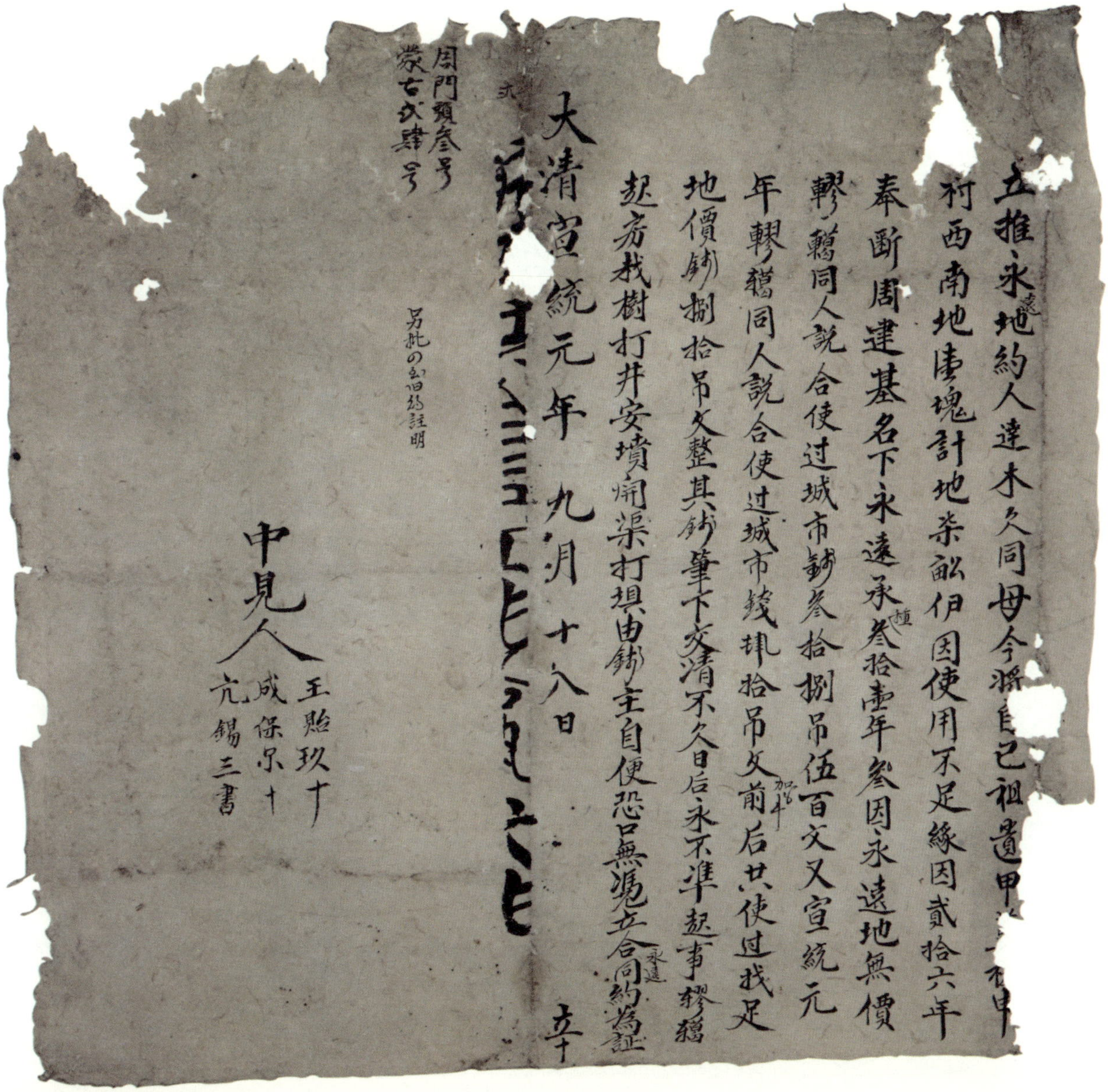

立推永遠地約人達木久同母今將自己祖遺甲□□村中

村西南地壹塊計地柒畝伊因使用不足緣因貳拾六年

奉斷周建基名下永遠承種叁拾壹年叁因永遠地無價

轇轕同人說合使过城市錢叁拾捌吊伍百文又宣統元

年轇轕同人說合使过城市錢肆拾吊文前后共加十使过找足

地價錢捌拾吊文整其錢筆下交清不欠日后永不準起事轇轕

起房栽樹打井安墳開渠打埧由錢主自便恐口無憑立永遠合同約為證

大清宣統元年九月十八日　立

周門類叁号

蒙古式肆号

另批の幺四約註明

中見人　王貽玖十　成保尔十　亢錫三書

立租空地基合同文約人馬大漢今租到達木氣祖遺營房道西叁門坐北向南空地基壹塊，計東至曹姓，西至出路通大道，南至出路通大道，北至大路水道通街，四至分明。同中辦結，情願租到馬大漢名下，永遠住佔為業，准其起蓋房屋、栽樹打井、掘土壘墻，一應修理，由己自便。言明前日使過押地錢叁拾吊文，其錢文說不欵，每年應出地譜滿錢叁百文，秋後憑摺收取，不准長支短欠，亦不許漲迭地譜。日後倘有蒙民人等爭奪者，有達木氣一面承當。情出兩願，永無返悔，恐口無憑，立合同租空地基約為証。計東西寬柒丈叁尺，南北長壹拾叁丈七尺。

宣統三年四月初二日　　馬大漢立　十

[illegible]

中見人　劉祥　十　劉貴　十　丁富貴　十　張有　十　苗三慶　十　拜壽山　十

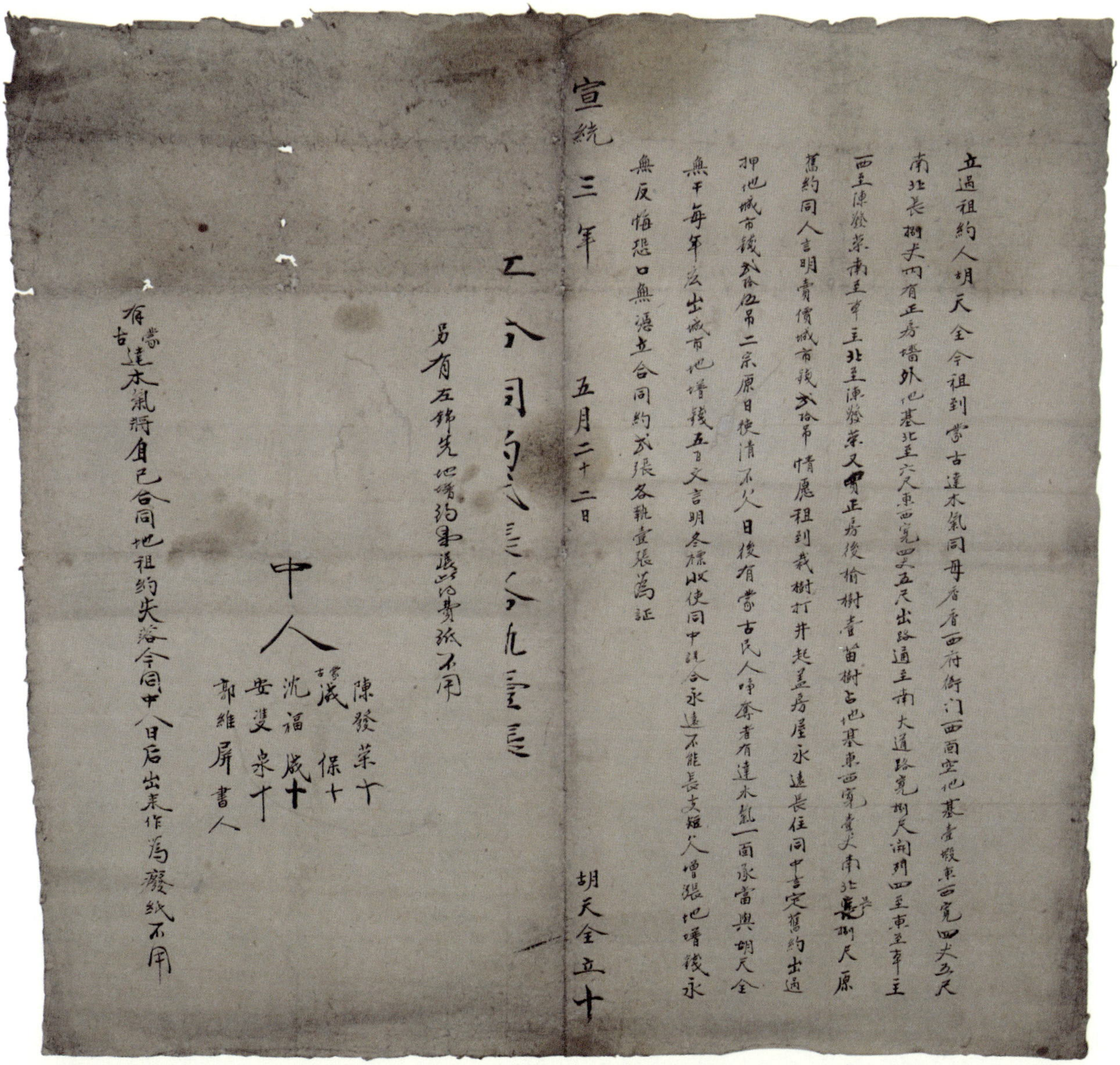
立過祖約人胡天全今祖到嘗古達木氣同母香香西府街门西面空地基壹塅東西宽四丈五尺
南北長捌丈内有正房墻外地基北至六尺東西宽四丈五尺出路通至南大道路宽捌尺開列四至東至本主
西至陳發榮南至本主北至陳發榮又賣正房後榆樹壹苗樹占地基東西宽壹丈南北長拾捌尺原
舊約同人言明賣價城市錢貳拾吊情愿租到栽樹打井起盖房屋永遠長住同中言定舊約出過
押地城市錢貳拾伍吊二宗原日使清不欠日後有嘗古民人嚀奪者有達木氣一面承當與胡天全
無干每年应出城市地增錢五百文言明各標收使同中说合永遠不能長支短欠增漲地增錢永
無反悔恐口無憑立合同約貳張各執壹張爲証
宣統三年五月二十二日　胡天全立十
立合同約各執壹張
另有左錦先地增約壹張此約費紙不用
中人　陳發榮十　嘗古𡤝保十　沈福𡤝十　安斐泉十　郭維屏書人
有嘗古達木氣將自己合同地祖約失落今同中人日后出来作爲廢纸不用

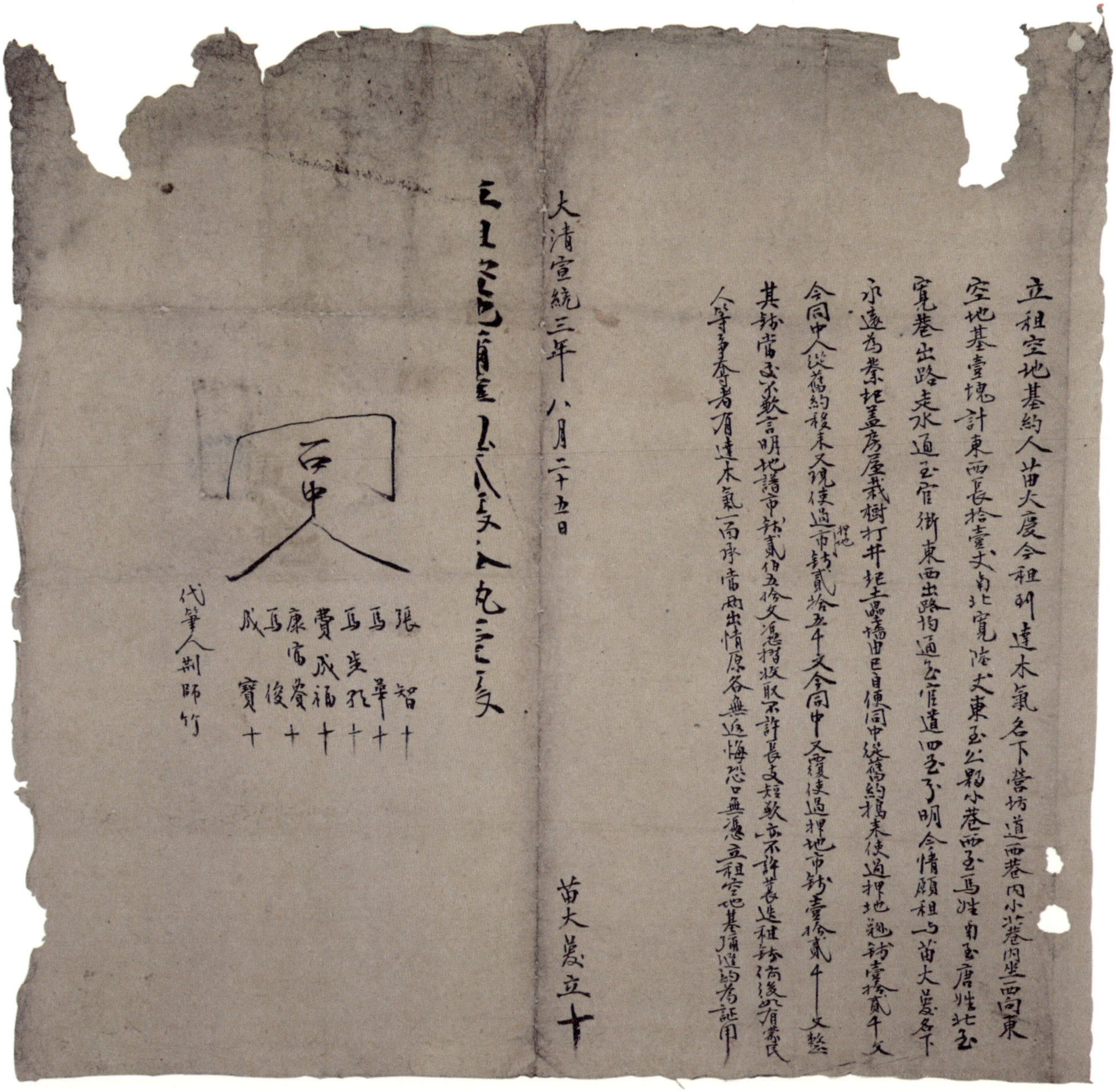

立租空地基約人苗大慶今租到達木氣名下營坊道西巷內小巷內坐西向東
空地基壹塊，計東西長拾壹丈，南北寬陸丈，東至公夥小巷，西至馬姓，南至唐姓，北至
寬巷出路，走水通至官街，東西出路伯通至官道，四至分明。今情願租與苗大慶名下
永遠為業，起蓋房屋，栽樹打井，起土壘墻，由己自便。同中從舊約攜來使過押地錢壹拾貳千文
今同中人從舊約移來又現使過押地市錢貳拾五千文，今同中又復使過押地市錢壹拾貳千文整
其錢當交不欠，言明地譜市錢貳伯五拾文，憑摺收取，不許長支短欠，亦不許長進租錢，倘後如有蒙民
人等爭奪者，有達木氣一面承當。兩出情原，各無返悔，恐口無憑，立租空地基約為證用。

[illegible]

大清宣統三年八月二十五日　　苗大慶立十

中人

張智十
馬華十
馬生孔十
費成福十
康富發十
馬俊十
成寶十

代筆人荆師竹

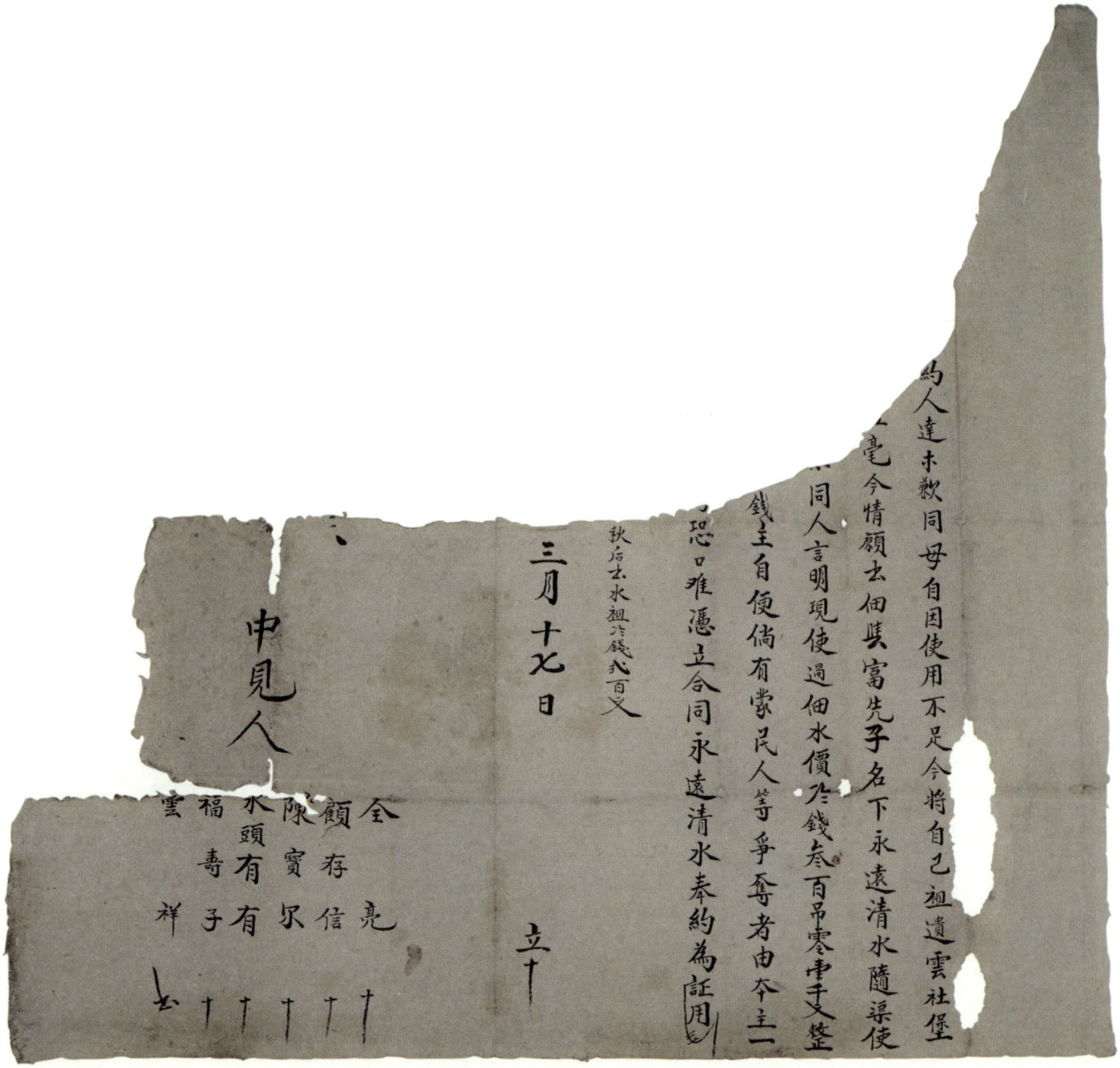
約人達木歡同母自因使用不足今將自己祖遺雲社堡
毫今情願出佃與富先子名下永遠清水隨渠使
同人言明現使過佃水價於錢叁百吊零肆千文整
錢主自便倘有蒙民人等爭奪者由本主一
恐口難憑立合同永遠清水奉約為証用
秋后出水租於錢貳百文
三月十七日
立十
中見人
全亮十
顧存信十
陳寶尔十
水頭有有十
福壽子十
雲祥押

中华民国

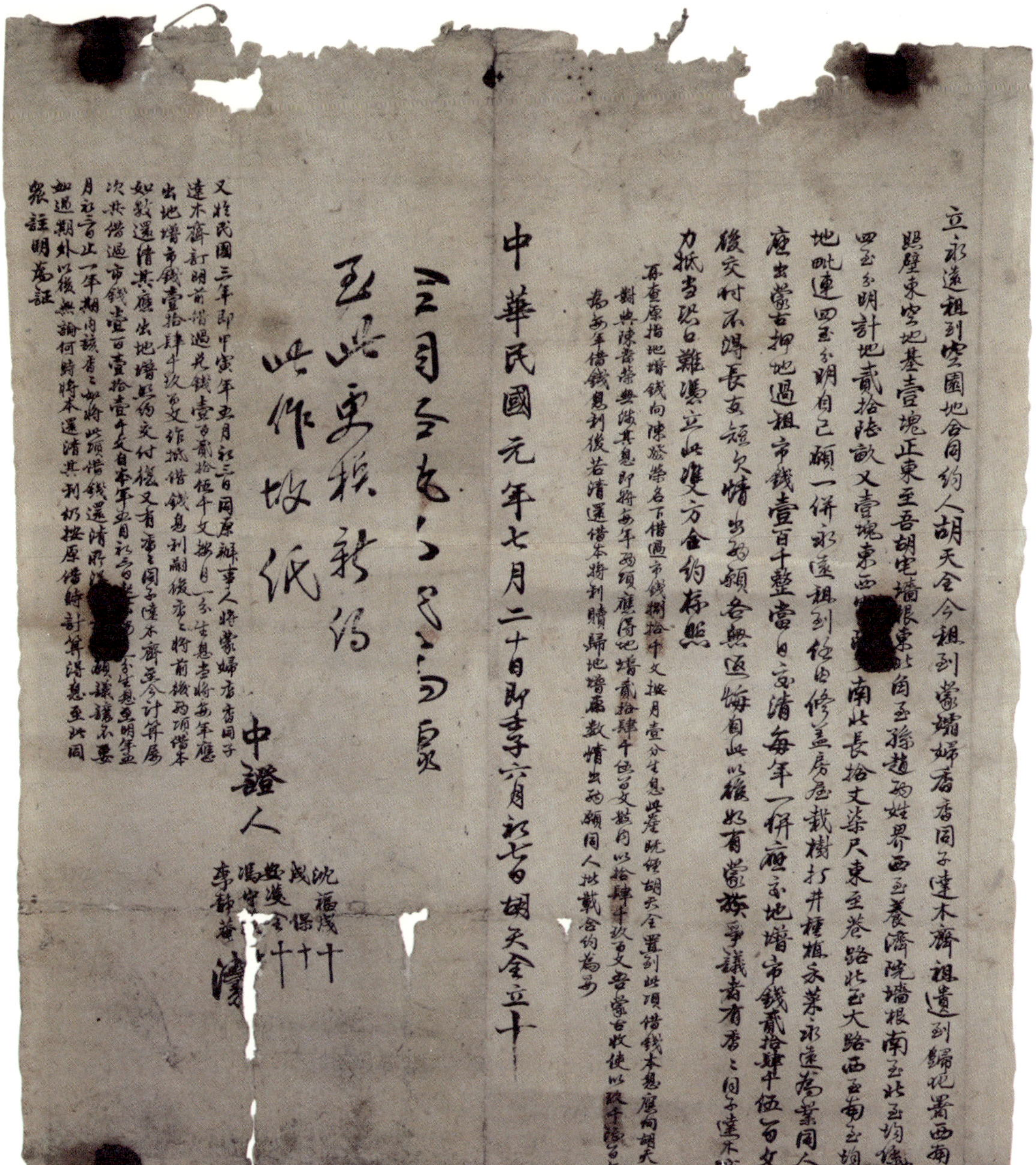

立永遠祖到空園地合同约人胡天全，今祖到蒙孀婦喬喬同子達木齊祖遺到歸化城西南隅大照壁東空地基壹塊，正東至吾胡宅墻根，東北角至孫趙兩姓界，西至養濟院墻根，南至北至均係大路，四至分明，計地貳拾陆畝；又壹塊，東西[…]，南北長拾丈柒尺，東至巷，路北至大路，西至南至均[…]，地畊連四至分明，自己願一併永遠祖到伍由修盖房屋，栽樹打井，種植永業，永遠為業。同人說合，應出蒙古押地過祖市錢壹百千整，當日交清，每年一併應交地增市錢貳拾肆千伍百文，到秋後交付，不得長支短欠。情出兩願，各無返悔。自此以後，如有蒙族爭議者，有喬喬同子達木齊一力抵当。恐口難憑，立此準（？）方合约存照。

再查原指地增錢向陳燚榮名下借過市錢捌拾千文，按月壹分生息，此是既經胡天全置到此項借錢本息應向胡天全抵對，與陳燚榮無涉。其息即將每年兩項應得地增貳拾肆千伍百文，撥內以拾肆千玖百文當蒙古收使，以玖千陆百文作為每年借錢息利。後若清還借本，將到贖歸地增原數，情出兩願，同人批載合约為証。

中華民國元年七月二十日即壬子六月初七日 胡天全立十

[illegible]

至此更换新约

此作故纸

又於民國三年即甲寅年五月初三日同原辦事人將蒙婦喬喬同子達木齊訂明前借過共錢壹百貳拾伍千文，按月一分生息，吉將每年應出地增市錢壹拾肆千玖百文作抵借錢息利，嗣後喬喬將前撥為項借本如數還清，其應出地增照舊交付。又有喬喬同子達木齊至今計算屢次共借過市錢壹百壹拾壹千文，自本年五月初三日起[…]一分生息，至明年五月初三日止一年期內，該喬喬如將此項借錢還清[…]願議讓，不要如過期外以後，無論何時將本還清，其利仍按原借時計算得息，至此同眾証明為証。

中證人

沈福茂 十

武保 十

趙漢全 十

馮守[…]

李静華 [illegible]

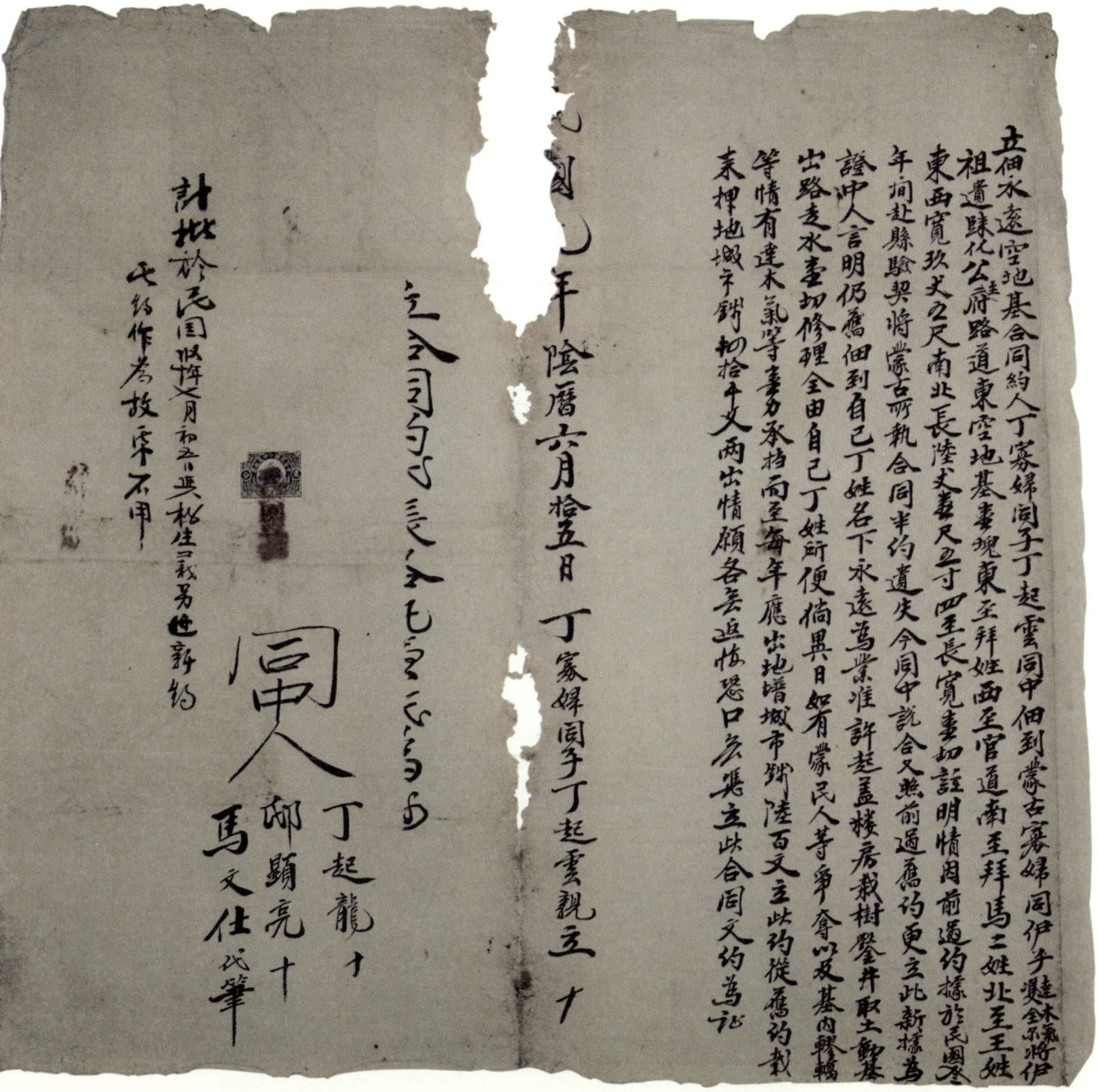

立佃永遠空地基合同約人丁寡婦同子丁起雲同中佃到蒙古寡婦同伊子達木氣全將伊
祖遺歸化公府路道東空地基壹塊東至拜姓西至官道南至拜馬二姓北至王姓
東西寬玖丈五尺南北長陸丈壹尺五寸四至長寬壹切註明情因前遇約據於民國叁
年間赴縣驗契將蒙古所執合同半約遺失今同中說合又照前遇舊約更立此新據為
證中人言明仍舊佃到自己丁姓名下永遠為業准許起蓋樓房栽樹鑿井取土動基
出路走水壹切修理全由自己丁姓所便倘異日如有蒙民人等爭奪以及基內轇轕
等情有達木氣等壹力承擋而至每年應出地譜城市錢陸百文立此約從舊約載
來押地城市錢捌拾千文兩出情願各無返悔恐口無憑立此合同文約為証
民國[?]年陰曆六月拾五日 丁寡婦同子丁起雲親立 十
立合同約
同中人 丁起龍 十 邴顯亮 十 馬文仕 代筆
計批於民国拾[?]年[?]月初五日[?]另立新約
此約作為故紙不用

立租空地基约人苗大发，今租到亮登山名下经守营坊道西巷内小北巷内坐西向东空地基壹块，计东西长拾壹丈，南北宽陆丈，东至公路小巷出路走水通至官街，西至马姓，南至唐姓，北至宜巷，东西出路均通至官道，四至分明，今情愿租与苗大发名下永远为基，栽树打井起土垒墙，由己自便，同中说落约，将来遇押地租钱壹拾贰千文，会同中交现使过，现市钱贰拾伍千文，其钱当交不欠，言明每年地谱市钱贰伯伍拾文，随摺收取，不许长支短欠，亦不准长迭租钱，倘后有蒙民亲族人等争夺者，有亮登山一力承当，两出情愿，各无返悔，恐口无凭，立租空地基永远证约为证用

中华民国贰年　齐三师　旧历癸丑正月廿六日　苗大发立　十

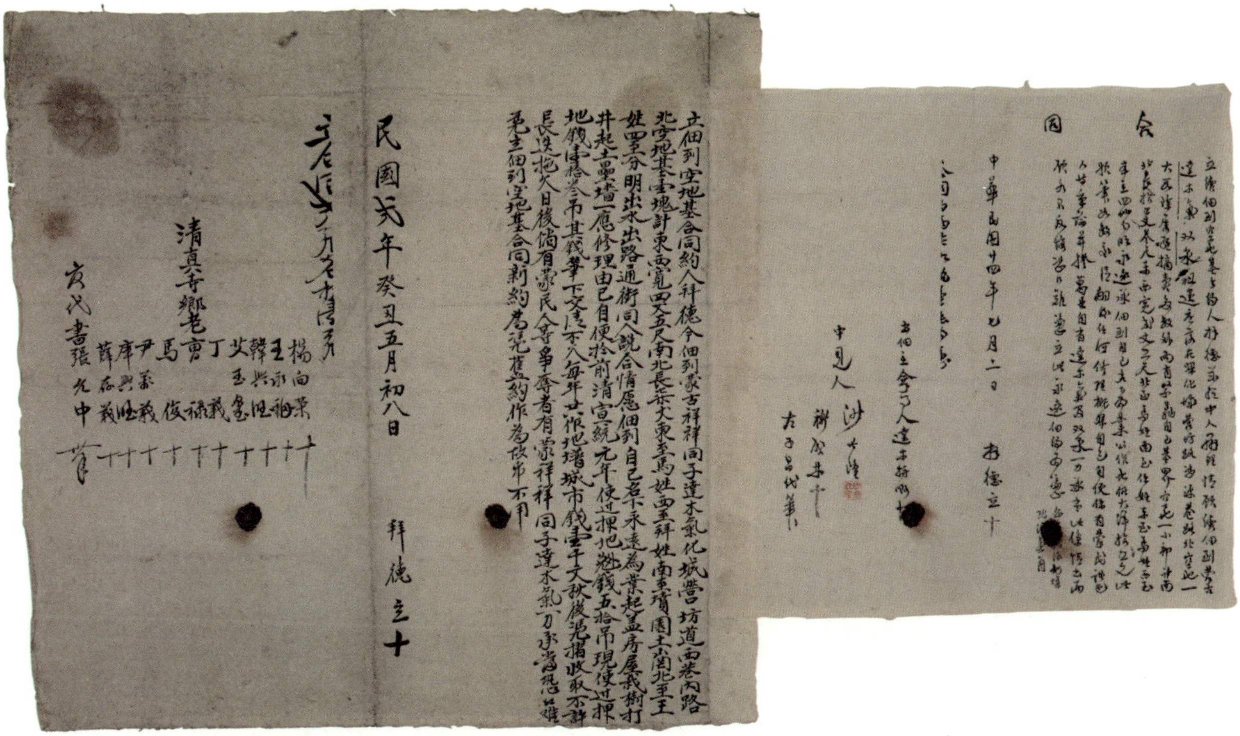

立佃到空地基合同約人拜德今佃到蒙古祥祥同子達木氣化城營坊道西巷內路北空地基壹塊計東西寬四丈五尺南北長柒丈東至馬姓西至拜姓南至寶園子北至王姓四至分明出水出路通街同人說合情愿佃到自己名下永遠為業起盖房屋栽樹打井起土叠墙一應修理由己自便於前清宣統元年使過押地錢五拾吊現使過押地錢肆拾叁吊其錢筆下交清不欠每年共作地譜城市錢壹千文秋後憑摺收取不許長迭地譜日後倘有蒙民人等爭奪者有蒙祥祥同子達木氣一力承當恐口難憑立佃到空地基合同新約為證

民國弍年癸丑五月初八日　拜德立十

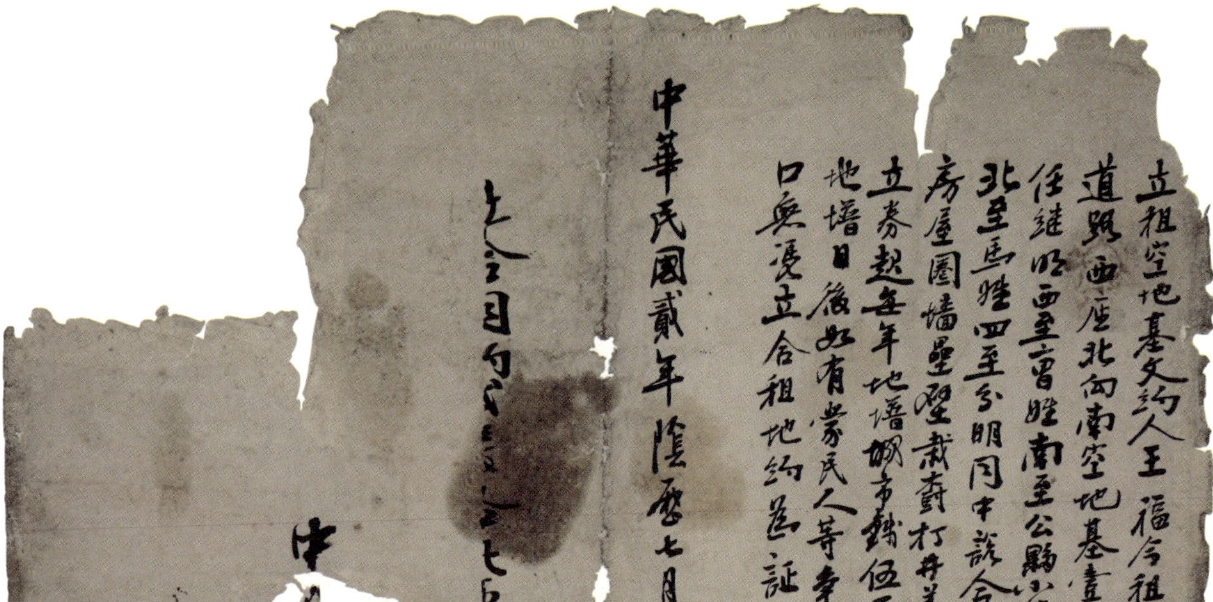

立租空地基文約人王福今租到達木氣同母吉明自己名下在营坊
道路西座北向南空地基壹塊東西寬拾丈南北長拾丈五尺東至
任維明西至曹姓南至公縣小巷東西出路東通营坊道西通十間房
北至馬姓四至分明同中説合情願租到王福名下永遠住佔建蓋
房屋園墻壘壁栽樹打井蓋门一應修理由己自便出水通街同中
立券起每年地增城市錢伍百文憑折收取不准長支短欠不許長迭
地增日後如有蒙民人等爭奪者有達木氣母子一面承當此係恐
口無憑立合租地約為証 另批當日同人使過押地城元錢壹拾千文

中華民國貳年陰曆七月吉日 立 王福 五十

中見人
成保 十
康富貴 十
馬俊 十
楊向勇 十
劉漢卿 十

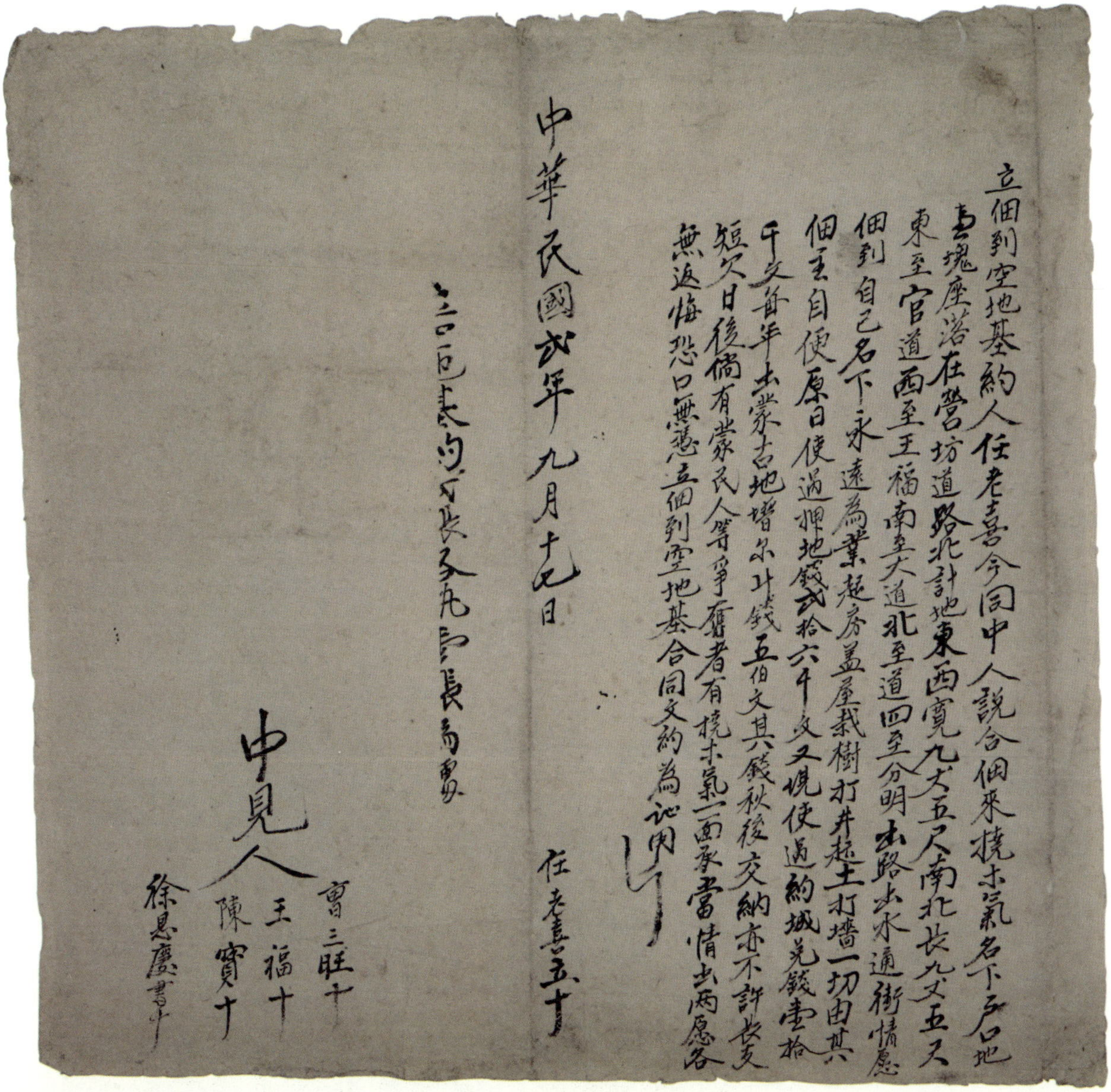

立佃到空地基約人任老喜今同中人説合佃來撓木氣名下戶口地
壹塊座落在營坊道路北計地東西寬九丈五尺南北長九丈五尺
東至官道西至王福南至大道北至道四至分明出路出水通衢情愿
佃到自己名下永遠為業起房蓋屋栽樹打井起土打墻一切由其
佃主自便原日使過押地錢弍拾六千文又現使過約現錢壹拾
千文每年出蒙古地增尔斗錢五伯文其錢秋後交納亦不許長支
短欠日後倘有蒙民人等爭奪者有撓木氣一面承當情出兩愿各
無返悔恐口無憑立佃到空地基合同文約為証用

中華民國弍年九月十九日

立合同壹樣兩張各執壹張為據

任老喜五十

中見人

曹三旺十

王福十

陳寶十

徐恩慶書十

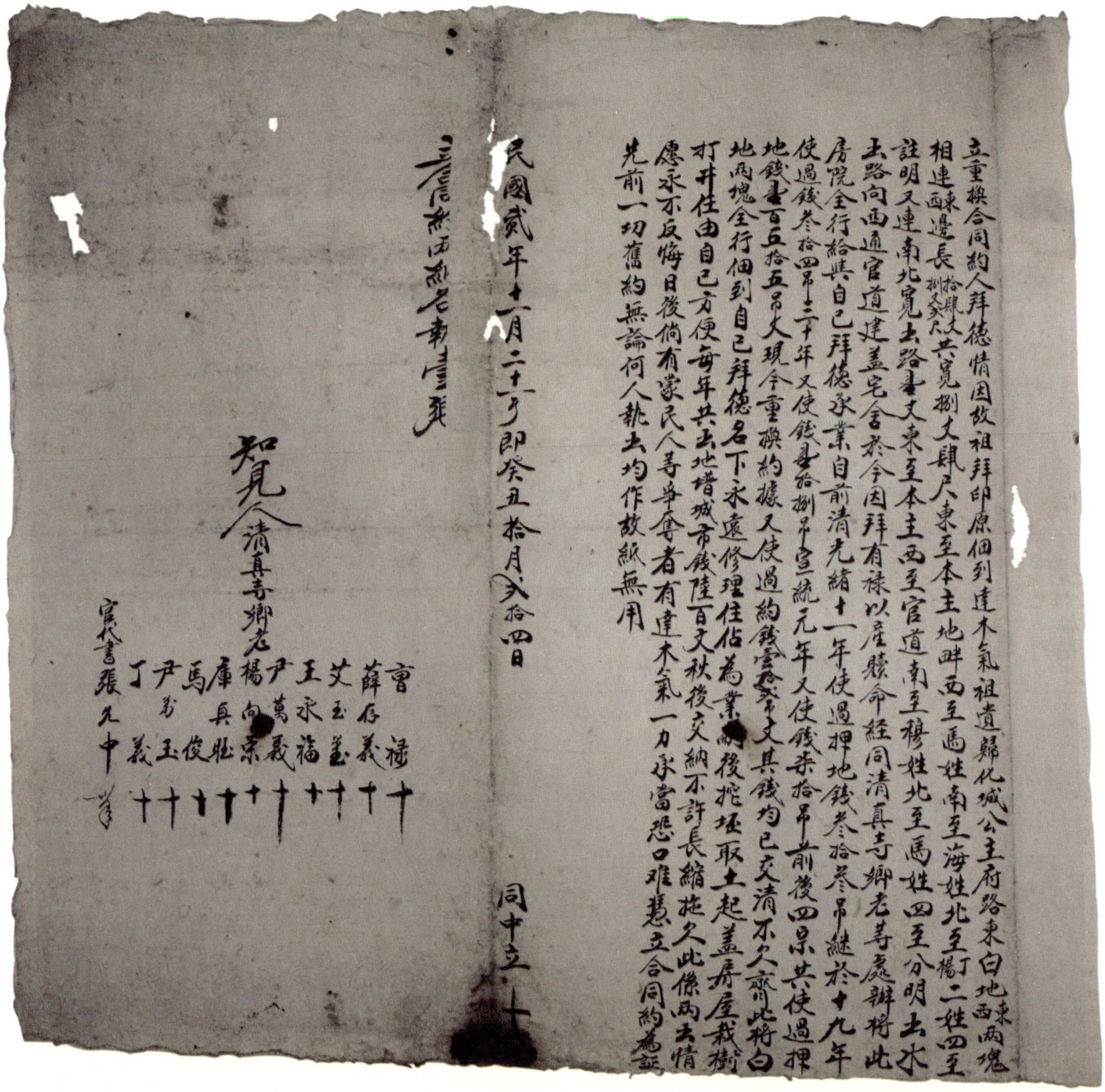

立重換合同約人拜德情因故祖拜印原佃到達木氣祖遺歸化城公主府路東白地東西兩塊
相連東西邊長拾肆丈捌丈叁尺共寬捌丈肆尺東至本主地畔西至馬姓南至海姓北至楊丁二姓四至
註明又連南北寬出路壹丈東至本主西至官道南至穆姓北至馬姓四至分明出水
出路向西通官道建蓋宅舍於今因拜有祿以産贍命經同清真寺鄉老等處辦將此
房院全行給與自己拜德承業自前清光緒十一年使過押地錢叁拾叁吊繼於十九年
使過錢叁拾四吊二十年又使錢壹拾捌吊宣統元年又使錢柒拾吊前後四宗共使過押
地錢壹百五拾五吊文現今重換約據又使過約錢壹拾吊文其錢均已交清不欠所此將白
地兩塊全行佃到自己拜德名下永遠修理住佔為業嗣後挖坯取土起蓋房屋栽樹
打井任由自己方便每年共出地增城市錢陸百文秋後交納不許長縮拖欠此係兩出情
願永不反悔日後倘有蒙民人等爭奪者有達木氣一力承當恐口難憑立合同約為証
先前一切舊約無論何人執出均作故紙無用

民國貳年十一月二十一日即癸丑拾月貳拾四日　同中立　十

合同無由為名執壹張

知見人　清真寺鄉老

曾祿　十
薛存義　十
艾玉璽　十
王永福　十
尹萬義　十
楊向榮　十
庫兵壯　十
馬俊　十
尹玉　十
丁義　十

官代書張允中　筆

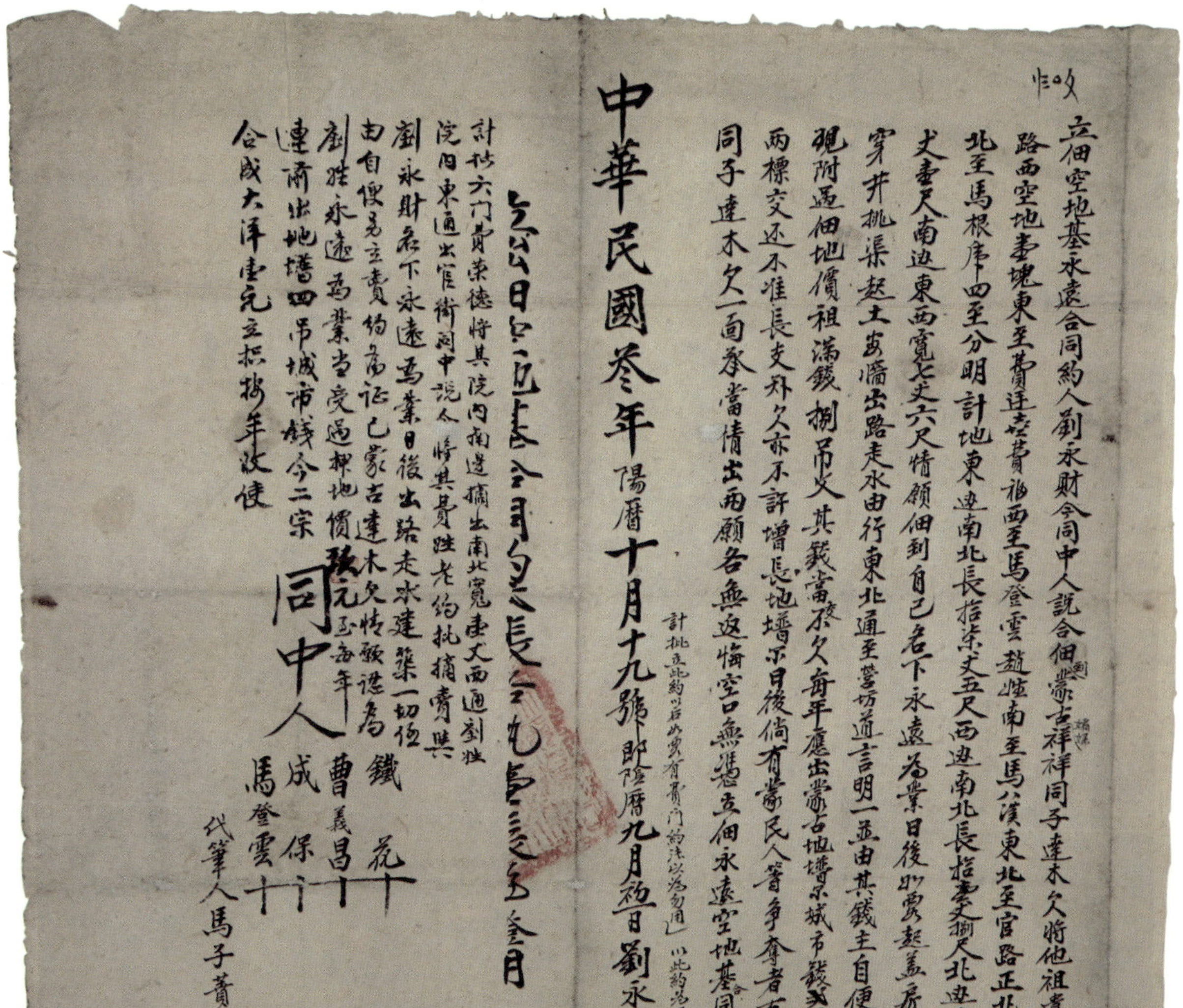

收

立佃空地基永遠合同約人劉永財今同中人説合佃到常吉祥同子達木欠人將他祖遺到營坊道
路西空地壹塊東至蕭廷喜黄袍西至馬登雲趙姓南至馬八漢東北至官路正北至墳园西
北至馬根库四至分明計地東邊南北長拾柒丈五尺西邊南北長拾壹丈捌尺北邊東西寬九
丈壹尺南邊東西寬七丈六尺情願佃到自己名下永遠爲業日後賣起蓋房屋栽樹
穿井挑渠起土安牆出路走水由行東北通至營坊道言明一並由其錢主自便同中三面
現附過佃地價祖滿錢捌吊文其錢當交不欠每年應出常吉地增城市錢弍吊文其錢
兩標交还不准長支外欠亦不許增長地增日後倘有常民人等爭奪者有常吉祥
同子達木欠一面承當情出兩願各無返悔空口無憑立佃永遠空地基合同約爲據用

中華民國叁年陽曆十月十九號即陰曆九月初日劉永財親十立

計批立此約以后如有賣门約洗以爲勿用 以此約爲憑

[illegible]

計批六門賈榮德將其院內南邊摘出南北寬壹丈西通劉姓
院內東通出官衙同中説合將其賣姓老約批摘賣與
劉永財名下永遠爲業日後出路走水建築一切任
由自便另立賣約爲証已蒙吉達木欠情愿謝
劉姓永遠爲業當受過押地價張元孟每年
連𪜶出地增四吊城市錢合二宗
合成大洋壹元立摺按年收使

同中人 鐵花十 曹義昌十 成保十 馬登雲十

代筆人馬子菁

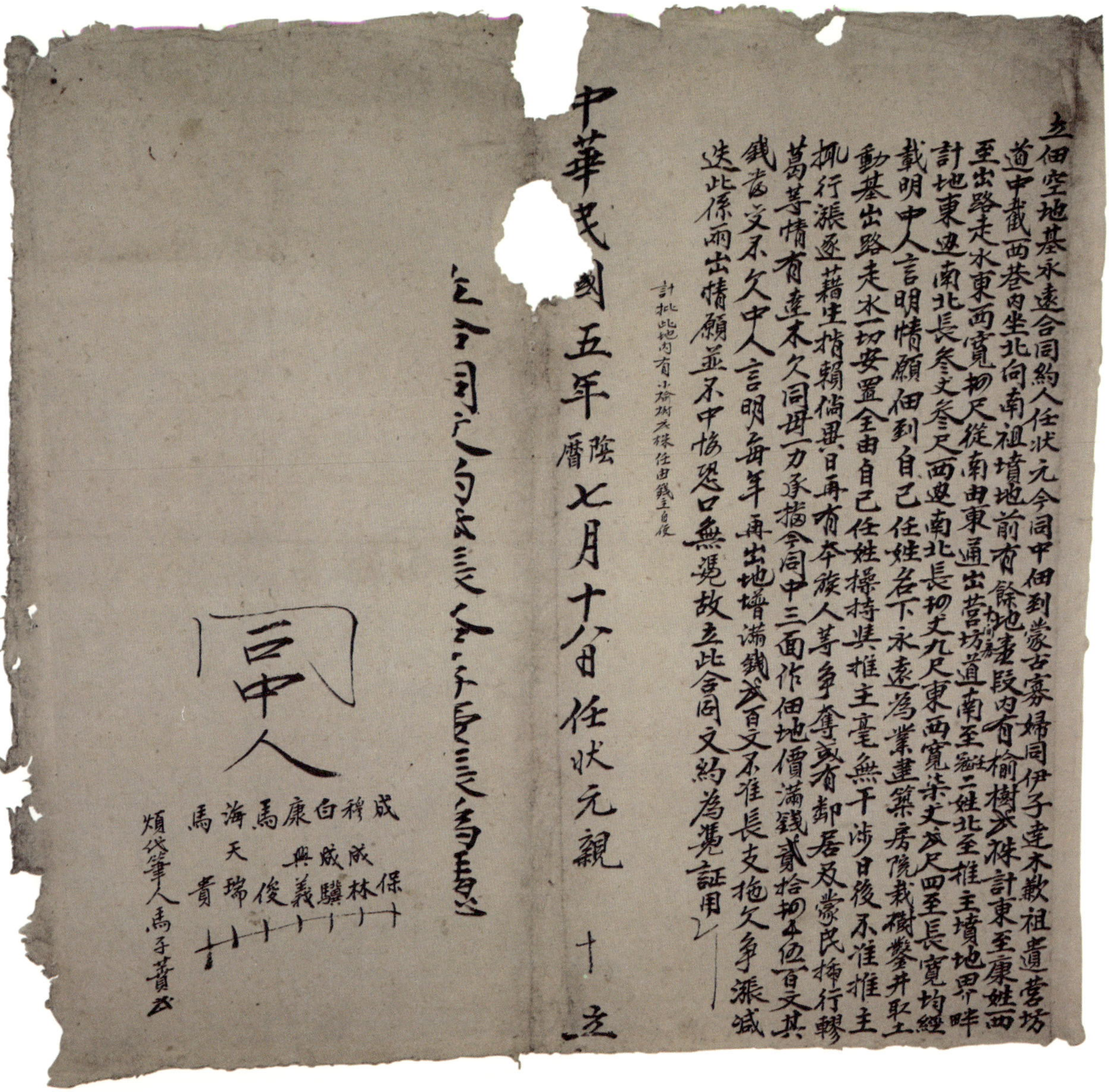

立佃空地基永遠合同約人任狀元今同中佃到蒙古寡婦同伊子達木歡祖遺營坊
道中截西巷内坐北向南祖墳地前有餘地壹段内有榆樹弍株計東至康姓西
至出路走水東西寬捌尺從南由東通出營坊道南至[illegible]二姓北至推主墳地界畔
計地東邊南北長叁丈叁尺西邊南北長捌丈九尺東西寬柒丈弍尺四至長寬均經
載明中人言明情願佃到自己任姓名下永遠為業建築房院栽樹鑿井取土
動基出路走水一切安置全由自己任姓操持與推主毫無干涉日後不准推主
抽行漲迭藉生指賴倘日再有本族人等爭奪或有鄰居及蒙民插行轇
葛等情有達木欠同母一力承擋今同中三面作佃地價滿錢貳拾捌千伍百文其
錢當交不欠中人言明每年再出地增滿錢弍百文不准長支拖欠爭漲減
迭此係兩出情願並不中悔恐口無憑故立此合同文約為憑證用

計批此地內有小榆樹弍株任由錢主自便

中華民國五年陰曆七月十八日 任狀元親十立

同中人 成保十 穆成林十 白成驥十 康興義十 馬俊十 海天瑞十 馬貴十

煩代筆人馬子蕡書

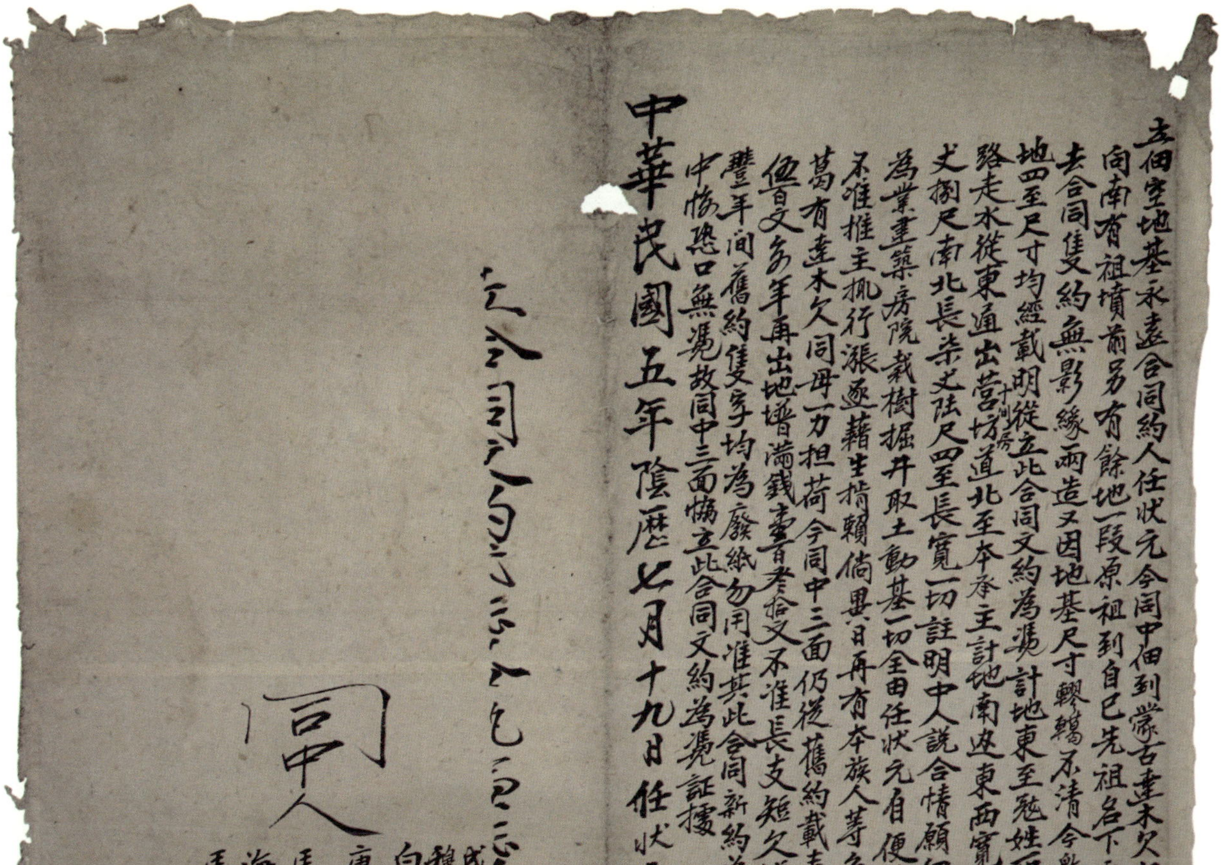

立佃空地基永遠合同約人任狀元今同中佃到蒙古達木欠祖遺營坊道西巷內坐北
向南有祖墳前另有餘地一段原祖到自己先祖名下永遠為業前因蒙古失
去合同隻支約無影緣兩造又因地基尺寸轇轕不清今邀集中人妥商酌議將此
地四至尺寸均經載明從立此合同文約為憑計地東至魁姓西至出路小巷南至自己出
路走水從東通出營坊道北至本存主計地南邊東西寬捌丈叁尺北邊東西寬陸
丈捌尺南北長柒丈陸尺四至長寬一切註明中人說合情願佃到自己任姓名下永遠
為業建築房院栽樹掘井取土動基一切全由任狀元自便與推主毫無干涉永
不准推主抽行漲遞藉生措賴倘異日再有本族人等爭奪或有蒙民攔行轇
葛有達木欠同毋一力担荷今同中三面仍從舊約載末押地價大滿錢貳拾吊
每年交多年再出地譜滿錢壹吊叁拾文不准長支短欠漲迭今立約將前者咸
豐年間舊約隻字均為廢紙勿用准其此合同新約為憑此係兩出情願並不
中悔恐口無憑故同中三面協立此合同文約為憑証據

中華民國五年陰曆七月十九日任狀元親 十 立

[illegible]

同中人
成保 十 E
穆成林 卄
白成驥
康興義
馬俊
海天瑞
馬貴

煩代筆人馬子菁 書

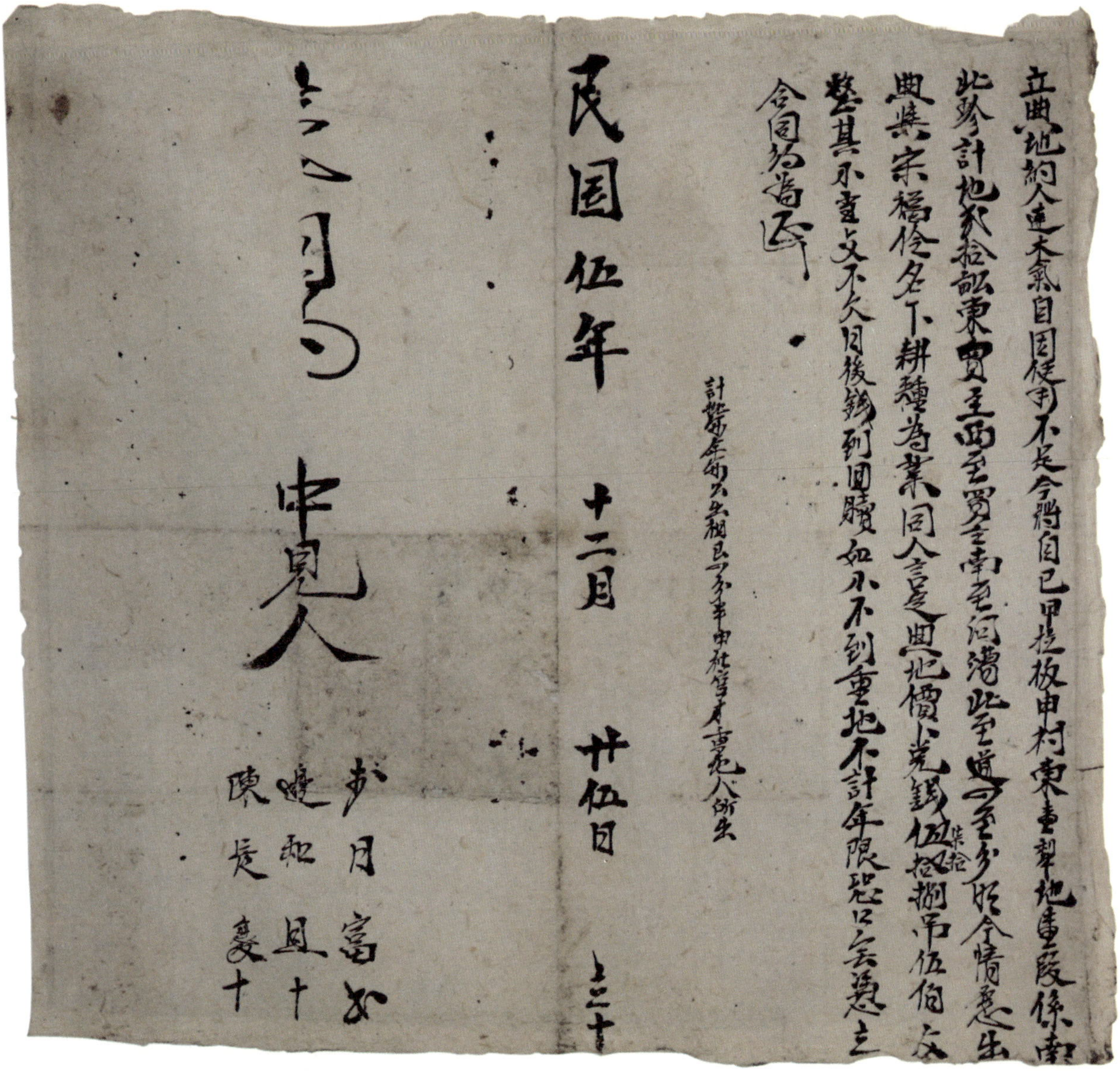

立典地約人達木氣自因使用不足，今將自己甲拉板申村東壹犁地壹段，係南北珍，計地貳拾畝，東至賈至，西至賈至，南至河漕，北至道，四至分明，今情愿出典與宋福俊名下耕種為業。同人言定典地價大錢伍柒拾捌吊伍佰文整，其錢壹文不欠。日後錢到回贖，如錢不到重地不許，年限恐口無憑，立合同為證。

計開每年每畝出租艮四分半，中秋節首清，起人所出。

民國伍年十二月廿五日 立十

中見人 步月富 押
邊和恩 十
陳進喜 十

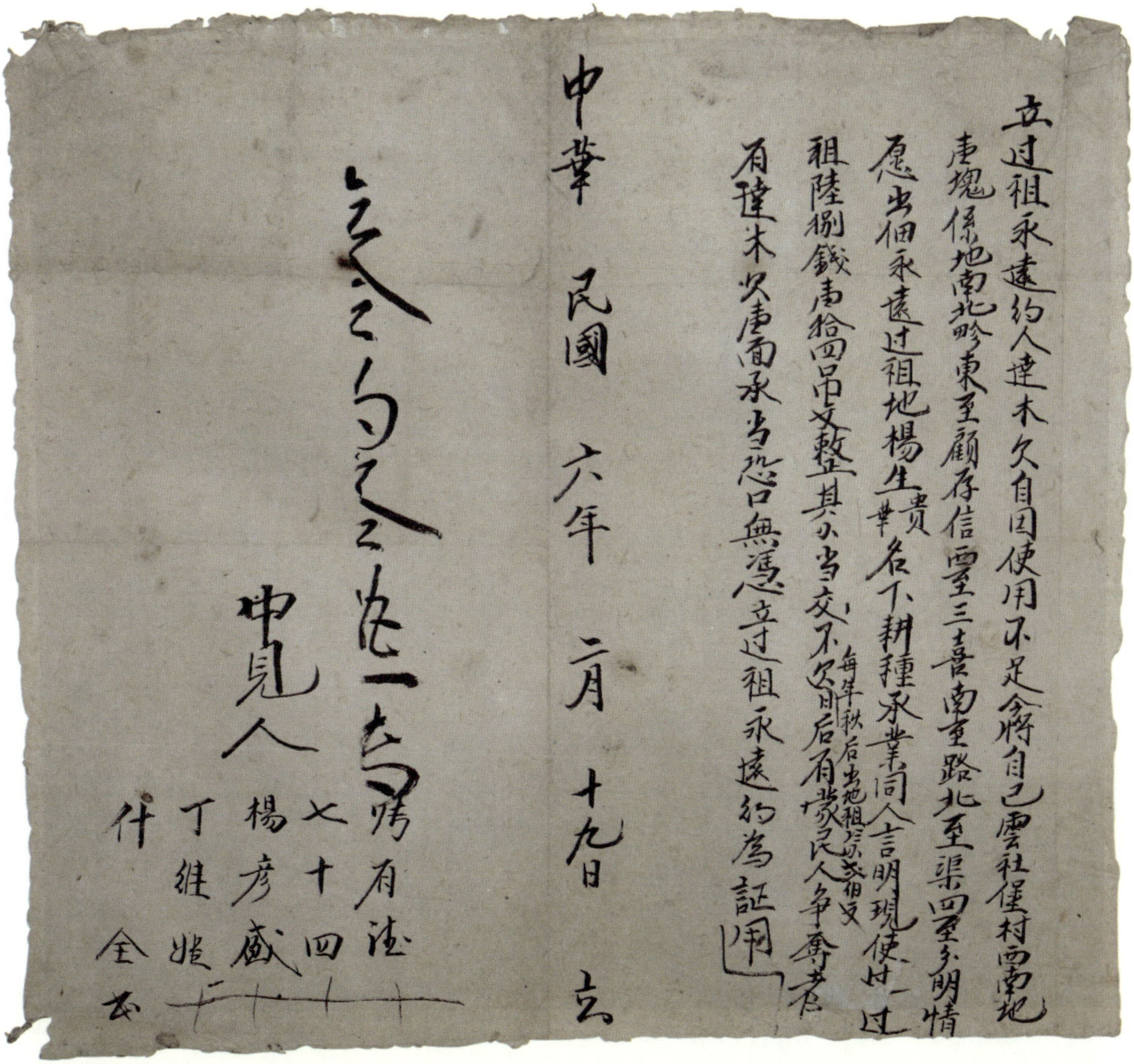
立过祖永遠約人達木欠自因使用不足今將自己雲社堡村西南地
壹塊係地南北畛東至顧存信西至三喜南至路北至渠四至分明情
愿出佃永遠过祖地楊生貴業名下耕種承業同人言明現使过一过
祖陸捌錢壹拾四吊文整其小当交不欠日后有嬎民人争奪者（每年秋后出地租[illegible]佰文）
有達木欠壹面承当恐口無憑立过祖永遠約為証用

中華民國六年二月十九日立

[illegible]

中見人
七十四
楊彥盛
丁維俊
有法
什全丕

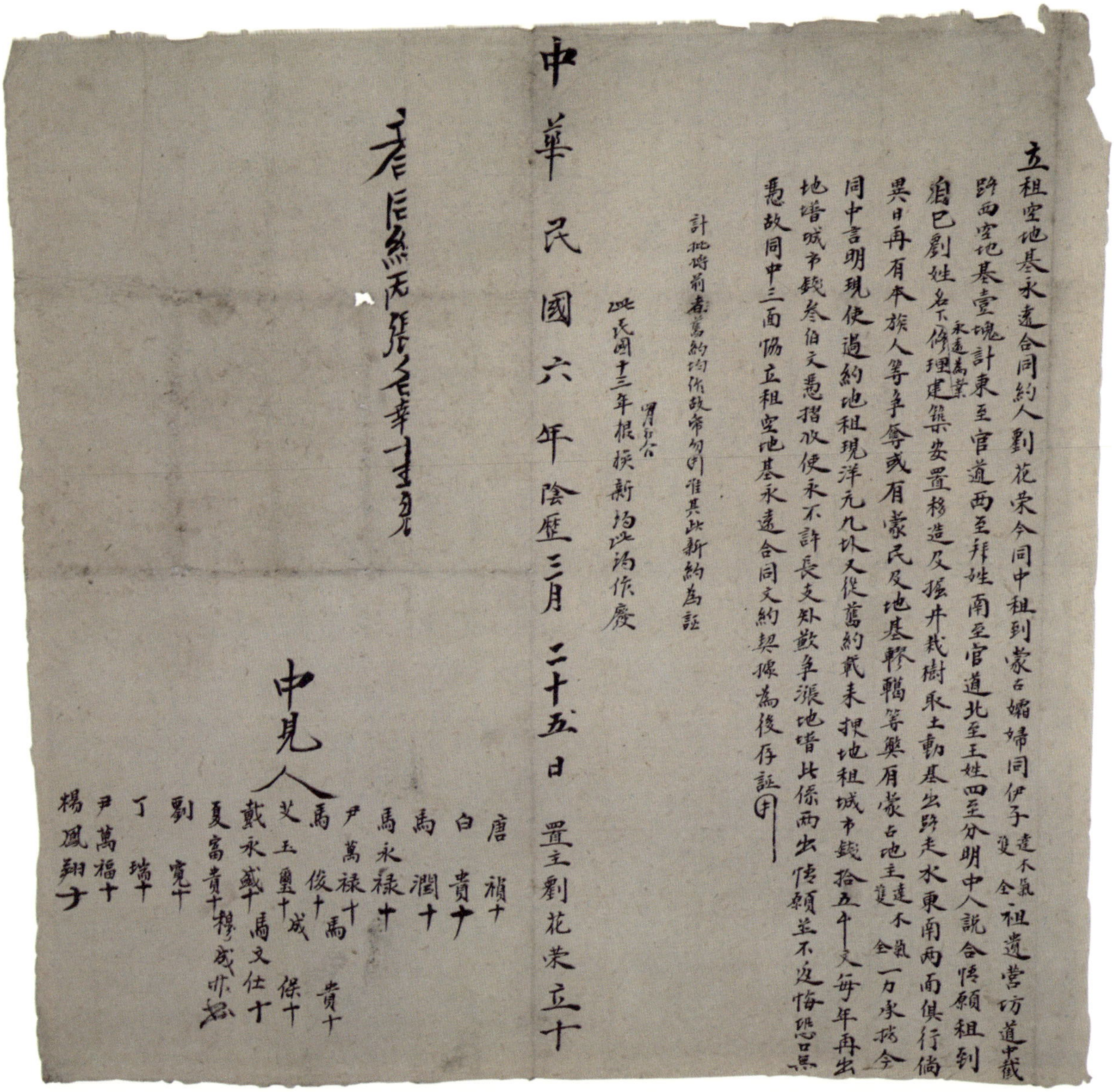

立租空地基永遠合同約人劉花栄今同中租到蒙古孀婦同伊子達不氣全祖遺營坊道中截
路西空地基壹塊，計東至官道，西至拜姓，南至官道，北至王姓，四至分明。中人說合情願租到
自己劉姓名下永遠為業，修理建築，安置移造，及掘井栽樹，取土動基，出路走水，東南兩面俱行。倘
異日再有本族人等爭奪，或有蒙民及地基轇轕等弊，有蒙古地主達不氣全一力承擋。今
同中言明，現使過約地租現洋元九𠃌文，從舊約載未押地租城市錢拾五千文，每年再出
地增城市錢叁伯文，憑摺收使，永不許長支炸歉，爭漲地增。此係兩出情願，並不反悔。恐口無
憑，故同中三面協立租空地基永遠合同文約，契據為後存証用。

計批將前舊約均作故帋勿用，惟其此新約為証

此民國十三年根換新約，此約作廢

[illegible]

中華民國六年陰歷三月二十五日　置主劉花栄立十

中見人　唐禎十　白貴十　馬潤十　馬永祿十　尹萬祿十　馬俊十　馬貴十　艾玉璽十　成保十　戴永盛十　馬文仕十　夏富貴十　穆成昕　劉寬十　丁瑞十　尹萬福十　楊鳳翔十

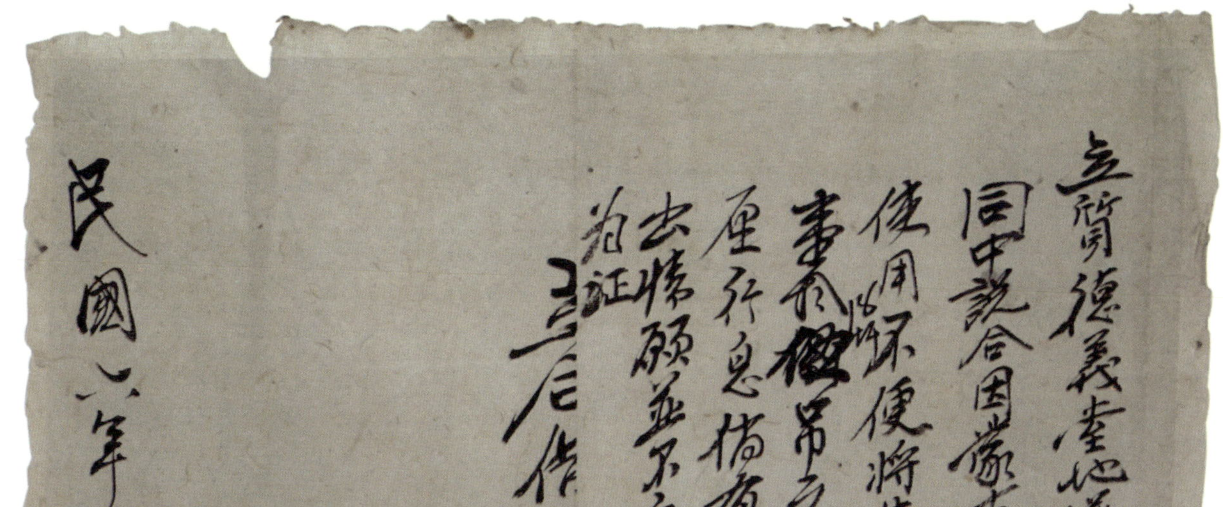

立賠德義堂地增揭子合同約人陳[illegible]京今
同中說合因蒙古寡婦同子達木氣丹子
使用不便將其祖次貝揭子借去滿錢
壹拾[illegible]吊文中人言明每月按[illegible]分五
厘行息倘有不敷到[illegible]本一併歸還而
出情願並不返悔恐口無憑立借錢合同約
為証

立合借錢合同存

中見人
安祿十
康興義十
馬振元十

民國六年陰曆十月廿日陳[illegible]京十立

立參佃空地基永遠合同約人白鳳鳴堂，今同中佃到蒙古寡婦同子達木欠、金尔名下
坐落營坊道路西戶空地基壹塊，計東至館姓道，西界西至楊姓，南至楊姓，
北至唐姓地址，東西闊陸丈玖尺，南北長捌丈零四，至長寬均經載明。中人說合
情願承佃到自己白姓名下永遠為業。如在此地內建築房屋及鑿井栽
樹取土動基出路走水一切安置改造，全由己白姓自便。嗣後倘有蒙民
人等插行轇轕及鄰界窒碍等情，有原蒙古寡婦同伊子壹力承擔。
今同中三面現附過約城市錢柒拾吊文，又從舊約載來押地價市錢柒吊文，
言明至每年秋後再出地增城市錢貳百文，立摺收使，不准長支拖欠、爭
漲地增，係是兩出情願，並不返悔。恐口無憑，故同中三面協立此合同契
據為後存證。

民國七年陰曆九月初九日　承佃人白鳳鳴堂親立

立合同[illegible]

計批：狄姓舊約以為故紙無用，准其此約為據。蒙古承保尔 十

同中人
王有財 十
馬貴 十
王祿 壽
庫興旺 十
代筆人馬文仕 十

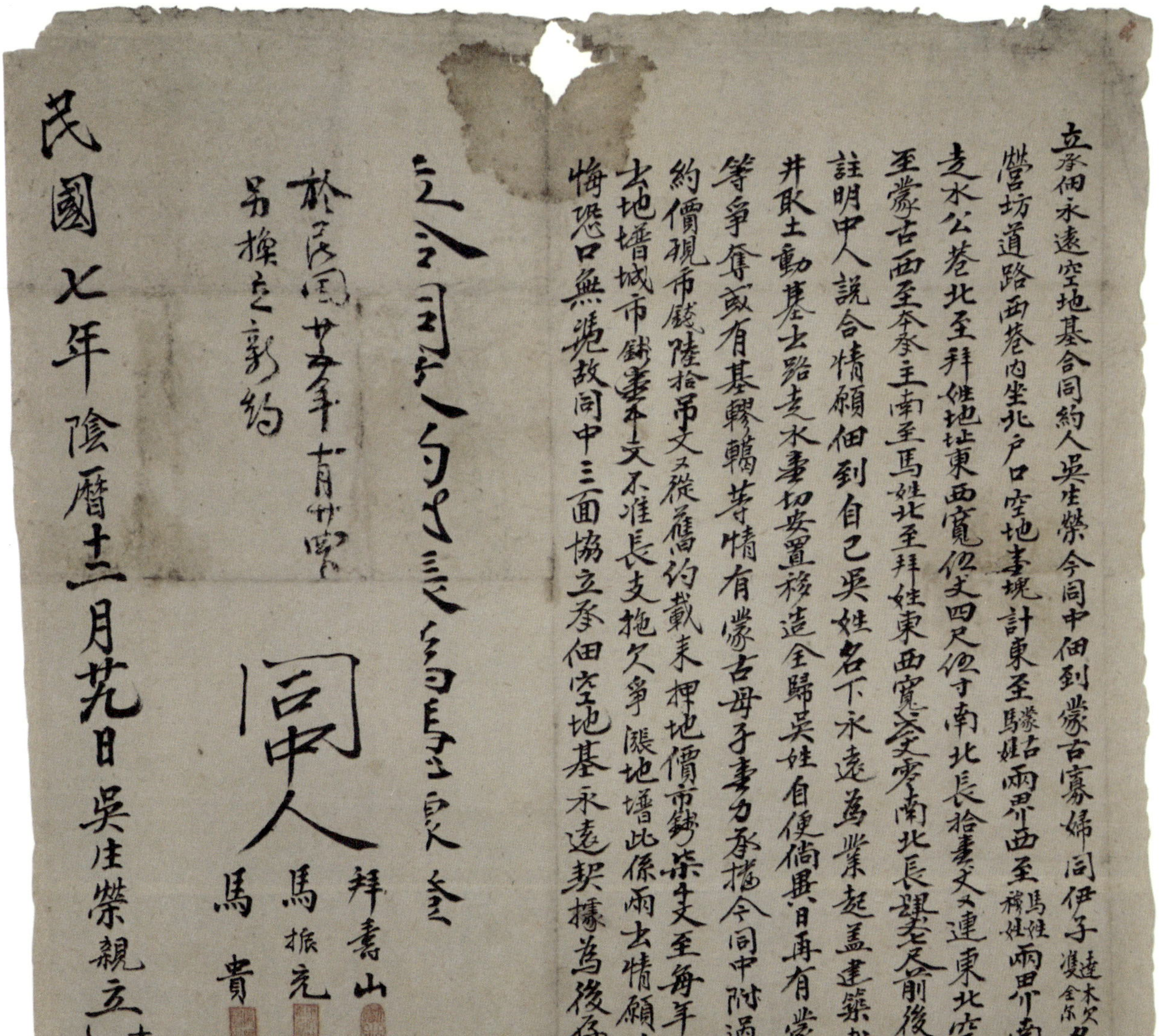

立承佃永遠空地基合同約人吳生榮今同中佃到蒙古寡婦同伊子達木欠金保名下祖遺
營坊道路西巷內坐北戶口空地壹塊計東至蒙古馬姓兩界西至馬姓穆姓兩界南至出路
走水公巷北至拜姓地址東西寬伍丈四尺伍寸南北長拾壹丈又連東北空地一塊東
至蒙古西至本承主南至馬姓北至拜姓東西寬叁丈零南北長捌丈尺前後四至一切
註明中人說合情願佃到自己吳姓名下永遠為業起蓋建築栽樹鑿
井取土動基出路走水壹切安置移遠全歸吳姓自便倘異日再有蒙民人
等爭奪或有基轇轕等情有蒙古母子壹力承擋今同中附過佃地過
約價現市錢陸拾吊文又從舊約載來押地價市錢柒千文至每年秋後再
出地譜城市錢壹千文不准長支拖欠爭漲地譜此係兩出情願並不中
悔恐口無憑故同中三面協立承佃空地基永遠契據為後存照

立合同人各執壹紙

於民國廿五年十二月廿四日
另換立新約

同中人 拜壽山 馬振元 馬貴

民國七年陰曆十二月廿七日 吳生榮親立 十

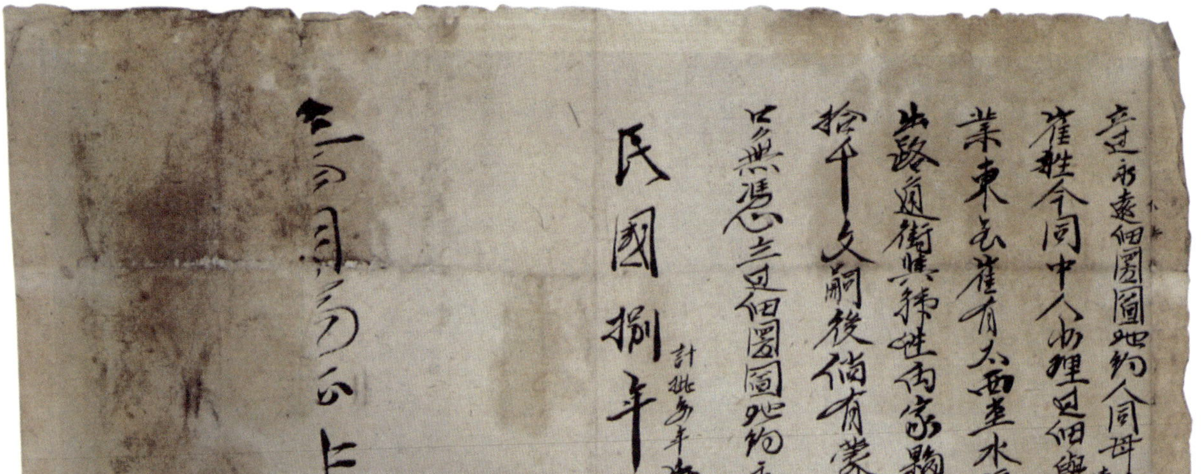

立过永远佃圐圙地约人同母双全、达木欠情因自己於上年间前者出佃与
崔姓，今同中人说合过佃与韩義行名下永远修理栽树株为
业。东至崔有太，西至水渠，南至崔有太，北至水渠，四至分明，
出路通街，与韩姓为家骟走。今同中人言明现使过约钱壹
拾千文。嗣后倘有蒙民等人阻碍者，有双全、达木欠一力承当。恐
口无凭，立过佃圐圙地约永远为证。

計批每年出地增市分壹佰伍拾文

民国捌年五月十日 立

迎面换 十
崔義昌 十
冯景隆 书

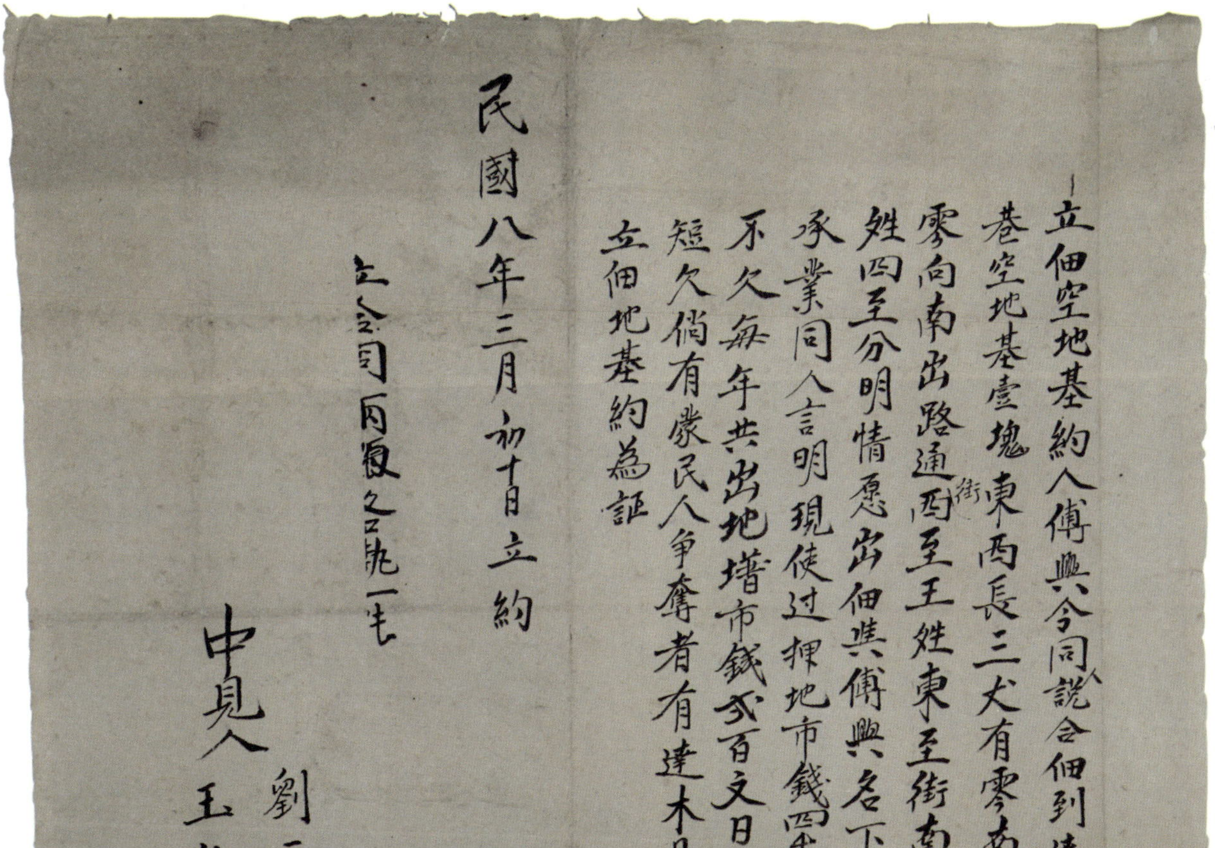
立佃空地基約人傅興今同説合佃到逹本且太和舘
巷空地基壹塊東西長三丈有零南北貳丈五尺有
零向南出路通街西至王姓東至街南至官路北至王
姓四至分明情愿出佃與傅興名下永遠修理住佔
承業同人言明現使过押地市錢四千文整其錢当交
不欠每年共出地增市錢貳百文日後不許長支
短欠倘有衆民人争奪者有逹木且一面承当恐口無憑
立佃地基約為証

民國八年三月初十日立約

立合同兩寫各執一紙

中見人 劉二仔 十
王娃仔 十

仝

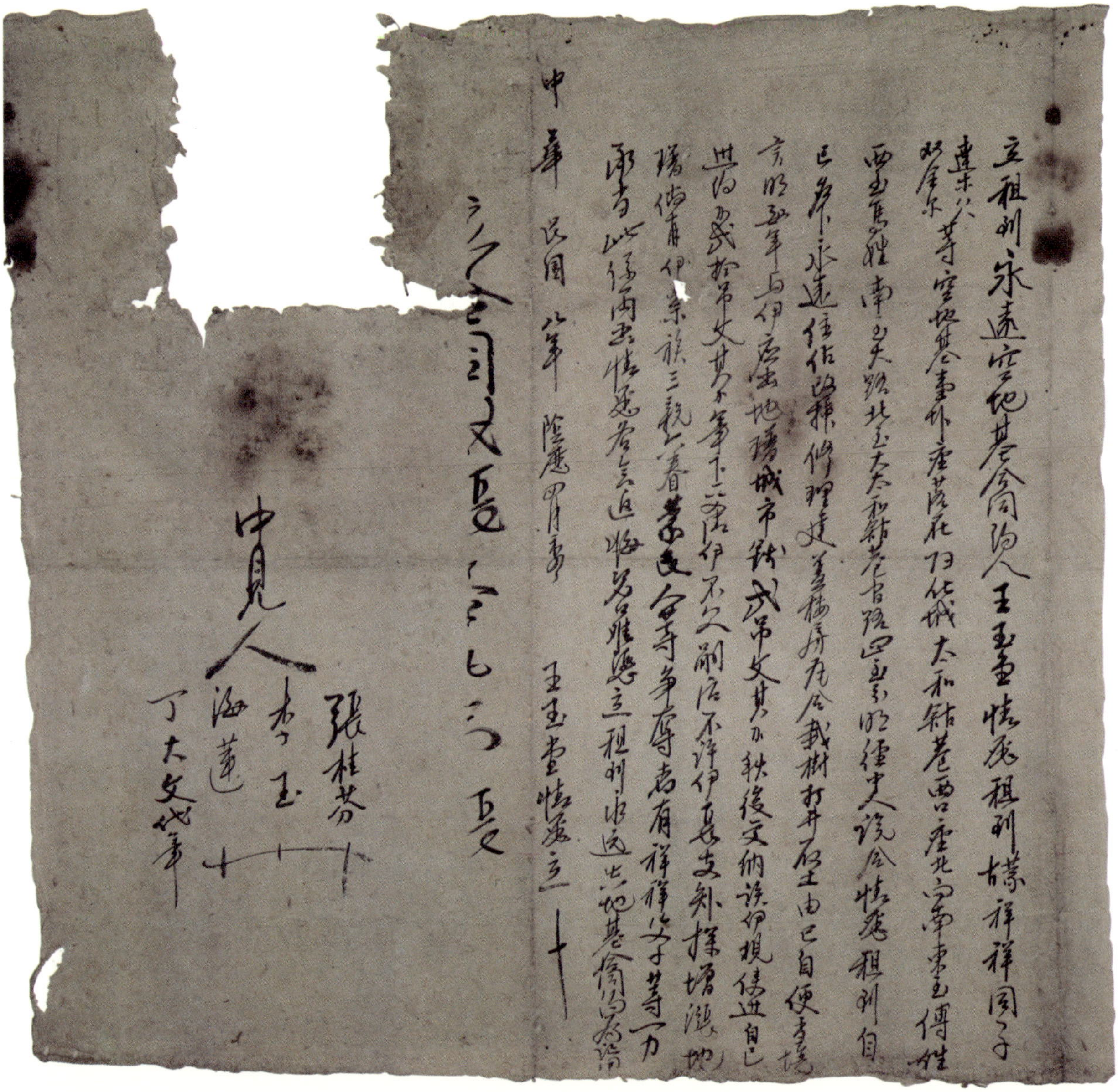

立租约永远空地基合同约人王玉堂，情愿租到古蒙祥祥同子连喜八、双全等空地基壹块，座落在归化城太和馆巷西口，座北向南，东至傅姓，西至马姓，南至大路，北至太和馆巷口，四至分明，仝中人说合，情愿租到自己名下永远住佔，修理建盖楼房，安门栽树打井，由己自便。当境言明每年与伊应出地增城市钱贰吊文，其钱秋后交纳，按伊规使过自己押地钱贰拾吊文，其钱笔下一并清伊不欠，嗣后不许伊本支外探增涨地增。倘有伊宗族三亲六眷蒙古人等争夺者，有祥祥父子等一力承当。此系两出情愿，各无返悔，恐后难凭，立租约永远出地基合同为证。

王玉堂情愿立 十

中华民国八年阴历四月 日

立合同文约存照

中见人 张桂芬 十 李玉 十 海莲 十

丁大文代笔

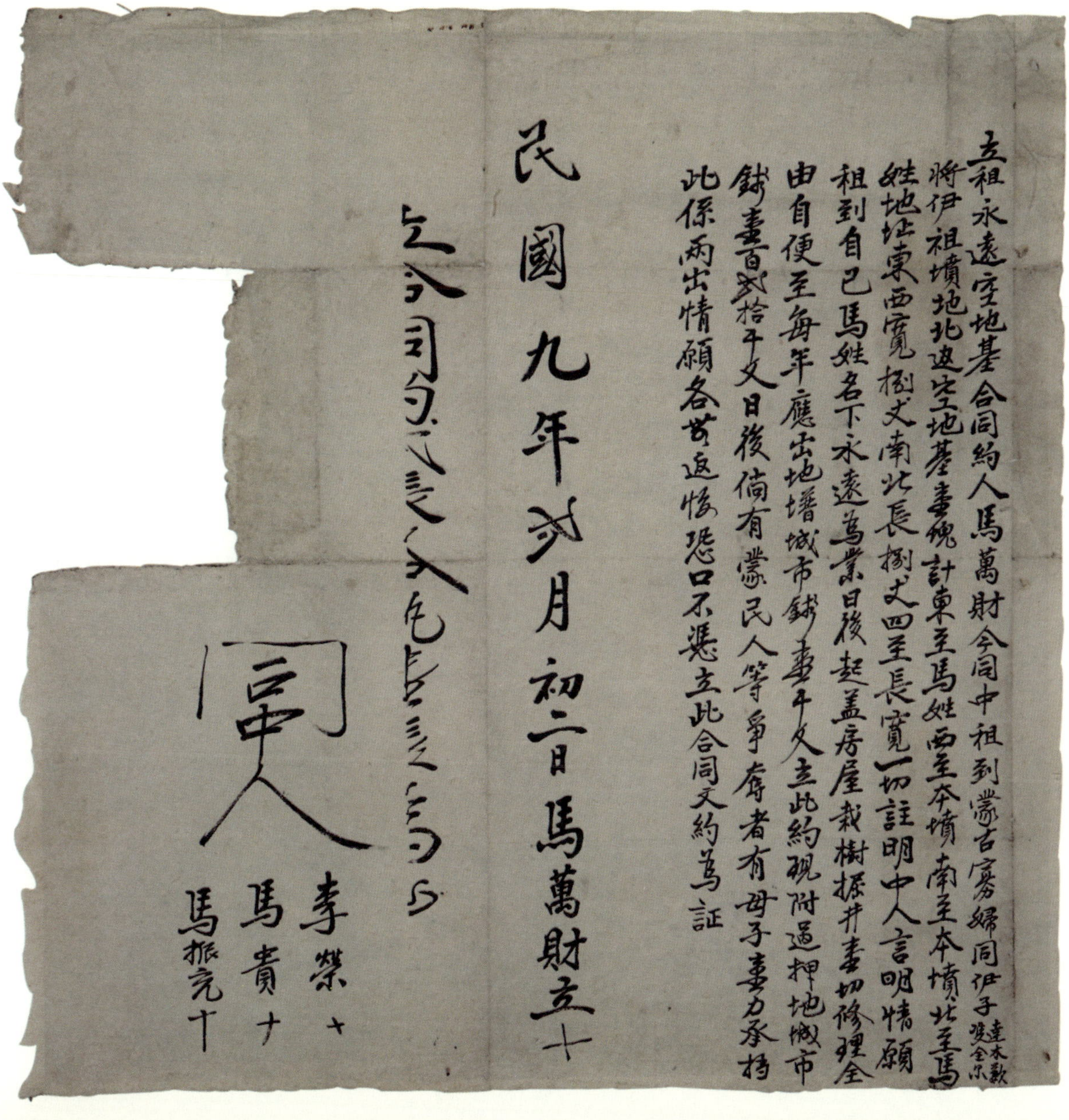
立祖永遠空地基合同約人馬萬財今同中祖到蒙古寡婦同伊子達木歡 選金保
將伊祖墳地北邊空地基壹塊計東至馬姓西至本墳南至本墳北至馬
姓地址東西寬捌丈南北長捌丈四至長寬一切註明中人言明情願
祖到自己馬姓名下永遠為業日後起蓋房屋栽樹掘井壹切修理全
由自便至每年應出地增城市錢壹千文立此約硯附過押地城市
錢壹百貳拾千文日後倘有蒙民人等爭奪者有母子壹力承擋
此係兩出情願各無返悔恐口不憑立此合同文約為証

民國九年貳月初二日馬萬財立十

同中人
李榮十
馬貴十
馬振元十

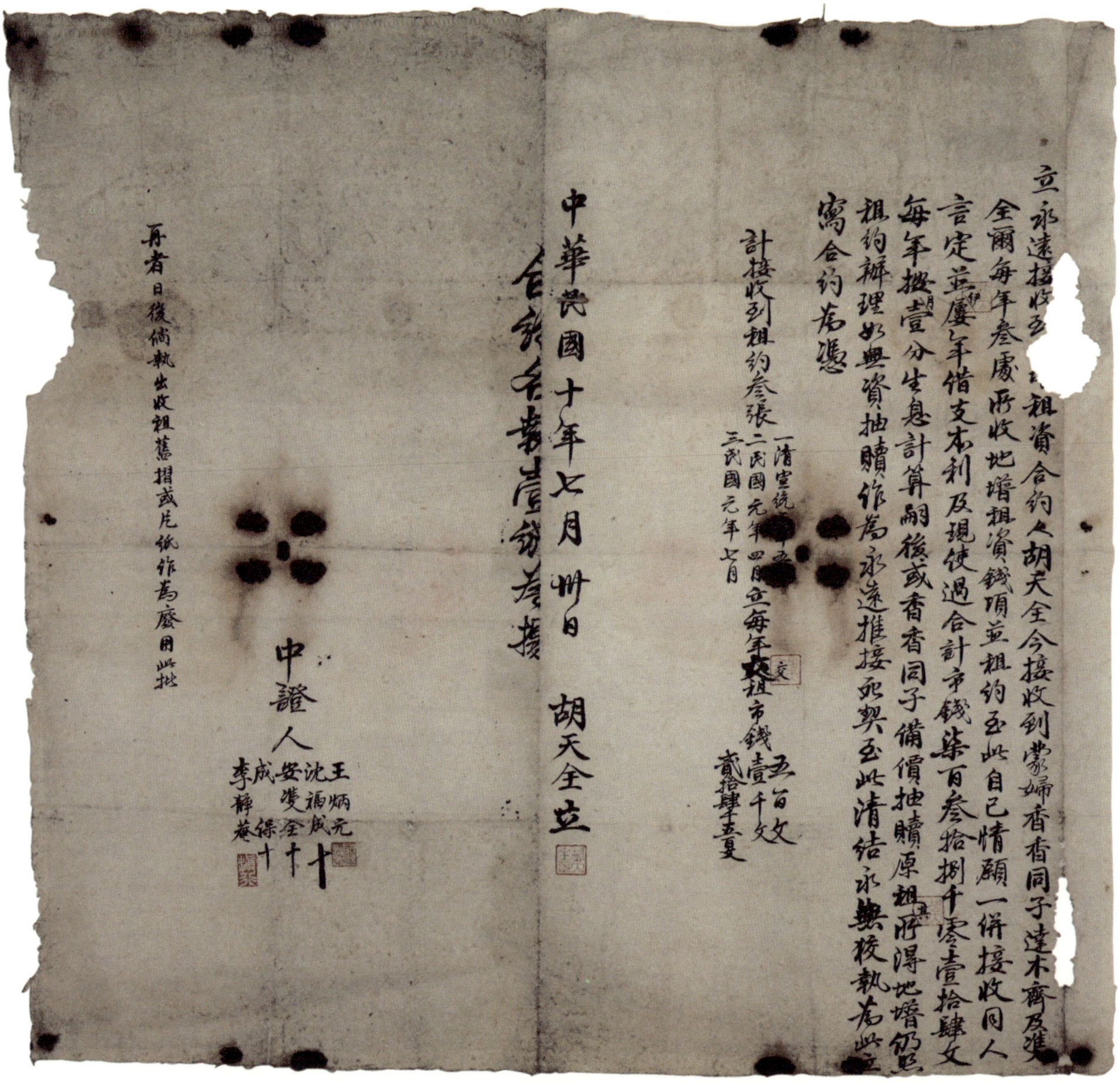

立永遠接收到[illegible]租資合約人胡天全今接收到蒙婦香香同子達木齊及[illegible]
全爾每年叁處所收地增租資錢項並租約至此自己情願一併接收同人
言定並屢年借支本利及現使過合計市錢柒百叁拾捌千零壹拾肆文
每年撥壹分生息計算嗣後或香香同子備價抽贖原租所得地增仍照
租約辦理如無資抽贖作為永遠推接死契至此清結永無後執為此立
寫合約為憑

計接收到租約叁張
一清宣統□年□月立每年交租市錢五百文
二民國元年四月立每年交租市錢壹千文
三民國元年七月立每年交租市錢貳拾肆千五百文

中華民國十年七月卅日 胡天全立

中證人 王炳元 沈福成 安俊全 成保 李靜庵

再者日後倘執出收租舊摺或片紙作為廢用此批

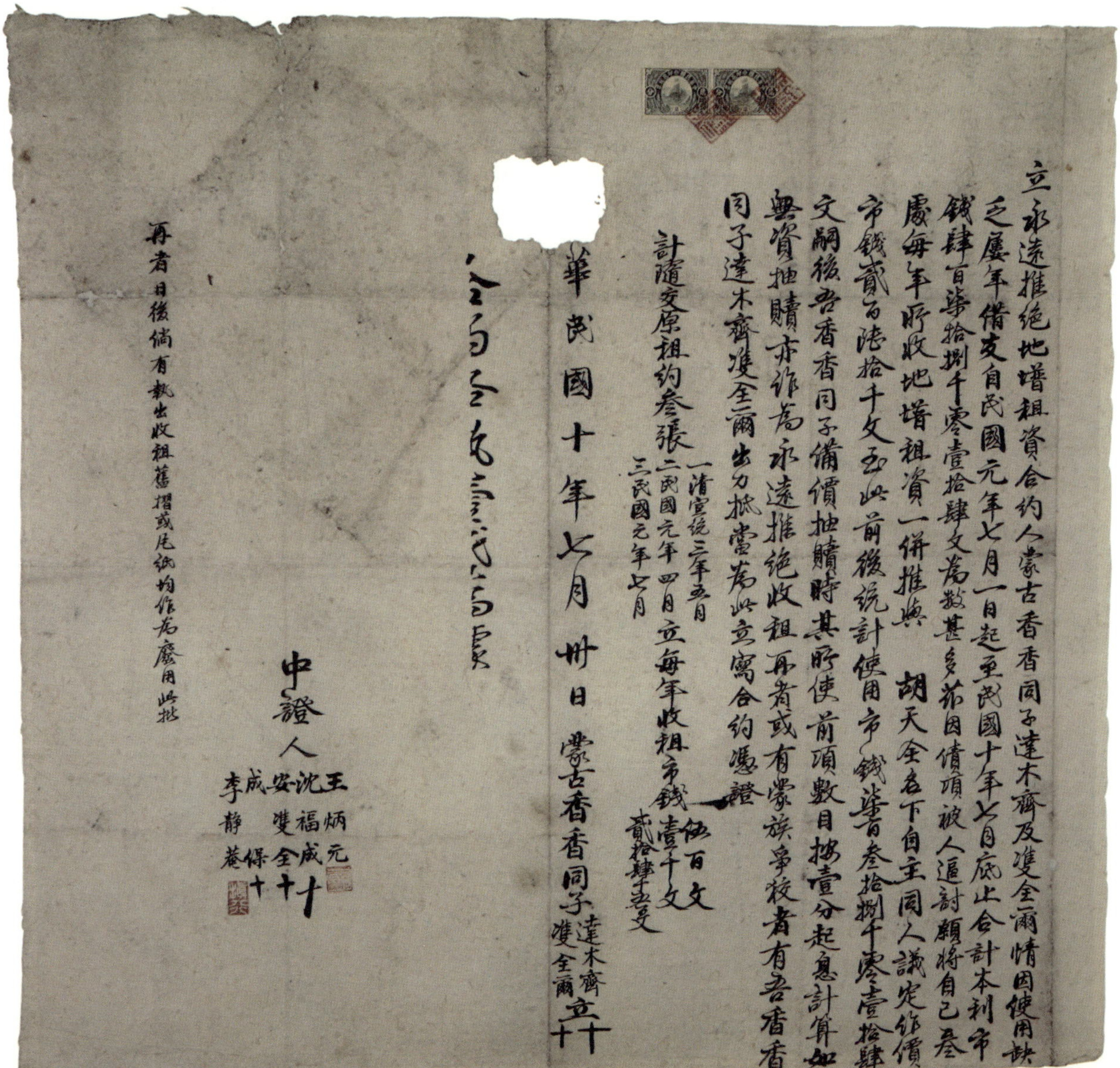

立永遠推绝地增租資合约人蒙古香香同子達木齋及渠全爾情因使用缺
乏屢年借支自民國元年七月一日起至民國十年七月底止合計本利市
錢肆百柒拾捌千零壹拾肆文為数甚多茲因債項被人逼討願将自己叁
處每年所收地增租資一併推與　胡天全名下自主同人議定作價
市錢貳百陸拾千文至此前後統計使用市錢共叁拾捌千零壹拾肆
文嗣後吾香香同子備價抽贖時其所使前項數目按壹分起息計算如
無資抽贖亦作為永遠推絕收租再者或有蒙族爭校者有吾香香
同子達木齋渠全爾出力抵當為此立寫合約憑證

計隨交原租约叁張　一清宣统三年五月　二民國元年四月　三民國元年七月　立每年收租市錢　伍百文　壹千文　貳拾肆千五百文

中華民國十年七月卅日　蒙古香香同子達木齋　渠全爾　立十十

再者日後倘有執出收租舊摺或片紙均作為廢用此批

中證人　王炳元　沈福成　安渠全　成保　李静菴　十十十

立粘單人達木氣今因有自己祖遺營坊道于明名下地祖
産每年城錢四吊文原係本族人收使後因自己年幼本族無後
歸于旗婿虎登山收使嗣以自己長大成人能以自立於民國三
年八月二十二日禀奉土默特旗下長官將本族此項遺産奪
回自收惟原約未更姓名恐日後虎登山復奪今央中人説合將原
約上另粘此單再不准别人收使又因自己現在時光不佳經中
人説合現支過城錢叁拾叁吊日後再不准長支短欠再要藉口生
端無事生非有中見人一面承當所立粘單兩張各粘一紙為証行

中見人 時忠全 十
王福 十
高騰云代笔 十

中華民國十二年　月　日立 達木氣 十

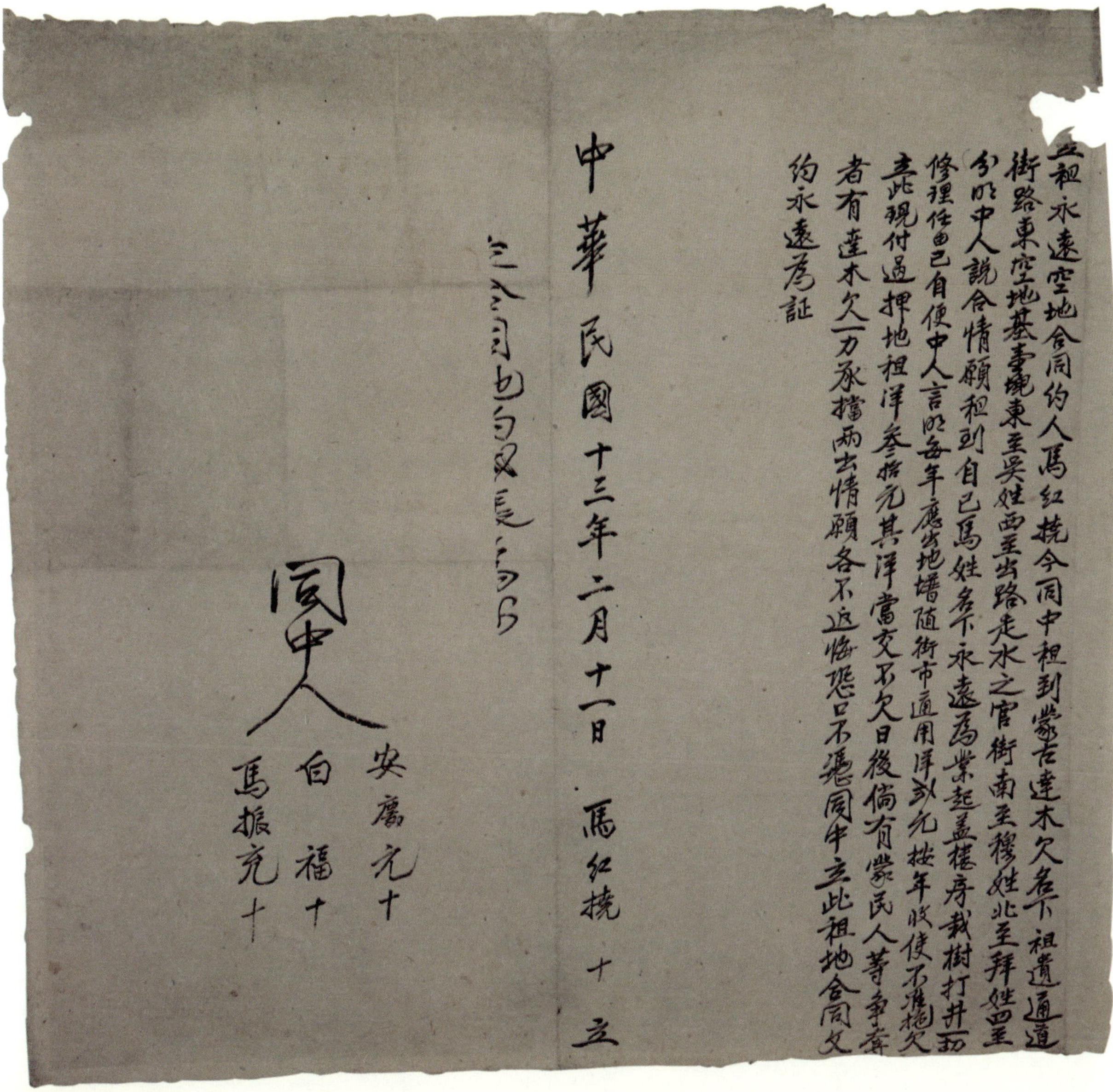

立租永远空地合同约人马红挠今同中租到蒙古达木欠名下祖遗通道
街路东空地基壹块东至吴姓西至出路走水之官街南至穆姓北至拜姓四至
分明中人说合情愿租到自己马姓名下永远为业起盖楼房栽树打井砌
修理任由己自便中人言明每年应出地增随街市通用洋款元按年收使不准拖欠
立此现付过押地租洋叁拾元其洋当交不欠日后倘有蒙民人等争夺
者有达木欠一力承担两出情愿各不返悔恐口不凭同中立此租地合同文
约永远为证

三合同也[illegible]

中华民国十三年二月十一日 马红挠 十 立

同中人
安广元 十
白福 十
马振元 十

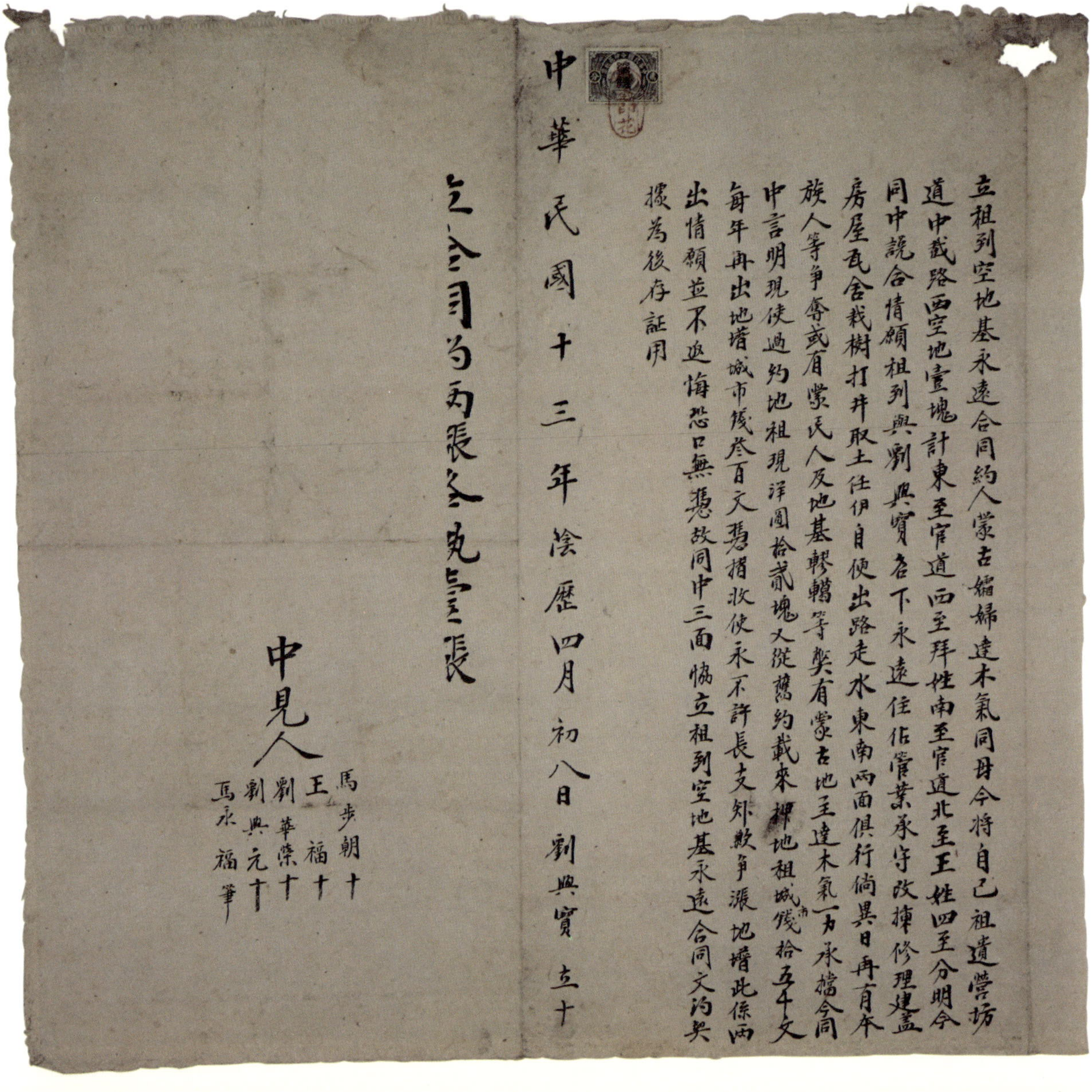
立租到空地基永遠合同約人蒙古孀婦達木氣同母今將自己祖遺營坊
道中截路西空地壹塊計東至官道西至拜姓南至官道北至王姓四至分明今
同中説合情願租到與劉興寶名下永遠住佔管業承守改揀修理建盖
房屋瓦舍栽樹打井取土任伊自便出路走水東南兩面俱行倘異日再有本
族人等爭奪或有蒙民人及地基轇轕等弊有蒙古地主達木氣一力承擋今同
中言明現使過約地租現洋圓拾貳塊又從舊約載來押地租城市錢拾五千文
每年再出地增城市錢叁百文舊摺收使永不許長支短欠争漲地增此係兩
出情願並不返悔恐口無憑故同中三面恊立租到空地基永遠合同文約契
據為後存証用

中華民國十三年陰歷四月初八日 劉興寶 立十

立合同為兩張各執壹張

中見人
馬步朝十
王福十
劉華榮十
劉興元十
馬永福筆

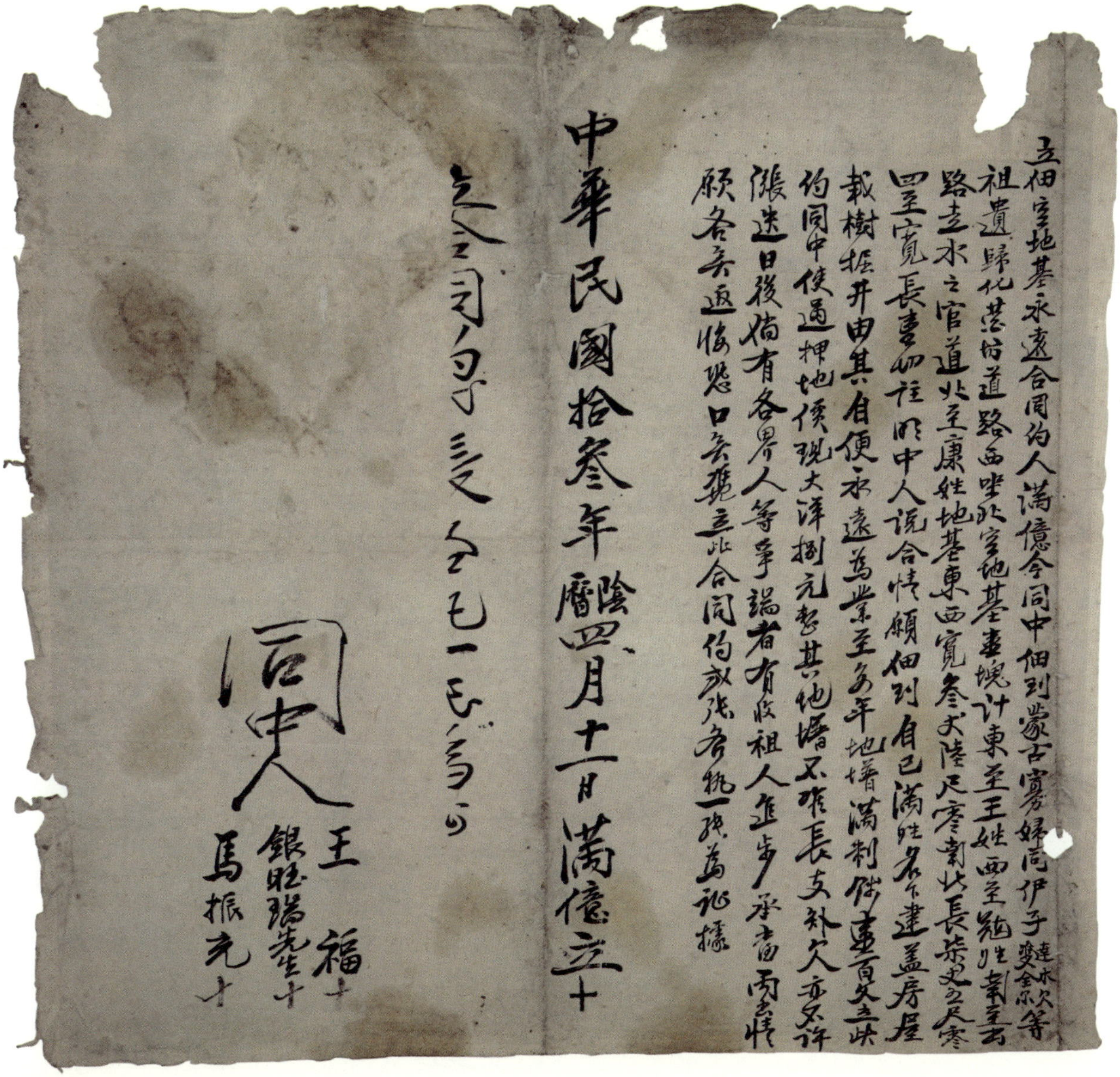

立佃宅地基永遠合同約人滿億今同中佃到蒙古賓房婦尼伊子達木欠、變金尔欠等
祖遺歸化城營坊道路西坐北宅地基壹塊，計東至王姓，西至趙姓，南至出
路走水之官道，北至康姓地基，東西寬叁丈陸尺零，南北長柒丈五尺零，
四至寬長盡行注明，中人說合情願佃到自己滿姓名下建蓋房屋
栽樹掘井由其自便，永遠為業，至多年地增滿制錢壹百文，立此
約同中使過押地價現大洋捌元整，其地增不准長支補欠，人等不許
漲迭。日後倘有各界人等爭端者，有佃祖人進步承當。兩出情
願，各無返悔，恐口無憑，立此合同約存執一張為証據。

中華民國拾叁年陰曆四月十二日　滿億立十

同中人　王福十
　　　　銀旺瑞先生十
　　　　馬振元十

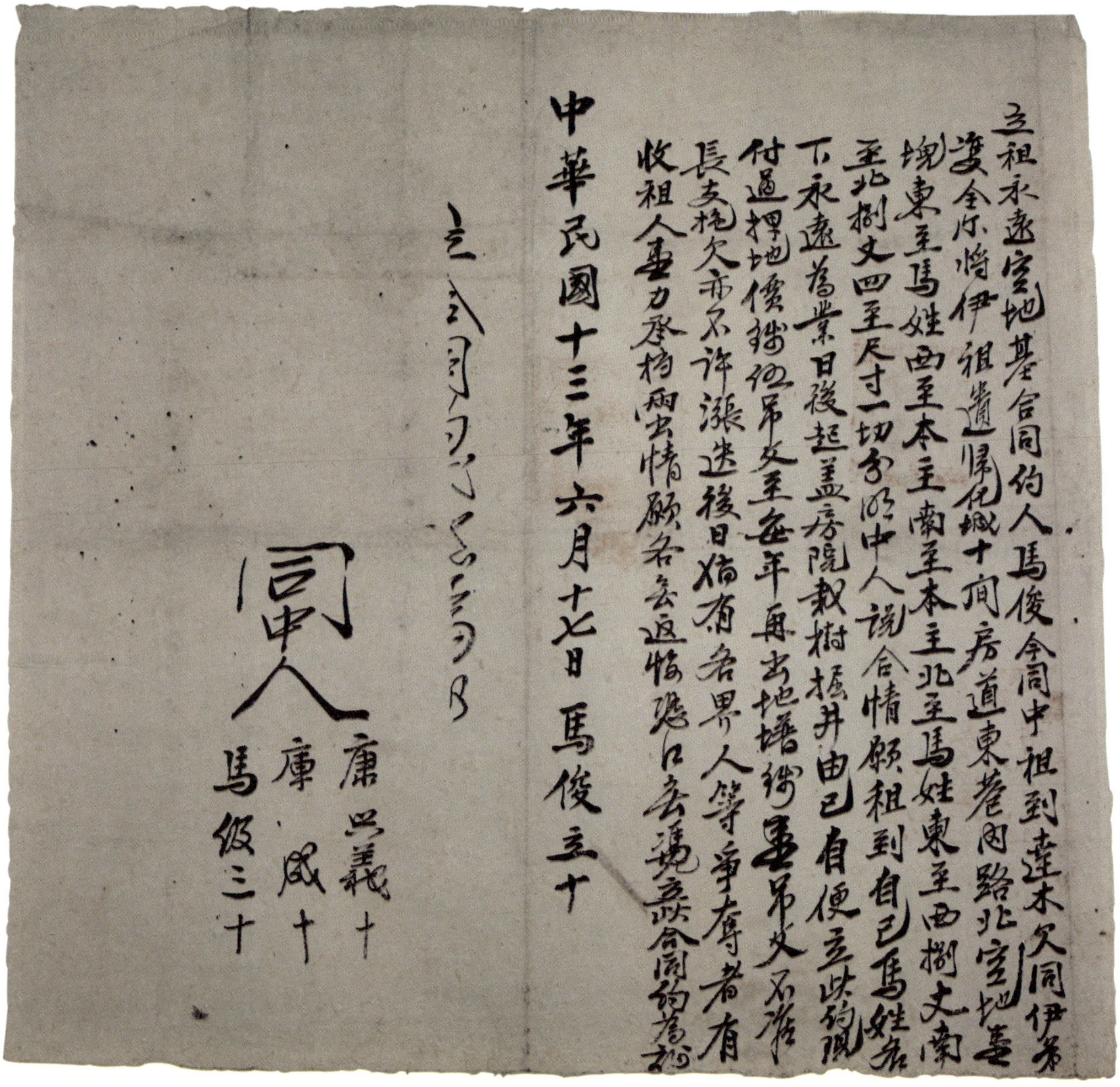

立祖永遠宅地基合同約人馬俊今同中祖到達木欠同伊弟
姪全仗將伊祖遺歸化城十間房道東巷內路北宅地基壹
塊東至馬姓西至本主南至本主北至馬姓東至西樹丈南
至北樹丈四至尺寸一切分明中人說合情願租到自己馬姓名
下永遠為業日後起蓋房院栽樹掏井由己自便立此約現
付過押地價錢伍吊文至每年再出地譜錢壹吊文不准
長支拖欠亦不許漲迭後日倘有名界人等爭奪者有
收祖人壹力承擋兩出情願各無返悔恐口無憑立此合同約為証

中華民國十三年六月十七日 馬俊立十

立合同[illegible]

同中人 康興義十 康威十 馬級三十

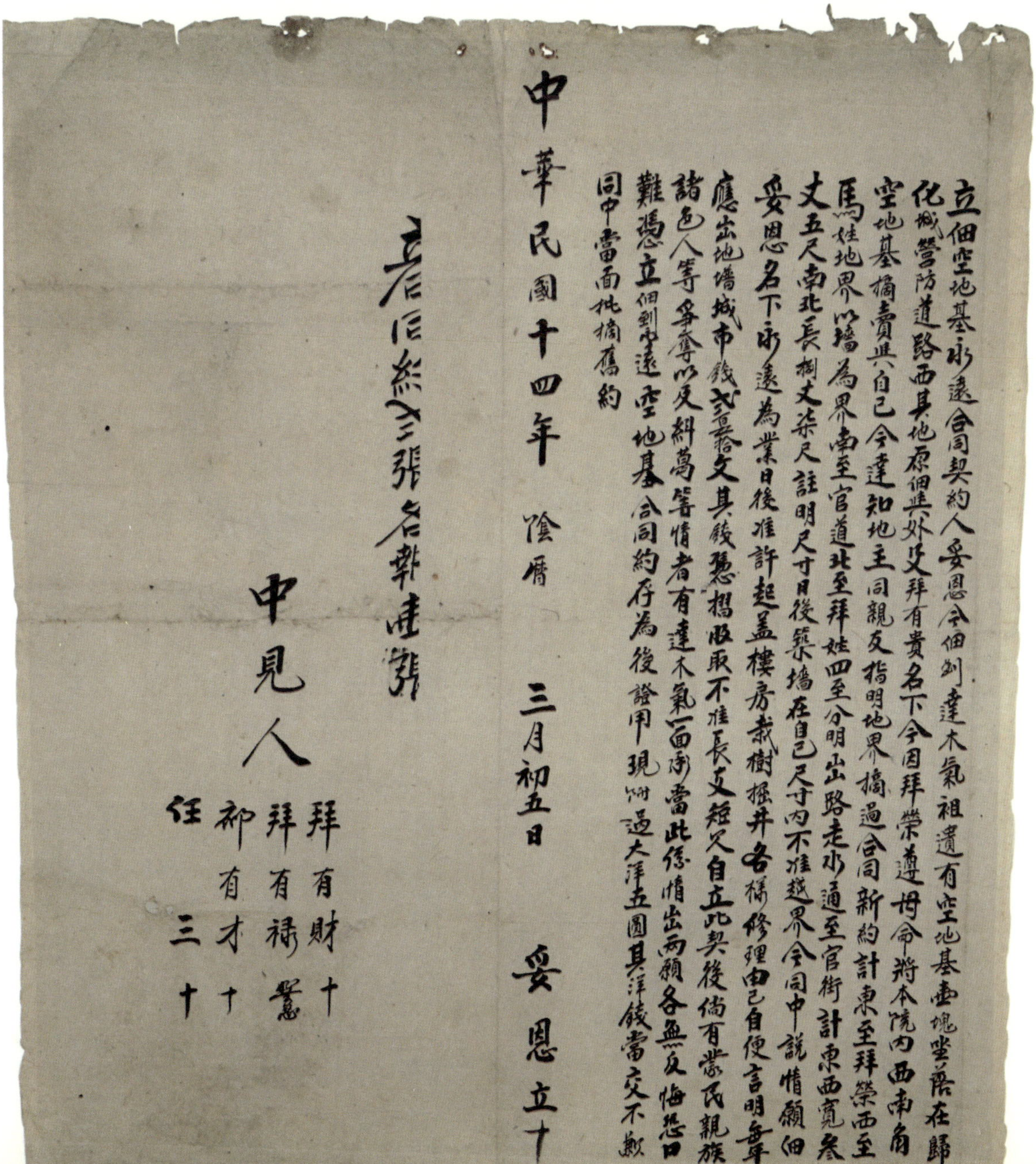

立佃空地基永遠合同契約人妥恩今佃到達木氣祖遺有空地基壹塊坐落在歸
化城營防道路西其地原佃與外叉拜有貴名下今因拜榮遵母命將本院內西南角
空地基摘賣與自己今達知地主同親友指明地界摘過合同新約計東至拜榮西至
馬娃地界以墻為界南至官道北至拜娃四至分明出路走水通至官街計東西寬叁
丈五尺南北長捌丈柒尺註明尺寸日後築墻在自己尺寸內不准越界今同中說情願佃
妥恩名下永遠為業日後准許起蓋樓房栽樹掘井各樣修理由己自便言明每年
應出地增城市錢弍百肆拾文其錢憑摺取不准長支短欠自立此契後倘有蒙民親族
諸色人等爭奪以及糾葛等情者有達木氣一面承當此係情出兩願各無反悔恐口
難憑立佃到永遠空地基合同約存為後證用現附過大洋五圓其洋錢當交不欠
同中當面批摘舊約

中華民國十四年 陰曆 三月初五日 妥恩立十

合同約二張各執壹張

中見人

拜有財十
拜有祿鬻
祁有才十
任三十

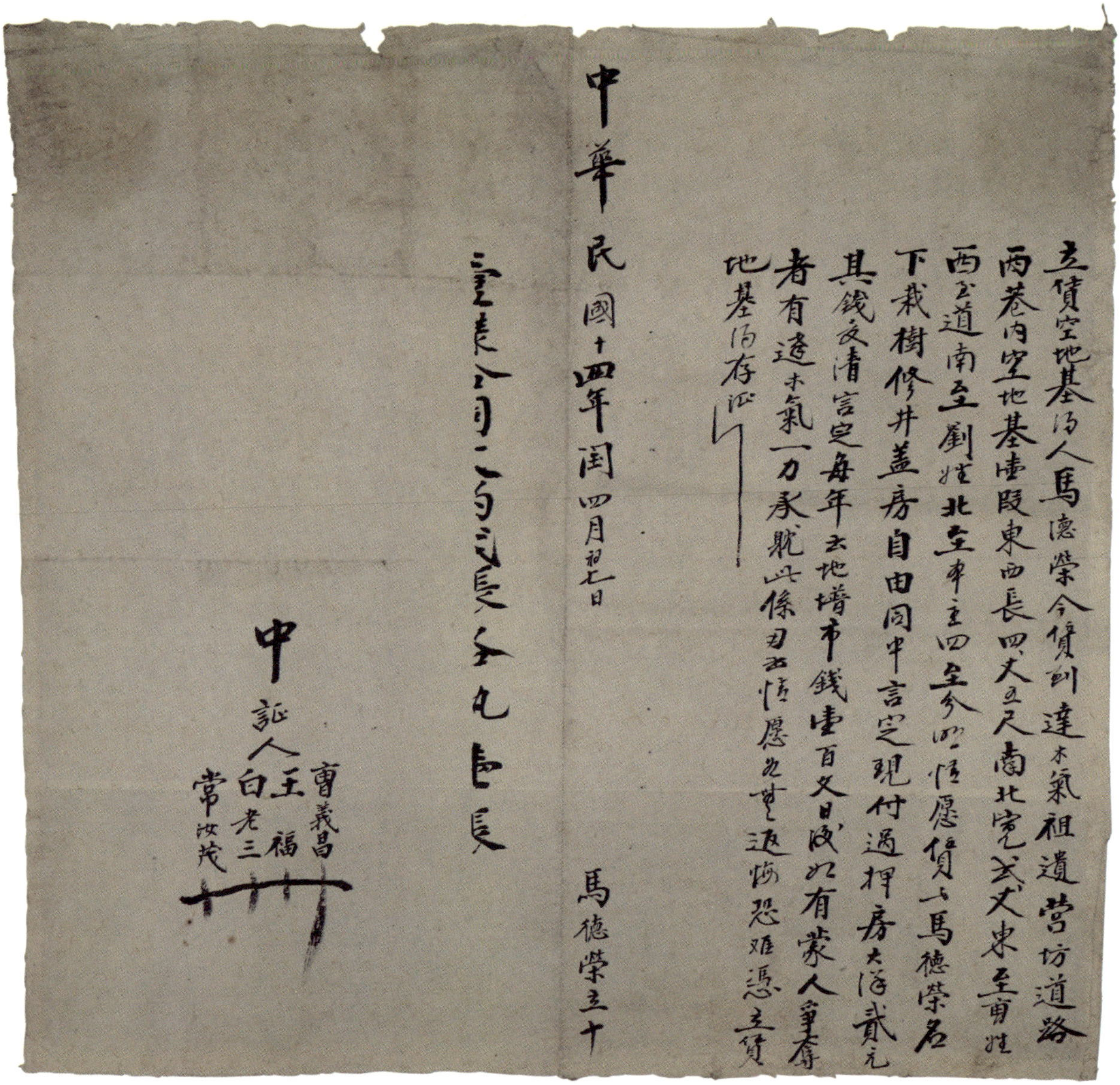

立賃空地基約人馬德榮今賃到達木氣祖遺營坊道路
西巷內空地基壹段東西長四丈五尺南北寬弍丈東至曹姓
西至道南至劉姓北至本主四至分明情愿賃与馬德榮名
下栽樹修井蓋房自由同中言定現付過押房大洋貳元
其錢交清言定每年出地增市錢壹百文日後如有蒙人爭奪
者有達木氣一力承耽此係兩出情愿各無返悔恐後難憑立賃
地基約存証

中華民國十四年閏四月初七日　　馬德榮立十

[illegible]

中証人　曹義昌　王福　白老三　常汝茂　十十十十

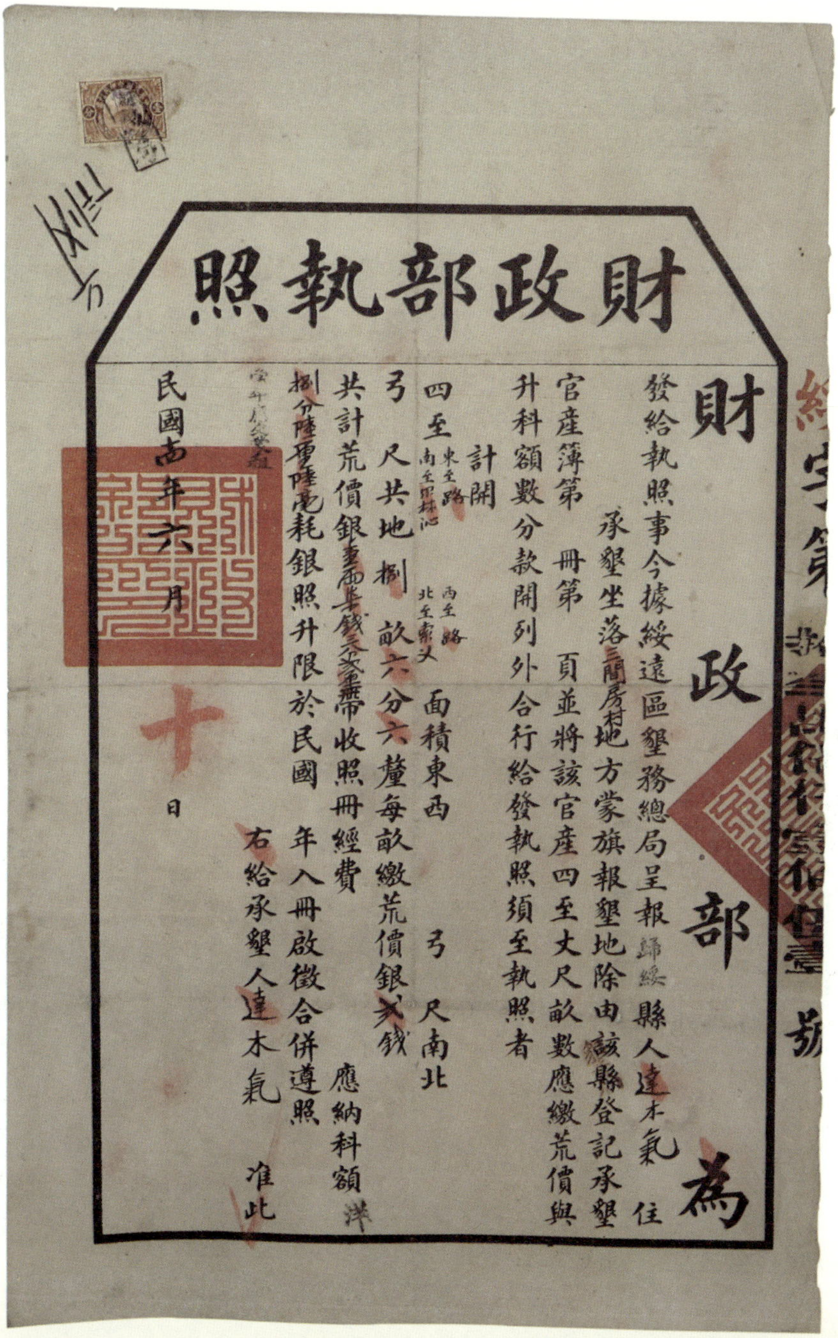

財政部執照

財政部為

發給執照事今據綏遠區墾務總局呈報歸綏縣人達木氣住

承墾坐落三間房村地方蒙旗報墾地除由該縣登記承墾

官產簿第　冊第　頁並將該官產四至丈尺畝數應繳荒價與

升科額數分款開列外合行給發執照須至執照者

計開

四至　東至路　南至耶林沁　西至路　北至索义　面積東西　弓　尺南北

弓　尺共地捌　畝六分六釐每畝繳荒價銀弍錢

共計荒價銀壹両柒錢三分二釐帶收照冊經費　應納科額洋

捌分陸釐陸毫耗銀照升限於民國　年入冊啟徵合併遵照

右給承墾人達木氣　准此

民國十四年六月十日

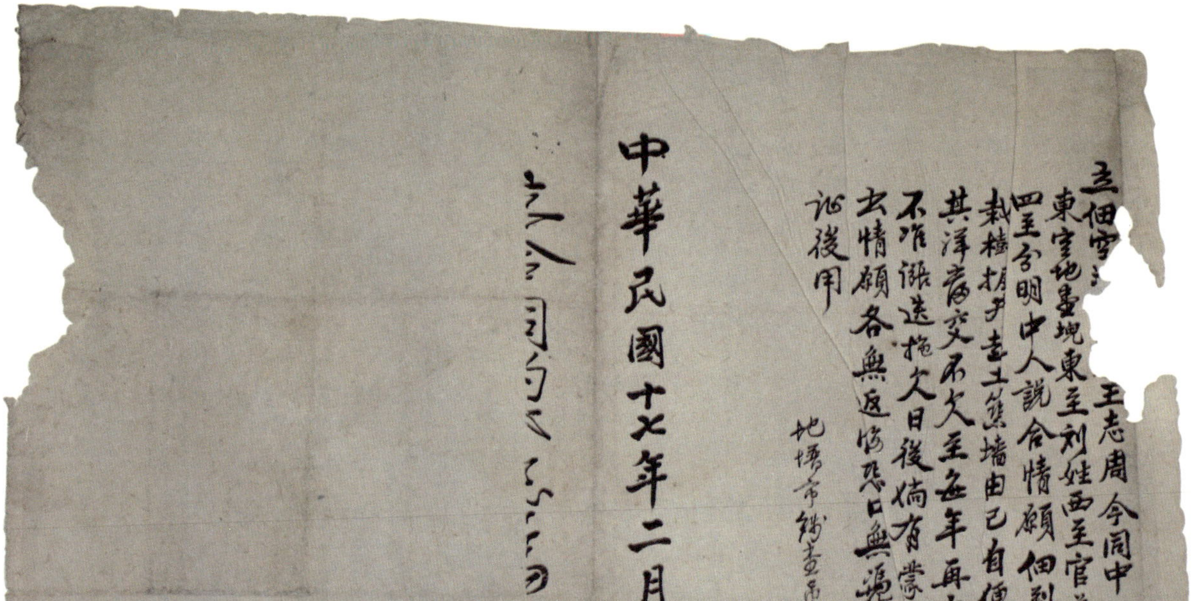

立佃字□□王志周今同中佃到達木欠名下祖遺歸化十间房尔道
東空地壹塊東至刘姓西至官道南至趙姓北至馬姓此地南北寬伍丈
四至分明中人説合情願佃到自己王姓名下永遠爲業起盖房屋
栽樹打井壘土築墻由己自便中人言明現付過押地價現大洋叁拾元
其洋當交不欠至每年再出地譜城市錢壹吊文其錢按標收使
不准誤迭拖欠日後倘有蒙民人等爭奪者有達木欠壹力承當
出情願各無返悔恐口無憑立佃字合同約式張各存壹張爲
証後用

地譜市錢壹吊文按當時合現洋叁角整

中華民國十七年二月二十六日 王志周立 十

中見人 馬登雲十 丁大禮十 馬吉十

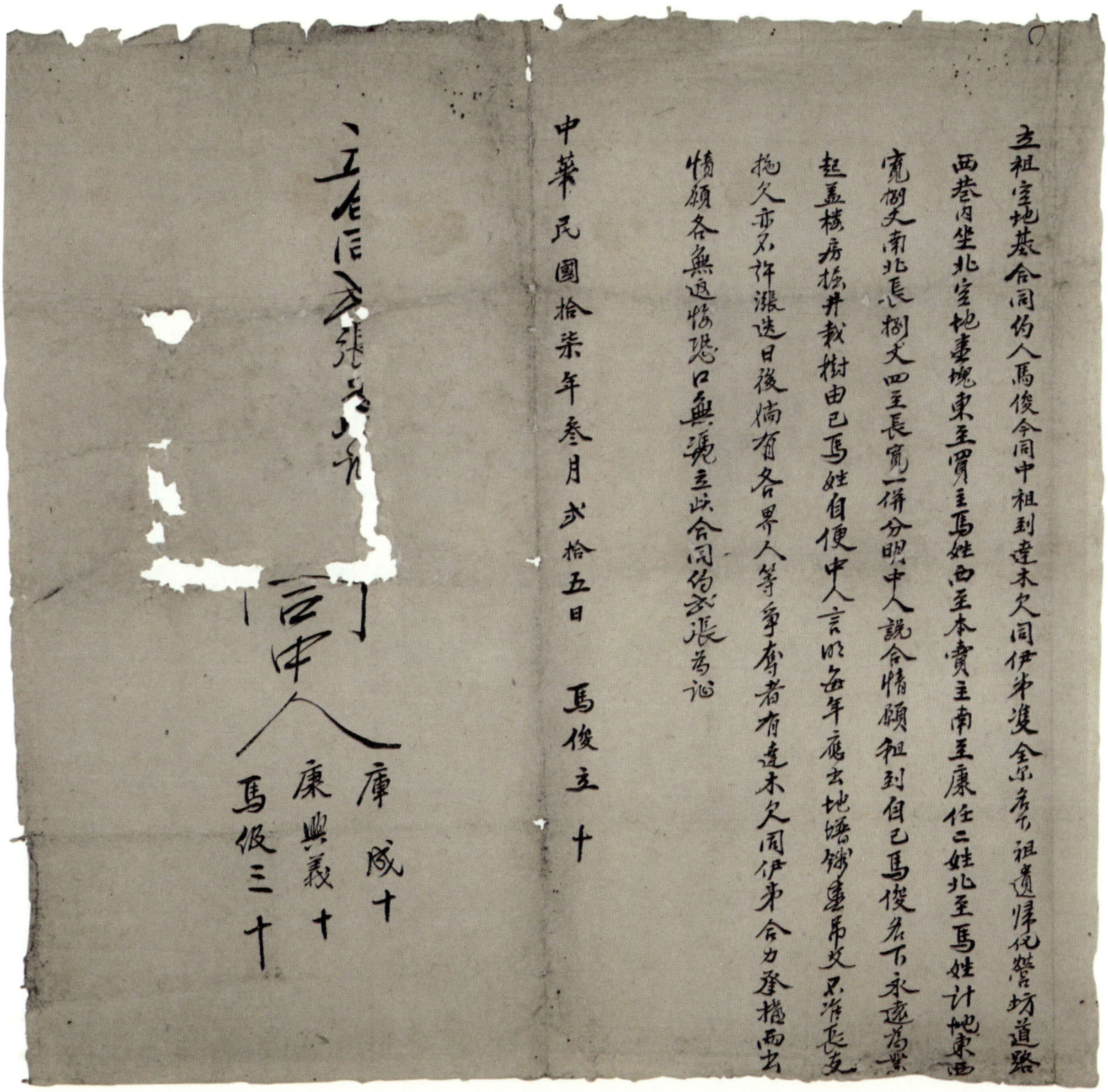
立祖宅地基合同约人馬俊今同中祖到達木欠同伊弟復全众名下祖遗归化营坊道路西巷内坐北宅地壹塊東至買主馬姓西至本賣主南至康任二姓北至馬姓计地東西寬捌丈南北長捌丈四至長寬一併分明中人說合情願租到自己馬俊名下永遠為業起蓋楼房挖井栽樹由己馬姓自便中人言明每年應出地增錢壹吊文不准長支拖欠亦不許漲迭日後倘有各界人等爭奪者有達木欠同伊弟合力承擋兩出情願各無返悔恐口無憑立此合同约貳張為証

中華民國拾柒年叁月貳拾五日 馬俊立 十

立合同贰张各执

同中人

庫成 十

康興義 十

馬俊三 十

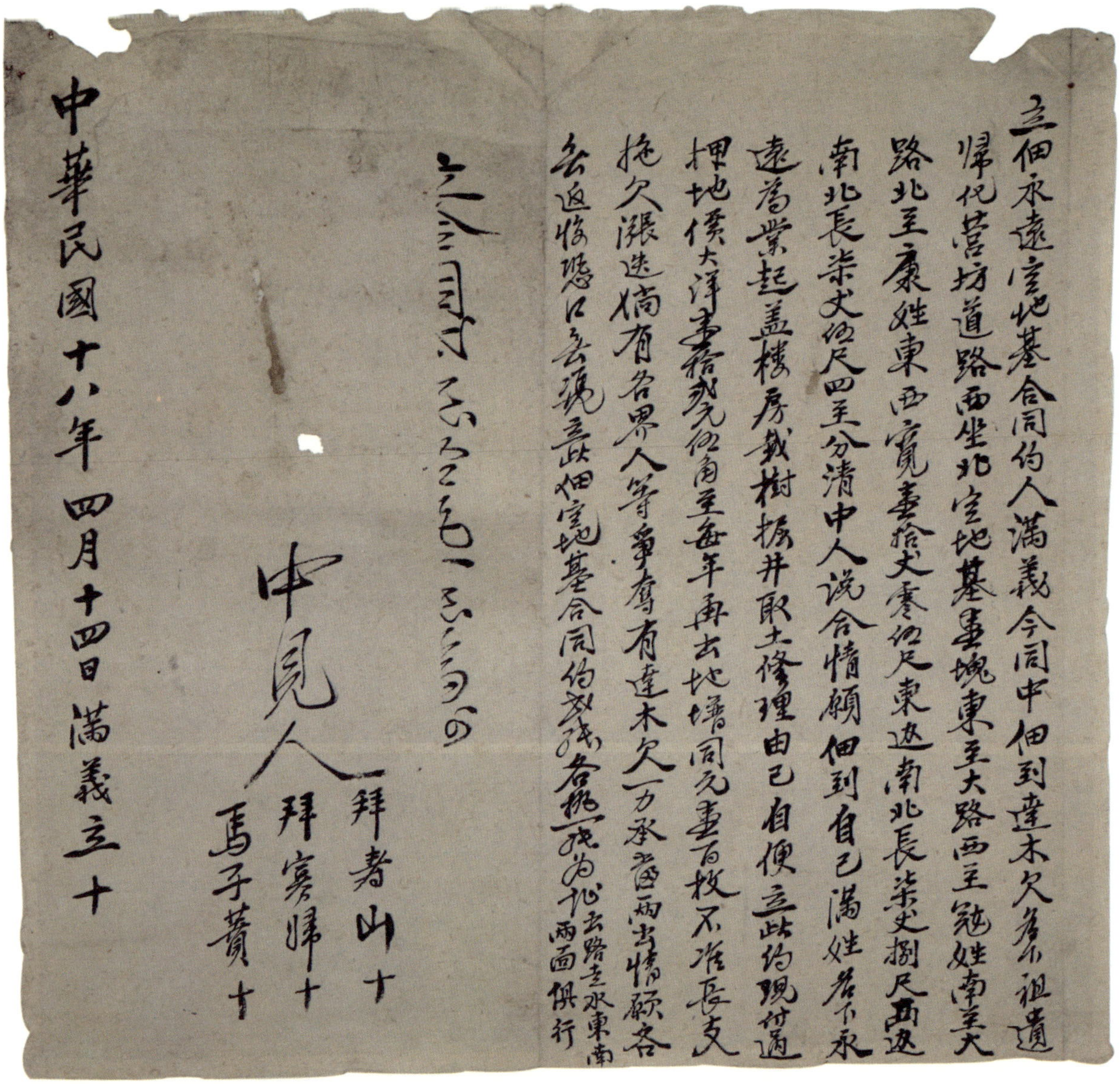

立佃永遠宅地基合同約人滿義，今同中佃到達木欠名下祖遺
歸化營坊道路西坐北宅地基壹塊，東至大路，西至趙姓，南至大
路，北至康姓，東西寬壹拾丈零伍尺，東邊南北長柒丈捌尺，西邊
南北長柒丈伍尺，四至分清。中人說合，情願佃到自己滿姓名下永
遠為業，起蓋樓房、栽樹、掘井、取土，修理由己自便。立此約現付過
押地價大洋壹拾貳元伍角，至每年再出地增同元壹百枚，不准長支
拖欠、漲迭。倘有各界人等爭奪，有達木欠一力承當。兩出情願，各
無返悔。恐口無憑，立此佃宅地基合同約貳張，各執壹張為據。出路走水東南兩面俱行。

立合同约[illegible]

中見人　拜壽山十
拜寡歸十
馬子貴十

中華民國十八年四月十四日　滿義立十

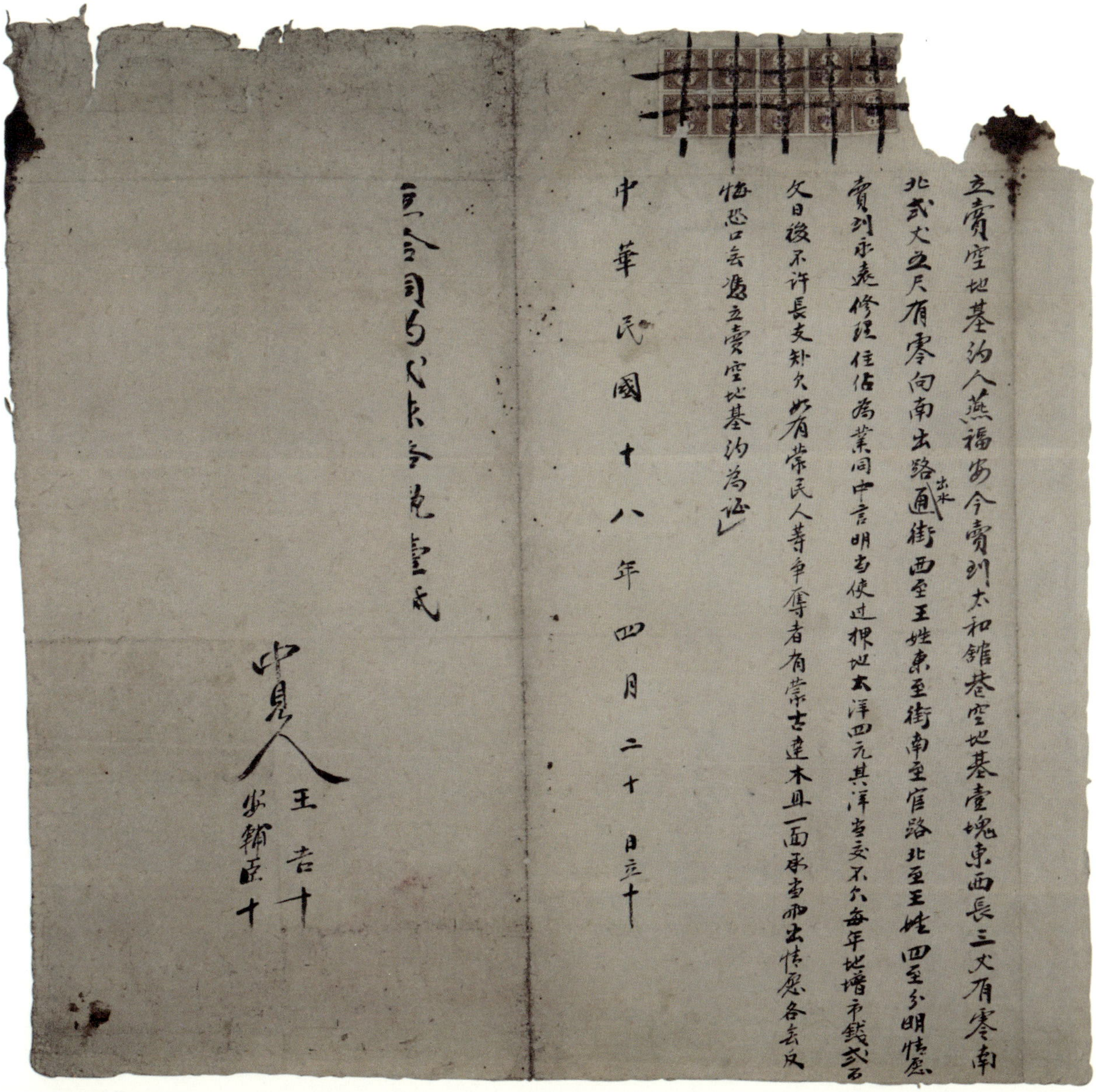
立賣空地基約人燕福安今賣到太和館巷空地基壹塊東西長三丈有零南
北弍丈五尺有零向南出路通出入街西至王姓東至街南至官路北至王姓四至分明情愿
賣到永遠修理住佔為業同中言明当使过押地大洋四元其洋当交不欠每年地增市錢弍百
文日後不許長支升欠如有帶民人等爭奪者有帶当達木且一面承当而出情愿各無反
悔恐口無憑立賣空地基約為証
中華民國十八年四月二十日立十
立合同為弍張各執壹紙
中見人 王吉十 安輔臣十

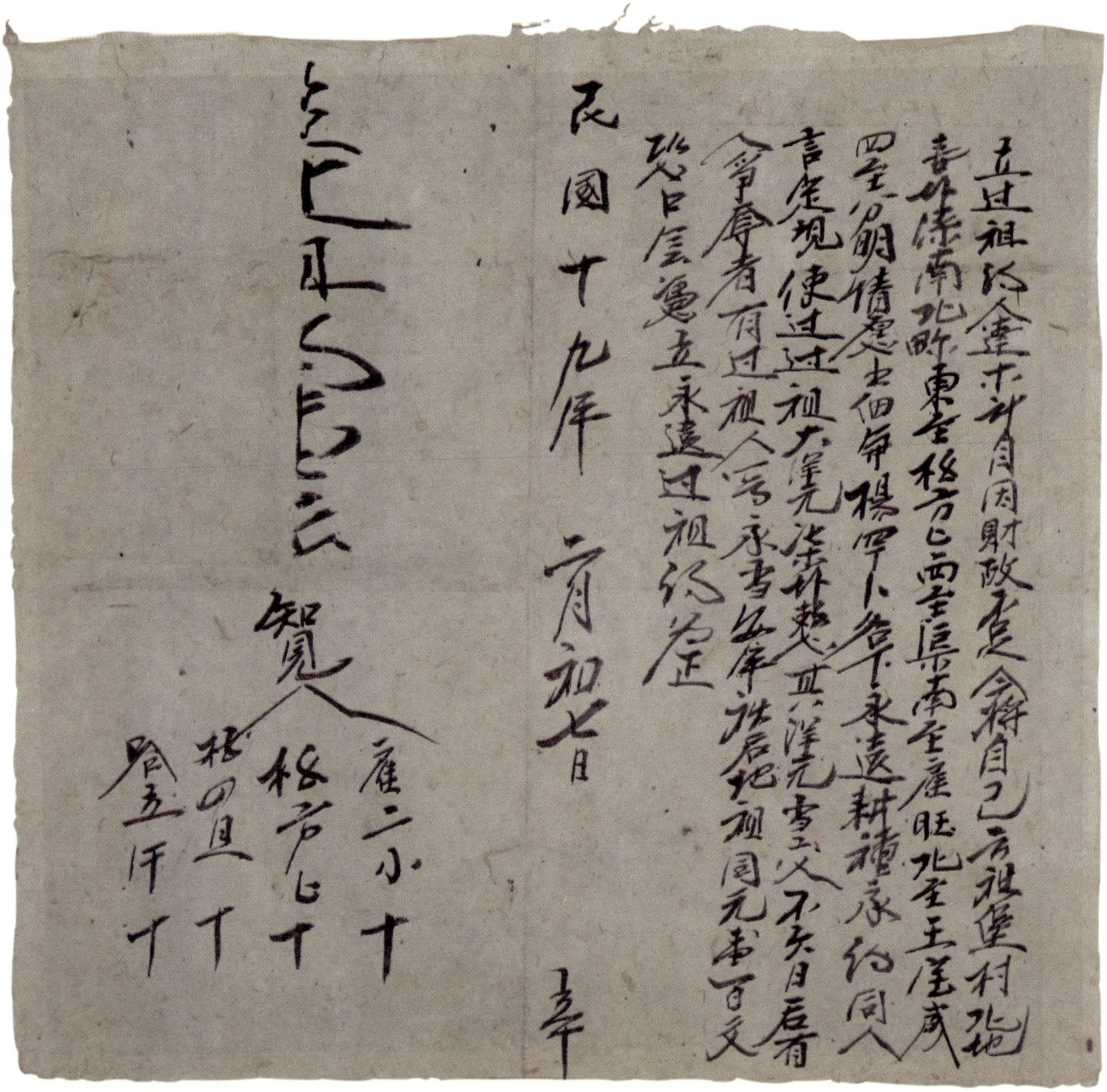

立过祖约人金木升因财政不足，今将自己户祖遗村北地壹块，系南北畛，东至格方之，西至县南，南至雇旺，北至王屋成，四至分明，情愿出佃与杨四小名下永远耕种承约。同人言定现使过过祖大洋元伍拾块，其洋元当交不欠。日后有人争夺者，有过祖人一面承当。每年秋后地租同元壹百文。恐口无凭，立永远过祖约为证。

民国十九年二月初七日 立字

[illegible]

知见人 雇二小 十 格方之 十 格四旦 十 路五仔 十

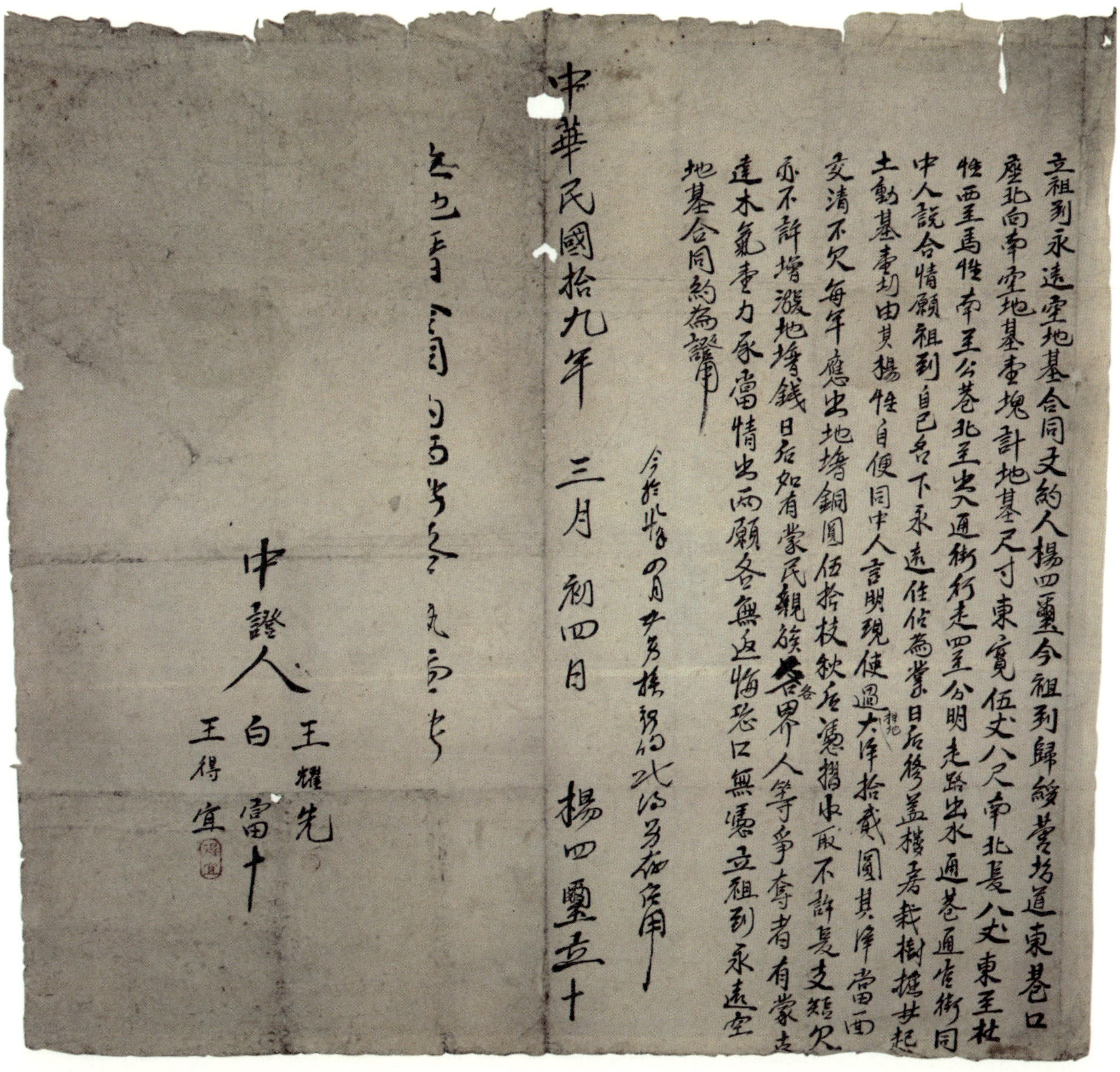

立祖到永遠空地基合同文約人楊四璽今祖到歸綏營坊道東巷口座北向南空地基壹塊計地基尺寸東寬伍丈八尺南北長八丈東至杜姓西至馬姓南至公巷北至出入通街行走四至分明走路出水通巷通街同中人說合情願祖到自己名下永遠住佔為業日后修蓋樓房栽樹攙井起土動基壹切由其楊姓自便同中人言明現使過（租地）大洋拾貳圓其洋當面交清不欠每年應出地增銅圓伍拾枝秋后憑摺收取不許長支短欠亦不許增潑地增錢日后如有掌民親族各界人等爭奪者有掌者達木氣壹力承當情出兩願各無返悔恐口無憑立祖到永遠空地基合同約為證用

今於此年四月廿五日楊記約地基字約另存底用

中華民國拾九年　三月　初四日　楊四璽立十

中證人　王耀先　白富十　王得宜

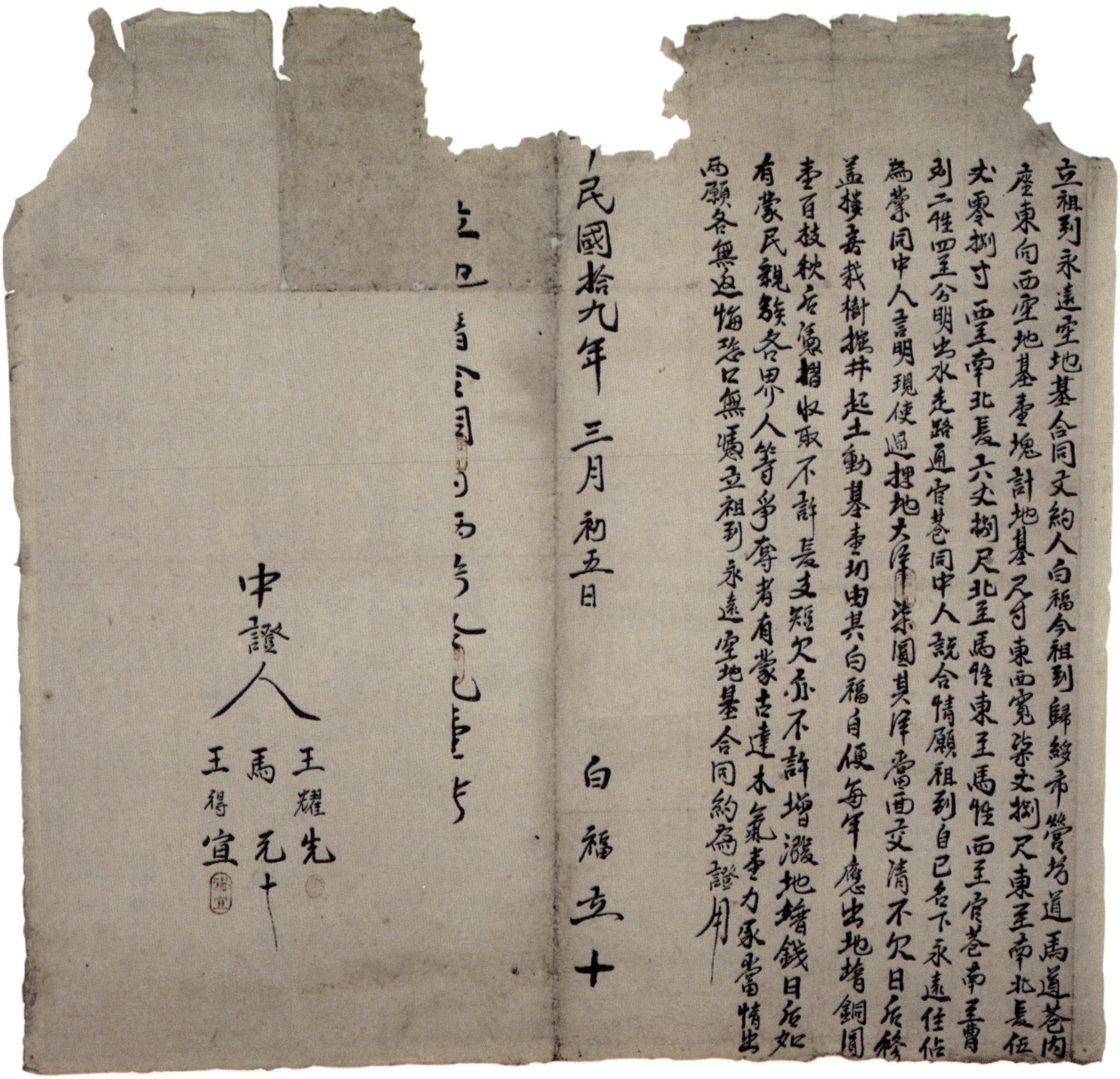

立祖到永遠空地基合同文約人白福，今祖到歸綏市管考道馬道巷內座東向西空地基壹塊，計地基尺寸東西寬柒丈捌尺，東至南北長伍丈零捌寸，西至南北長六丈捌尺，北至馬姓，東至馬姓，西至官巷，南至曹劉二姓，四至分明，出水走路通官巷。同中人說合情願祖到自己名下永遠住佔為業。同中人言明現使過押地大洋柒圓，其洋當面交清不欠。日后修蓋樓房、栽樹掘井、起土動基，壹切由其白福自便。每年應出地增銅圓壹百枚，秋后憑摺收取，不許長支短欠，亦不許增漲地增錢。日后如有蒙民親族各界人等爭奪者，有蒙古達木氣壹力承當。情出兩願，各無返悔，恐口無憑，立祖到永遠空地基合同約為證用。

民國拾九年三月初五日 白福立十

中證人 王耀先 馬元十 王得宜

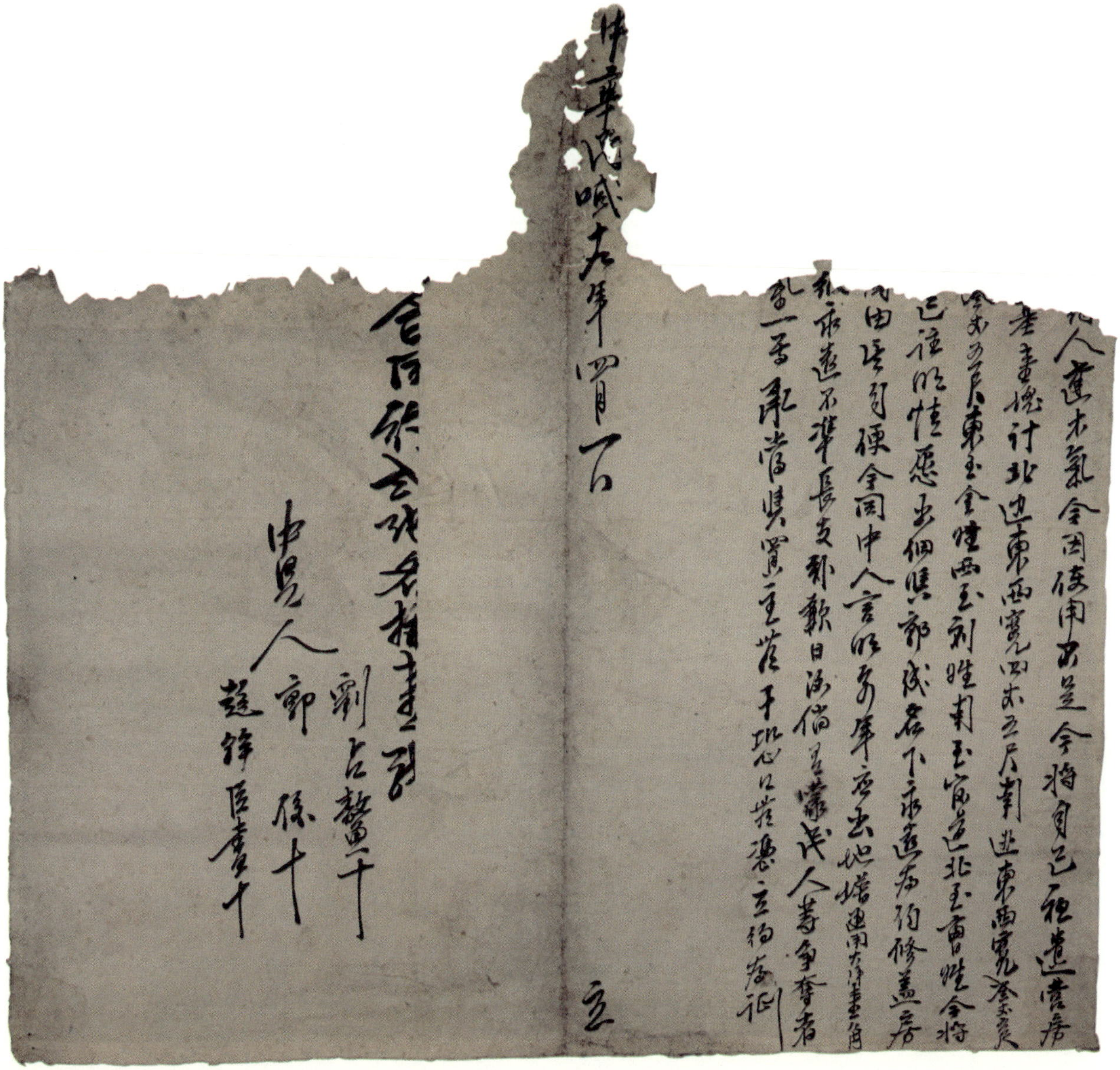
…人崔木氣今因使用不足今将自己祖遗营房
基壹块计北边东西宽四丈五尺南边东西宽叁丈五尺
叁丈五尺东至仝姓西至刘姓南至官道北至曹姓今将
已往明情愿出佃与郭线名下承造房修盖房
…由其自便仝同中人言明每年出地塘钱[illegible]
永远不准长支郭款日后倘有户族人等争夺者
乱一面承当与买主无干此口无凭立佃存证

中华民国贰拾年 月 日 立

合同张各执壹张
中见人 刘占鳌 十
郭 係 十
赵锋臣 十

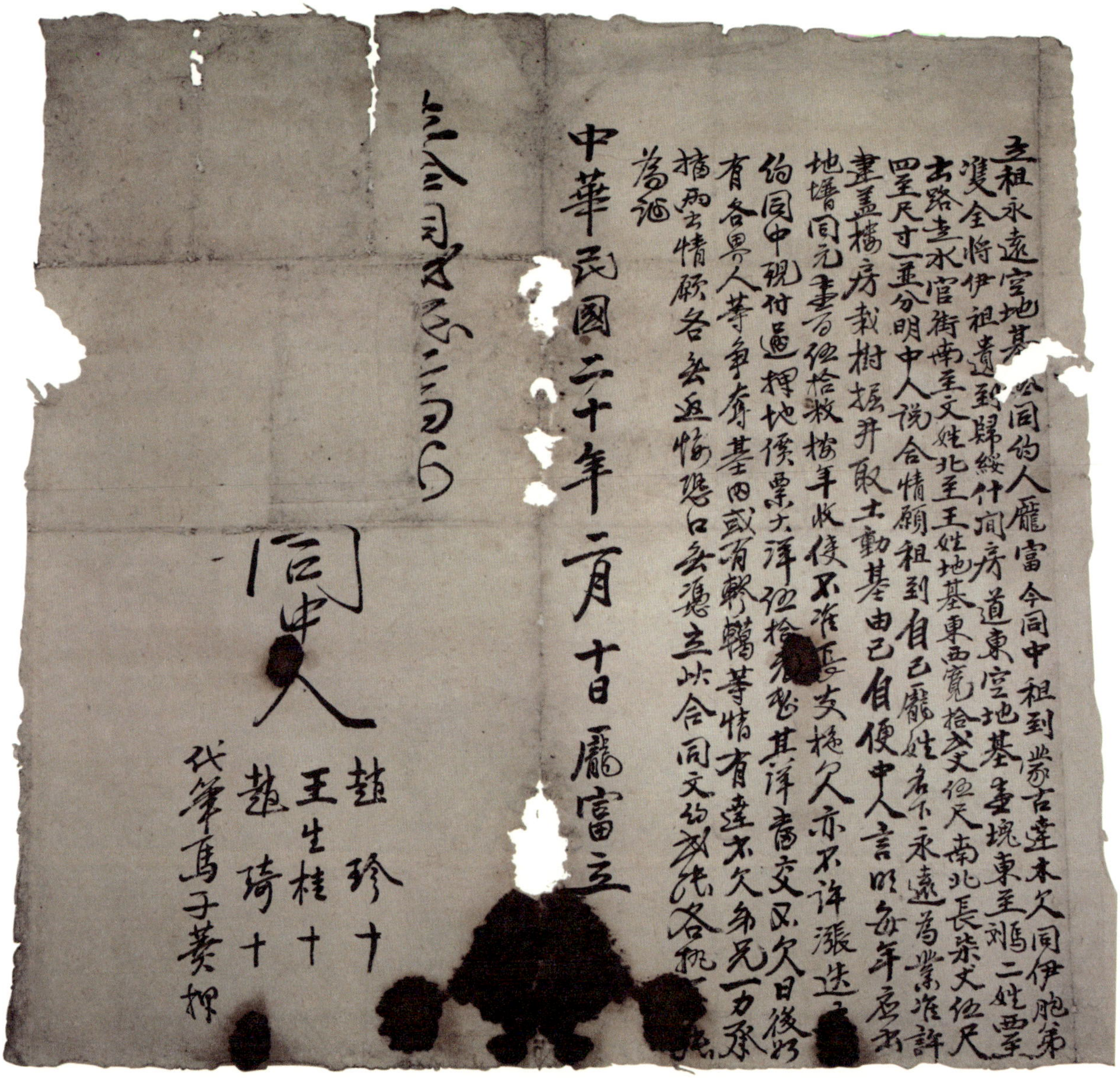
立祖永遠空地基□公同约人龐富今同中租到蒙古達木欠同伊胞弟
濮全將伊祖遺到歸綏什間房道東空地基壹塊東至馮二姓西至
出路並水官街南至文姓北至王姓地基東西寬拾叁丈伍尺南北長柒丈伍尺
四至尺寸一並分明中人说合情願租到自己龐姓名下永遠為業准許
建蓋樓房栽樹掘井取土動基由己自便中人言明每年應出
地増同元壹百伍拾枚按年收使不准長支短欠人亦不許漲迭
约同中現付過押地價票大洋伍拾元整其洋當交不欠日後如
有各界人等爭奪基由或有轇轕等情有達木欠弟兄一力承
擔兩出情願各無返悔恐口無憑立此合同文约為證各執一張
為证

中華民國二十年二月十日龐富立

合同文约二張

同中人
趙珍十
王生桂十
趙琦十
代筆馮子英押

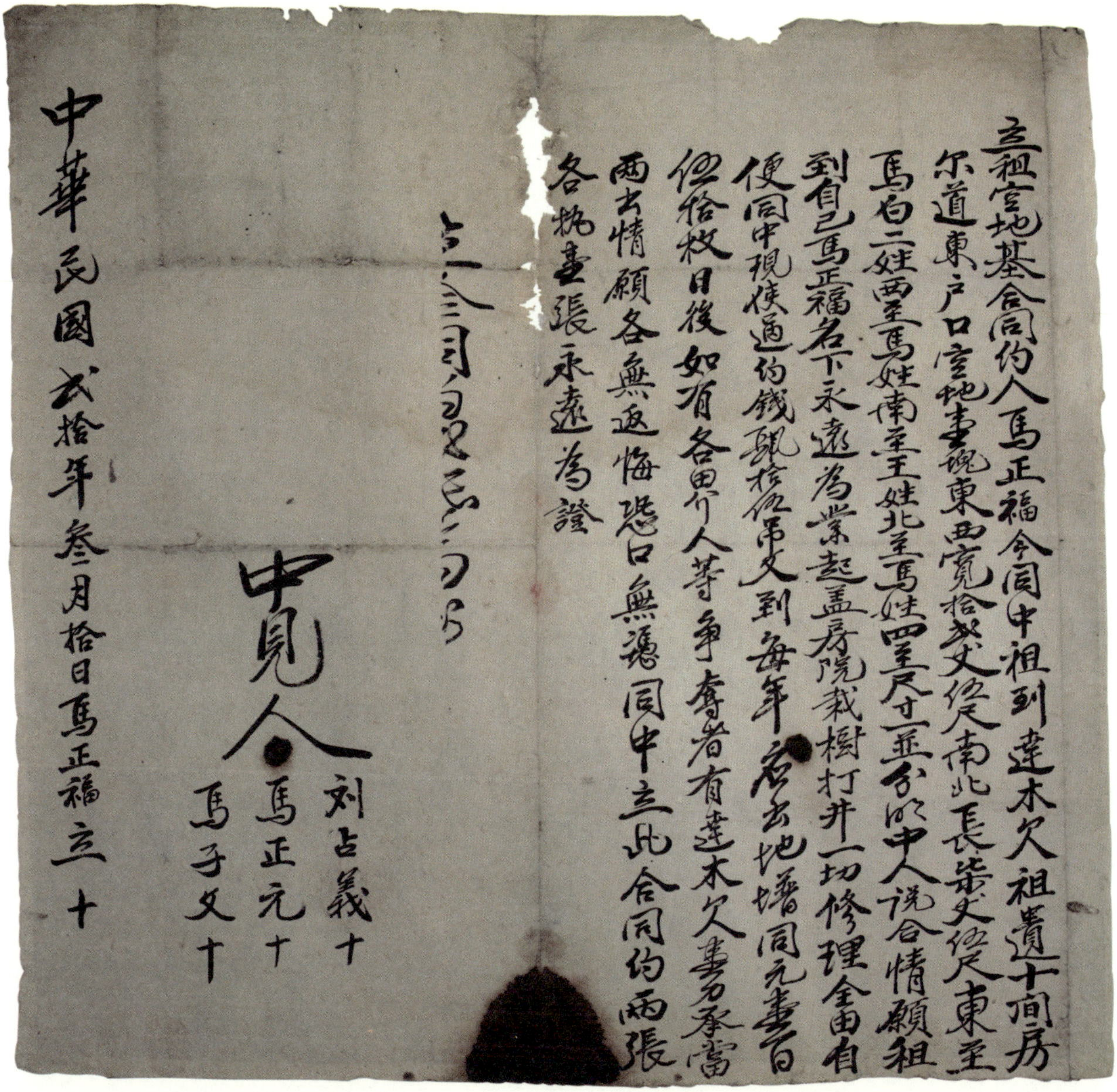
立租官地基合同约人馬正福今同中租到達木欠祖遺十间房
尔道東户口官地壹塊東西寬拾叁丈伍尺南北長柒丈伍尺東至
馬白二姓西至馬姓南至王姓北至馬姓四至尺寸並分明中人説合情願租
到自己馬正福名下永遠為業起盖房院栽樹打井一切修理全由自
便同中現使過约錢現拾伍吊文到每年應出地增同元壹百
伍拾枚日後如有各田户人等爭奪者有達木欠壹力承當
兩出情願各無返悔恐口無憑同中立此合同约兩張
各執壹張永遠為證

中見人　刘占義十　馬正元十　馬子文十

中華民國貳拾年叁月拾日馬正福立十

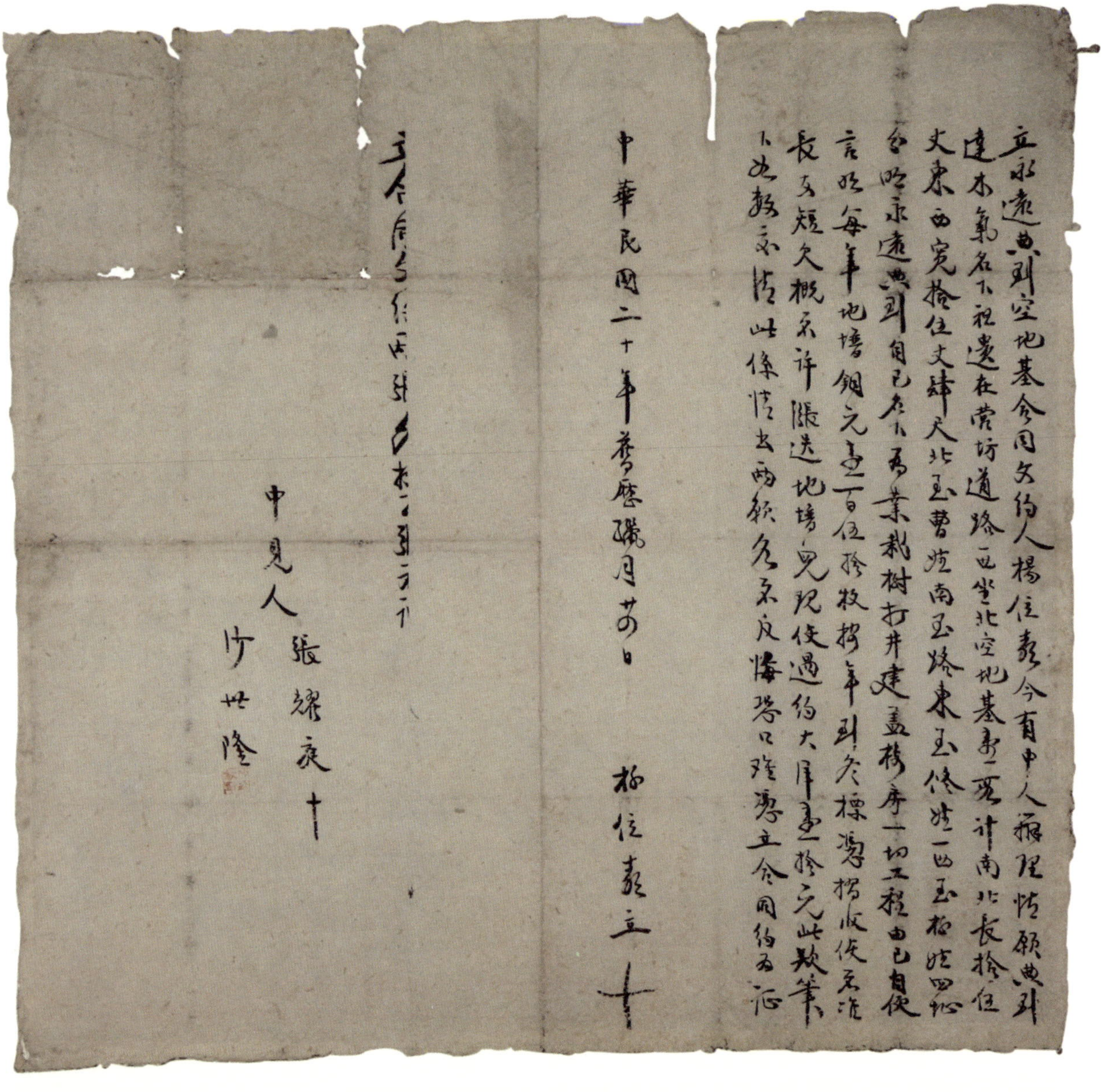

立永遠典到空地基合同文約人楊住喜，今有中人說合，情願典到達木氣名下祖遺在營坊道路西坐北空地基壹塊，計南北長拾伍丈，東西寬拾伍丈肆尺，北至曹姓，南至路，東至佟姓，西至楊姓，四至分明，永遠典到自己名下為業，栽樹打井建蓋樓房，一切工程由己自便。言明每年地增銀元壹百伍拾枚，按年到冬標憑折收，使不准長支短欠，概不許漲迭地增，見現使過約大洋壹拾元，此系筆下交清，永無異說。此係情出兩願，各不反悔，恐口難憑，立合同約為証。

立合同合約兩張各執一張

中華民國二十年舊歷臘月廿日　楊住喜立　十

中見人　張禄庚　十
佟世隆

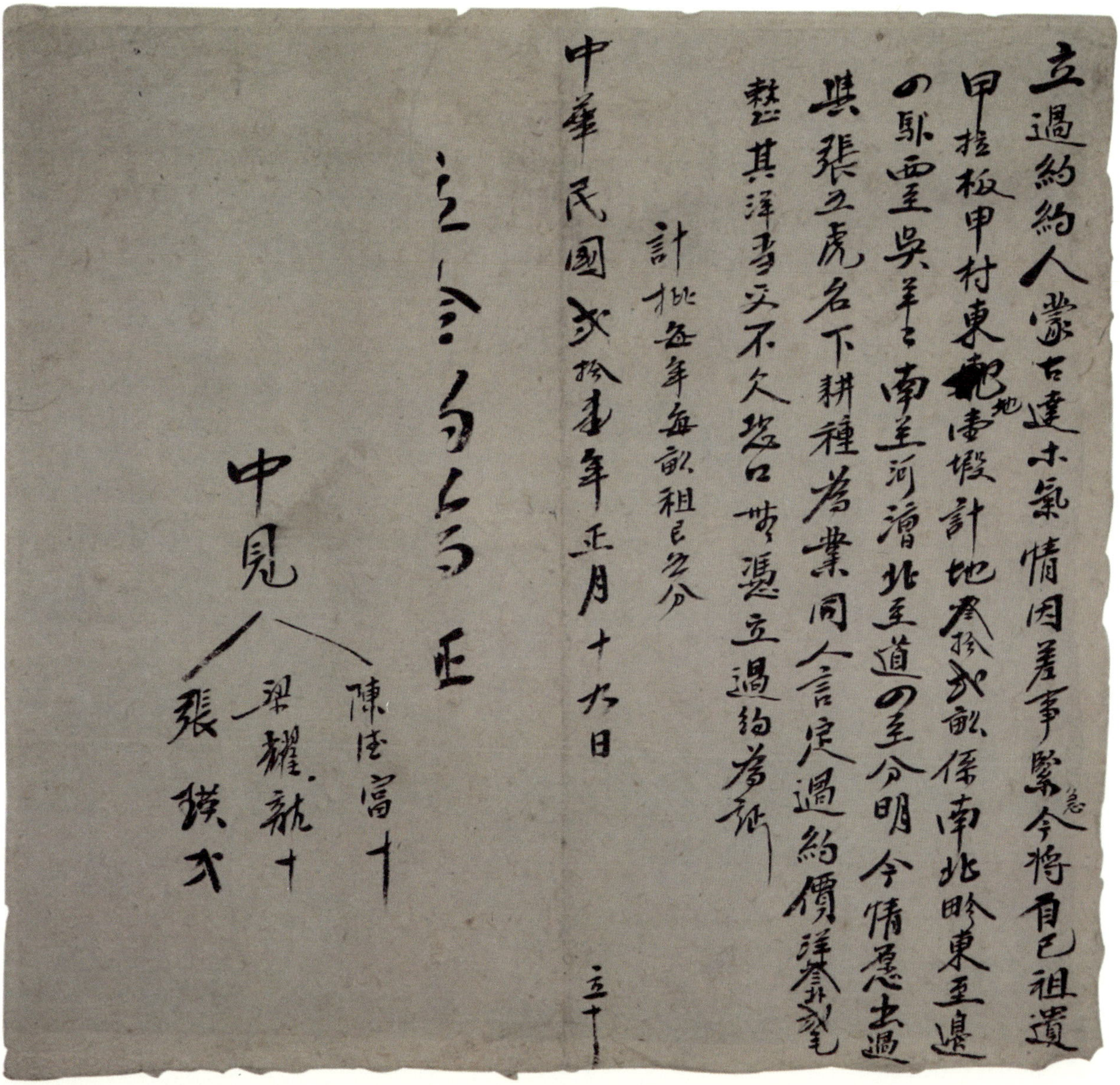

立過約約人蒙古達木氣情因差事緊急今將自己祖遺
甲拉板甲村東地壹段計地叁拾弍畝係南北畛東至邊
四鄰西至吳羊羊南至河漕北至道四至分明今情愿出過
與張立虎名下耕種為業同人言定過約價洋叁拾元
整其洋当交不欠恐口無憑立過約為証
計批每年每畝租銀五分
中華民國弍拾壹年正月十六日
五十
立合同為証
中見人 陳德富十 梁耀龍十 張瑛弍

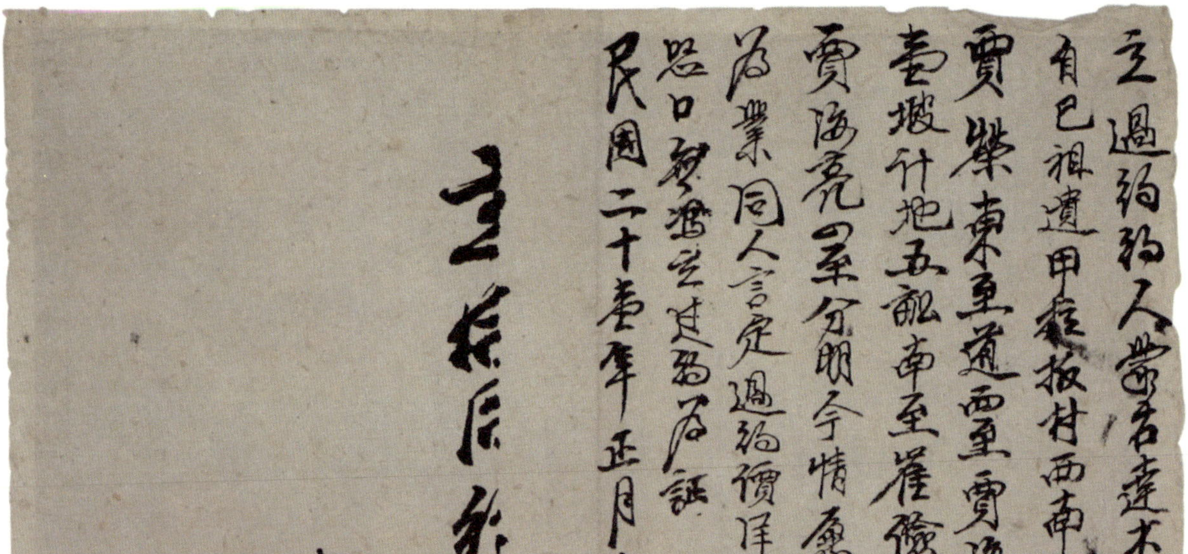

立過約人常吉達木氣情因差事紧急今将
自己祖遺甲在板村西南地壹塅計地七畝系南至
賈榮東至道西至賈海亮北至賈姓實遺南地
壹塅計地五畝南至崖畔北至賈晁東至道西至
賈海亮四至分明今情愿出过與周存良名下耕種
為業同人言定過約價洋弍元其洋筆下交清不欠
恐口無憑立过約為証
民國二十壹年正月十八日　立

立長居永遠存

中見人　高人慶十　陳汪富十　遅林安十

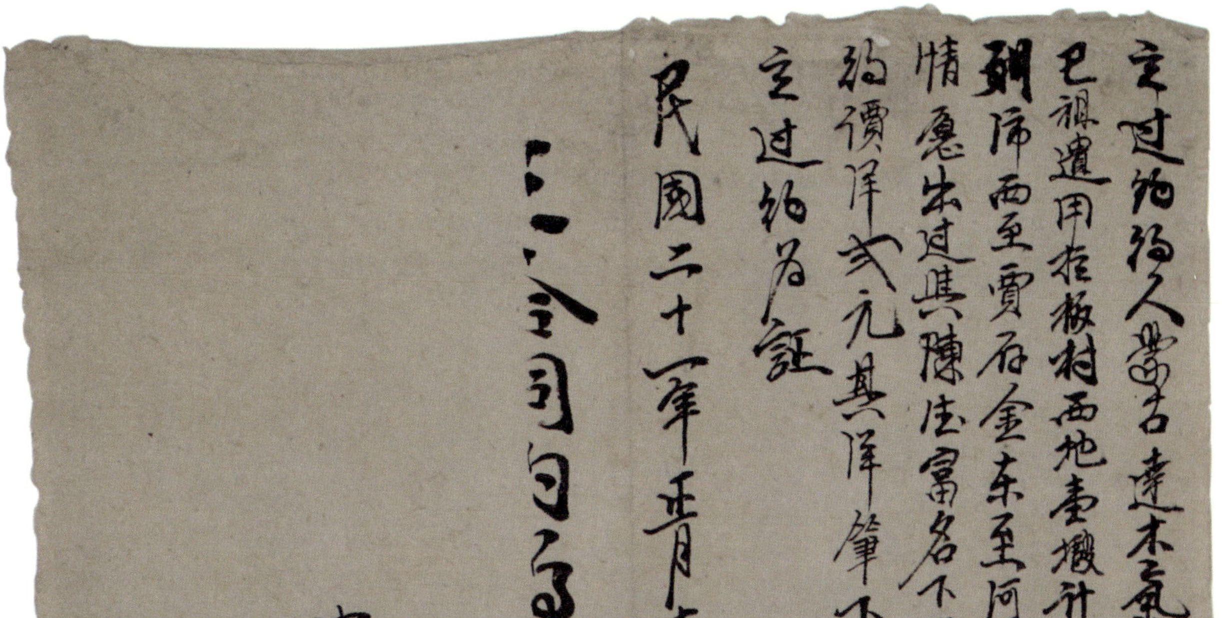
立过约人常吉达木氣情因差事緊急今將有
己祖遺用在板村西地壹塊計地壹拾弍畝东东西珍北至
頭渠西至賈存金东至河增南至賈晁四至分明
情愿出过與陳住富名下耕種為業同人言定过
約價洋弍元其洋筆下交清不欠恐口無憑
立过約為証
民國二十一年正月十八日 立
三合同日字據
中人 高人慶十
賈銀巨十
趙林安十

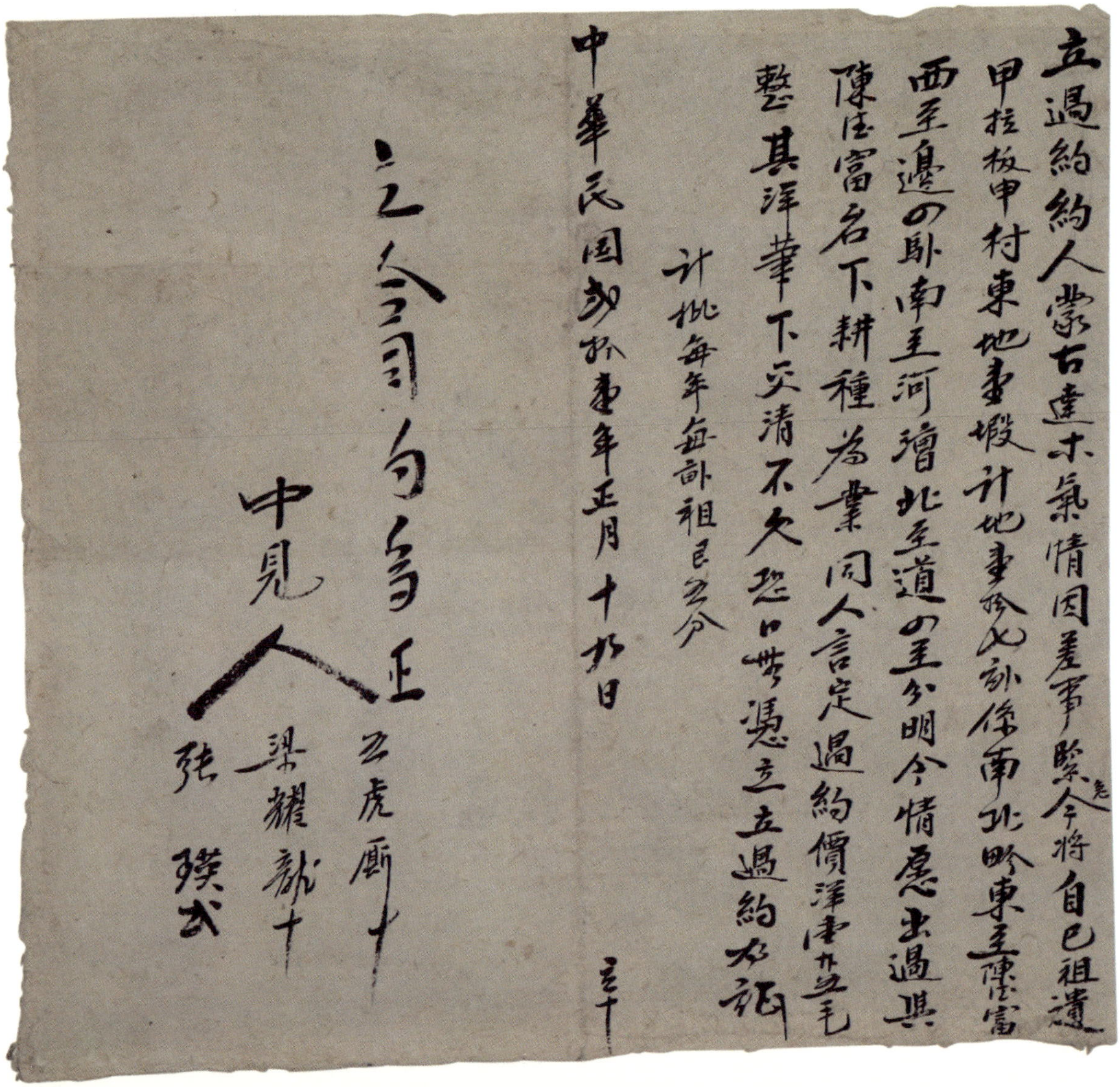
立過約約人蒙古達木氣情因差事緊是今將自己祖遺
甲拉板申村東地壹塅計地壹拾七畝係南北畛東至陳保富
西至過路南至河灣北至道路四至分明今情愿出過與
陳保富名下耕種為業同人言定過約價洋壹拾五毛
整其洋筆下交清不欠恐口無憑立立過約為証
計批每年每畝租艮五分
中華民国叁拾壹年正月十八日 立十
立合同 自書 正
中見人 王虎雲十 梁耀龍十 张璞武

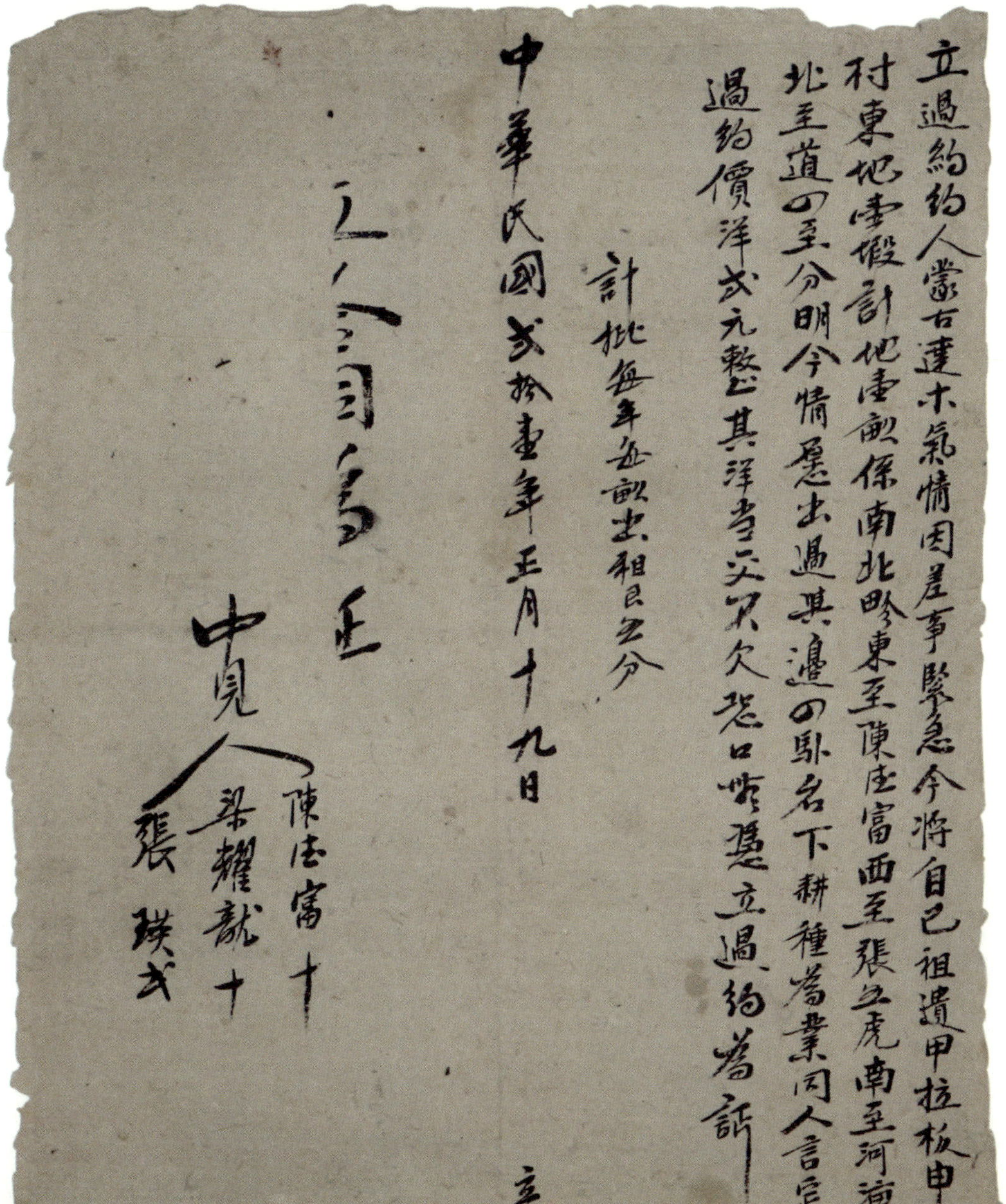

立過約約人黨古達木氣情因差事緊急今將自己祖遺甲拉板申
村東地壹段計地壹畝係南北畛東至陳在富西至張五虎南至河漕
北至道四至分明今情愿出過其邊四卧名下耕種為業同人言定
過約價洋貳元整其洋当交不欠恐口無憑立過約為証

計批每年每畝出租艮五分

中華民國貳拾壹年正月十九日

立人合同高正

中見人 陳在富 十
梁耀就 十
張瑛武

辛

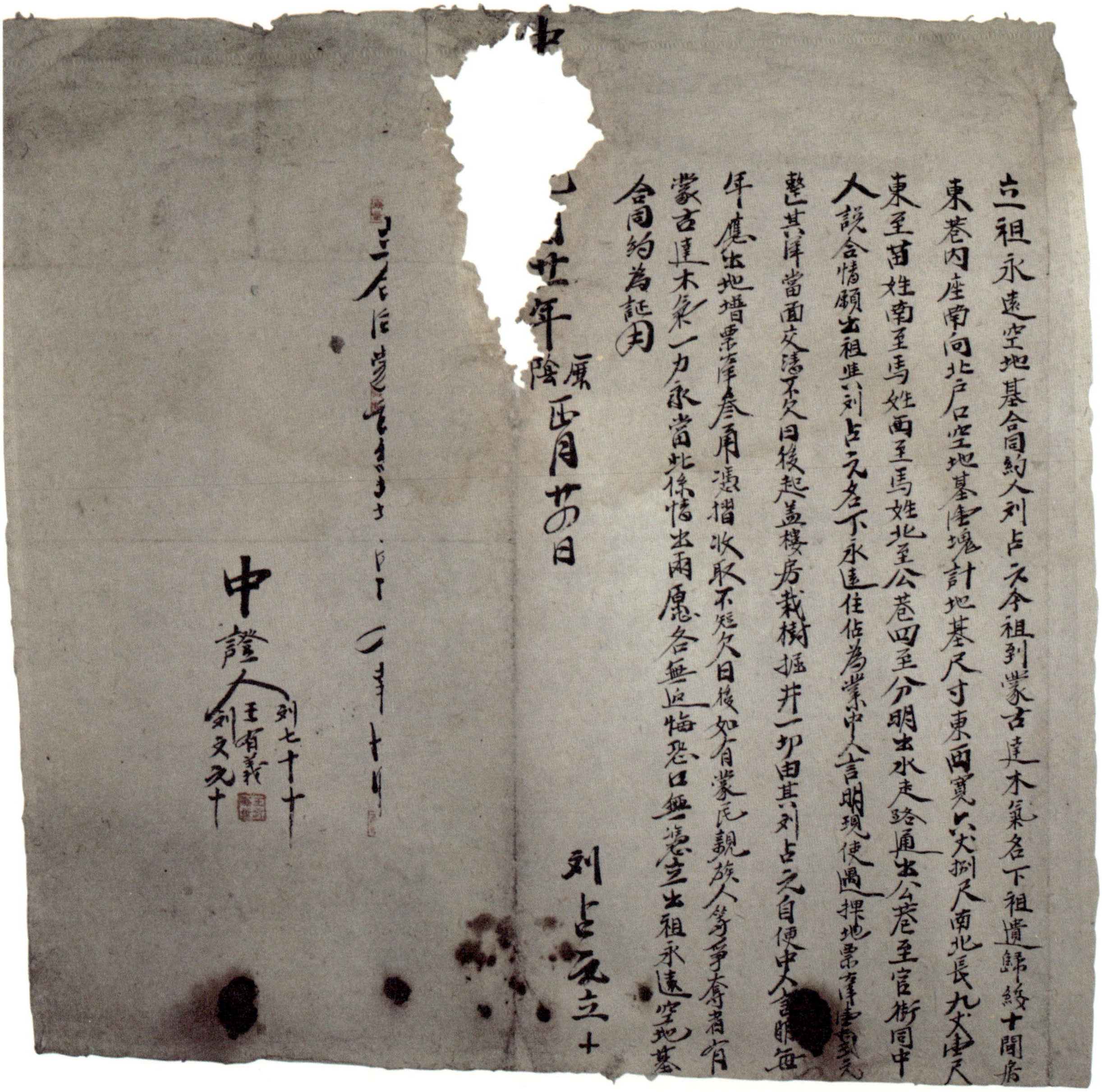

立祖永遠空地基合同約人刘占元今祖到蒙古達木氣名下祖遺歸綏十間房東巷內座南向北戶口空地基壹塊，計地基尺寸東西寬六丈捌尺，南北長九丈壹尺，東至苗姓，南至馬姓，西至馬姓，北至公巷，四至分明，出水走路通出公巷至官街。同中人說合，情願出祖與刘占元名下永遠住佔為業。中人言明現使過押地票洋壹拾圓整，其洋當面交清不欠。日後起蓋樓房、栽樹、掘井，一切由其刘占元自便。中人言明每年應出地増票洋叁角，憑摺收取，不短欠。日後如有蒙民親族人等爭奪者，有蒙古達木氣一力承當。此係情出兩愿，各無返悔，恐口無憑，立出祖永遠空地基合同約為証用。

中[illegible]廿年 陰 庚 正月廿四日

刘占元立十

中證人 王有義 刘七十十 刘文元十

[illegible]

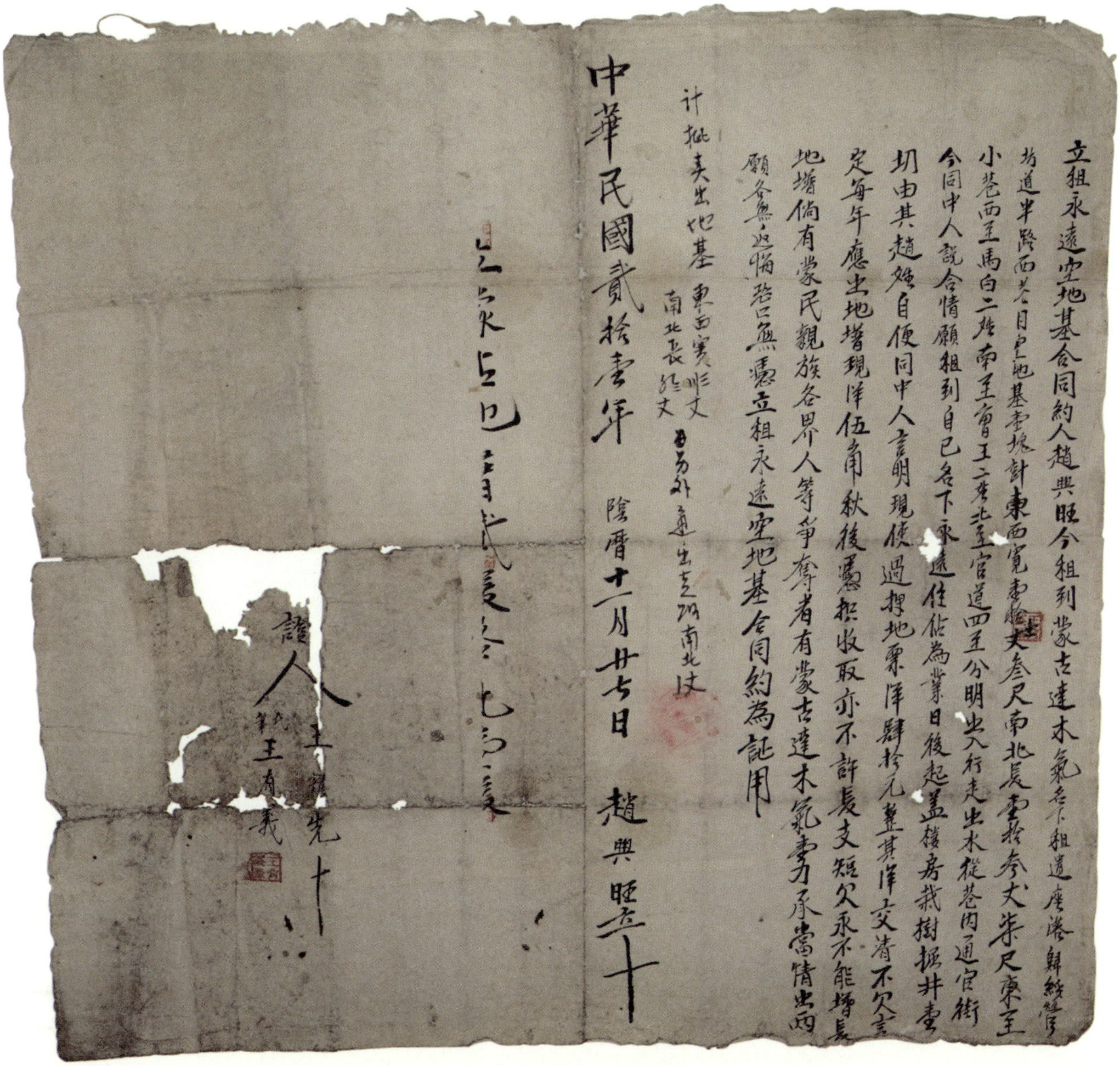

立租永遠空地基合同約人趙興旺今租到蒙古達木氣名下租遺產滿歸約管
坊道半路西各日自己地基壹塊計東西寬壹拾叁丈叁尺南北長壹拾叁丈柒尺東至
小巷西至馬白二旺南至曾王二先北至官道四至分明出入行走出水從巷內通官街
今同中人說合情願租到自己名下永遠住佔為業日後起蓋樓房栽樹掘井壹
切由其趙姓自便同中人言明現使過押地粟洋肆拾元整其洋交清不欠壹
定每年應出地增現洋伍角秋後憑摺收取亦不許長支短欠永不能增長
地增倘有蒙民親族各界人等爭奪者有蒙古達木氣壹力承當情出兩
願各無返悔恐口無憑立租永遠空地基合同約為証用

計批東出地基 東西實[illegible]丈 南北長[illegible]丈

中華民國貳拾壹年 陰曆十一月廿七日 趙興旺立十

證人 王耀先十

筆 王有義

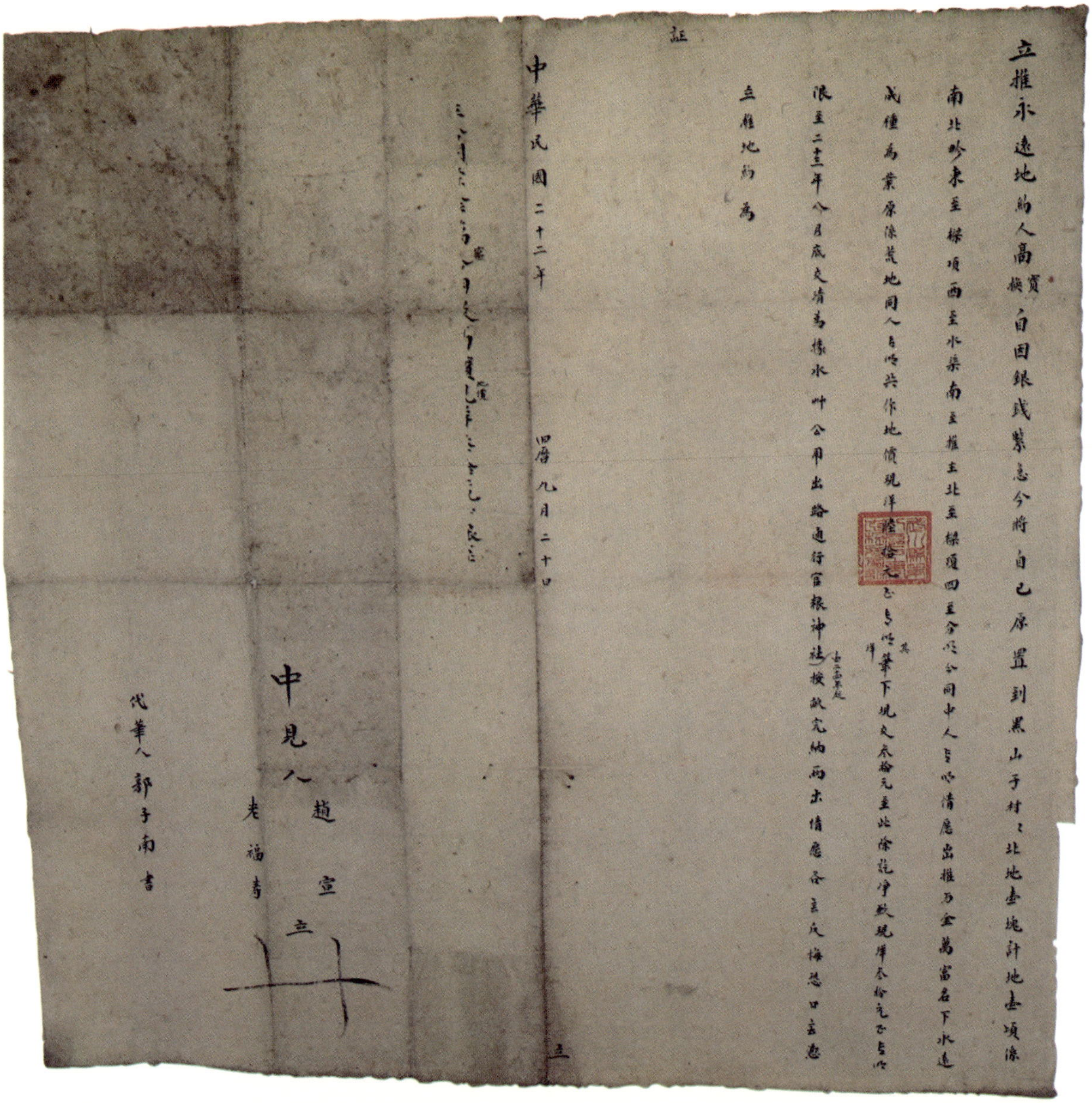

立推永遠地約人高賓楨自因銀錢緊急，今將自己原置到黑山子村之北地壹塊，計地壹頃，係
南北畛，東至楊項，西至水渠，南至推主，北至楊項，四至分明。同中人言明情愿出推與金萬富名下永遠
成種為業。原係荒地，同人言明共作地價現洋陸拾元，其洋筆下現交叁拾元，至此除訖，下欠現洋叁拾元，言明
限至二十三年八月底交清。為據水叫公用，出路通行，官糧神社按畝完納。兩出情愿，各無反悔，恐口無憑，
立推地約為證。

中華民國二十二年 舊曆九月二十日 立

中見人 趙宣 老福壽

代筆人 郭子南 書

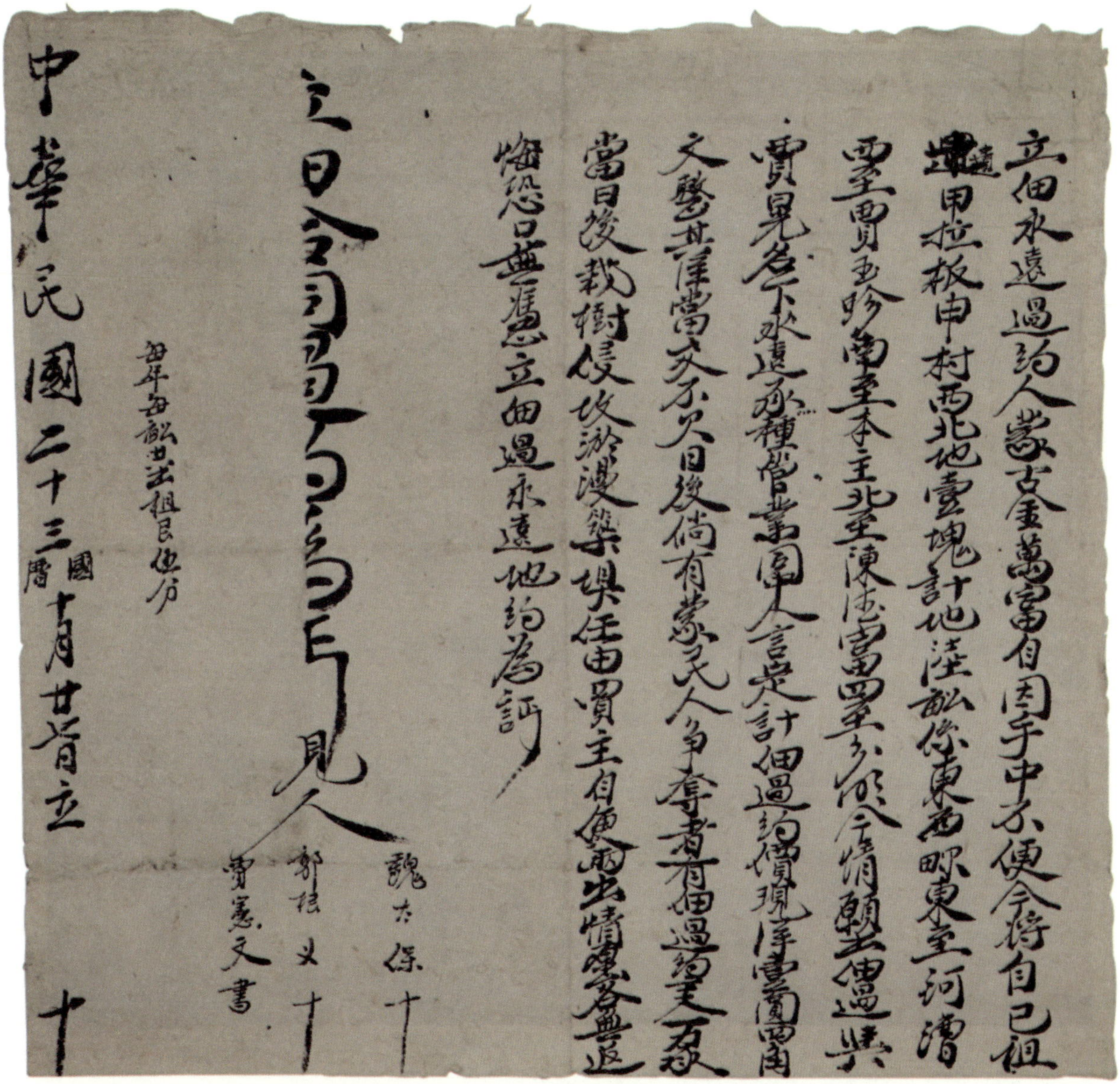

立佃永遠過約人崔古全萬富自因手中不便今將自己祖遺甲拉板申村西北地壹塊計地陸畝係東西畛東至河漕西至買主畛南至本主北至陳海富四至分明今情願出佃過與買主名下永遠承種管業同中人言定計佃過約價現洋壹百圓文整其洋當交不欠日後倘有崔氏人等争奪者有佃過約人一面承當日後栽樹侵坟淤漫築堰任由買主自便此出情愿各無返悔恐口無憑立佃過永遠地約為証

立日合同為凭 見人 魏大保十 郭根义十 曹憲文書

每年每畝出租艮伍角

中華民國二十三年（國曆）十一月廿一日立 十

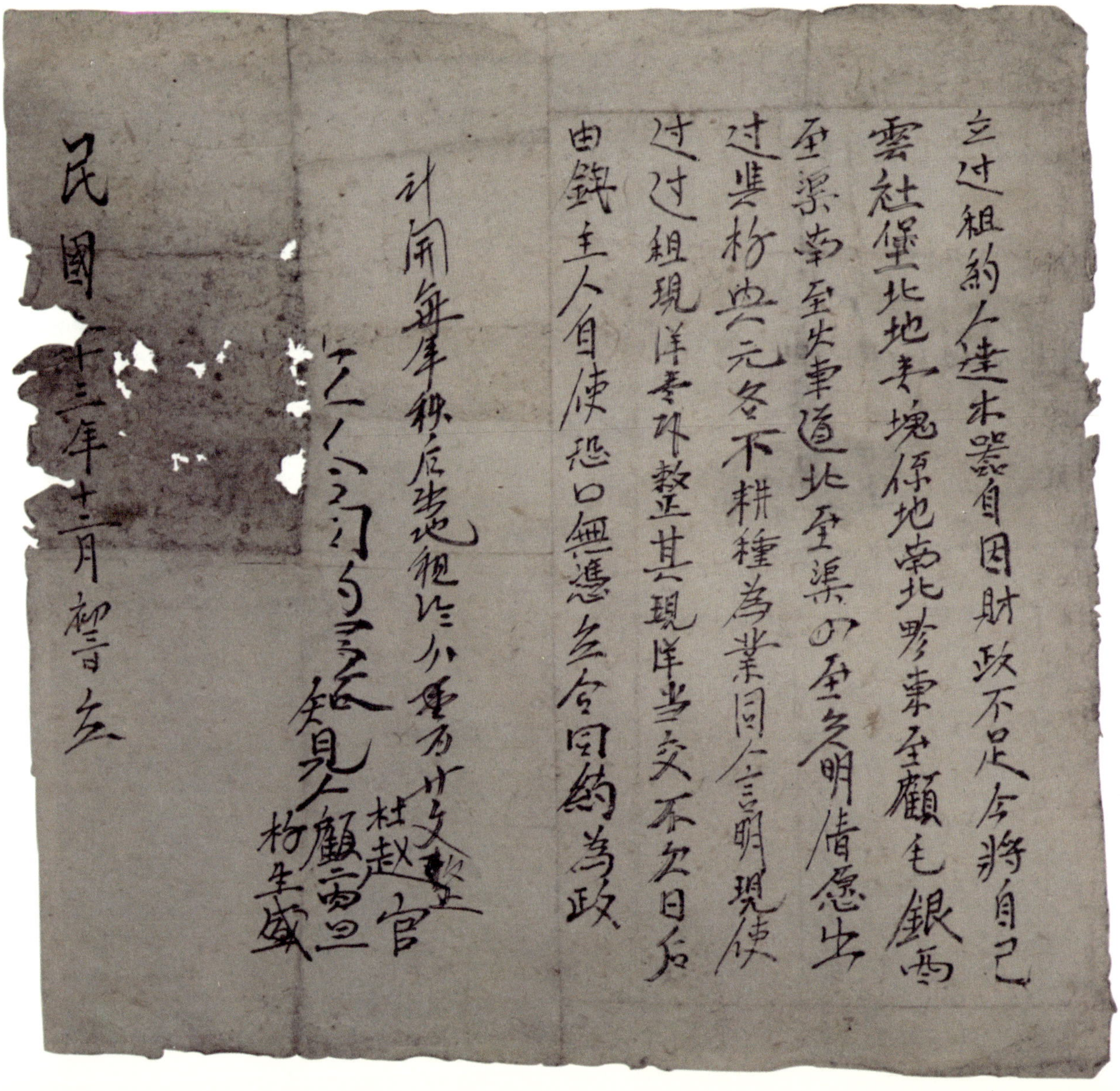

立过租約人達木噐自因財政不足今將自己
雲社堡北地壹塊係地南北畛東至顧毛銀西
至渠南至大車道北至渠四至各明情愿出
过與杨興元名下耕種為業同人言明現使
过过租現洋壹仟整其現洋当交不欠日后
由錢主人自便恐口無憑立合同約為政
計開每年秋后出地租洋八分五厘廿文整
二人心同合同約
知見人 顧二西旦 杜 赵官 杨生盛
民國二十三年十二月初十日 立

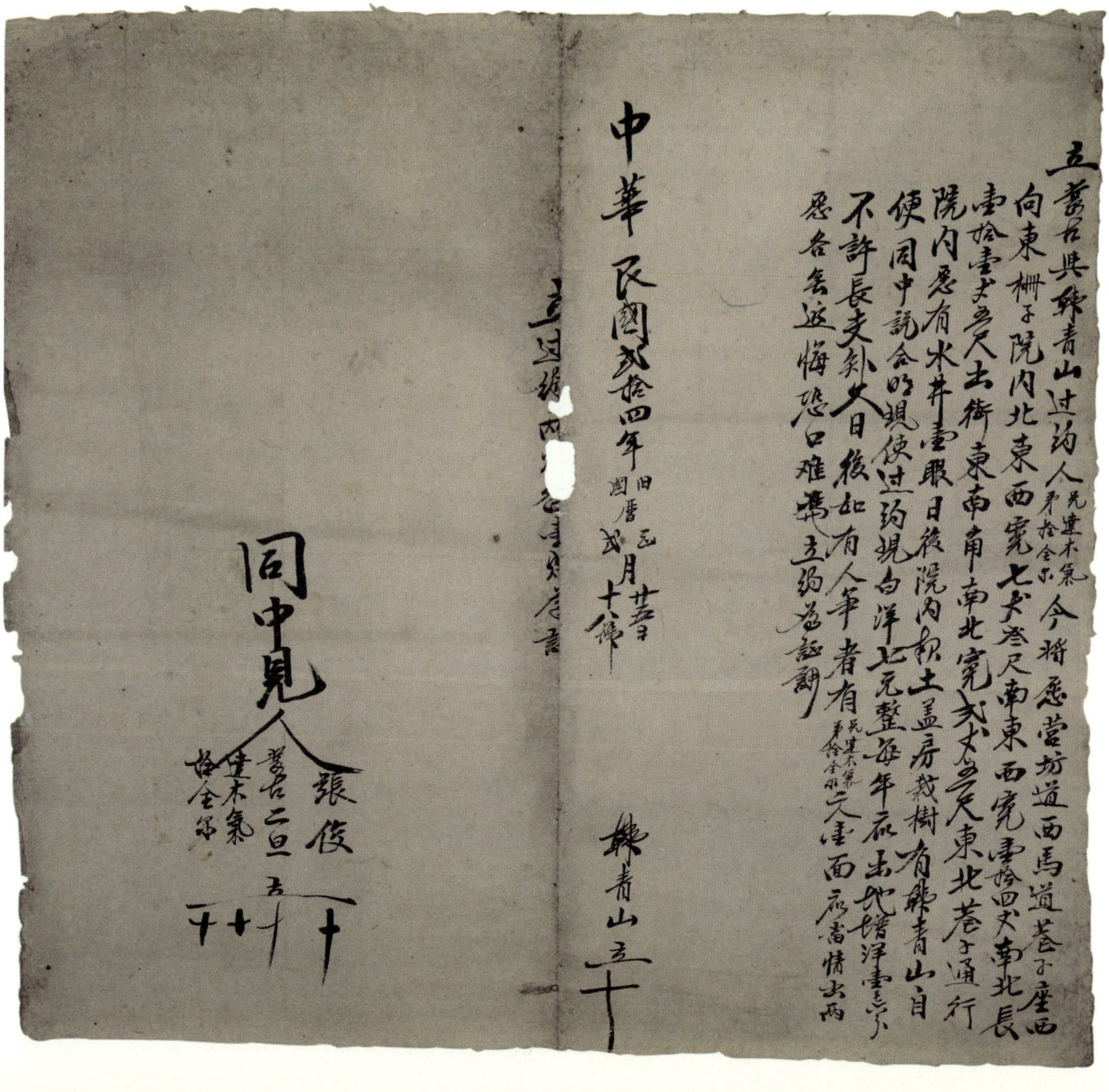

立
書占與韓青山过约人兄建木氣弟拾金尔今将憑营坊道西馬道巷子座西
向東柵子院内北東西寛七丈叁尺南東西寛壹拾四丈南北長
壹拾壹丈五尺出街東南南南北寛贰丈五尺東北巷子通行
院内憑有水井壹眼日後院内取土盖房栽樹有韓青山自
便同中説合明現使过约現白洋七元整每年应出地租洋壹元
不許長支到日後如有人争者有兄建木氣弟拾金尔二人壹面应當情出兩
憑各無返悔恐口難憑立约為証詞

中華民國贰拾四年旧阴曆五月十八日

韓青山立十

立过约内[illegible]字據存言

同中見人　張俊　蒙古二旦　建木氣　拾金尔
十　十　十　十

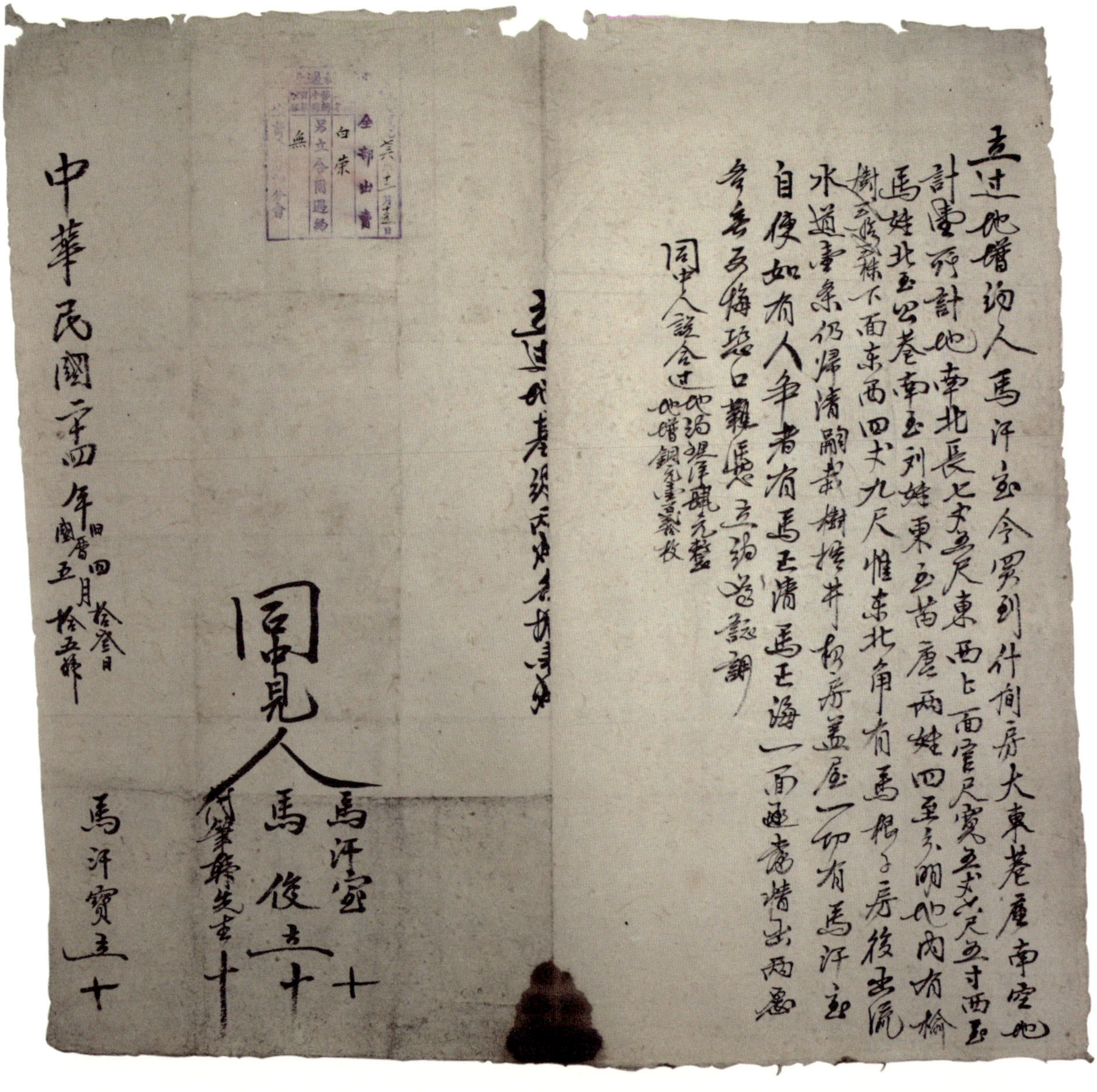
立过地增约人馬汗宝今將到什佰房大東巷厘南空地
計壹孫計地南北長七丈五尺東西上面寬尺寬五丈六尺五寸西至
馬姓北至公巷南至刘姓東至苗唐兩姓四至分明地內有榆
樹五株不面東西四丈九尺惟東北角有馬根子房後出流
水道壹條仍歸清融栽樹操井打房蓋屋一切有馬汗宝
自便如有人爭者有馬玉清馬玉海一面承當清出兩愿
各無反悔恐口難憑立約為證
同中人說合过地約現洋現元整
地增銀元

中華民國二十四年旧曆四月拾叁日
五月拾五日

同中見人 馬汗宝 十
馬俊立 十
代筆 蔡先生 十

馬汗寶立 十

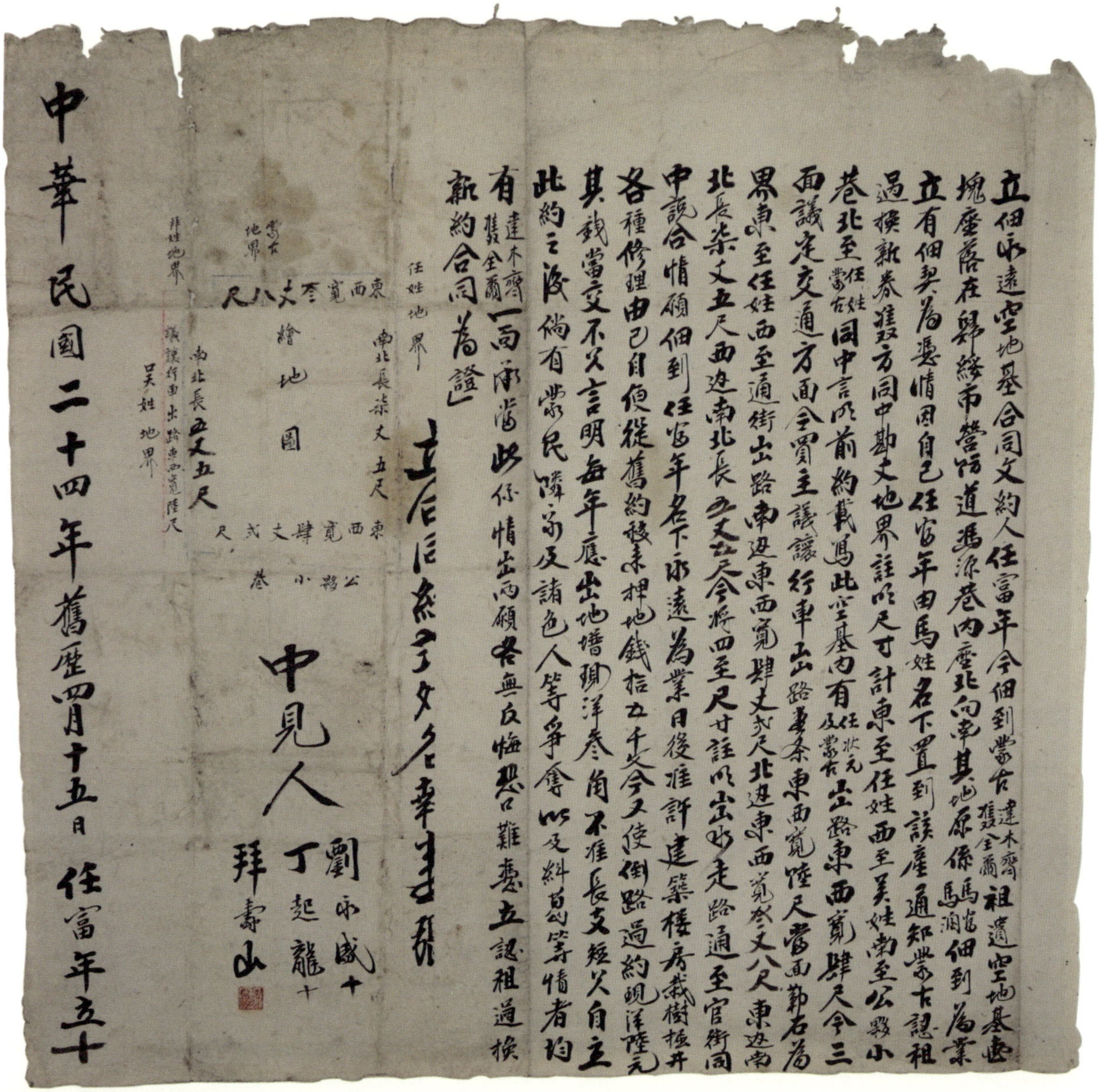

立佃永遠空地基合同文約人任富年今佃到常古建木齊獲全肅祖遺空地基壹
塊座落在歸綏市營防道遇源巷內座北向南其地原係馬姓馬洄佃到為業
立有佃契為憑情因自己任富年由馬姓名下買到該座通知常古認祖
過換新券獲方同中勘丈地界註明尺寸計東至任姓西至吳姓南至公路小
巷北至任姓常古姓同中言明前約載明此空基內有任姓常古及狀元出路東西寬肆尺今三
面議定交通方面全買主議讓行車出路壹條東西寬陸尺當面勒石為
界東至任姓西至通順街出路南邊東西寬肆丈弍尺北邊東西寬叁丈八尺東邊南
北長柒丈五尺西邊南北長五丈五尺今將四至尺寸註明出此走路通至官街同
中說合情願佃到任富年名下永遠為業日後准許建築樓房栽樹掘井
各種修理由己自便從舊約發來押地錢拾五千文今又使倒路過約現洋陸元
其錢當交不欠言明每年應出地增現洋叁角不准長支短欠自立
此約之後倘有常民隣戚及諸色人等爭奪以及糾葛等情者均
有建木齊獲全肅一面承當此係情出兩願各無反悔恐口難憑立認祖過換
新約合同為證

任姓地界
常古地界
拜姓地界
東西寬叁丈八尺
南北長柒丈五尺
繪地圖
南北長五丈五尺
議讓行車出路東西寬陸尺
吳姓地界
東西寬肆丈弍尺
公路小巷

立合同約字人名常古

中見人 劉永盛十 丁起龍十 拜壽山

中華民國二十四年舊歷四月十五日 任富年立十

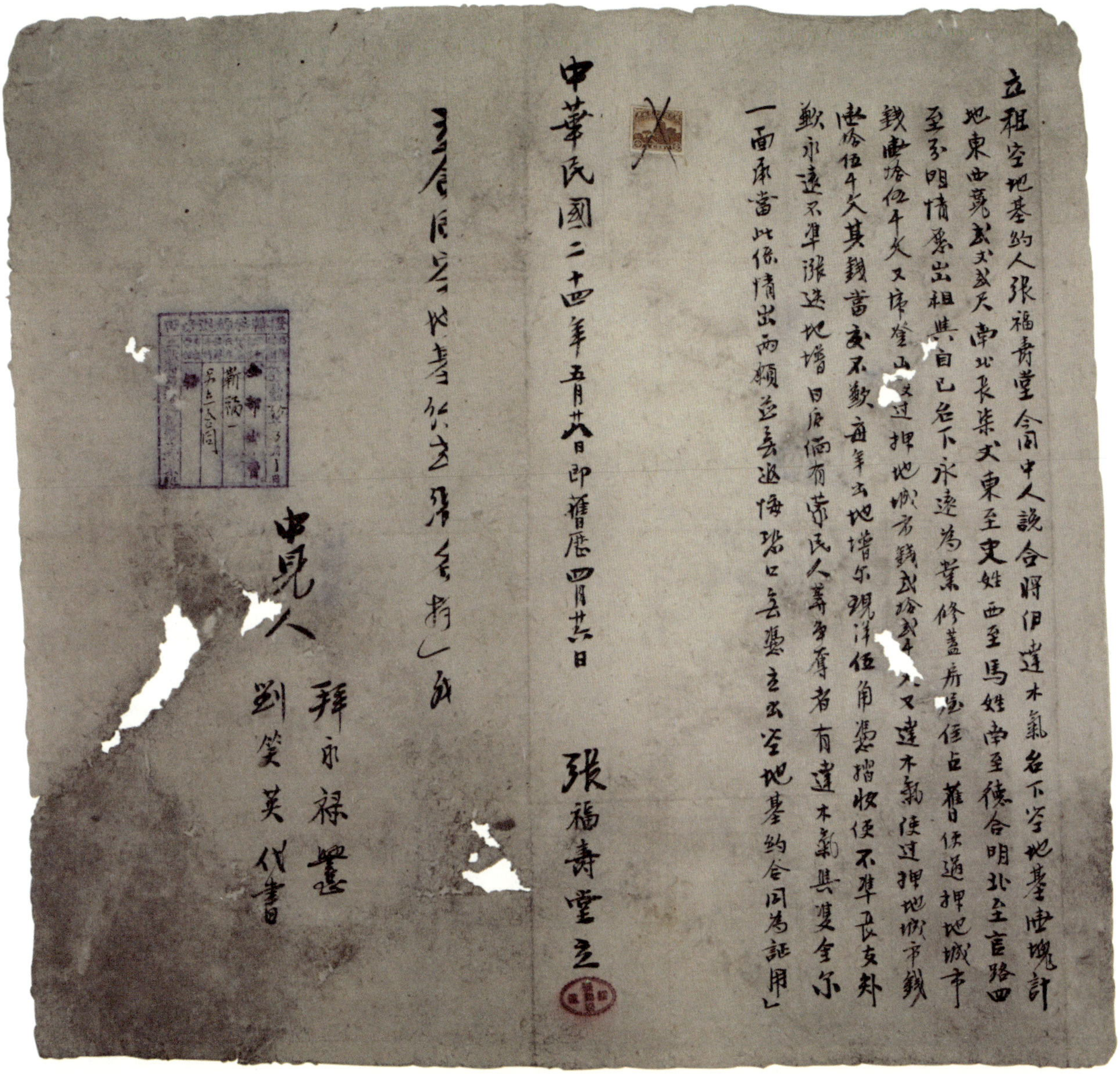
立租空地基約人張福壽堂，今同中人說合，將伊達木氣名下空地基壹塊，計
地東西寬貳丈貳尺，南北長柒丈，東至史姓，西至馬姓，南至德合明，北至官路，四
至分明。情願出租與自己名下永遠為業，修蓋房屋住占。舊使過押地城市
錢壹拾伍千文，又使登山□又過押地城市錢貳拾貳千文，又達木氣使過押地城市錢
壹拾伍千文，其錢當交不欠。每年出地增尔現洋伍角，要搯收，使不準長支短
欠，永遠不準漲迭地增。日後倘有蒙民人等爭奪者，有達木氣與□全尔
一面承當。此係情出兩願，並無返悔，恐口無憑，立出空地基約合同為証用。

中華民國二十四年五月廿六日即舊曆四月廿六日

張福壽堂立

立合同空地基約文約各執一紙

中見人
拜永祿（押）
劉笑英代書

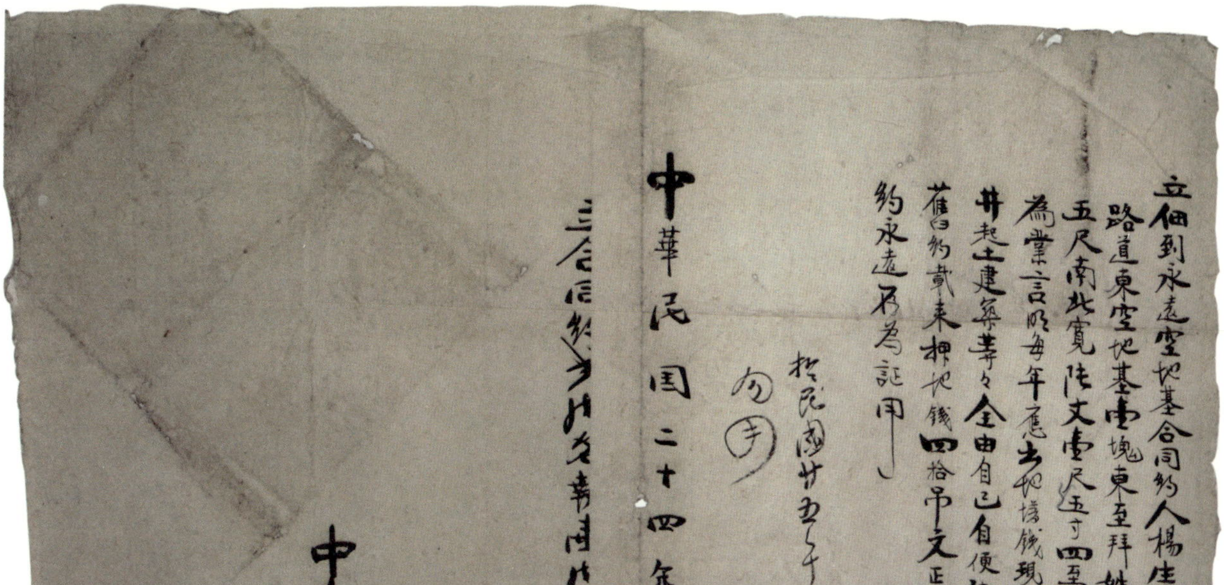

立佃到永遠空地基合同約人楊生義今佃到蒙古達木氣旗全宗將伊祖遺睐清公主府路道東空地基壹塊東至拜姓西至官道南至拜馬二姓北至王姓東西長九丈五尺南北寬陸丈壹尺五寸四至一切註明經中人説合情願佃到自己名下永遠為業言明每年應出地攄錢現大洋壹角五分自立約之後起盖樓房栽樹打井起土建築等等全由自己自便倘有蒙古人民爭奪者有達木氣旗全宗一力承當緣從舊約載來押地錢四拾吊文正此係兩出情願各無返悔空口難憑立此合同約永遠存為証用

批民國廿五年六月廿日其粘舊被另立合同為此照

中華民國二十四年七月初五日 楊生義立

中人 楊萬義十 唐寶山 楊文明十 拜壽山 丁英十 唐勝雨代筆

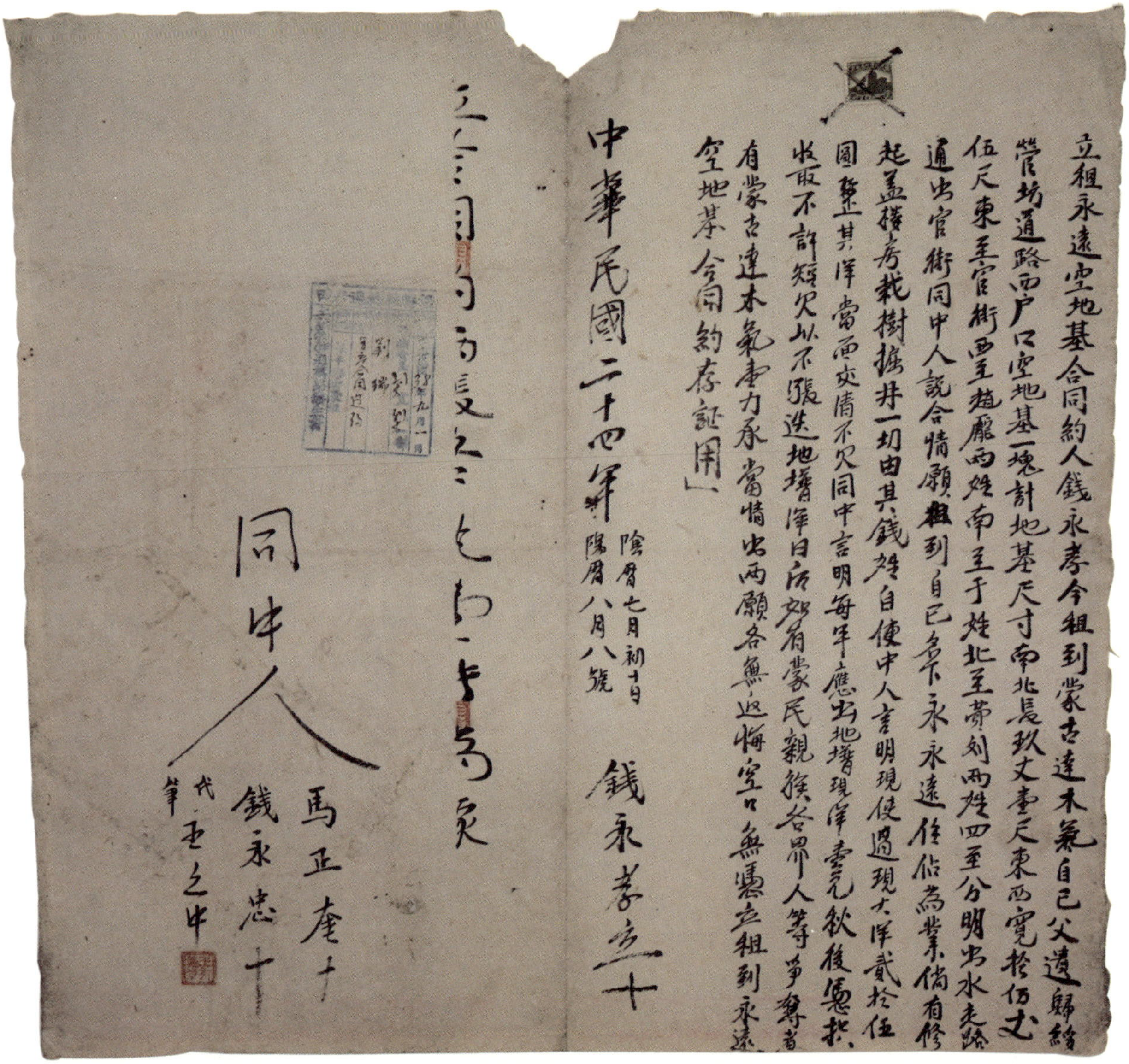
立租永遠空地基合同約人錢永孝今租到蒙古達木氣自己父遺歸給營坊道路西户口空地基一塊討地基尺寸南北長玖丈壹尺東西寬拾伍丈伍尺東至官街西至趙顧兩姓南至于姓北至蕭劉兩姓四至分明出水走路通出官街同中人說合情願租到自己名下永永遠遠住佔為業備有修起蓋樓房栽樹掏井一切由其錢姓自使中人言明現使過現大洋貳拾伍圓整其洋當面交清不欠同中言明每年應出地增現洋壹元秋後憑摺收取不許短欠亦不漲迭地增洋日后如有蒙民親族谷界人等爭奪者有蒙古達木氣本力承當情出兩願各無返悔空口無憑立租到永遠空地基合同約存証用

中華民國二十四年 陰曆七月初十日 陽曆八月八號 錢永孝立十

同中人 馬正奎十 錢永忠十

代筆 王之中

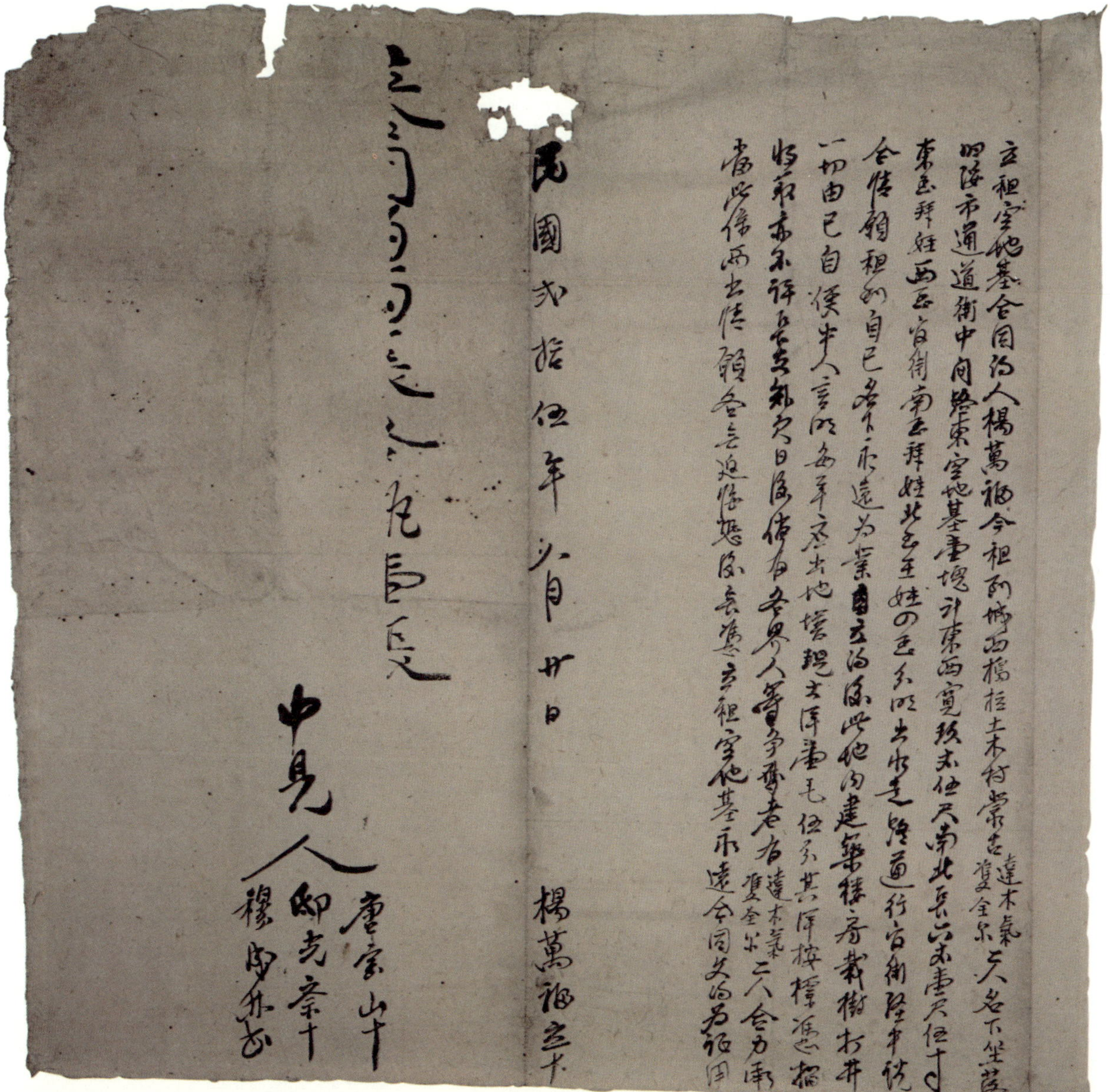
立租字地基合同約人楊萬福今租到城西楊柱土木村常吉達木氣復全保二人名下坐落
四海市通道街中間路東空地基壹塊計東西寬玖丈伍尺南北長六丈壹尺伍寸
東至拜姓西至官街南至拜姓北至王姓四至分明出水走路道行官街路中說
合情願租到自己名下永遠為業自立約係此地內建築樓房栽樹打井
一切由己自便中人言明每年交出地墻租出洋壹毛伍分其洋按標憑摺
收取亦不許長支私欠日後倘有各界人等爭競者有達木氣復全保二人合力承
當此係兩出情願各無逼勒恐後無憑立租字地基永遠合同文約為據用
民國貳拾伍年六月廿日 楊萬福立十
立合同文約存照
中見人 唐宗山十 鄭克奈十 穆明林書

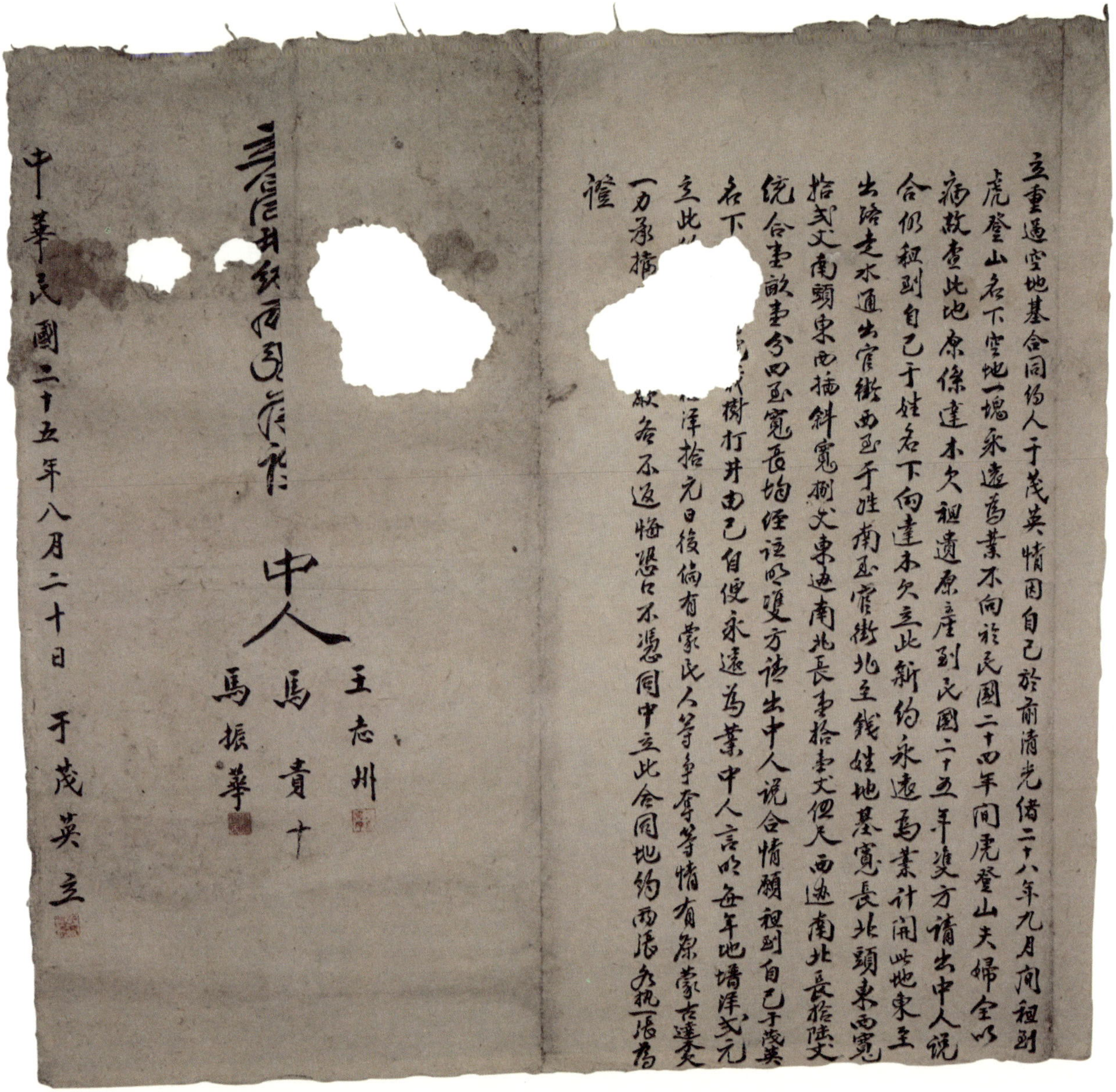

立重過空地基合同約人于茂英情因自己於前清光緒二十八年九月間租到虎登山名下空地一塊永遠為業不向於民國二十四年間虎登山夫婦全以病故查此地原係達木欠祖遺原產到民國二十五年淩方請出中人說合仍租到自己于姓名下向達木欠立此新約永遠為業計開此地東至出路走水通出官街西至于姓南至官街北至錢姓地基寬長北頭東西寬拾弍丈南頭東西插斜寬捌丈東邊南北長壹拾壹丈伍尺西邊南北長拾陸丈統合壹畝壹分四厘寬長均經說明淩方請出中人說合情願租到自己于茂英名下[illegible]栽樹打井由己自便永遠為業中人言明每年地增洋弍元立此[illegible]洋拾元日後倘有蒙民人等爭奪等情有原蒙古達木欠一力承擔[illegible]畝各不返悔恐口不憑同中立此合同地約兩張各執一張為證

中人 王志州 馬貴 十 馬振華

中華民國二十五年八月二十日 于茂英 立

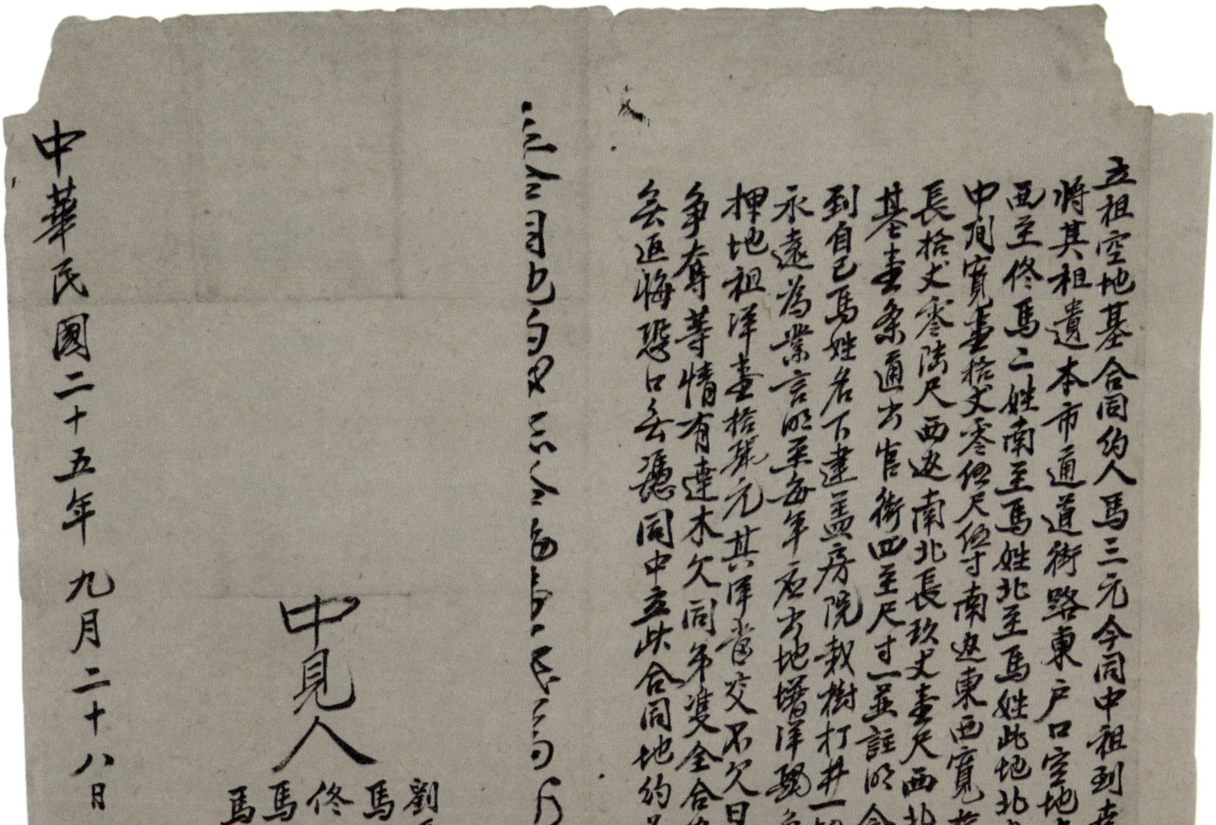

立租空地基合同約人馬三元今同中租到達木欠同伊弟凌文全將其祖遺本市通道街路東户口空地壹塊東至唐韓二姓西至佟馬二姓南至馬姓北至馬姓此地北邊東西寬柒丈陸尺伍中間寬壹拾丈零伍尺伍寸南邊東西寬拾壹丈玖尺東邊南北長拾丈零陸尺西邊南北長玖丈壹尺西北角另有往西出路地基壹條通出官街四至尺寸一並註明合同中說合情願租到自己馬姓名下建蓋房院栽樹打井一切修理任由馬姓自便永遠為業言明每年應出地播洋壹角立此約同中現付過押地租洋壹拾貳元其洋當交不欠日後倘有各界人等爭奪等情有達木欠同弟凌文全合力承擋兩出情願各無返悔恐口無憑同中立此合同地約為証

中見人 劉長命 馬正海 佟瑞 馬金山 馬正福

中華民國二十五年九月二十八日 馬三元 立

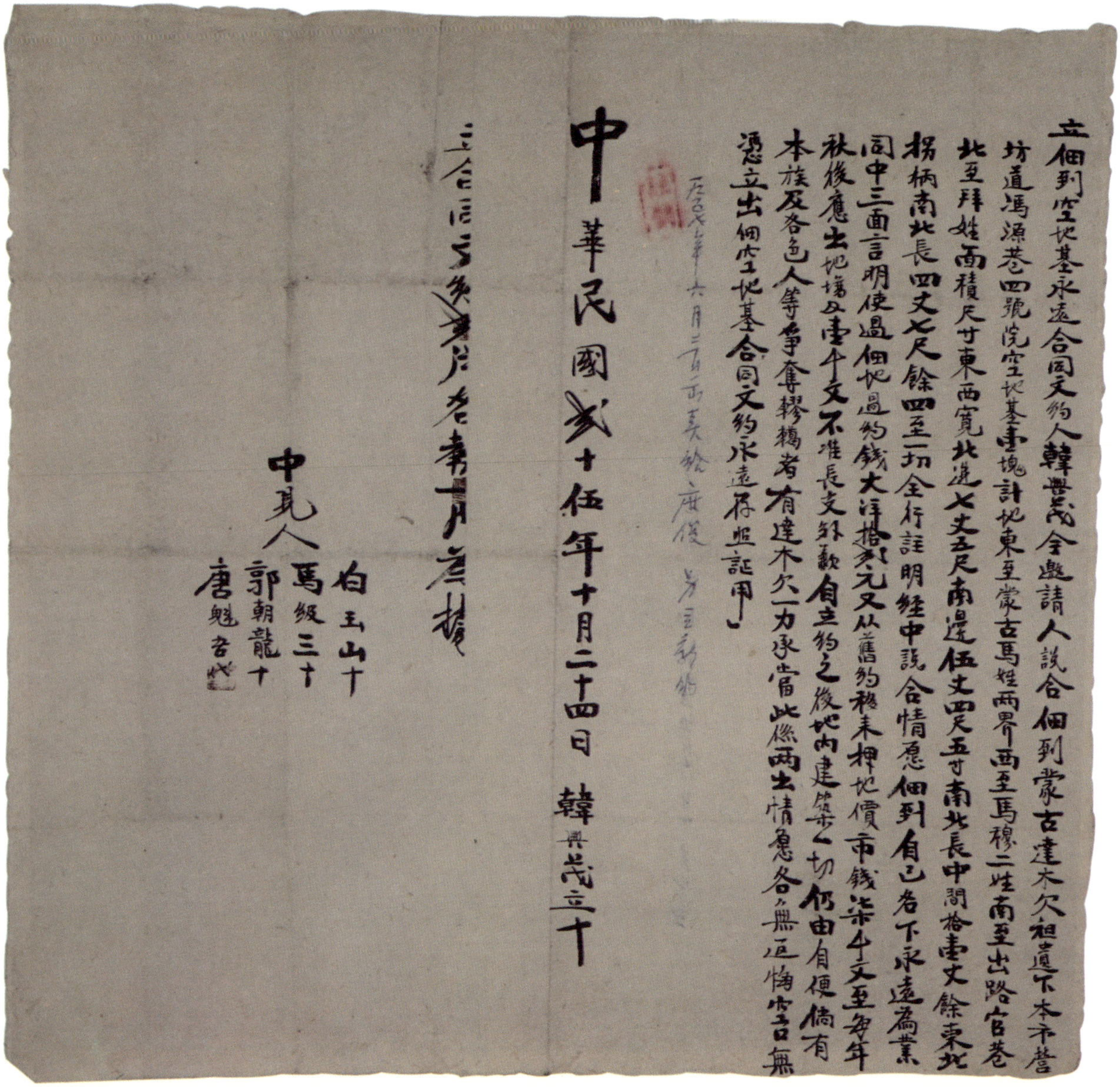

立佃到空地基永遠合同文約人韓興茂今邀請人說合佃到蒙古達木欠祖遺下本市營坊道馮源巷四號院空地基壹塊，計地東至蒙古馬姓兩界，西至馬穆二姓，南至出路官巷，北至拜姓。南積尺寸：東西寬北邊七丈五尺，南邊伍丈四尺五寸，南北長中間拾壹丈餘；東北拐柄南北長四丈七尺餘。四至一切全行註明，經中說合，情愿佃到自己名下永遠爲業。同中三面言明，使過佃地過約錢大洋拾捌元，又從舊約移來押地價市錢柒千文，至每年秋後應出地增（租）錢壹千文，不准長支短欠。自立約之後，地内建築一切仍由自便。倘有本族及各色人等爭奪轇轕者，有達木欠一力承當。此係兩出情愿，各無返悔，空口無憑，立出佃空地基合同文約永遠存照證用。

一九五七年六月二日[illegible]另立新約

中華民國廿十伍年十月二十四日　韓興茂立十

中見人　白玉山十　馬級三十　郭朝龍十　唐魁吉

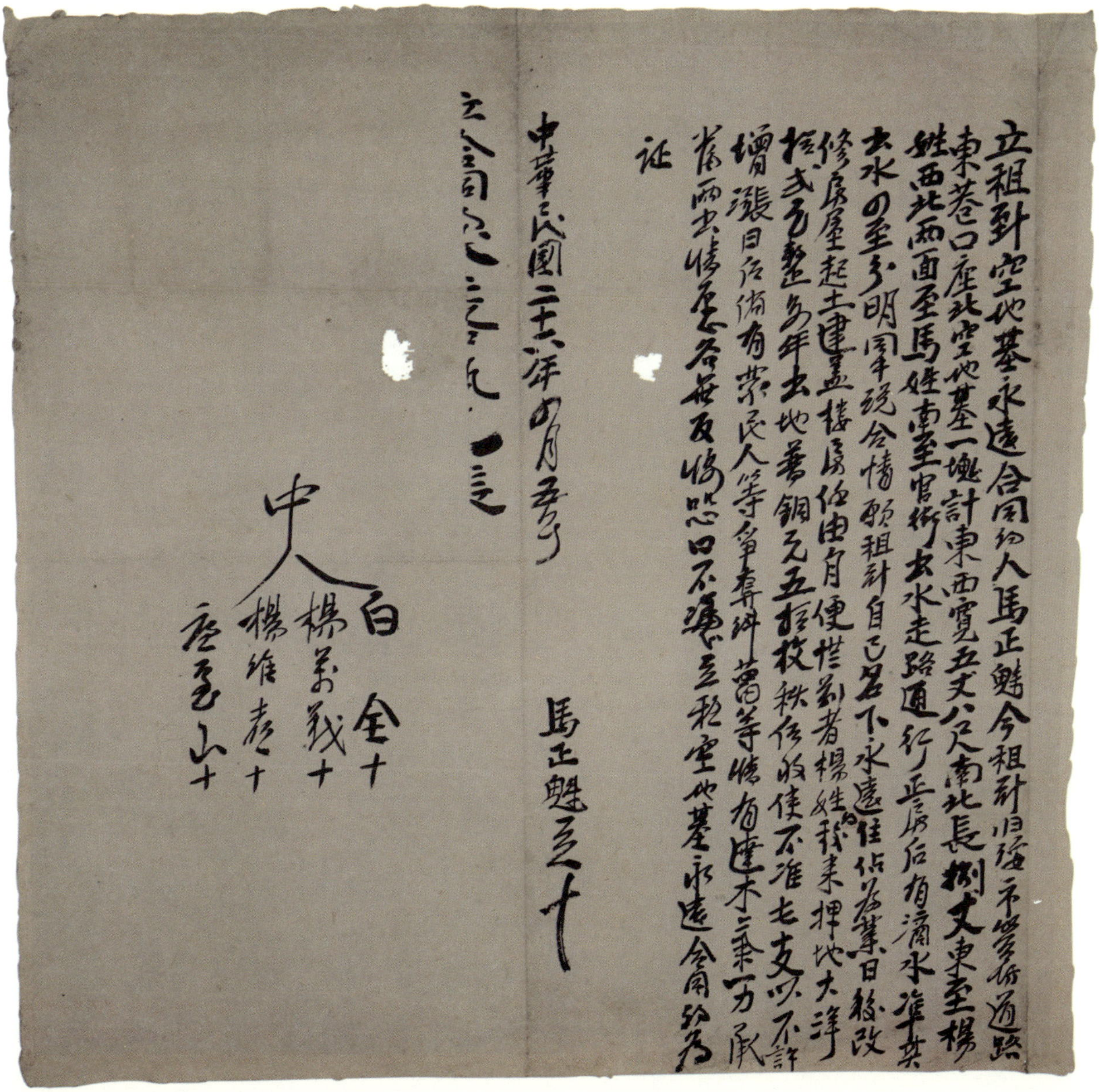

立租到空地基永遠合同約人馬正魁今租到归绥市學校道路東巷口座北空地基一塊計東西寬五丈八尺南北長捌丈東至楊姓西北兩面至馬姓南至官街出水走路通行正房后有滴水准其出水四至分明同中說合情願租到自己名下永遠住佔為業日後改修房屋起土建蓋樓房任由自便攔阻者楊姓承耒押地大洋拾式元整每年出地普銅元五拾枚秋後收使不准乜支以不許增漲日后倘有蒙民人等爭奪糾葛等情有逹本之秉一力承當兩出情原各無反悔恐口不憑立租空地基永遠合同約為証

中華民國二十六年四月五日　馬正魁立十

立合同各執一張

中人　白全十　楊萬義十　楊維彥十　唐登山十

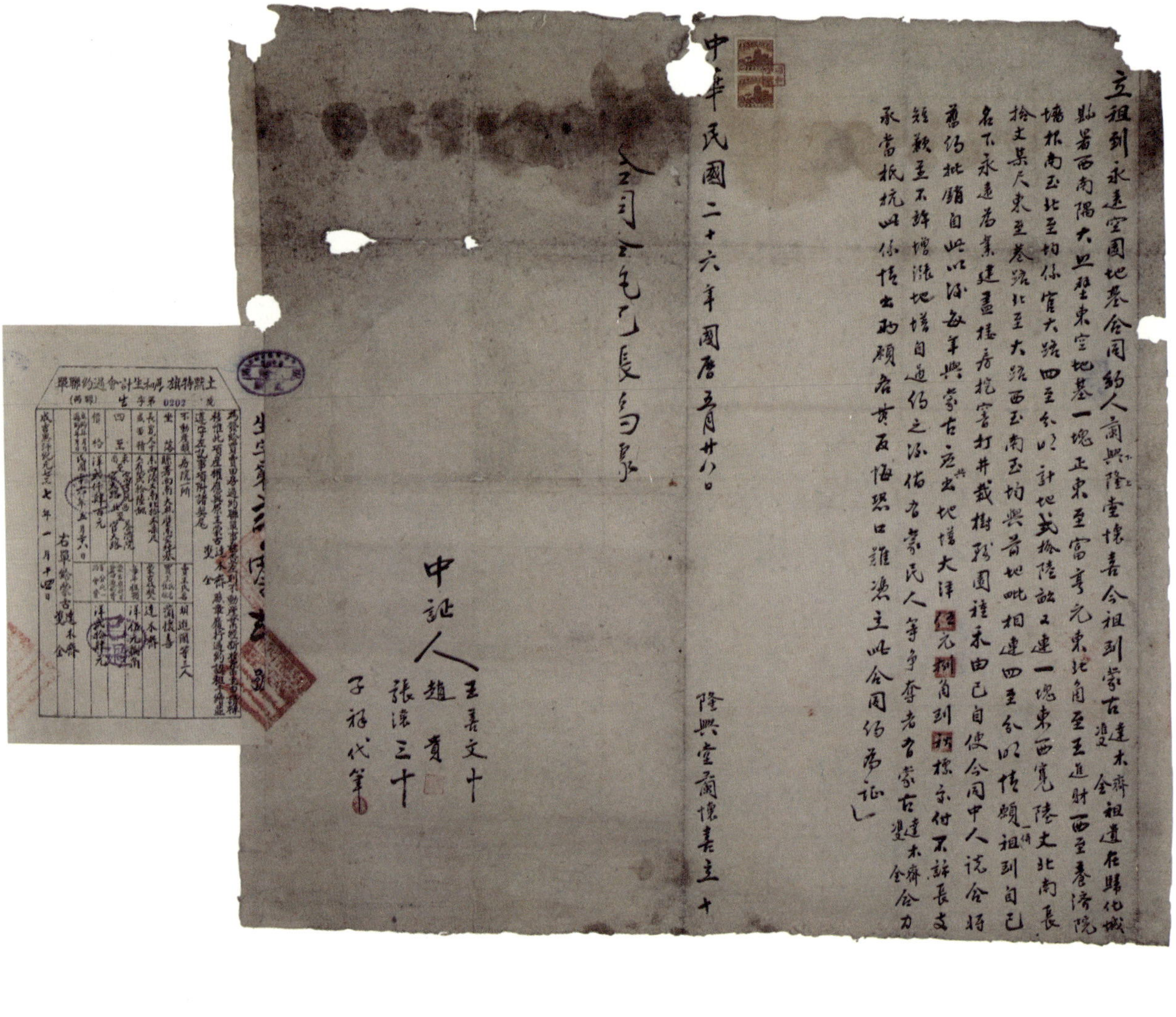

立租到永遠空園地基合同約人蔺興隆堂懷善今租到蒙古達木齊金祖遺在歸化城貼著西南隅大照壁東空地基一塊正東至富亨元東北角至王進財西至喬濟院墻根南至北至均係官大路四至分明計地式拾陸畝又連一塊東西寬陸丈北南長拾丈某尺東至巷路北至大路西至南至均與前地毗相連四至分明情願租到自己名下永遠為業建蓋樓房挖窖打井栽樹修園種禾由己自便合同中人說合將舊約批銷自此以後每年與蒙古應出地譜大洋　元捌角到秋標付不許長支短欠並不許增漲地譜自過約之後倘有蒙民人等爭奪者有蒙古達木齊金合力承當抵抗此係情出兩願各無反悔恐口難憑立此合同約為証

中華民國二十六年國曆五月廿八日

隆興堂蔺懷善　十

中証人　王善文　十
趙貴　十
張潤三　十
子祥代筆

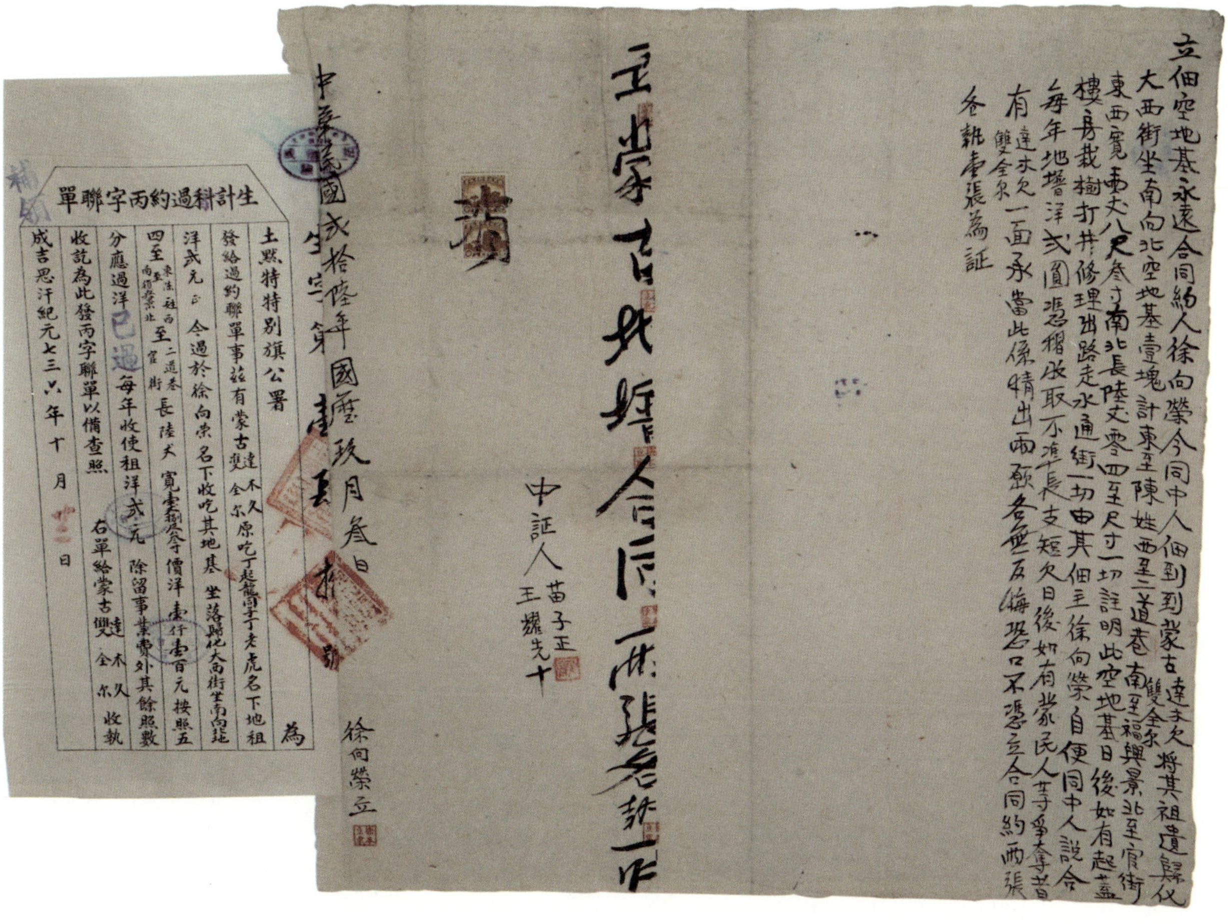

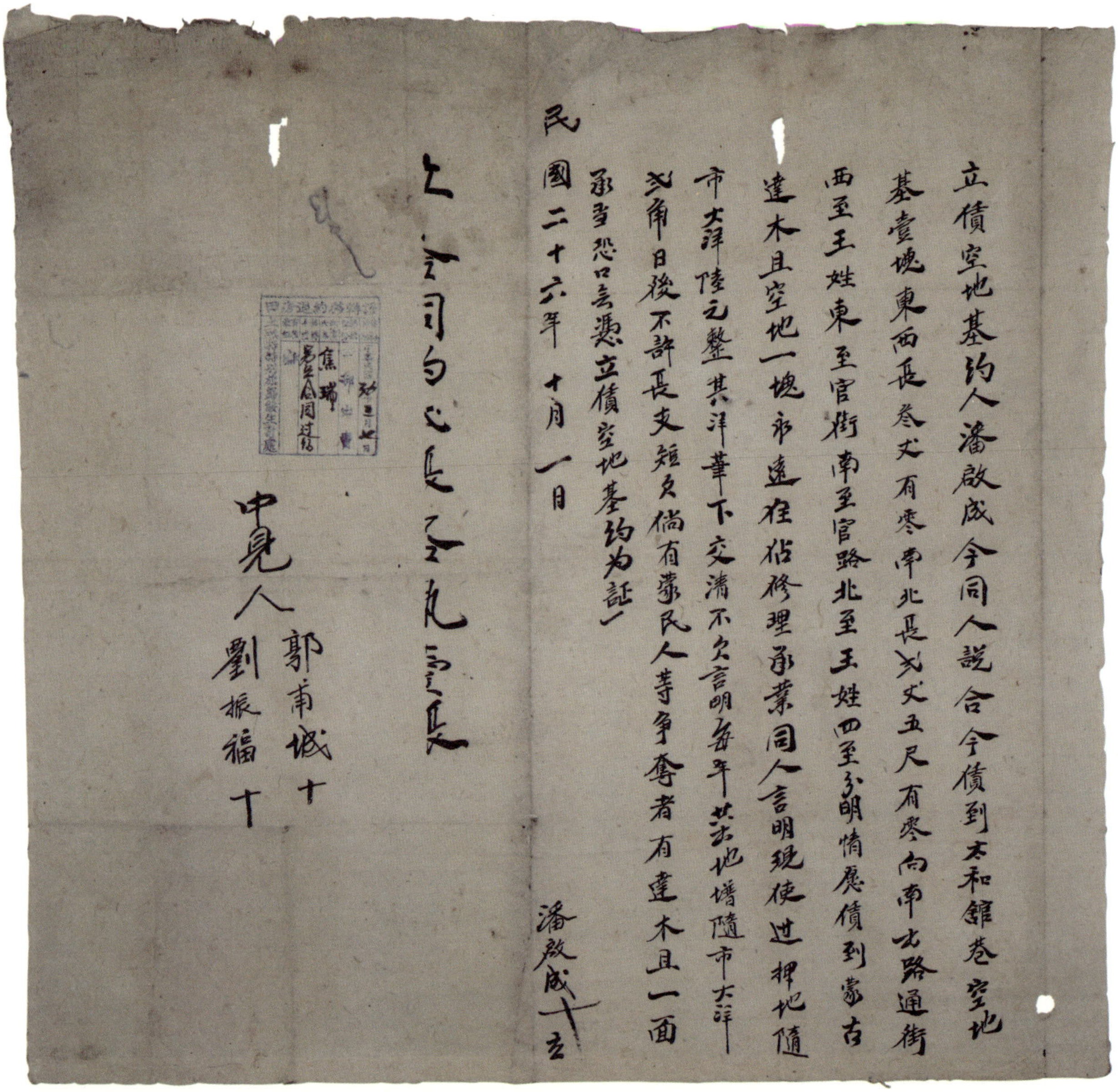

立債空地基約人潘啟成今同人說合今債到太和館巷空地基壹塊東西長叁丈有零南北長弍丈五尺有零向南出路通街西至王姓東至官街南至官路北至王姓四至分明情愿債到蒙古達木且空地一塊永遠住佔修理承業同人言明現使過押地隨市大洋陸元整其洋筆下交清不欠言明每年出地增隨市大洋弍角日後不許長支短欠倘有蒙民人等爭奪者有達木且一面承当恐口無憑立債空地基約為証

民國二十六年十月一日　潘啟成十立

中見人　郭甫城十　劉振福十

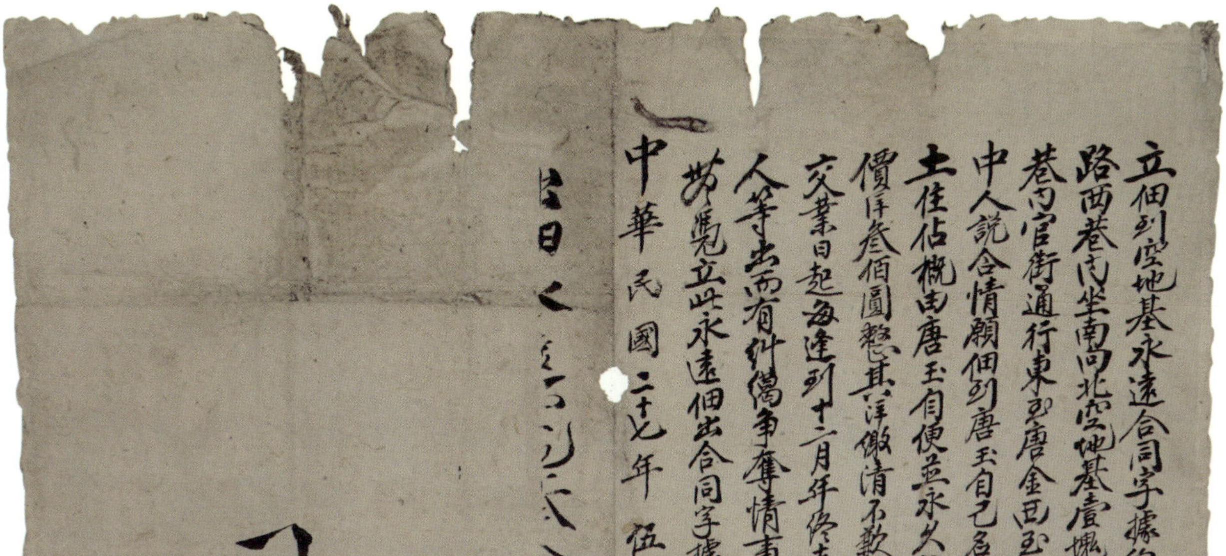

立佃到空地基永遠合同字據約人唐玉今佃到蒙古達木齊祖遺營坊道路西巷内坐南向北空地基壹塊面積南北長五丈八尺東西寬三丈八尺出路從巷内官街通行東至唐金西至唐寶南至楊白二姓北至官巷四至分明今同中人説合情願佃到唐玉自己名下永遠為業日後起盖房屋栽樹打井起土住佔概由唐玉自便並永久住佔承管為業又同中人言明當使過押地價洋叁佰圓整其洋儆清不欠另言明管業人每年應出地增洋叁圓從交業日起每逢到十二月年終支使不欠自立約之日起以後倘有蒙漢各界人等出而有糾葛争奪情事者自有蒙古達木齊出頭一力承當恐口無憑立此永遠佃出合同字據存為証用

中華民國二十七年伍月初十日 唐玉 立

同中人 王有義 費榮德 馬澤民

代筆

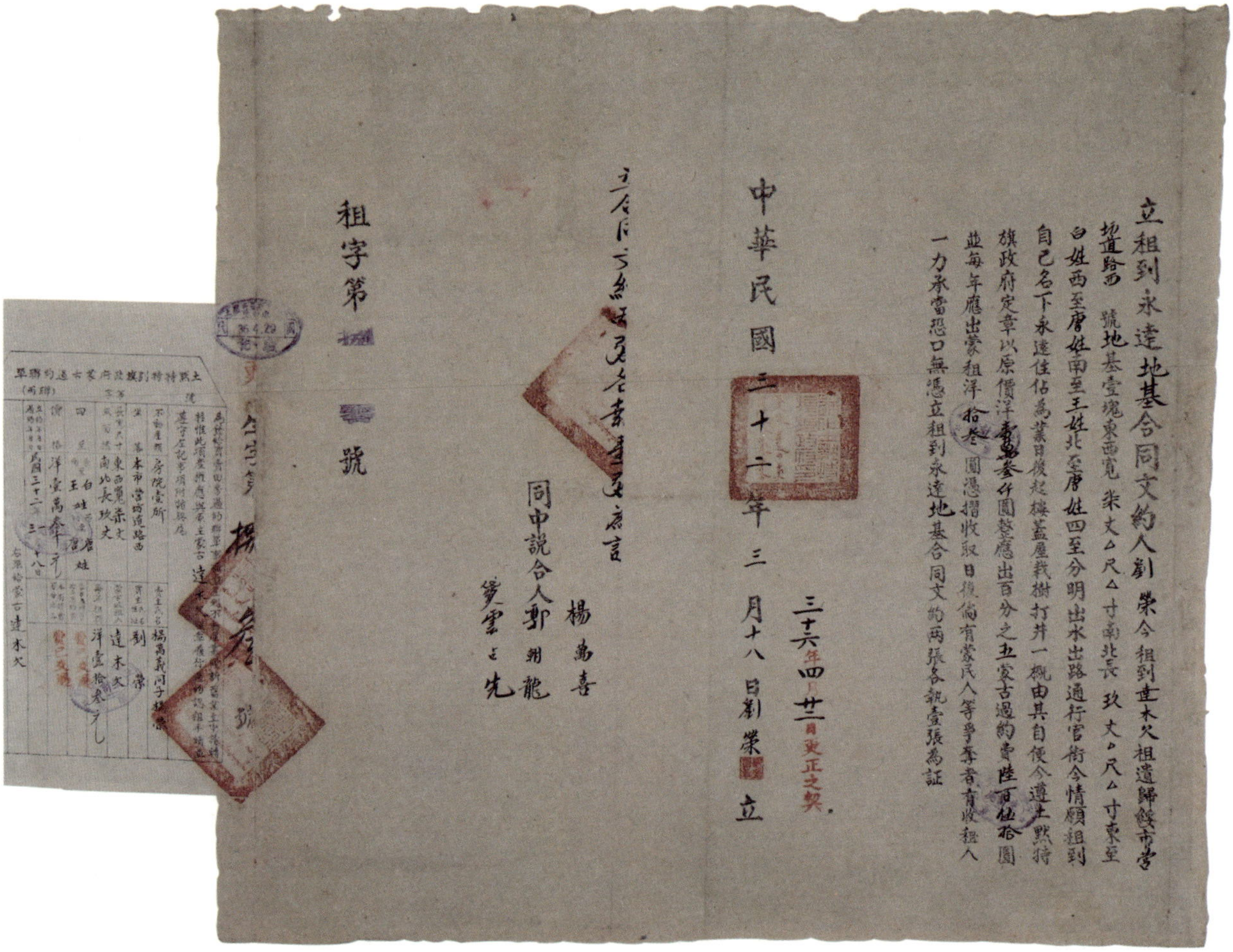

立租到永遠地基合同文約人劉榮今租到達木欠祖遺歸綏市營坊道路西號地基壹塊東西寬柒丈△尺△寸南北長玖丈△尺△寸東至白姓西至唐姓南至王姓北至唐姓四至分明出水出路通行官街今情願租到自己名下永遠住佔為業日後起蓋房屋栽樹打井一概由其自便今遵土默特旗政府定章以原價洋壹萬叁仟圓整應出百分之五蒙古過約費陸百伍拾圓並每年應出蒙租洋拾叁圓憑摺收取日後倘有蒙民人等爭奪者有收租人一力承當恐口無憑立租到永遠地基合同文約兩張各執壹張為証

中華民國三十二年三月十八日劉榮立

三十六年四月廿三日更正之契

同中說合人 楊萬喜 郭朋龍 夢雲上先

租字第 號

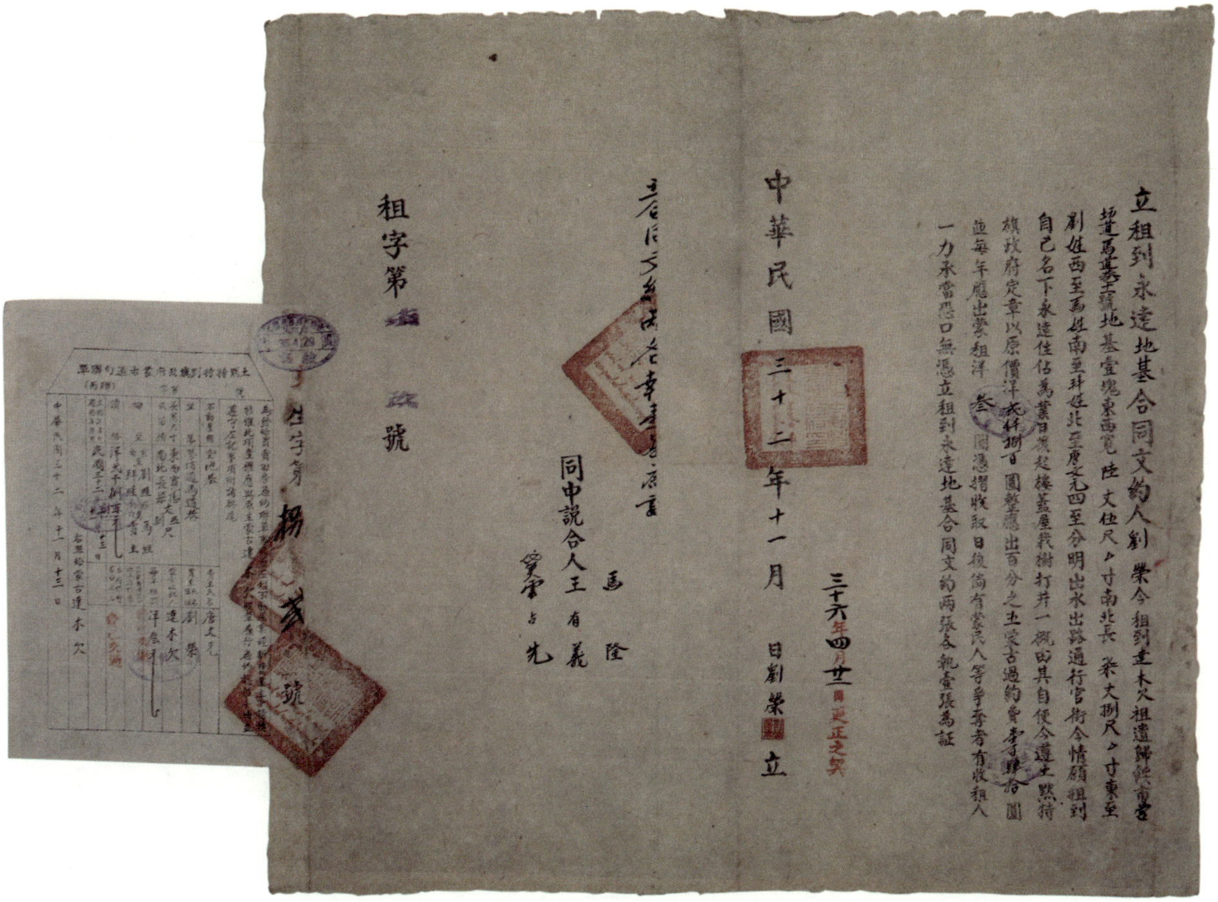

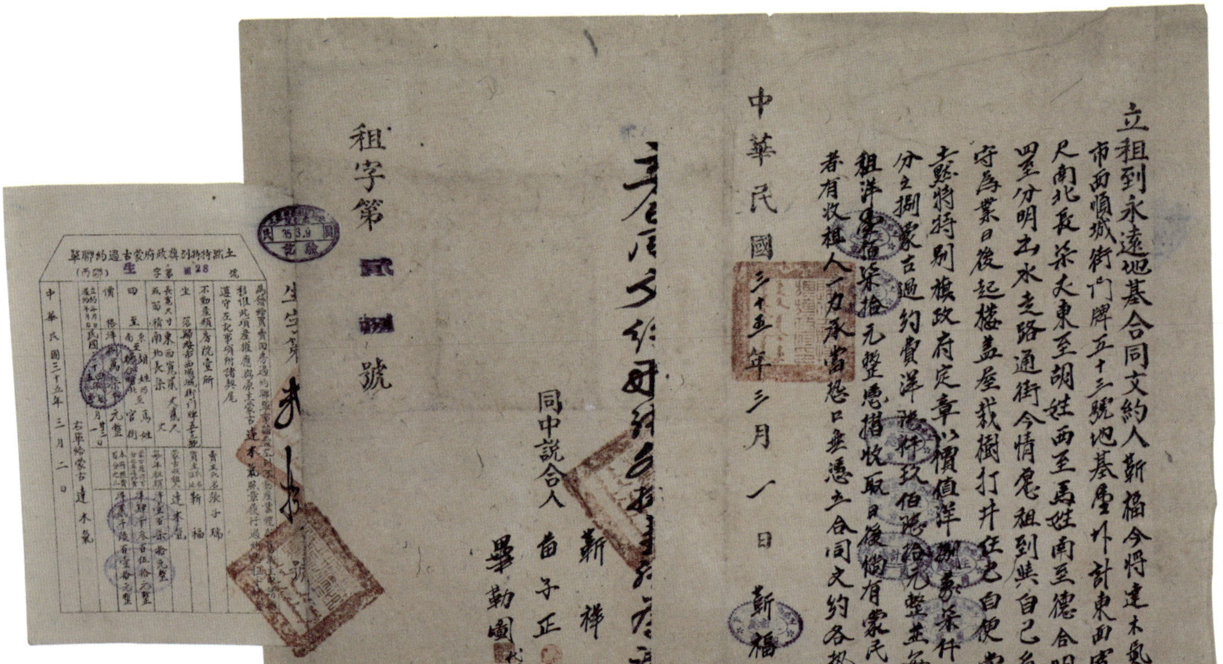

立租到永遠地基合同文約人靳福今將達木氣祖遺歸綏市西順城街門牌五十三號地基壹塊計東西寬貳丈貳尺南北長柒丈東至胡姓西至馬姓南至德合明北至順街四至分明出水走路通街今情愿租到與自己名下永遠承守為業日後起蓋屋栽樹打井任由自便當遵土默特特別旗政府定章以價值洋捌萬柒仟元整應出百分之捌蒙古過約費洋陸仟玖伯陸拾元整並每年應出蒙租洋壹佰柒拾元整憑摺收取日後倘有蒙民人等爭奪者有收租人一力承當恐口無憑立合同文約各執壹張為証

中華民國三十五年三月一日　靳福　立

同中說合人　靳祥　苗子正

畢勤國　代筆

租字第貳號

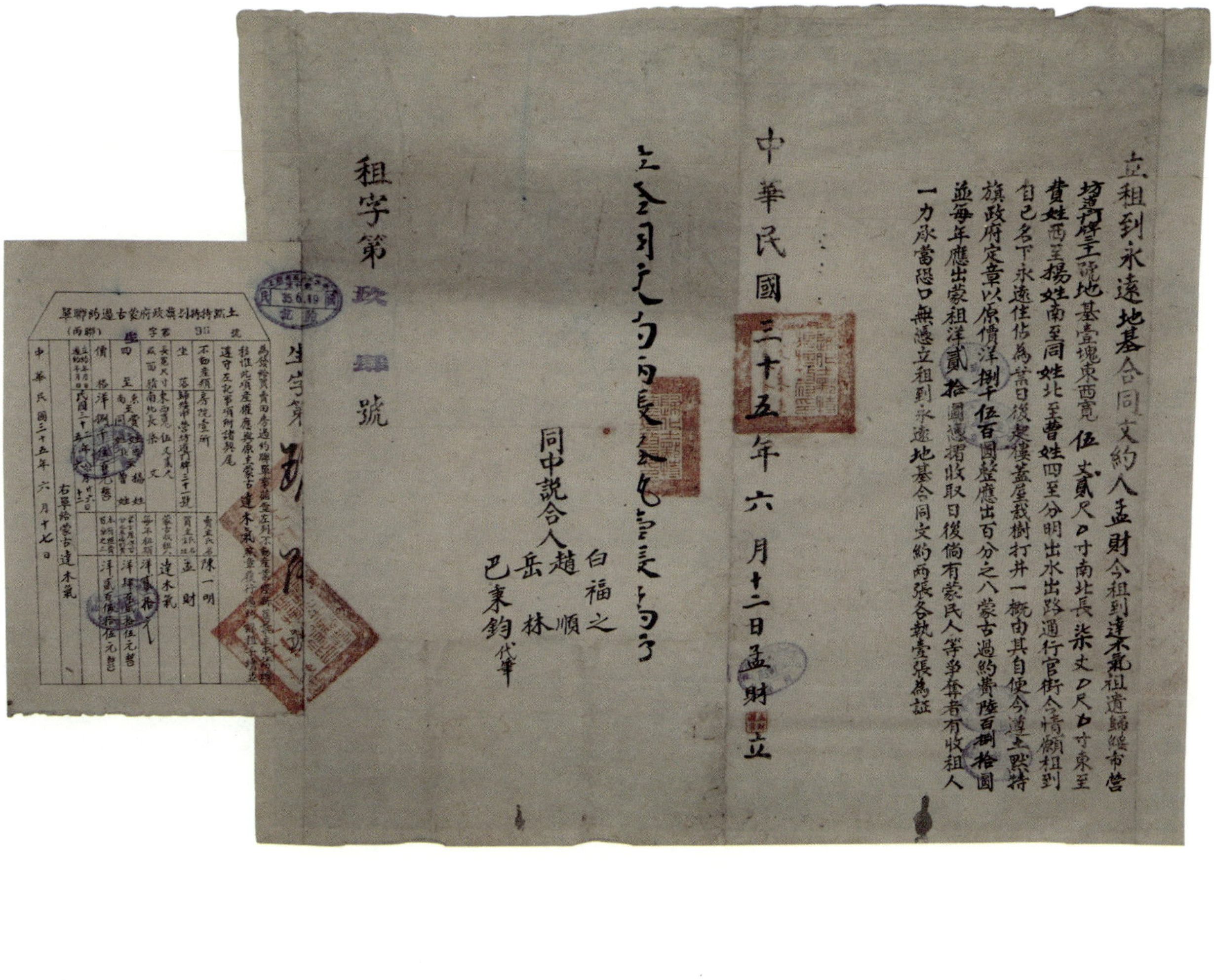

立租到永遠地基合同文約人孟財今租到達木氣祖遺歸綏市營坊道門牌三十號地基壹塊東西寬伍丈貳尺〇寸南北長柒丈〇尺〇寸東至費姓西至楊姓南至同姓北至曹姓四至分明出水出路通行官街今情願租到自己名下永遠住佔為業日後起樓蓋屋栽樹打井一概由其自便今遵土默特旗政府定章以原價洋捌千伍百圓整應出百分之八蒙古過約費陸百捌拾圓並每年應出蒙租洋貳拾圓遞據收取日後倘有蒙民人等爭奪者有收租人一力承當恐口無憑立租到永遠地基合同文約兩張各執壹張為証

中華民國三十五年六月十二日孟財立

同中說合人 白福之 趙順 岳林 巴東鈞代筆

租字第 號

土默特旗政府蒙古過約聯單

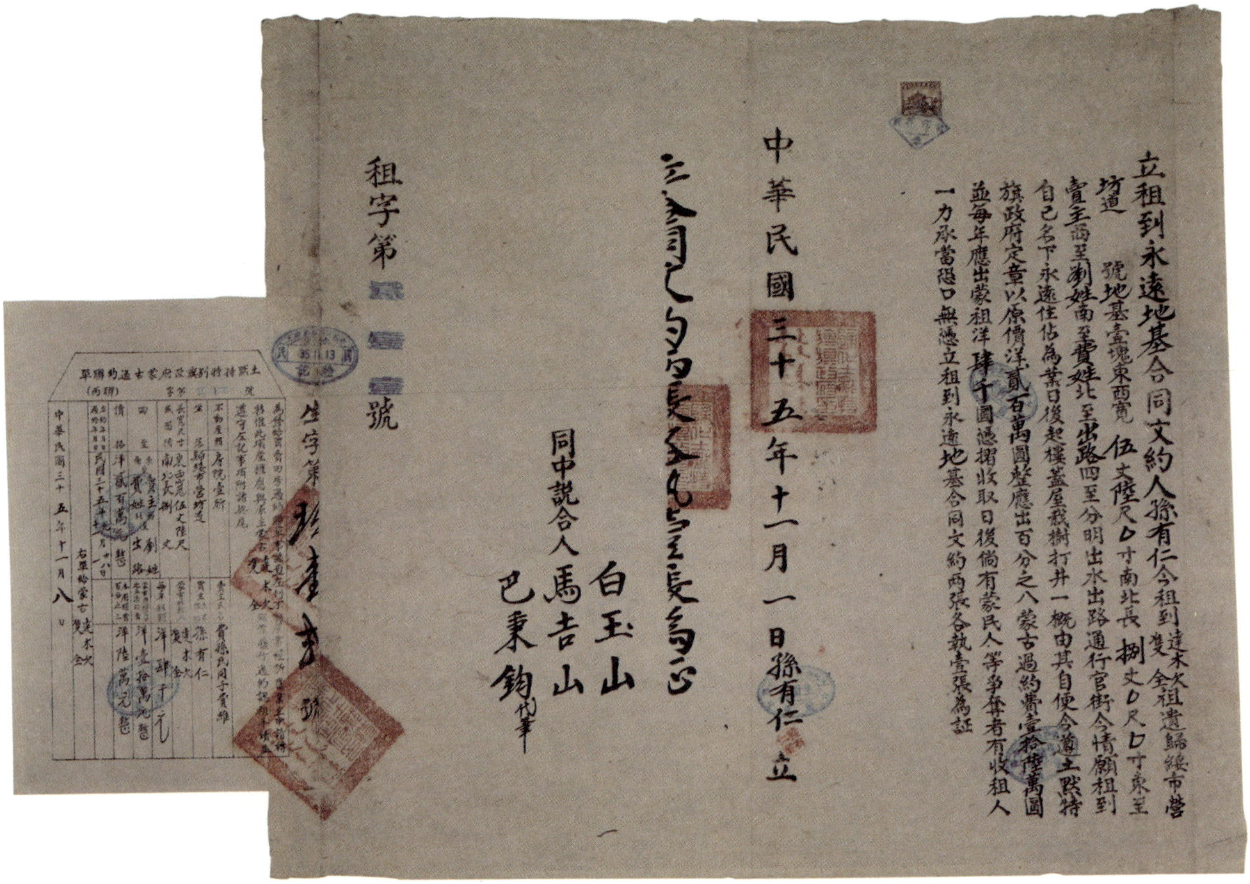
立租到永遠地基合同文約人孫有仁今租到達木欠雙全祖遺歸綏市營坊道　號地基壹塊東西寬伍丈陸尺〇寸南北長捌丈〇尺〇寸東至賣主西至劉姓南至費姓北至出路四至分明出水出路通行官街今情願租到自己名下永遠住佔為業日後起樓蓋屋栽樹打井一概由其自便今遵土默特旗政府定章以原價洋貳百萬圓整應出百分之八蒙古過約費壹拾陸萬圓並每年應出蒙租洋肆千圓憑摺收取日後倘有蒙民人等爭奪者有收租人一力承當恐口無憑立租到永遠地基合同文約兩張各執壹張為証

中華民國三十五年十一月一日孫有仁立

[illegible]

同中説合人　白玉山　馬吉山　巴秉鈞代筆

租字第…號

土默特特別旗政府蒙古過約聯單（聯丙）

中華民國三十五年十一月八日

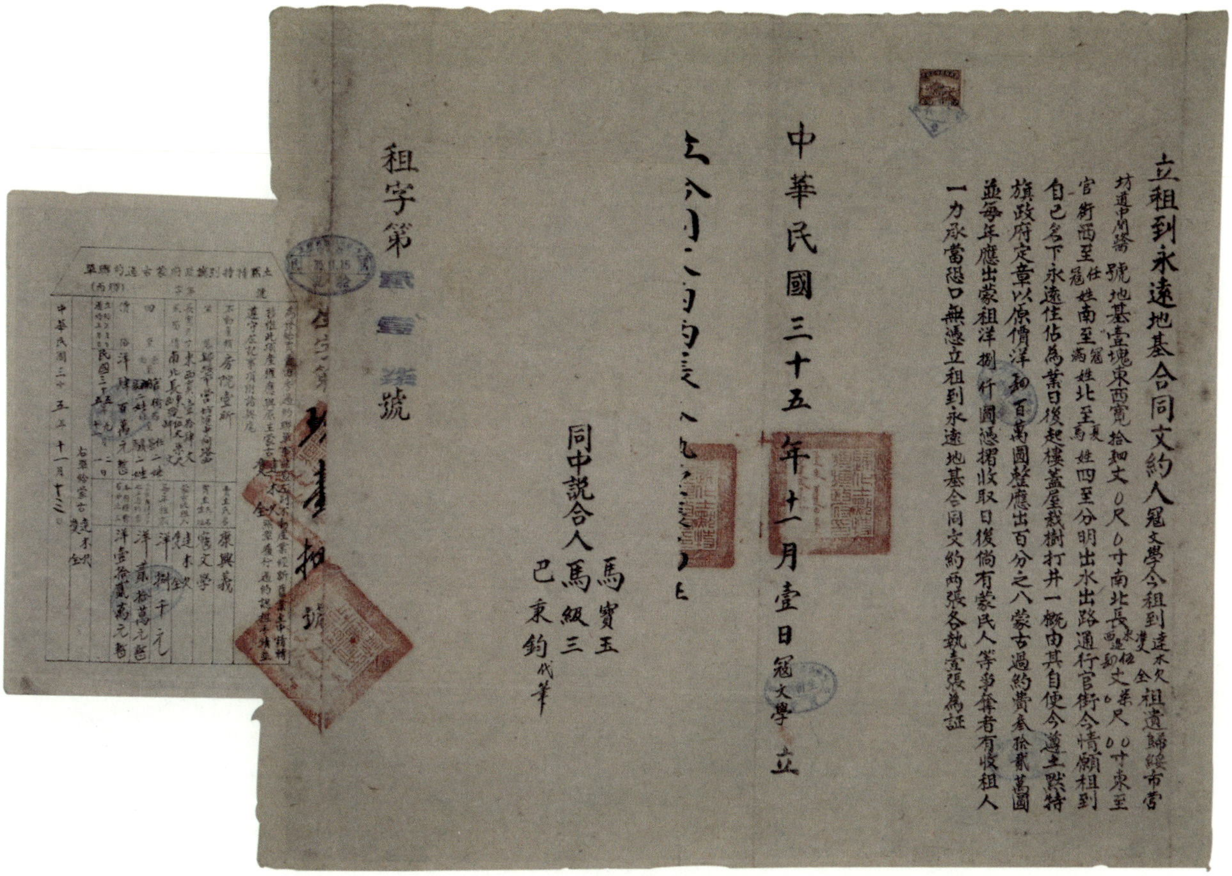

立租到永遠地基合同文約人冠文學今租到達木欠全祖遺歸綏市營坊道中間路號地基壹塊東西寬拾捌丈0尺0寸南北長東伍丈西貳拾丈柒尺0寸東至官街西至任姓南至冠姓北至馬姓四至分明出水出路通行官街今情願租到自己名下永遠住佔為業日後起樓蓋屋栽樹打井一概由其自便今遵土默特旗政府定章以原價洋捌佰萬圓整應出百分之八蒙古過約費叁拾貳萬圓並每年應出蒙租洋捌仟圓憑摺收取日後倘有蒙民人等爭奪者有收租人一力承當恐口無憑立租到永遠地基合同文約兩張各執壹張為証

中華民國三十五年十一月壹日 冠文學 立

同中說合人 馬寶玉 馬級三 巴東鈞代筆

租字第 號

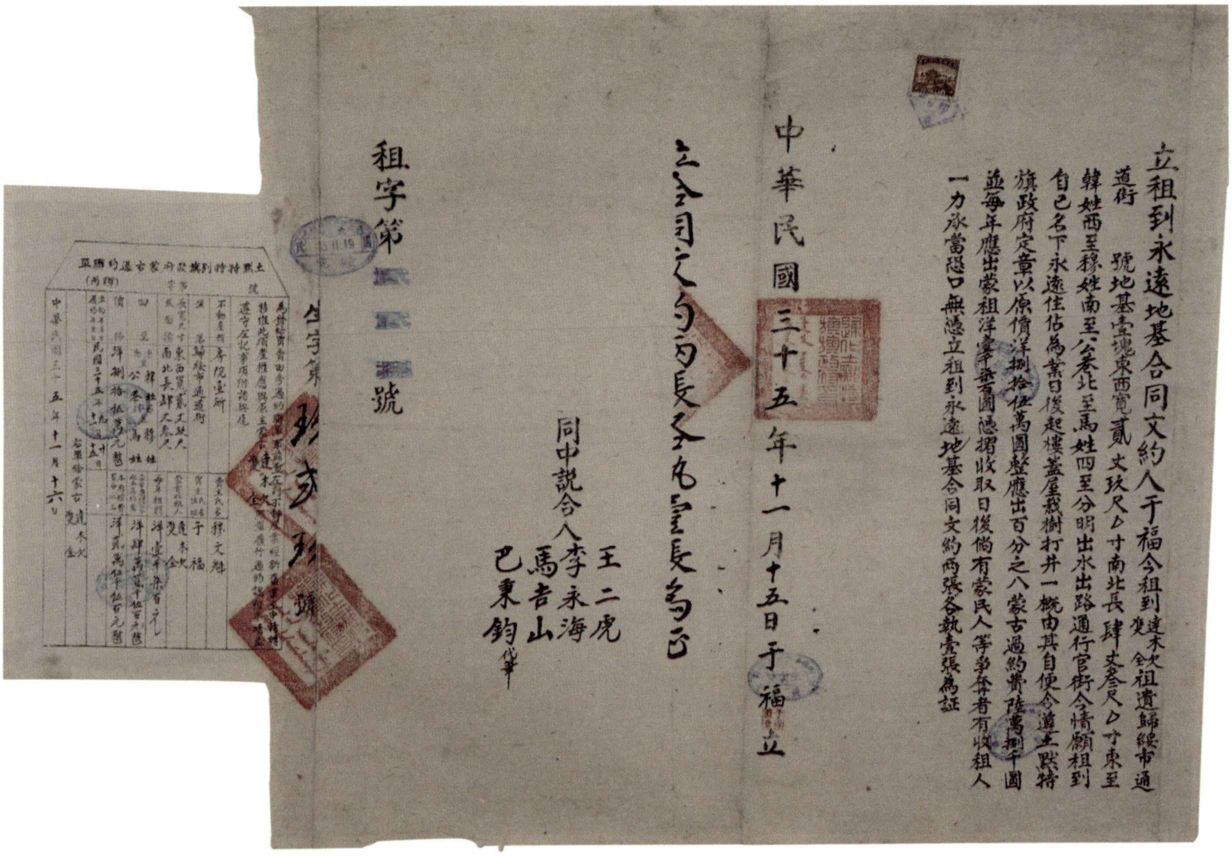

立租到永遠地基合同文約人于福今租到達木欠全祖遺歸綏市通
道街　號地基壹塊東西寬貳丈玖尺□寸南北長肆丈叁尺□寸東至
韓姓西至穆姓南至公巷北至馬姓四至分明出水出路通行官街今情願租到
自己名下永遠住佔為業日後起樓蓋屋栽樹打井一概由其自便今遵土默特
旗政府定章以原價洋捌拾伍萬圓整應出百分之八蒙古過約費陸萬捌千圓
並每年應出蒙租洋壹千柒百圓憑摺收取日後倘有蒙民人等爭奪者有收租人
一力承當恐口無憑立租到永遠地基合同文約兩張各執壹張為証

中華民國三十五年十一月十五日于福立

立合同文約兩張各執壹張為証

同中說合人 王二虎 李永海 馬吉山 巴東鈞代筆

租字第　號

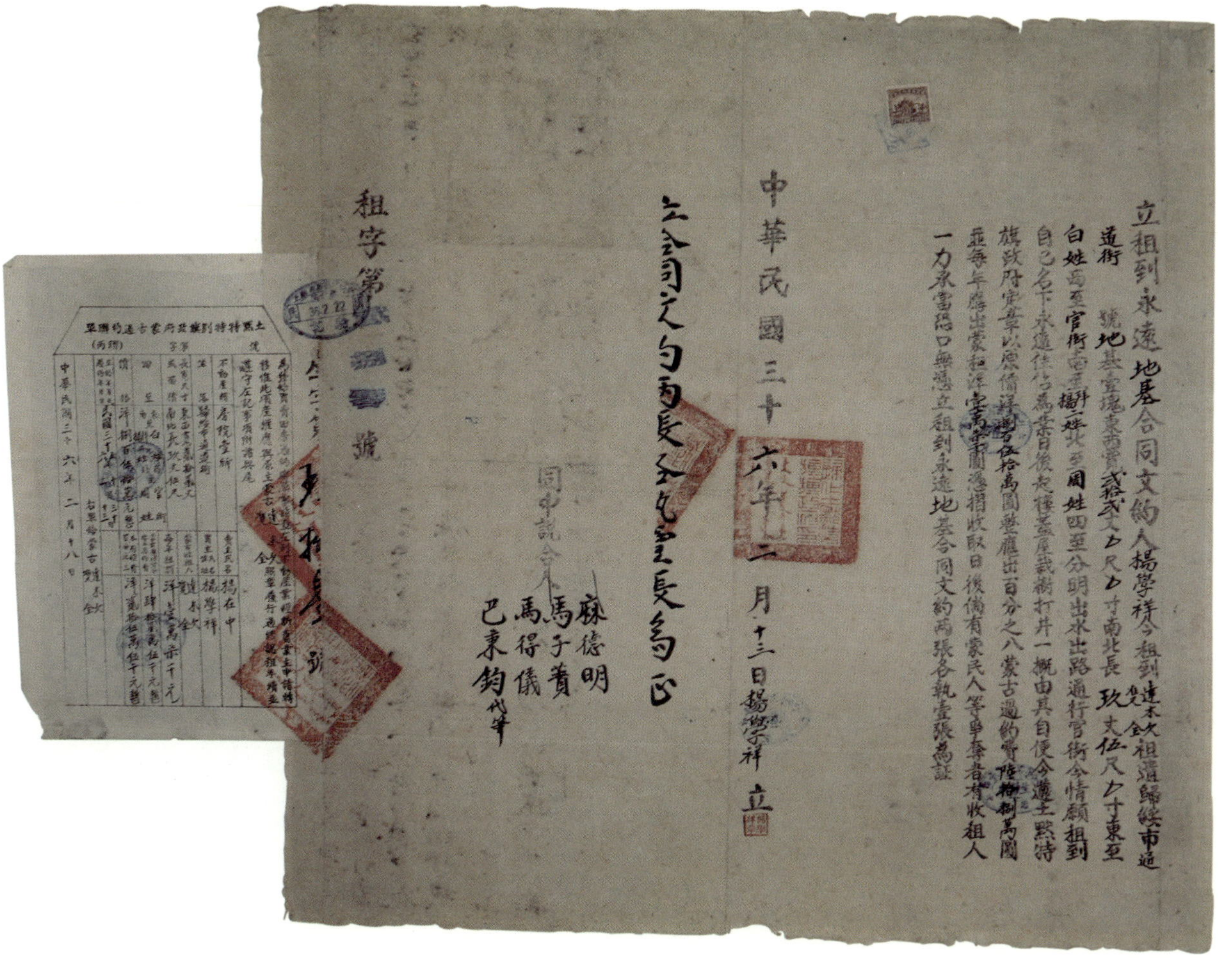
立租到永遠地基合同文約人楊學祥今租到達木欠全欽祖遺歸綏市通道街
號地基壹塊東西寬貳拾貳丈七尺七寸南北長玖丈伍尺七寸東至白姓西至官街南至楊姓北至周姓四至分明出水出路通行官街今情願租到自己名下永遠修作為業日後起蓋房屋栽樹打井一概由其自便
一力承當恐口無憑立租到永遠地基合同文約兩張各執壹張為証
中華民國三十六年二月十三日楊學祥立
同中說合
麻德明
馬子貴
馬得儀
巴東鈞代筆
租字第 號

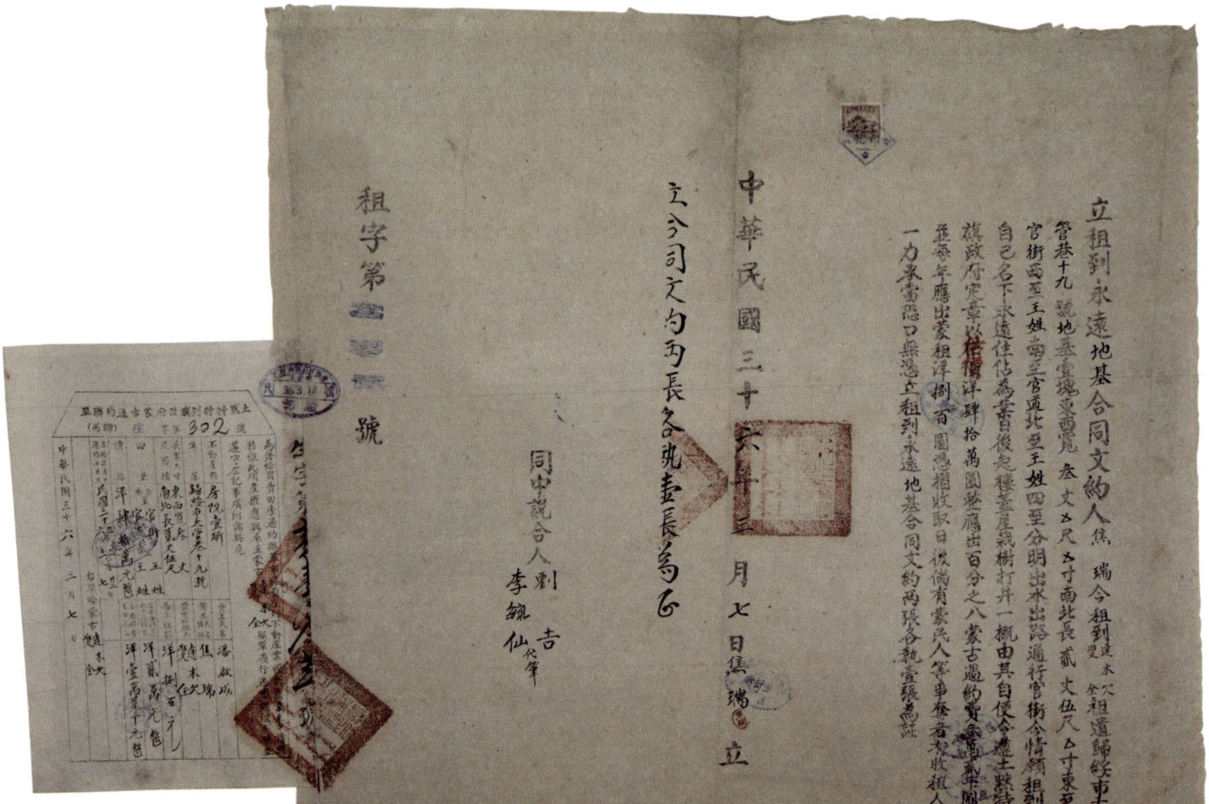

立租到永遠地基合同文約人焦瑞今租到達木欠全祖遺歸綏市太
管巷十九號地基壹塊東西寬叁丈五尺五寸南北長貳丈伍尺五寸東至
官街西至王姓南至官道北至王姓四至分明出水出路通行官街今情願租到
自己名下永遠住佔爲業日後起樓蓋房栽樹打井一概由其自便今遵土默特
旗政府定章以法幣洋肆拾萬圓整應出百分之八蒙古過約費洋叁萬貳千圓
並每年應出蒙租洋捌百圓憑摺收取日後倘有蒙民人等爭奪者有收租人
一力承當恐口無憑立租到永遠地基合同文約兩張各執壹張為証

中華民國三十六年三月七日焦瑞立

立合同文約兩張各執壹張為証

同中說合人 劉吉

李毓仙代筆

租字第　號

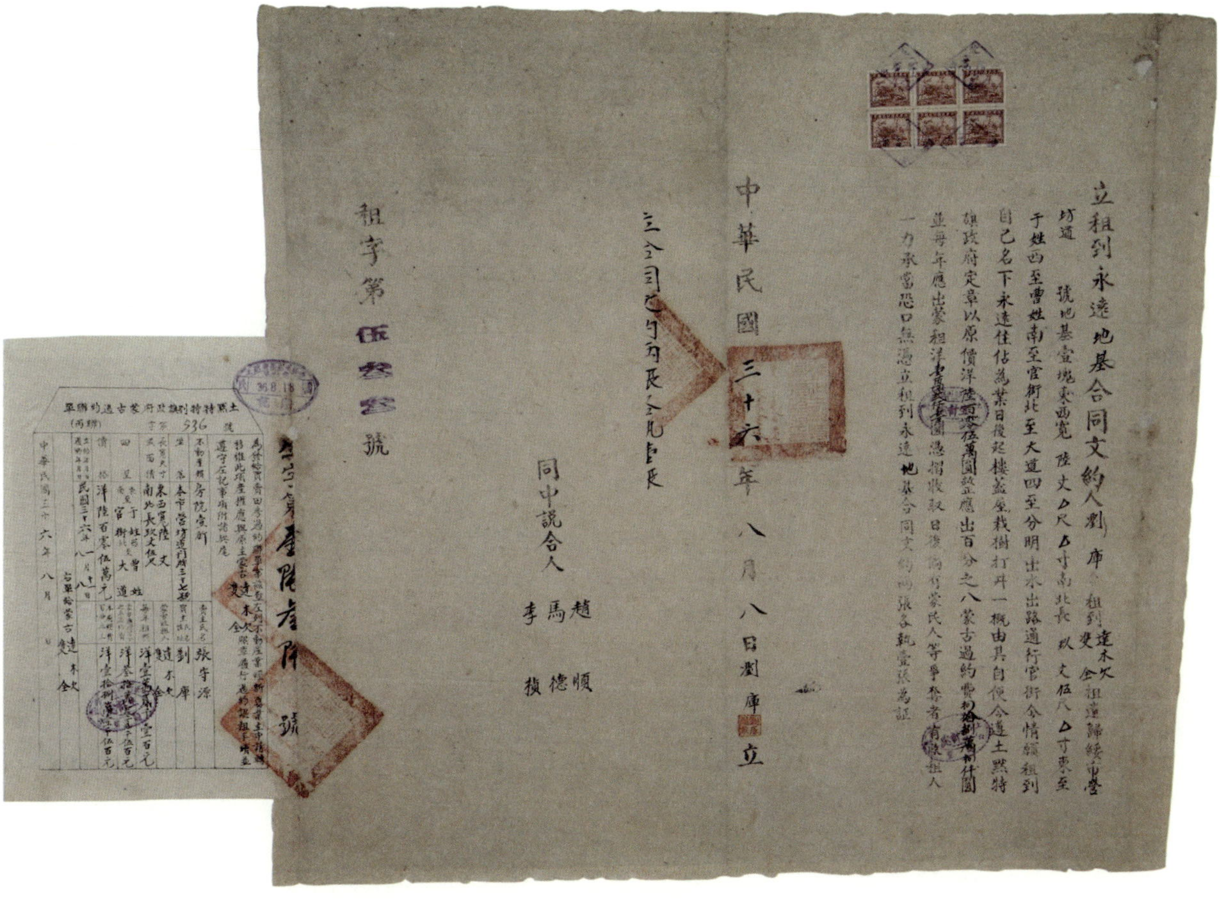

立租到永遠地基合同文約人劉庫今租到達木欠全租遼歸綏市營坊道 號地基壹塊東西寬陸丈△尺△寸南北長玖丈伍尺△寸東至于姓西至曹姓南至官街北至大道四至分明出水出路通行官街今情願租到自己名下永遠住佔為業日後起樓蓋屋栽樹打井一概由其自便合遵土默特旗政府定章以原價洋陸佰伍萬圓整應出百分之八蒙古過約費洋[illegible]圓並每年應出蒙租洋[illegible]圓憑摺收取日後倘有蒙民人等爭差者有該租人一力承當恐口無憑立租到永遠地基合同文約兩張各執壹張為証

中華民國三十六年八月八日劉庫立

同中說合人 趙順 馬德 李樌

租字第伍叁[illegible]號

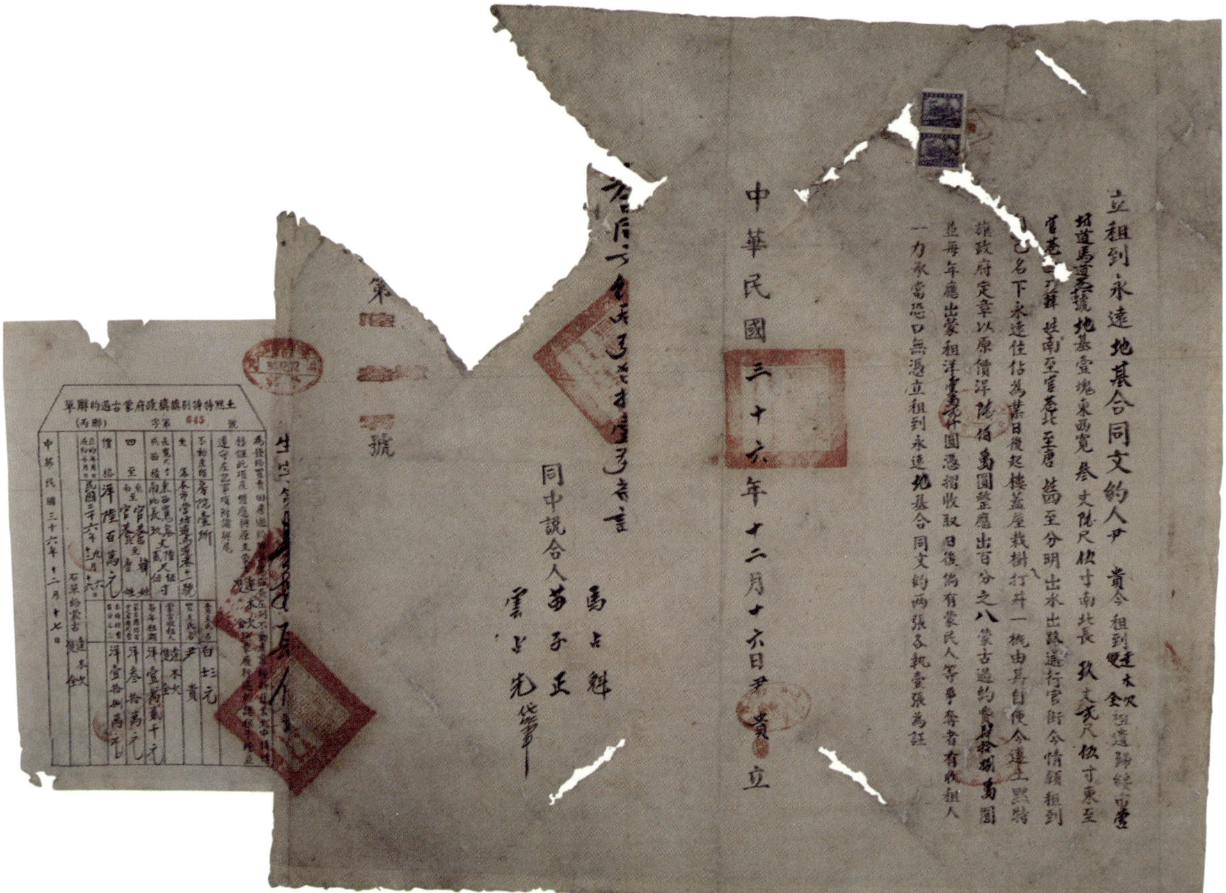
立租到永远地基合同文约人尹贵，今租到……
圪道马道巷……号地基壹块，东西宽叁丈陆尺伍寸，南北长玖丈贰尺伍寸，东至
官巷，西至……，南至官巷，北至唐……，四至分明，出水出路通行官街，今情愿租到
自己名下永远住佔为业，日后起楼盖屋、栽树打井一概由其自便。今遵土默特
旗政府定章，以原价洋陆佰万圆整，应出百分之八蒙古过约费肆拾捌万圆，
并每年应出蒙租洋……圆，凭摺收取。日后倘有蒙民人等争夺者，有收租人
一力承当。恐口无凭，立租到永远地基合同文约两张，各执壹张为証。

中华民国三十六年十二月十六日 尹贵 立

同中说合人 马占魁 苗子正 云……先 代笔

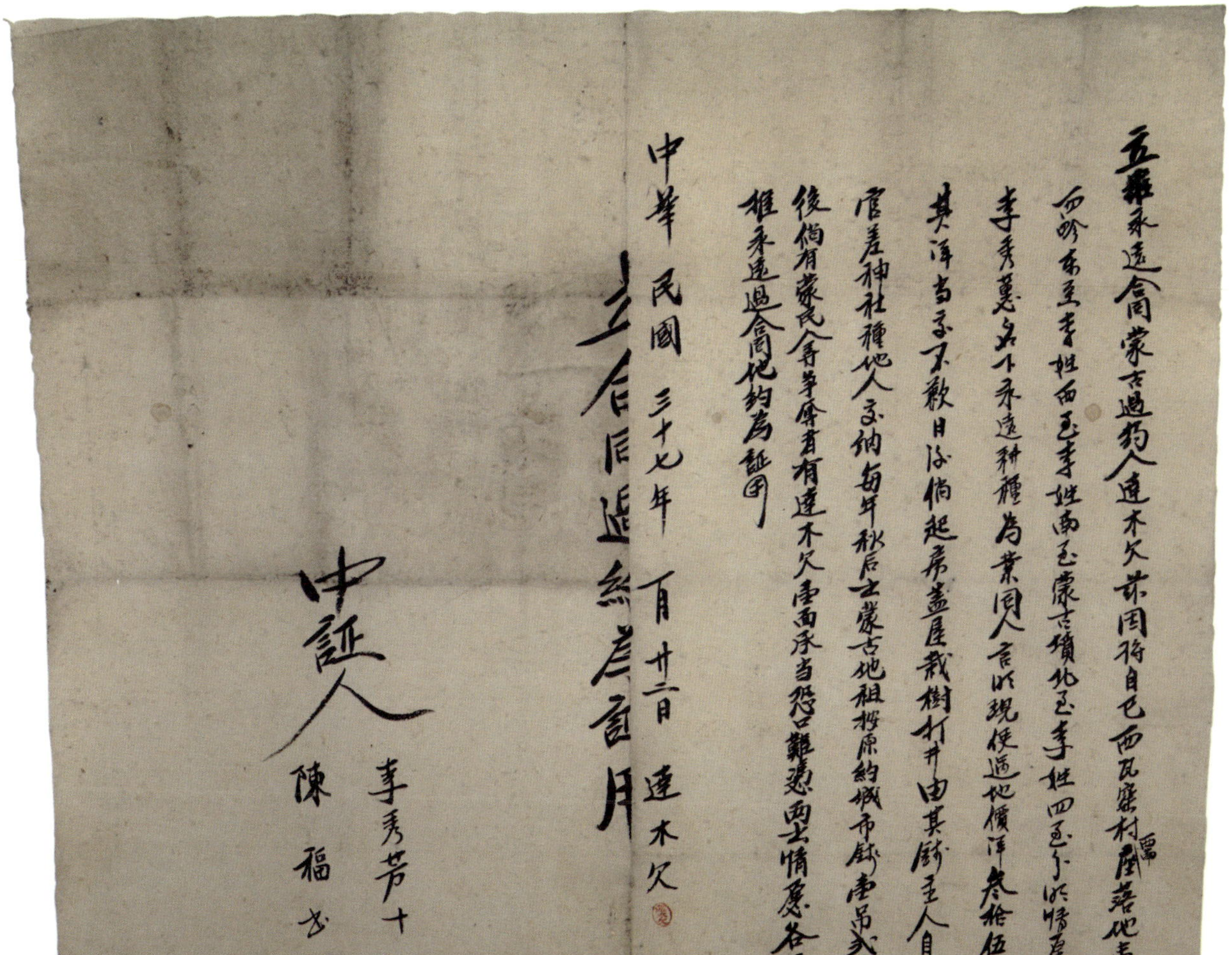

立推永遠合同蒙古過約人達木欠，今因將自己西瓦窯村西座落地壹塊，係東西畛，東至李姓，西至李姓，南至蒙古墳，北至李姓，四至分明，情願出推與李秀蕙名下永遠耕種為業。同人言明，現使過地價洋叁拾伍萬元整，其洋當交不欠。日後倘起房蓋屋、栽樹打井，由其錢主人自便。每年官差神社種地人交納，每年秋後出蒙古地租，按原約城市錢壹吊貳佰文整。日後倘有蒙民人等爭奪者，有達木欠壹面承當。恐口難憑，兩出情願，各無反悔，立推永遠過合同地約為證用。

中華民國 三十七年 月 廿二日 達木欠 立

立合同過約存照用

中證人 李秀芳十

陳福 書

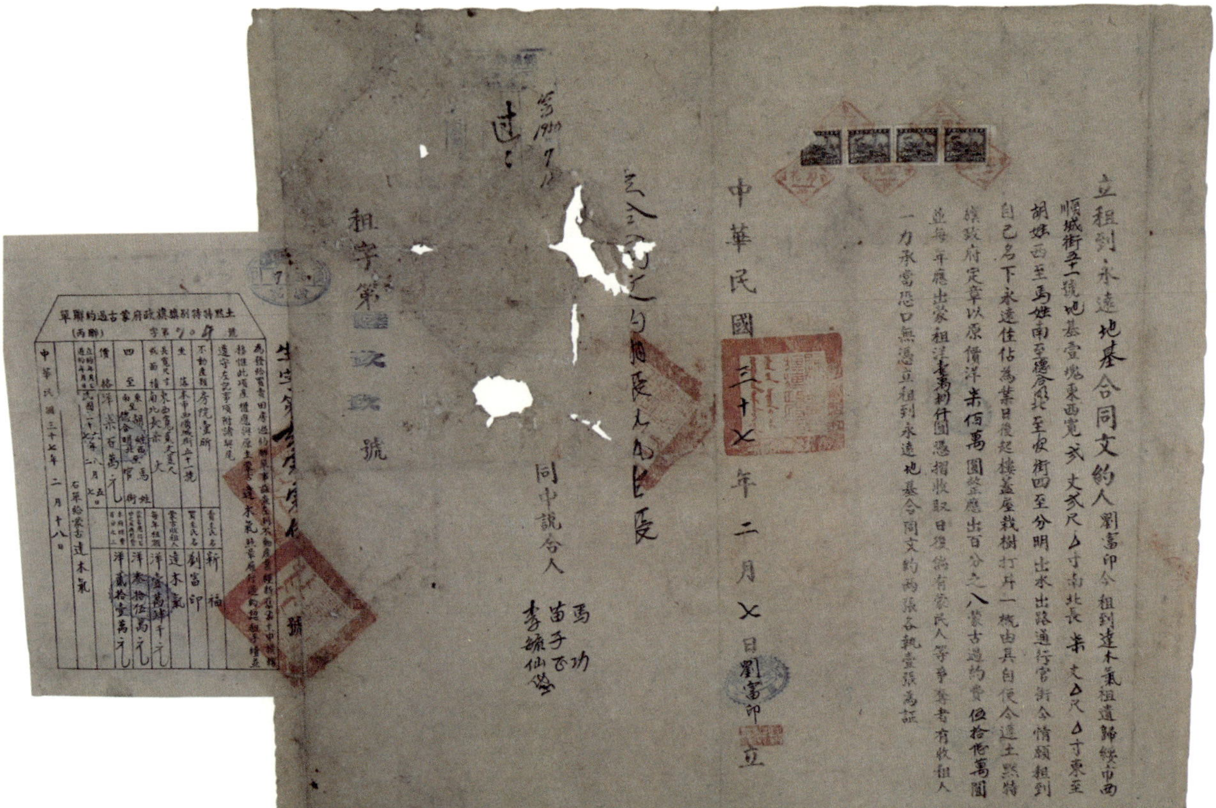

立租到永遠地基合同文約人劉富印今租到達木氣祖遺歸綏市西
順城街五十一號地基壹塊東西寬貳丈貳尺Δ寸南北長柒丈Δ尺Δ寸東至
胡姓西至馬姓南至德合成北至安街四至分明出水出路通行官街今情願租到
自己名下永遠住佔為業日後起樓蓋屋栽樹打井一概由其自便今遵土默特
旗政府定章以原價洋柒佰萬圓並應出百分之八蒙古過約費伍拾陸萬圓
並每年應出蒙租洋壹萬捌仟圓憑摺收取日後倘有蒙民人等爭奪者有收租人
一力承當恐口無憑立租到永遠地基合同文約兩張各執壹張為証

中華民國三十七年二月七日 劉富印 立

同中說合人 馬功 苗子正 李毓仙

租字第 號

土默特特别旗旗政府蒙古過約聯單

(丙聯) 字第 號

不動產類 房院壹所
坐落 本市西順城街五十一號
長寬尺寸 東西寬貳丈貳尺 南北長柒丈
四至 東至胡姓 西至馬姓 南至德合明 北至官街
價格 洋柒佰萬元
立約年月日 民國三十七年二月七日
賣主 新福
買主 劉富印
蒙古收租人 達木氣
每年租額 洋壹萬捌千元
洋叁拾伍萬元
洋貳拾壹萬元

右單給蒙古 達木氣

中華民國三十七年二月十八日

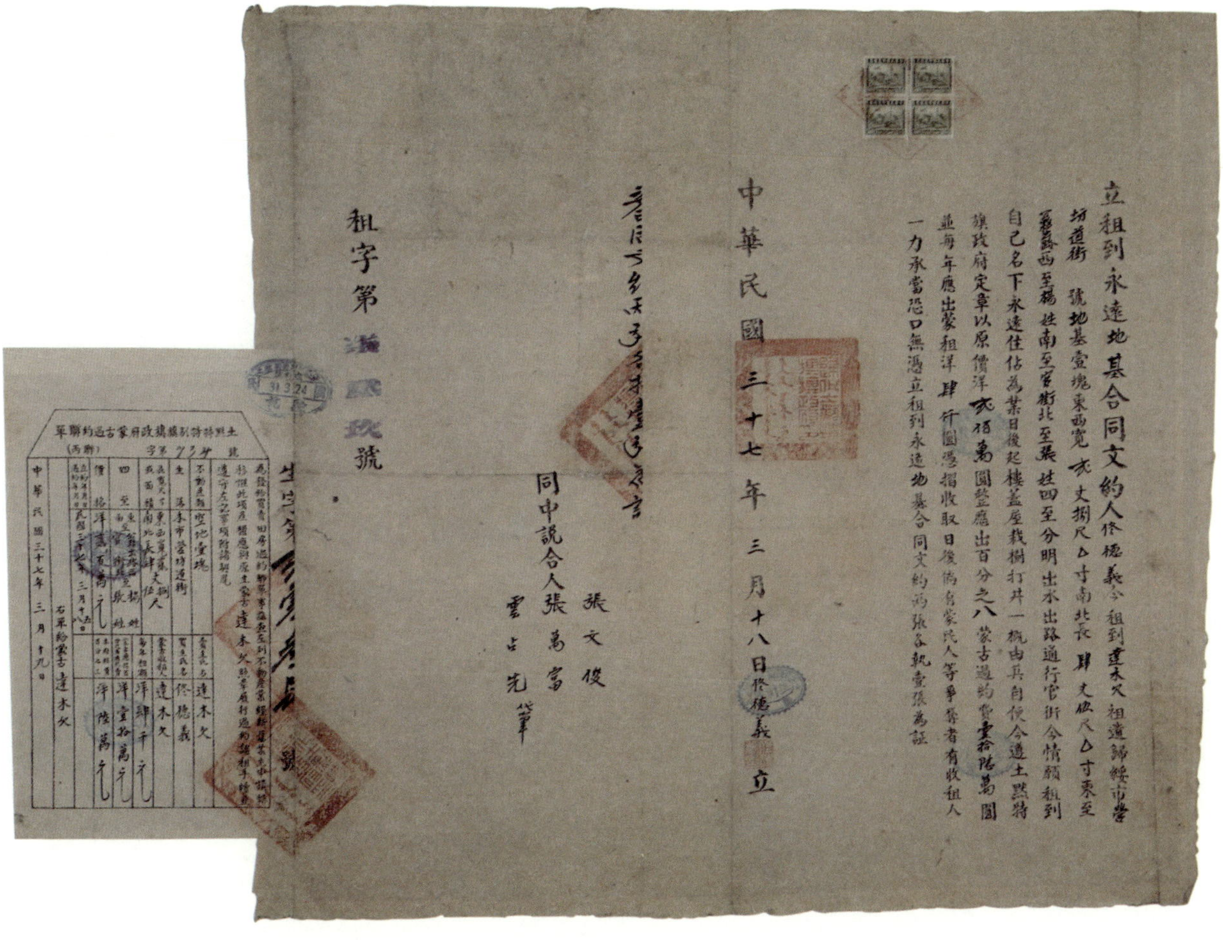

立租到永遠地基合同文約人佟德義今租到達木欠祖遺歸綏市營坊道街　號地基壹塊東西寬貳丈捌尺○寸南北長肆丈伍尺○寸東至蔡姓西至楊姓南至官街北至張姓四至分明出水出路通行官街今情願租到自己名下永遠住佔為業日後起樓蓋屋栽樹打井一概由其自便今遵土默特旗政府定章以原價洋貳佰萬圓整應出百分之八蒙古過約費壹拾陸萬圓並每年應出蒙租洋肆仟圓憑摺收取日後倘有蒙民人等爭奪者有收租人一力承當恐口無憑立租到永遠地基合同文約兩張各執壹張為証

中華民國三十七年三月十八日佟德義立

同中說合人張文俊　張萬富　雲占先筆

租字第　號

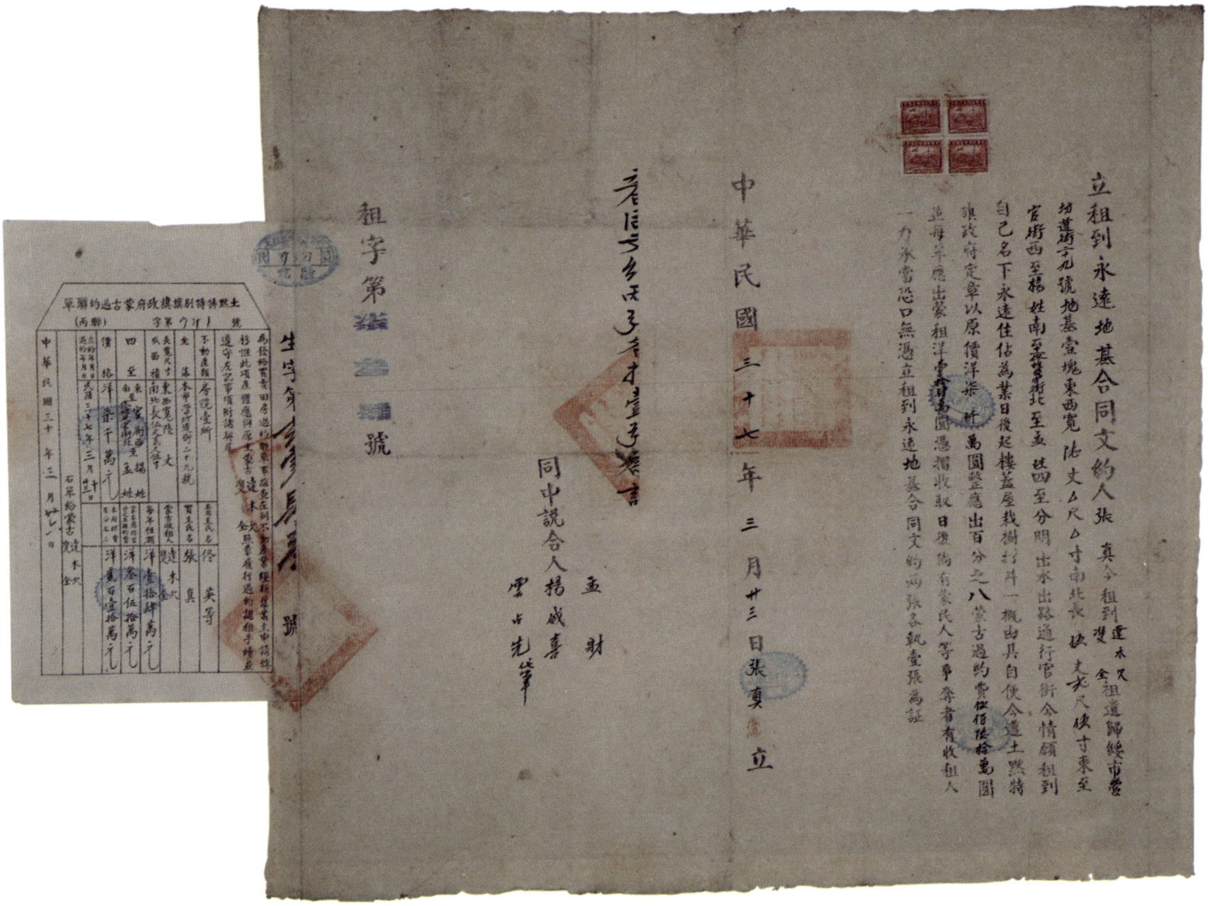
立租到永遠地基合同文約人張真今租到達木欠全祖遺歸綏市營坊道街二十九號地基壹塊東西寬陸丈△尺△寸南北長伍丈九尺伍寸東至官街西至楊姓南至常姓北至孟姓四至分明出水出路通行官街今情願租到自己名下永遠住佔為業日後起樓蓋屋栽樹打井一概由其自便今遵土默特旗政府定章以原價洋柒仟萬圓整應出百分之八蒙古過約費壹佰陸拾萬圓並每年應出蒙租洋壹拾萬圓憑摺收取日後倘有蒙民人等爭奪者有收租人一力承當恐口無憑立租到永遠地基合同文約兩張各執壹張為証

中華民國三十七年三月廿三日張真立

同中說合人 孟財 楊成喜 雲占先筆

租字第　號

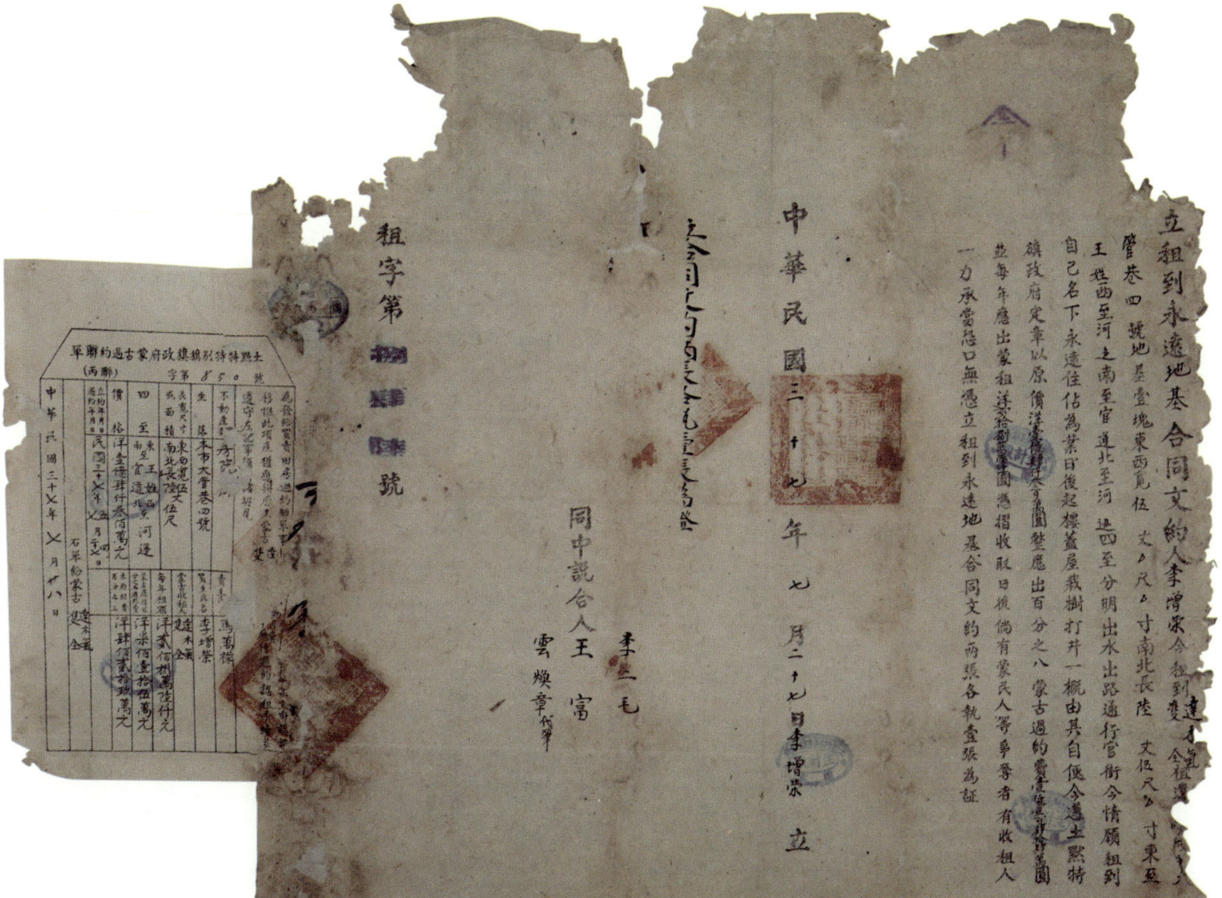
立租到永遠地基合同文約人李增榮今租到
管巷四號地基壹塊東西寬伍丈尺寸南北長陸丈伍尺寸東至
王姓西至河邊南至官道北至河邊四至分明出水出路通行官街今情願租到
自己名下永遠住佔為業日後起樓蓋屋栽樹打井一概由其自便今邀土默特
旗政府定章以原價洋
並每年應出蒙租洋
一力承當恐口無憑立租到永遠地基合同文約兩張各執壹張為証
中華民國三十七年七月二十七日李增榮立
同中説合人王富
李三毛
雲煥章代筆
租字第
號
土默特特別旗政府蒙古過約聯單
(丙聯)
字第850號
中華民國三十七年七月廿八日

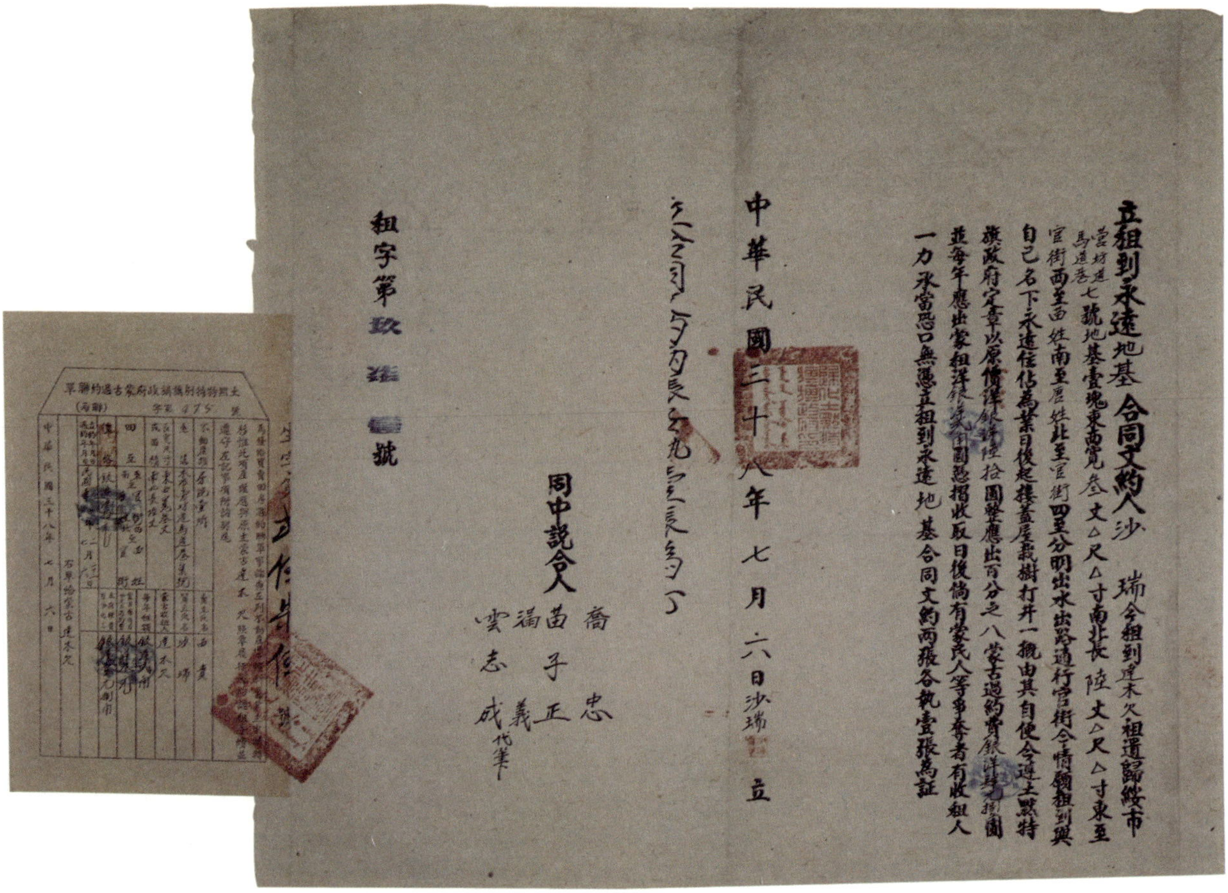

立租到永遠地基合同文約人沙瑞，今租到建末欠祖遺歸綏市營坊道馬道巷七號地基壹塊，東西寬叁丈△尺△寸，南北長陸丈△尺△寸，東至官街，西至白姓，南至店姓，北至官街，四至分明，出水出路通行官街。今情願租到與自己名下永遠住佔為業，日後起樓蓋屋、栽樹打井，一概由其自便。今通土默特旗政府字章以原價洋銀陸拾圓整，應出百分之八蒙古過約費銀洋肆圓捌角，並每年應出蒙租洋銀[illegible]圓，憑摺收取。日後倘有蒙民人等爭奪者，有收租人一力承當。恐口無憑，立租到永遠地基合同文約兩張，各執壹張為証。

中華民國三十八年七月六日 沙瑞 立

同中說合人 喬忠 苗子正 福義 雲志成代筆

租字第玖[illegible][illegible]號

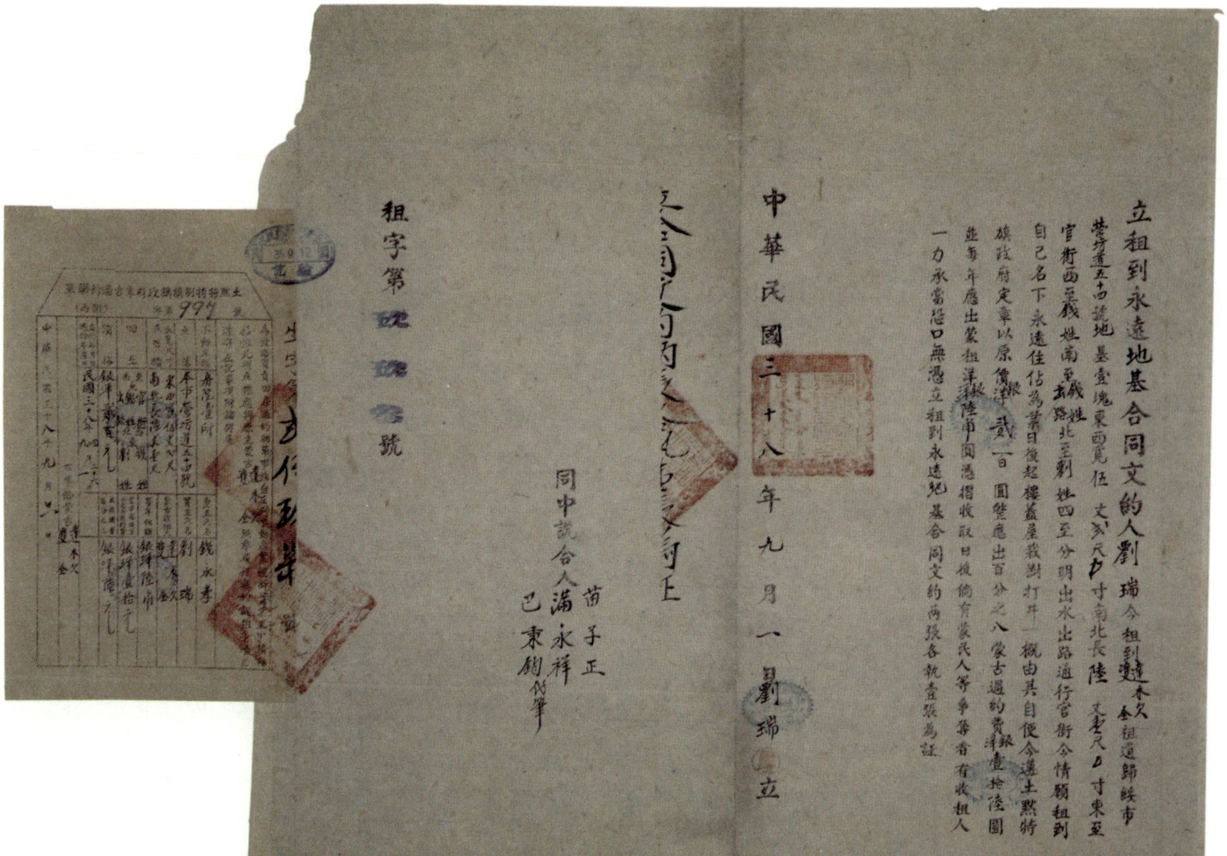

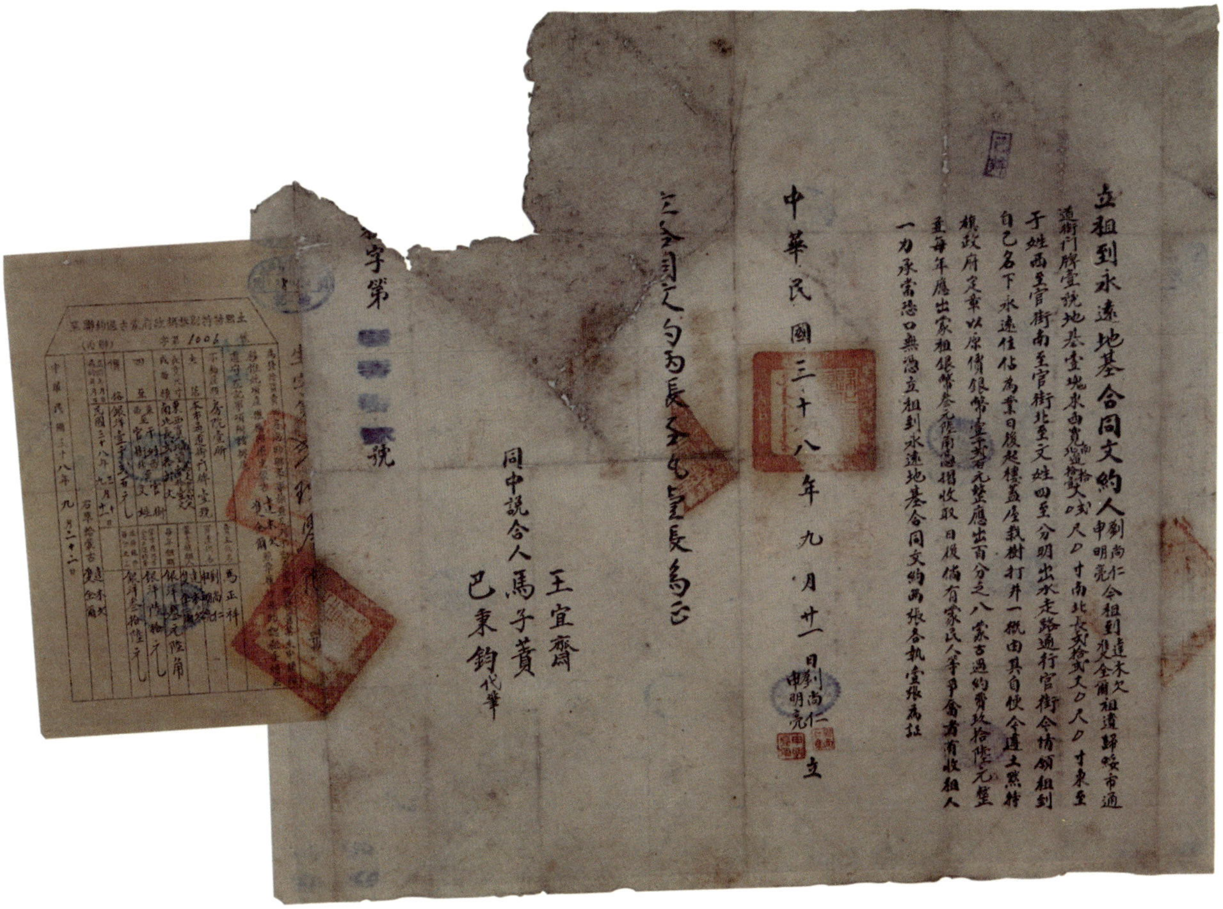

立租到永遠地基合同文約人劉尚仁、申明亮，今租到達木欠、全爾祖遺歸綏市通道街門牌壹號地基壹塊，東西寬南北邊拾貳丈〇尺〇寸，南北長式拾式丈〇尺〇寸，東至于姓，西至官街，南至官街，北至文姓，四至分明，出水走路通行官街。今情願租到自己名下永遠住佔為業，日後起樓蓋屋栽樹打井一概由其自使。今遵土默特旗政府定章，以原價銀幣壹千捌百元整，應出百分之八蒙古過約費玖拾陸元整，至每年應出蒙租銀幣叁元，按南憑摺收取。日後倘有蒙民人等爭奪者，有收租人一力承當。恐口無憑，立租到永遠地基合同文約兩張，各執壹張為証。

中華民國三十八年九月廿一日 劉尚仁 申明亮 立

同中說合人 王宜齋 馬子貴

巴東鈞代筆

字第　號

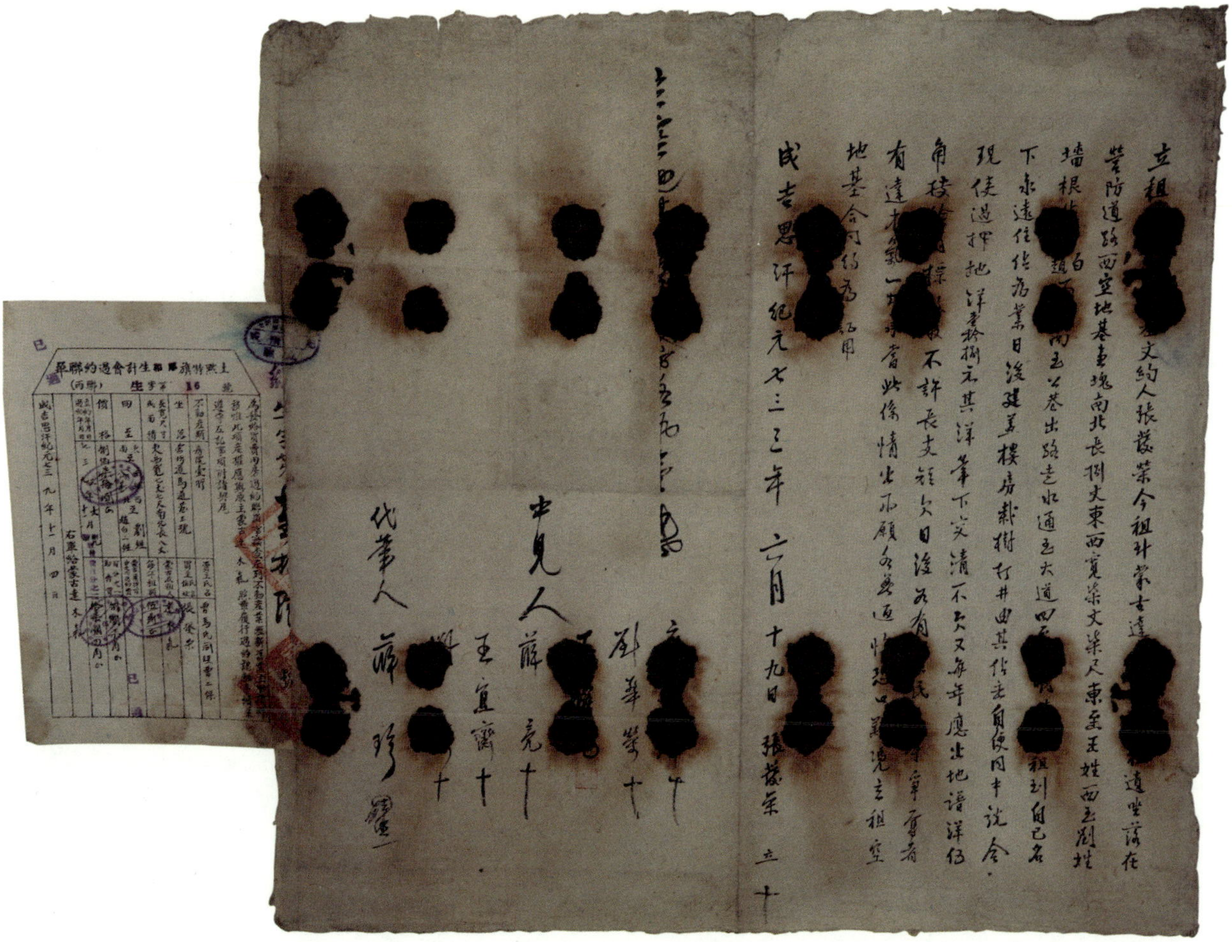

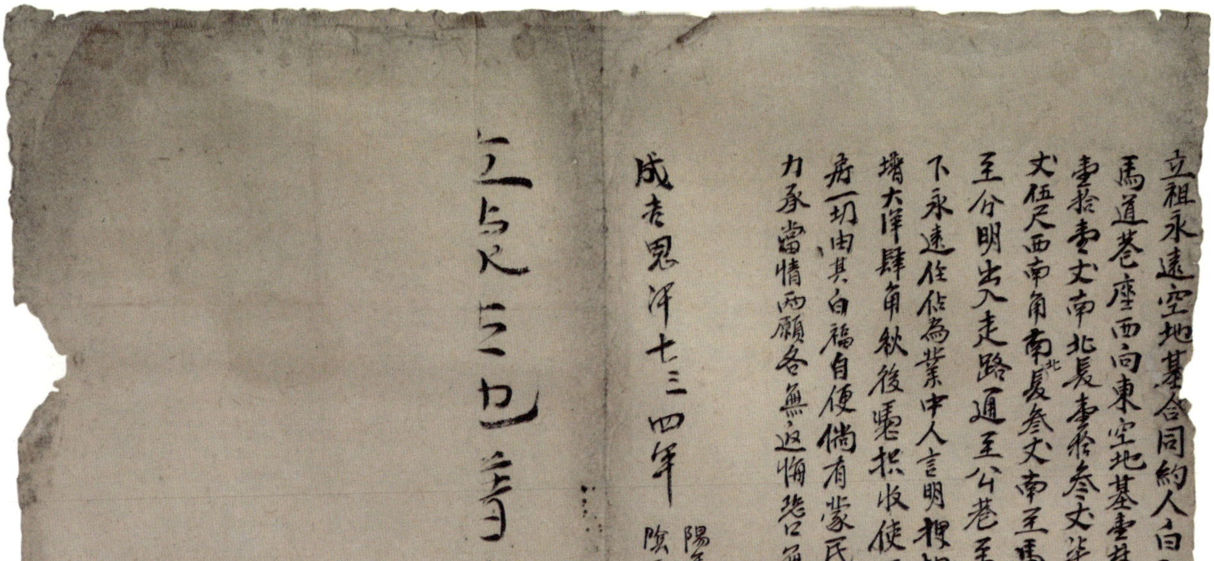
立祖永遠空地基合同約人白福今祖到蒙古達木氣本布管坊道
馬道巷座西向東空地基壹塊，計地基尺寸：南边東西寬九丈，北边東西
壹拾壹丈，南北長壹拾叁丈柒尺，當中界東西寬四丈五尺，出路南北長壹
丈伍尺，西南角南北長叁丈。南至馬姓，西至王拜兩姓，東至馬姓，北至韓姓，四
至分明，出入走路通至公巷至官街。央請中人說合，情願祖與自己名
下永遠住佔為業。中人言明現地大洋拾肆元，其洋當交不欠。每年出地
增大洋肆角，秋後憑摺收使，不許長支短欠。日後栽樹打井起蓋樓
房，一切由其白福自便。倘有蒙民親族人等爭奪者，有蒙古達木氣一
力承當。情兩願，各無返悔，恐口無憑，立祖永遠空地基合同約存証後用。

成吉思汗七三四年　陽曆六月十二號　陰曆四月廿五日

白福立

中證人　楊萬義十　麻蒼十　王直常筆　白六十

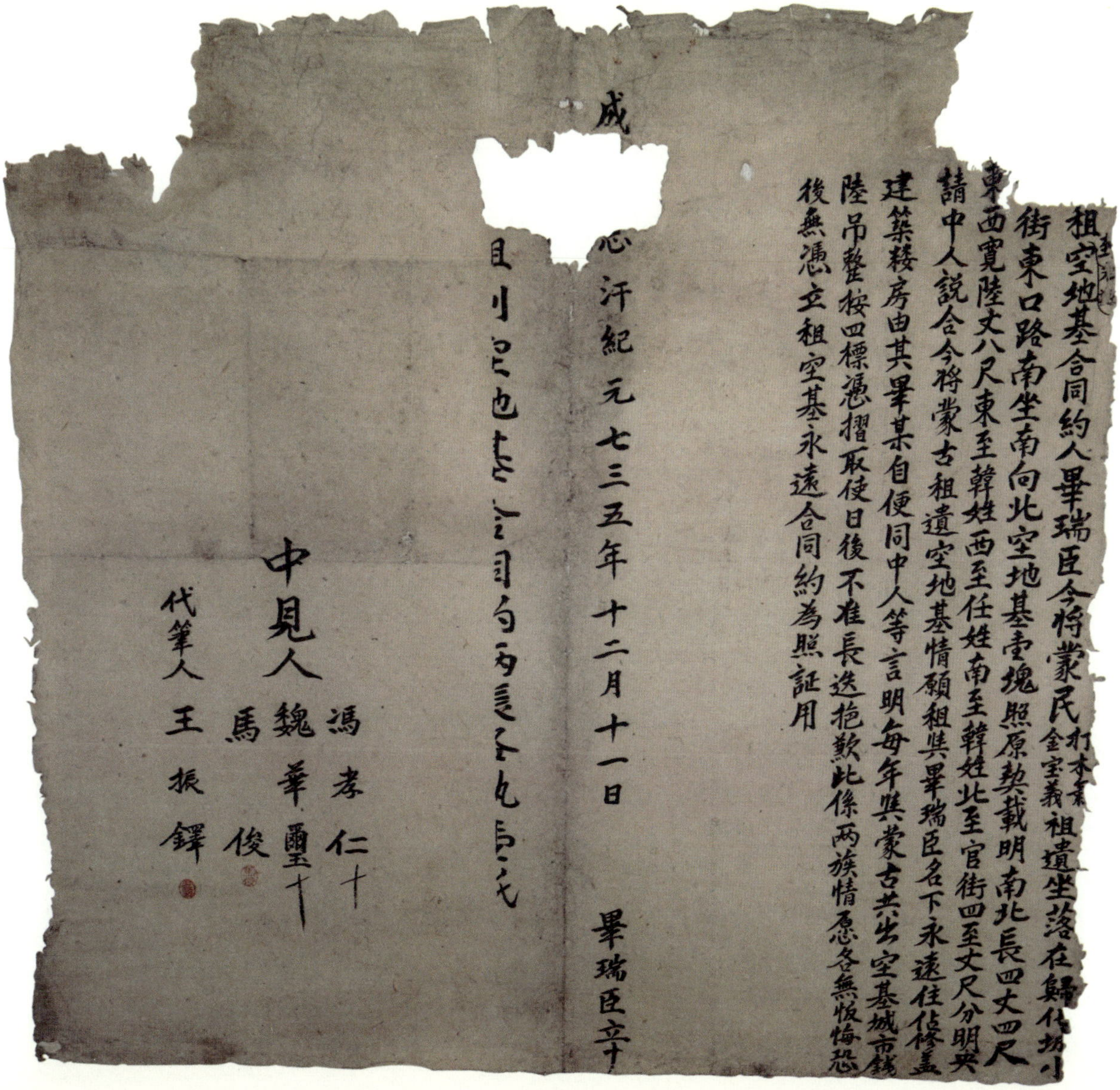

租空地基合同約人畢瑞臣今將蒙民打木素金室義祖遺坐落在歸化城小
街東口路南坐南向北空地基壹塊照原契載明南北長四丈四尺
東西寬陸丈八尺東至韓姓西至任姓南至韓姓北至官街四至丈尺分明央
請中人說合今將蒙古祖遺空地基情願租與畢瑞臣名下永遠住佔修蓋
建築樓房由其畢某自便同中人等言明每年與蒙古共出空基城市錢
陸吊整按四標憑摺取使日後不准長送拖欠此係兩族情愿各無反悔恐
後無憑立租空基永遠合同約為照証用

成[illegible]思汗紀元七三五年十二月十一日　畢瑞臣立十

中見人　馮孝仁十　魏華璽十　馬俊

代筆人　王振鐸

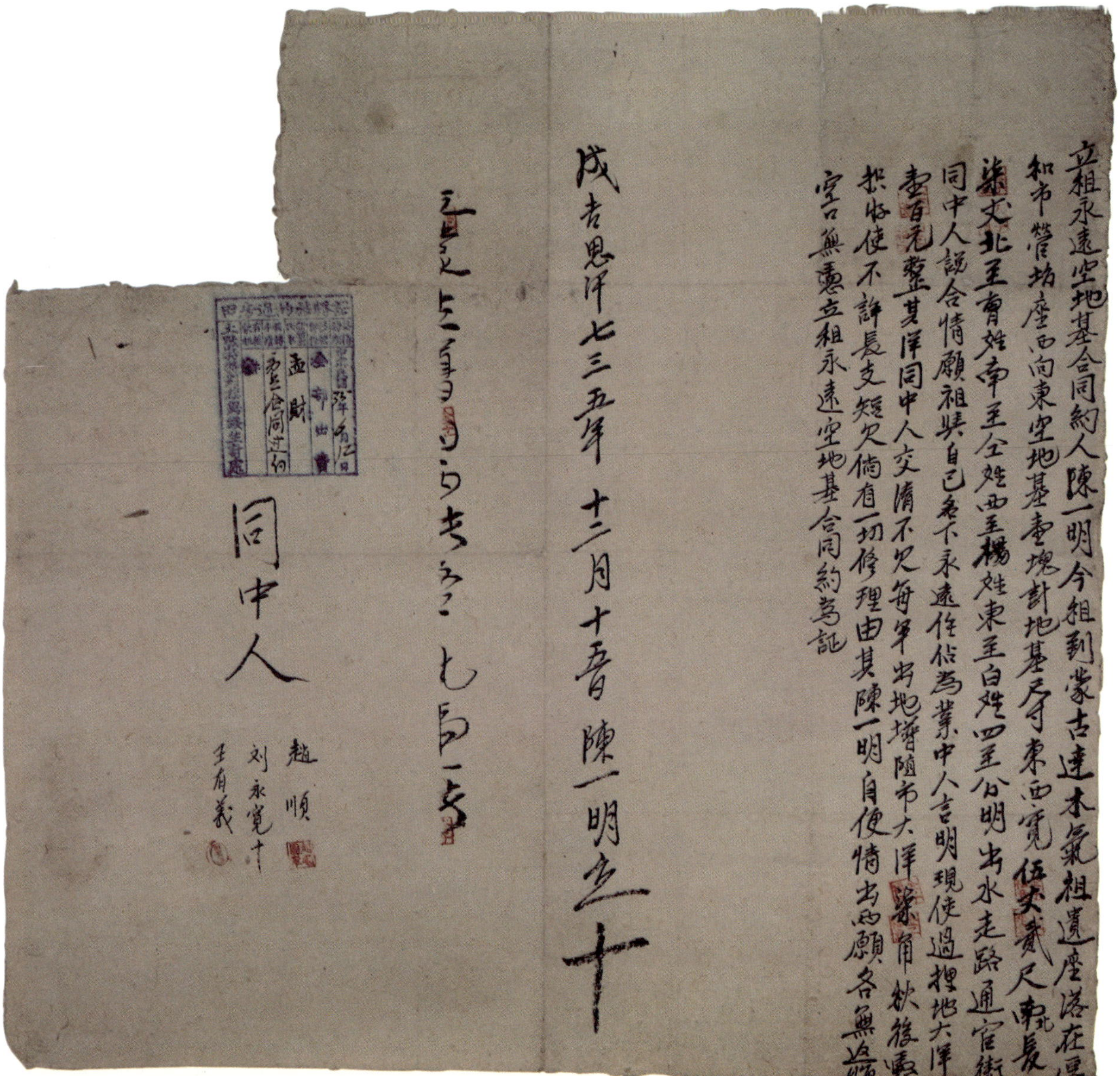

立租永遠空地基合同約人陳一明，今租到蒙古達木氣祖遺座落在歸
和市營坊座西向東空地基壹塊，計地基尺寸東西寬伍丈貳尺，南北長
柒丈。北至曹姓，南至仝姓，西至楊姓，東至白姓，四至分明，出水走路通官街。
同中人說合情願租與自己名下永遠住佔為業。中人言明現使過押地大洋
壹百元整，其洋同中人交清不欠。每年出地增隨市大洋叁角，秋後應
按收使，不許長支短欠。倘有一切修理，由其陳一明自使，情出兩願，各無返悔。
空口無憑，立租永遠空地基合同約為証。

成吉思汗七三五年十二月十五日 陳一明 立 十

[illegible]

同中人
趙順
劉永寬 十
王有義

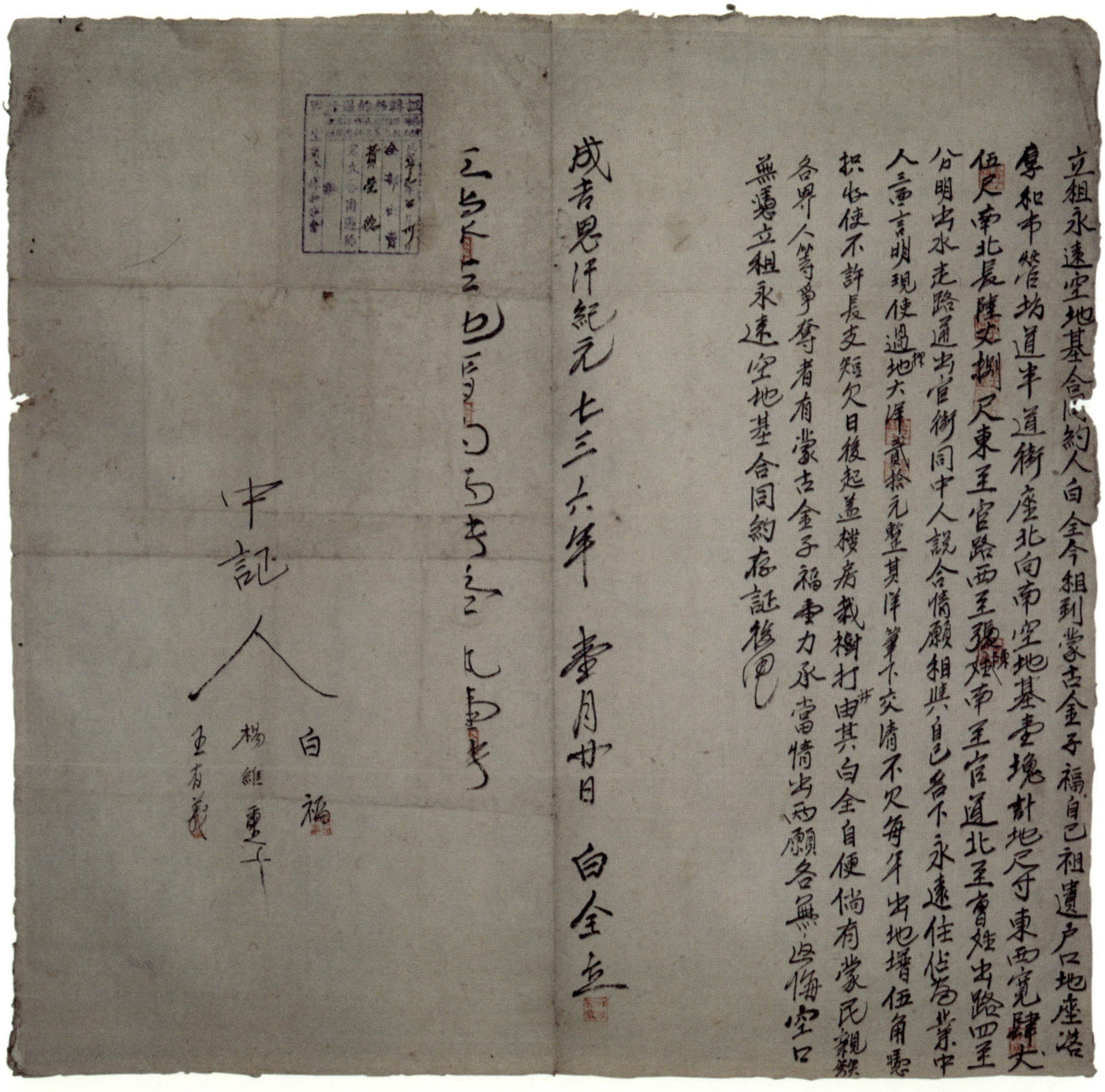

立租永遠空地基合同約人白全今租到蒙古金子福自己祖遺户口地座落
厚和市管坊道串道街座北向南空地基壹塊計地尺寸東西寬肆丈
伍尺南北長陸丈捌尺東至官路西至張姓南至官道北至曹姓出路四至
分明出水走路通出官街同中人説合情願租與自己名下永遠住佔為業中
人言明現使過地大洋貳拾元整其洋筆下交清不欠每年出地增伍角憑
摺收使不許長支短欠日後起蓋樓房栽樹打井由其白全自便倘有蒙民親族
各界人等爭奪者有蒙古金子福壹力承當情出兩願各無返悔空口
無憑立租永遠空地基合同約存証後用

成吉思汗紀元七三六年　壹月廿日　白全立

[illegible]

中証人　白福　楊維重　王有義

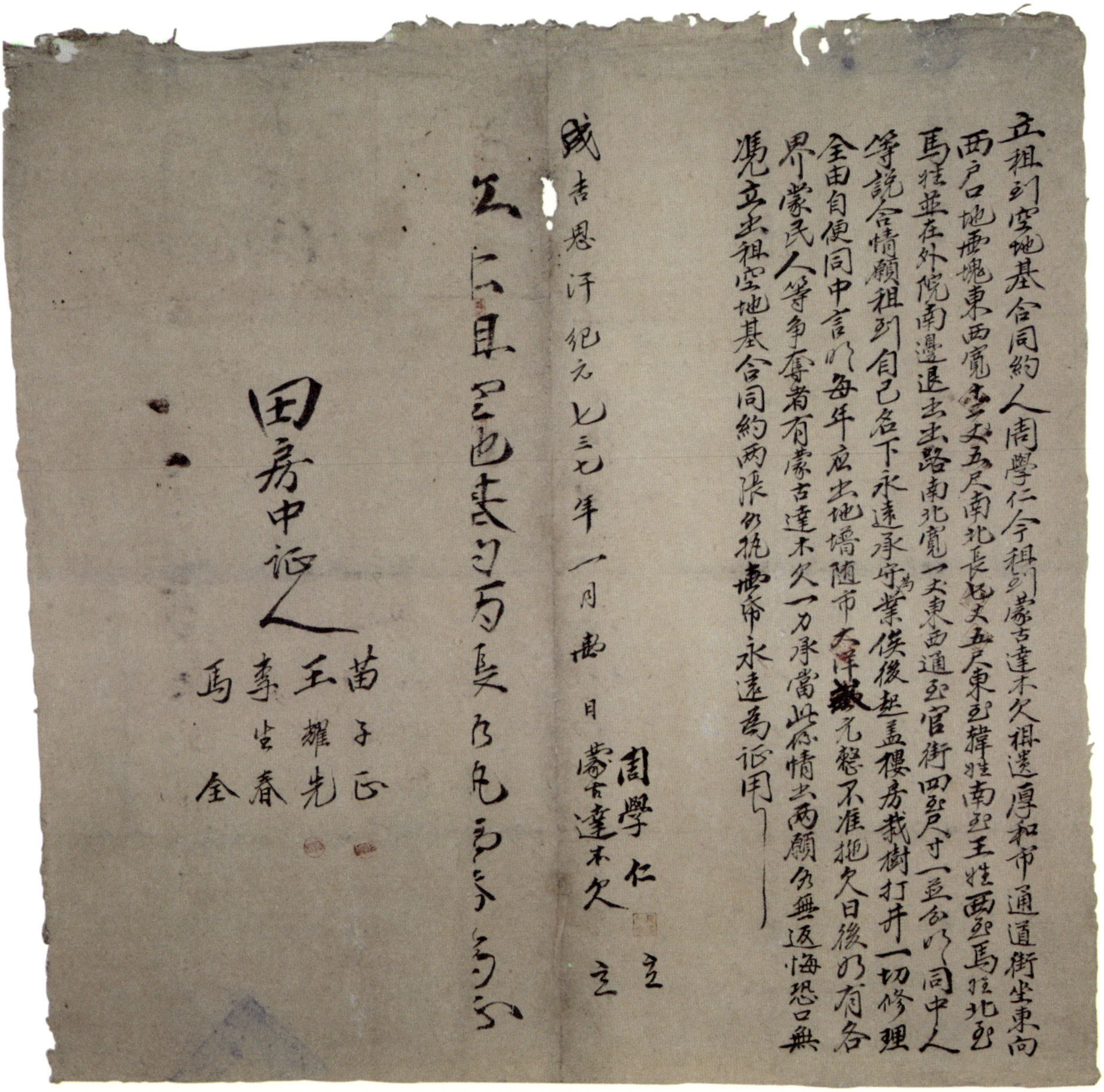

立租到空地基合同約人周學仁今租到蒙古達木欠祖遺厚和市通道街坐東向西戶口地壹塊東西寬壹丈五尺南北長七丈五尺東至韓姓南至王姓西至馬姓北至馬姓並在外院南邊退出出路南北寬一丈東西通至官街四至尺寸一並分明同中人等說合情願租到自己名下永遠承守為業俟後起蓋樓房栽樹打井一切修理全由自便同中言明每年應出地增隨市大洋[illegible]元整不准拖欠日後仍有各界蒙民人等爭奪者有蒙古達木欠一力承當此係情出兩願各無返悔恐口無憑立出租空地基合同約兩張各執壹帋永遠為証用

成吉思汗紀元七三七年一月卅日

周學仁 立

蒙古達木欠 立

田房中証人

苗子正

王耀先

李生春

馬全

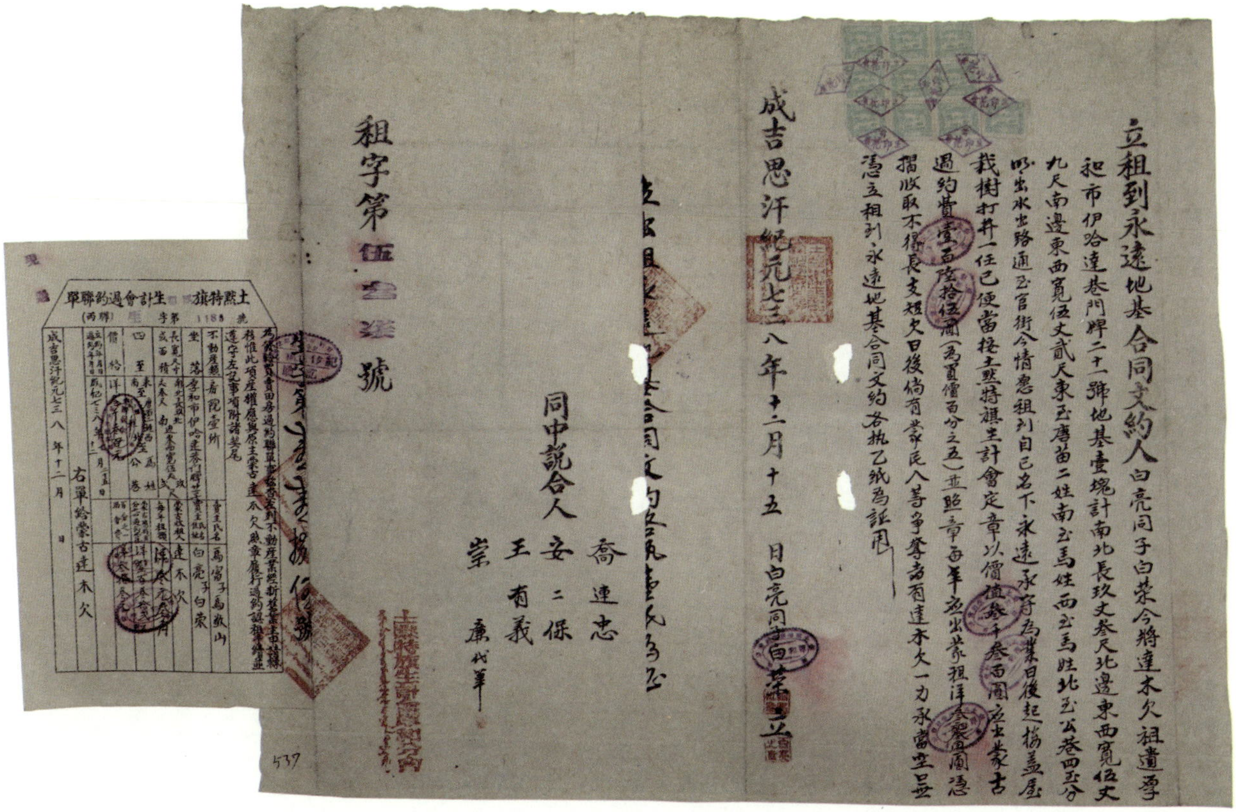

立租到永遠地基合同文約人白亮同子白菜今將達木欠祖遺孚
和市伊哈達巷門牌二十一號地基壹塊計南北長玖丈叁尺北邊東西寬伍丈
九尺南邊東西寬伍丈貳尺東至唐苗二姓南至馬姓西至馬姓北至公巷四至分
明出水出路通至官街今情愿租到自己名下永遠承種為業日後起蓋房屋
栽樹打井一任已便當按土默特旗生計會定章以價值叁千叁百圓應出蒙古
過約費壹百陸拾伍圓（為買價百分之五）並照章每年應出蒙租洋叁拾叁圓隨
摺收取不得長支短欠日後倘有蒙民人等爭奪由有達木欠一力承當空口無
憑立租到永遠地基合同文約各執乙紙為証用

成吉思汗紀元七三八年十二月十五日白亮同子白菜立

同中說合人 喬達忠 安二保 王有義

崇康代筆

租字第伍叁叁號

土默特旗生計會過約聯單

成吉思汗紀元七三八年十二月 日

右單給蒙古達木欠

537

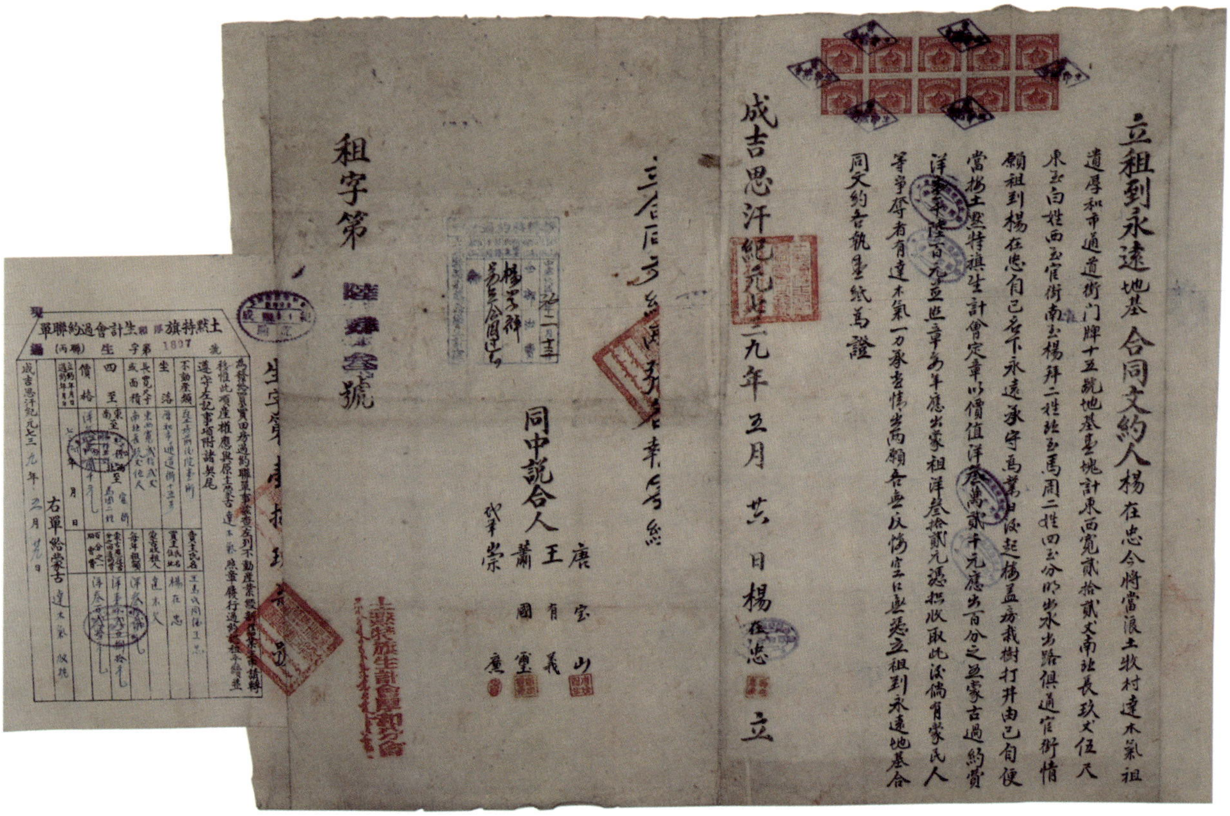
立租到永遠地基合同文約人楊在忠今將當浪土牧村達木氣祖
遺厚和市通道街门牌十五號地基壹塊計東西寬貳拾貳丈南北長玖丈伍尺
東至白姓西至官街南至楊拜二姓北至馬周二姓四至分明出水出路俱通官街情
願租到楊在忠自己名下永遠承守為業由後起楊盖房栽樹打井由己自便
當楊土默特旗生計會定章以價值洋叁萬貳千元應出百分之五蒙古過約費
洋壹千陸百元並照章每年應出蒙租洋叁拾貳元憑摺收取此後倘有蒙民人
等爭奪者有達木氣一力承当情出兩願各無反悔空口無憑立租到永遠地基合
同文約合執壹紙為證

成吉思汗紀元七百三十九年五月廿六日楊在忠立

同中說合人 唐宝山 王有義 蕭國璽

租字第 號

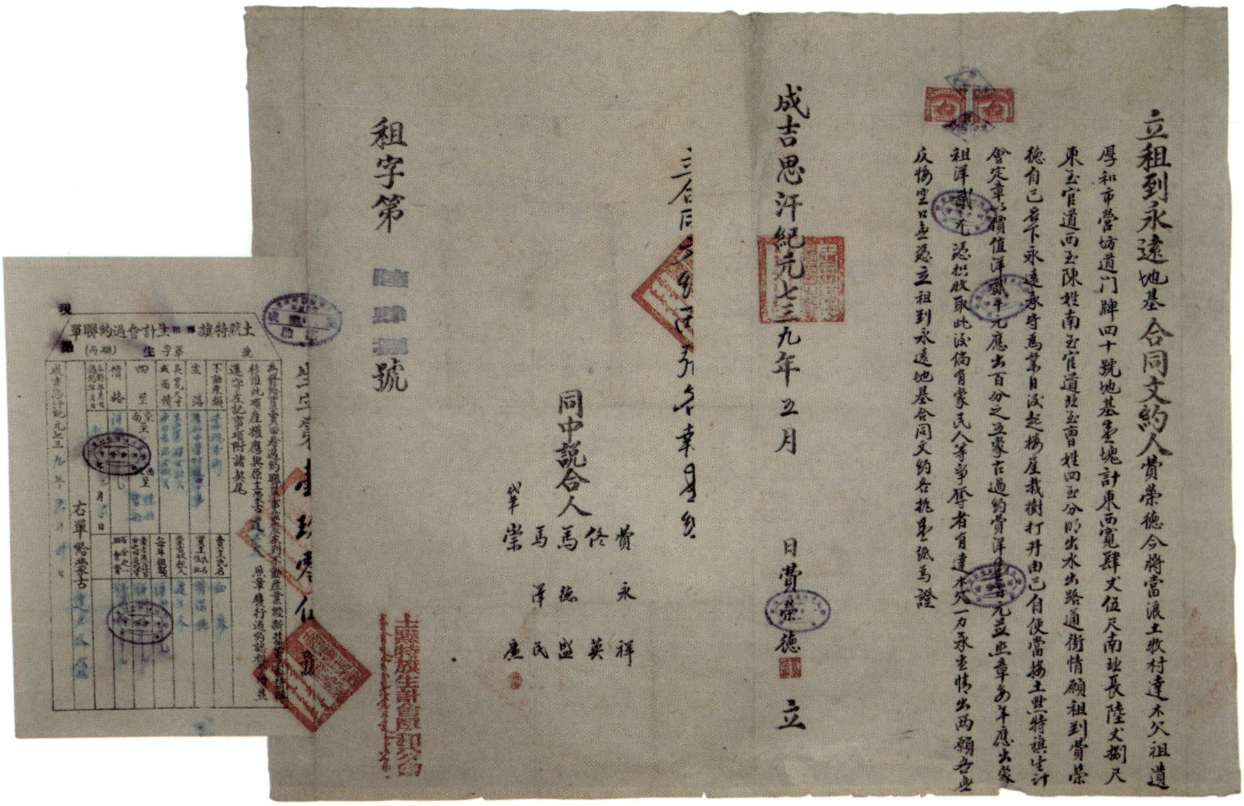

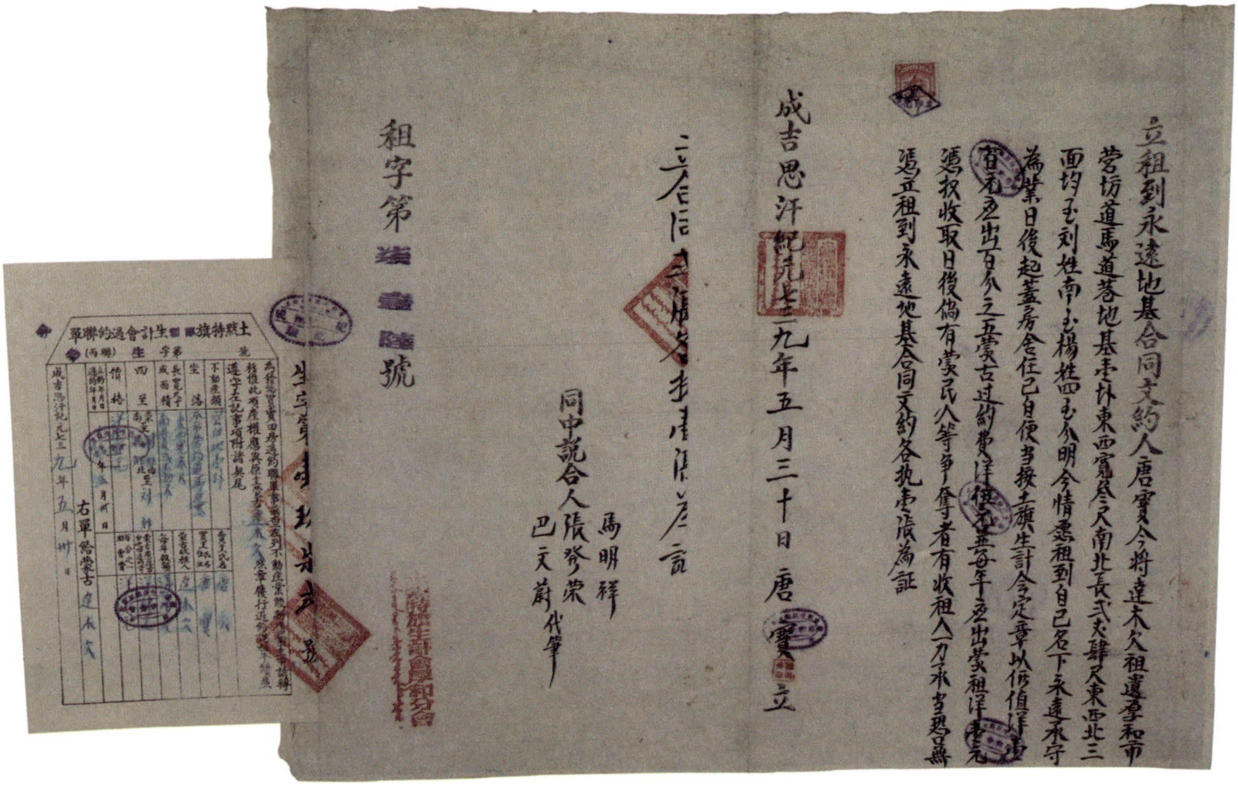

立租到永遠地基合同文約人唐寶，今將達木欠祖遺享和帝營坊道馬道巷地基壹塊，東西寬叁丈，南北長弍丈肆尺，東西北三面均至劉姓，南至楊姓，四至分明。今情愿租到自己名下，永遠承守為業，日後起蓋房舍，任己自便。當據土旗生計會定章，以價值洋[illegible]百元，應出百分之五蒙古過約費洋[illegible]元。每年應出蒙租洋[illegible]元，憑摺收取。日後倘有蒙民人等爭奪者，有收租人一力承當。恐口無憑，立租到永遠地基合同文約，各執壹張為証。

成吉思汗紀元七百三十九年五月三十日　唐寶　立

同中說合人　馬明祥　張發榮　巴文蔚代筆

二合同各執壹張

租字第　號

土默特旗生計會過約聯單

右單給蒙古達木欠

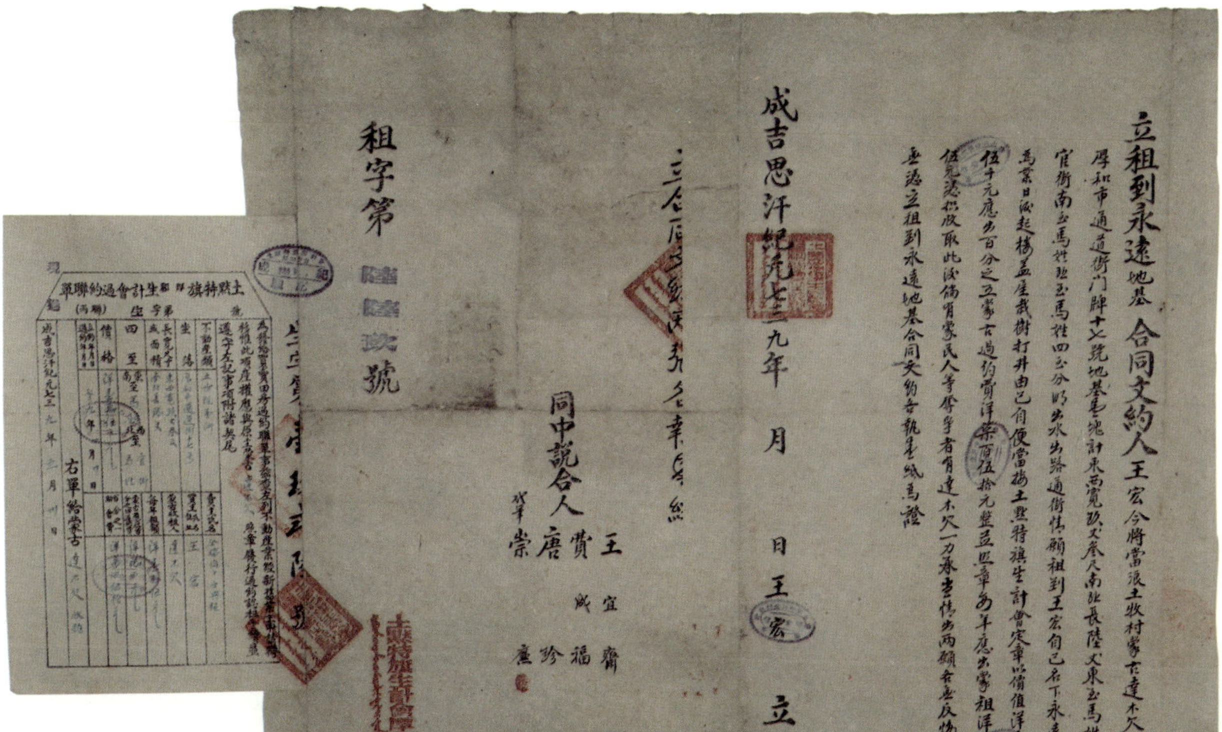

立租到永遠地基合同文約人王宏今將當浪土牧村蒙古達木欠祖遺
厚和市通道街門牌十七號地基壹塊計東西寬玖丈叁尺南北長陸丈東至馬姓西至
官街南至馬姓北至馬姓四至分明出水出路通街情願租到王宏自己名下永遠承守
爲業日後起樓蓋屋栽樹打井由己自便當摏土默特旗生計會定章以備值洋壹萬
伍千元應出百分之五蒙古過約費洋柒佰伍拾元整並照章每年應出蒙租洋壹拾
伍元恐後取此後倘有蒙民人等爭者有違木欠一力承當憑出兩願各無反悔空口
無憑立租到永遠地基合同文約各執壹紙爲證

成吉思汗紀元七三九年　月　日　王宏　立

同中說合人　王宜齋　賈喊福　唐珍　崇壽

租字第陸陸玖號

新中国契约

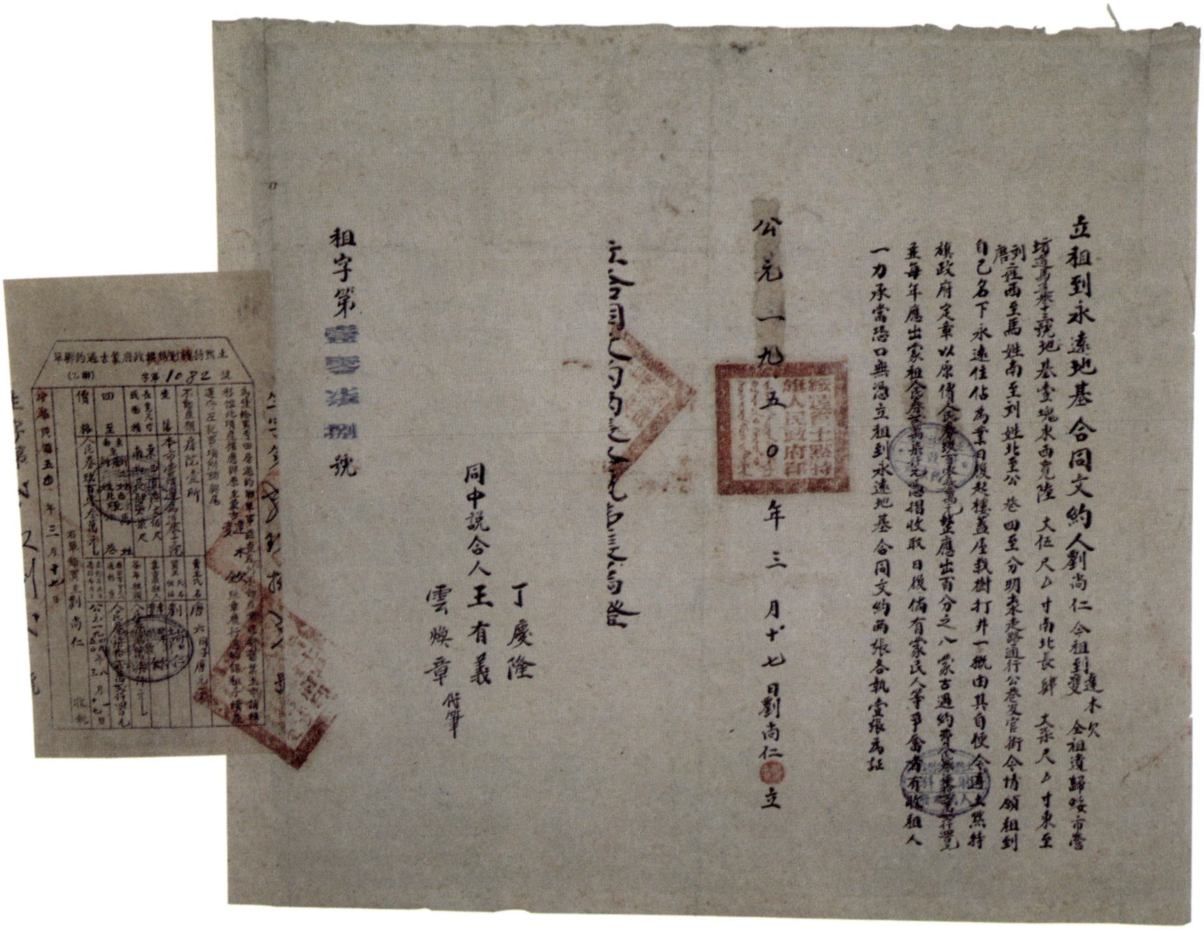

立租到永遠地基合同文約人劉尚仁，今租到蓮木欠金祖遺歸綏市營坊道高卷十號地基壹塊，東西寬陸丈伍尺□寸，南北長肆丈柒尺□寸，東至劉姓，西至馬姓，南至劉姓，北至公巷，四至分明，出入走路通行公巷又官街。今情願租到自己名下永遠住佔為業，日後起樓蓋屋栽樹打井一概由其自便。今遵土默特旗政府文章，以原價合人民幣□□□□應出百分之八蒙古過約費□□□□，每年應出蒙租合人民幣□□□□收取，日後倘有蒙民人爭奪者，有收租人一力承當。恐口無憑，立租到永遠地基合同文約兩張，各執壹張為証。

公元一九五〇年三月十七日劉尚仁立

同中說合人 丁慶隆 王有義 雲煥章 代筆

租字第壹零伍捌號

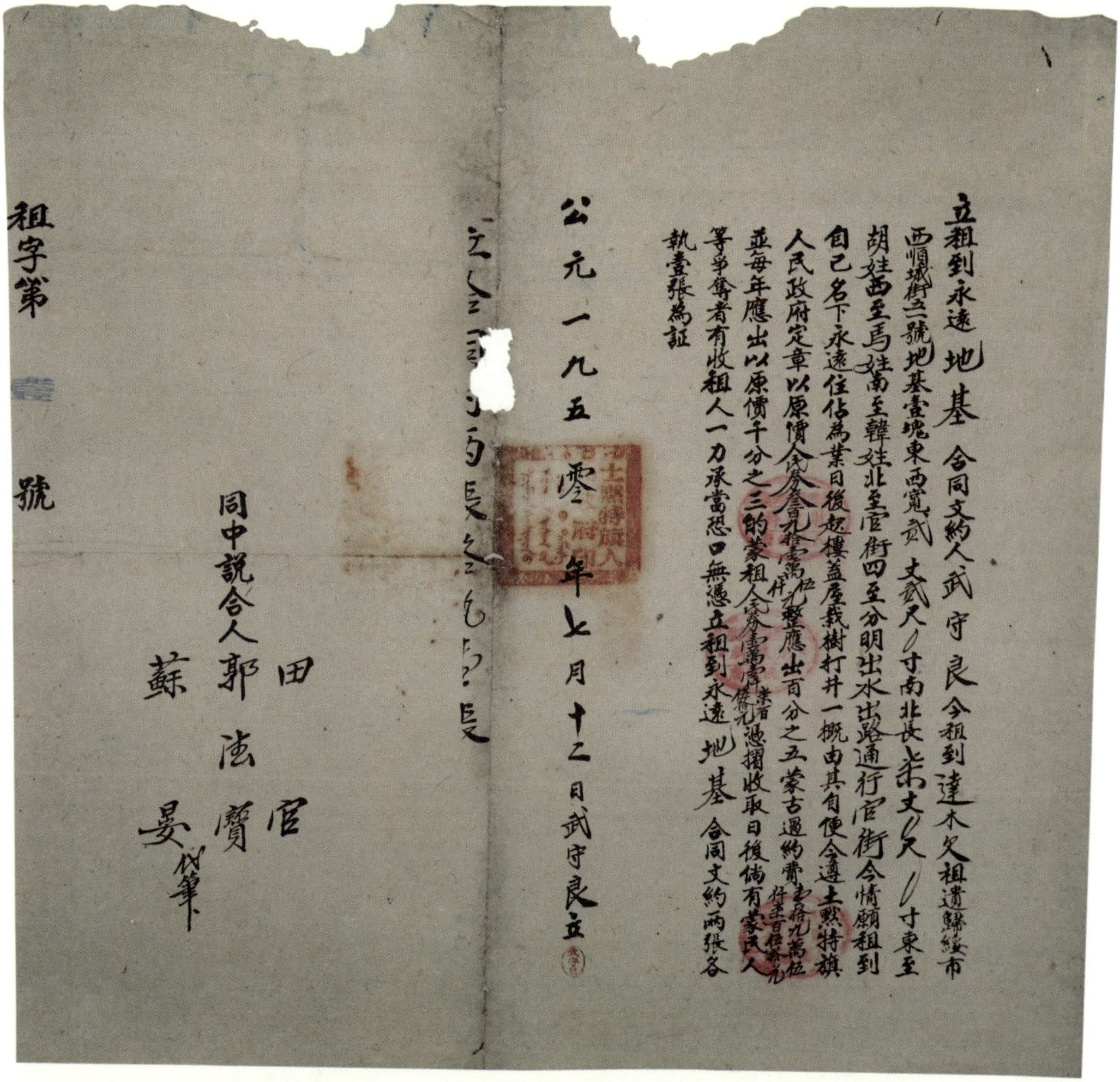

立租到永遠地基合同文約人武守良今租到達木欠祖遺歸綏市西順城街三號地基壹塊東西寬貳丈貳尺○寸南北長柒丈○尺○寸東至胡姓西至馬姓南至韓姓北至官街四至分明出水出路通行官街今情願租到自己名下永遠住佔為業日後起樓蓋屋栽樹打井一概由其自便今遵土默特旗人民政府定章以原價人民幣叁百玖拾壹萬伍仟元整應出百分之五蒙古過約費壹拾玖萬伍仟柒百伍拾元并每年應出以原價千分之三的蒙租人民幣壹萬壹仟柒百肆拾伍元憑摺收取日後倘有蒙民人等爭奪者有收租人一力承當恐口無憑立租到永遠地基合同文約兩張各執壹張為証

公元一九五〇年七月十二日武守良立

同中說合人 田官 郭法賢 蘇晏 代筆

租字第 號

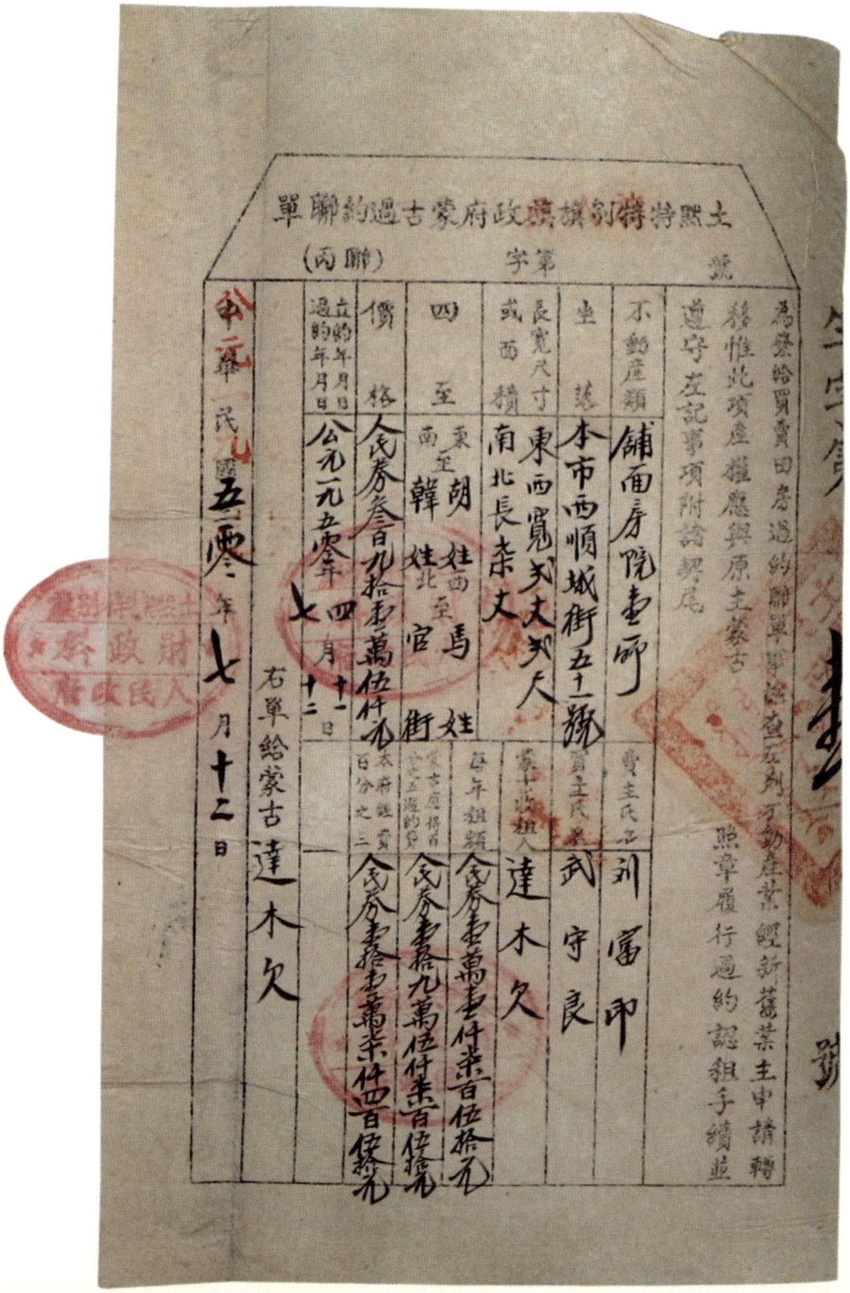

土默特特別旗政府蒙古過約聯單

（聯丙） 字第 號

為發給買賣田房過約聯單事，照查左列不動產業經新舊業主申請轉移，惟此項產權應與原主蒙古遵守左記事項，附諸契尾，照章履行過約認租手續並

不動產類	舖面房院壹所
坐落	本市西順城街五十一號
長寬尺寸或面積	東西寬弍丈弍尺 南北長柒丈
四至	東至胡姓 西至馬姓 南至韓姓 北至官街
價格	人民券叁百九拾壹萬伍仟元
立約年月日 過約年月日	公元一九五零年四月十一日 七月十二日
賣主氏名	刘富印
買主氏名	武守良
蒙古收租人	達木欠
每年租額	人民券壹萬壹仟柒百伍拾元
蒙古應得過約費	人民券壹拾九萬伍仟柒百伍拾元
本府徵收費百分之三	人民券壹拾壹萬柒仟四百肆拾元

右單給蒙古達木欠

中華民國 公元 一九五零年七月十二日

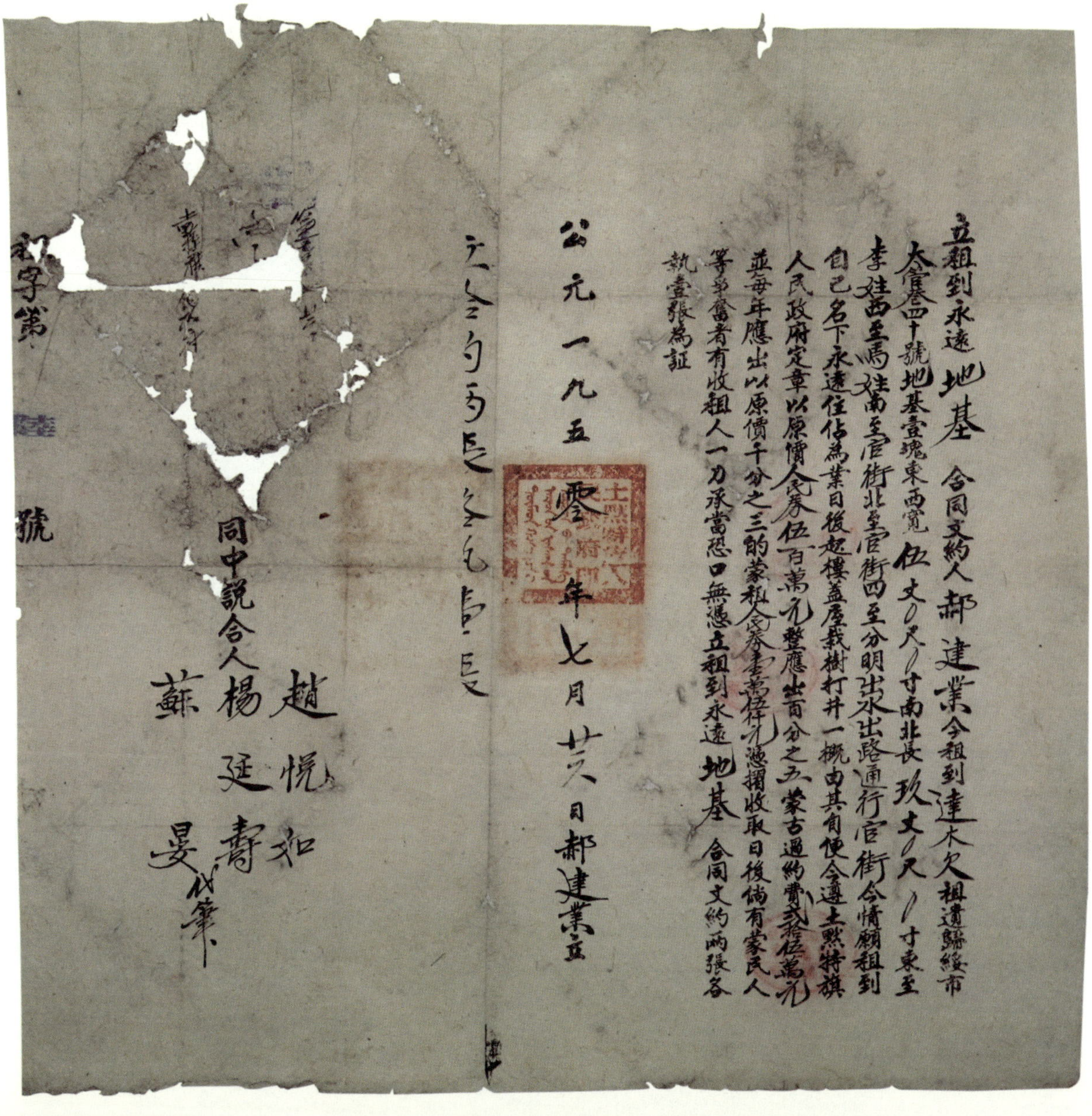
立租到永远地基合同文约人郝建业今租到达木欠祖遗归绥市太管巷四十号地基壹块东西宽伍丈〇尺〇寸南北长玖丈〇尺〇寸东至李娃西至马娃南至官街北至官街四至分明出水出路通行官街今情愿租到自己名下永远住佔为业日后起楼盖屋栽树打井一概由其自便今遵土默特旗人民政府定章以原价人民券伍佰万元整应出百分之五蒙古过约费贰拾伍万元并每年应出以原价千分之三的蒙租人民券壹万伍仟元凭摺收取日后倘有蒙民人等争论者有收租人一力承当恐口无凭立租到永远地基合同文约两张各执壹张为证

公元一九五零年七月廿六日郝建业立

同中说合人 赵悦知 杨廷寿 苏晏代笔

和字第 号

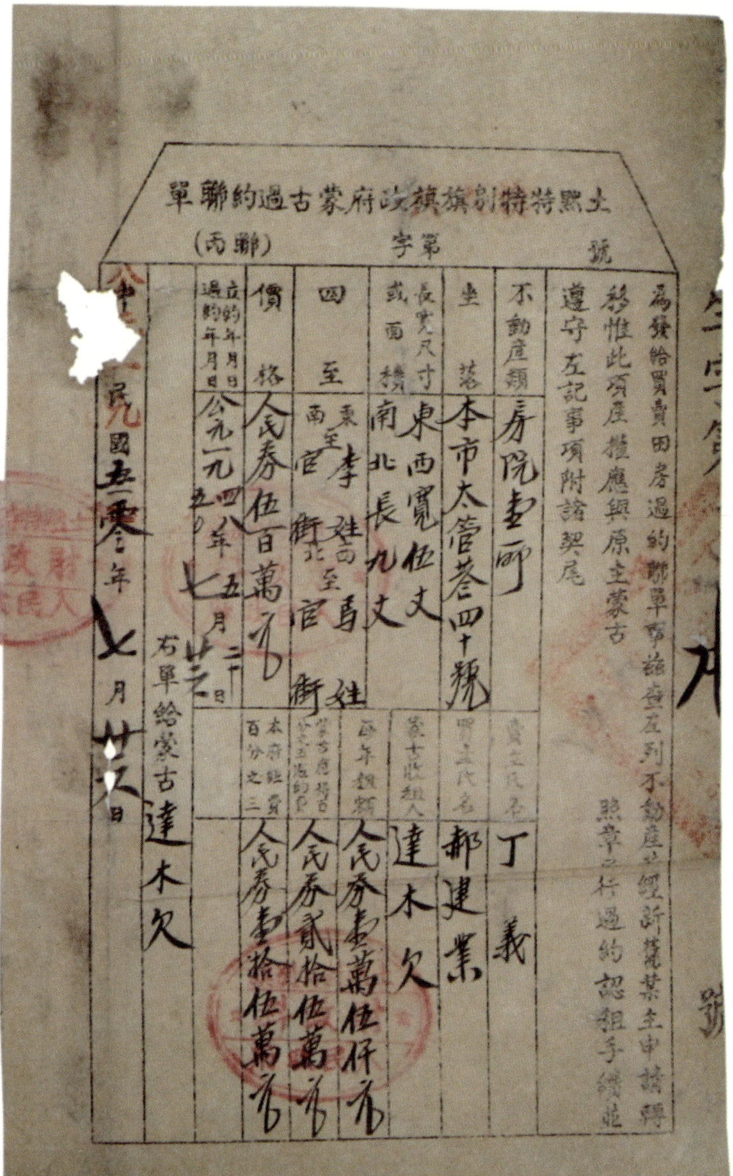

土默特特別旗政府蒙古過約聯單

號 第 字 (聯丙)

為發給買賣田房過約聯單事茲查左列不動產業經新舊業主申請轉移惟此項產權應與原主蒙古遵守左記事項附諸契尾照章已行過約認租手續並

不動產類	房院壹所
坐落	本市太管巷四十號
長寬尺寸或面積	東西寬伍丈 南北長九丈
四至	東至李姓 西至馬姓 南至官街 北至官街
價格	人民券伍百萬元
立約年月日 過約年月日	公元一九五〇年七月廿六日
賣主氏名	丁義
買主氏名	郝建業
蒙古收租人	達木欠
每年租額	人民券壹萬伍仟元
蒙古應得過約費	人民券貳拾伍萬元
本府經費百分之三	人民券壹拾伍萬元

右單給蒙古達木欠

公元一九五〇年七月廿六日

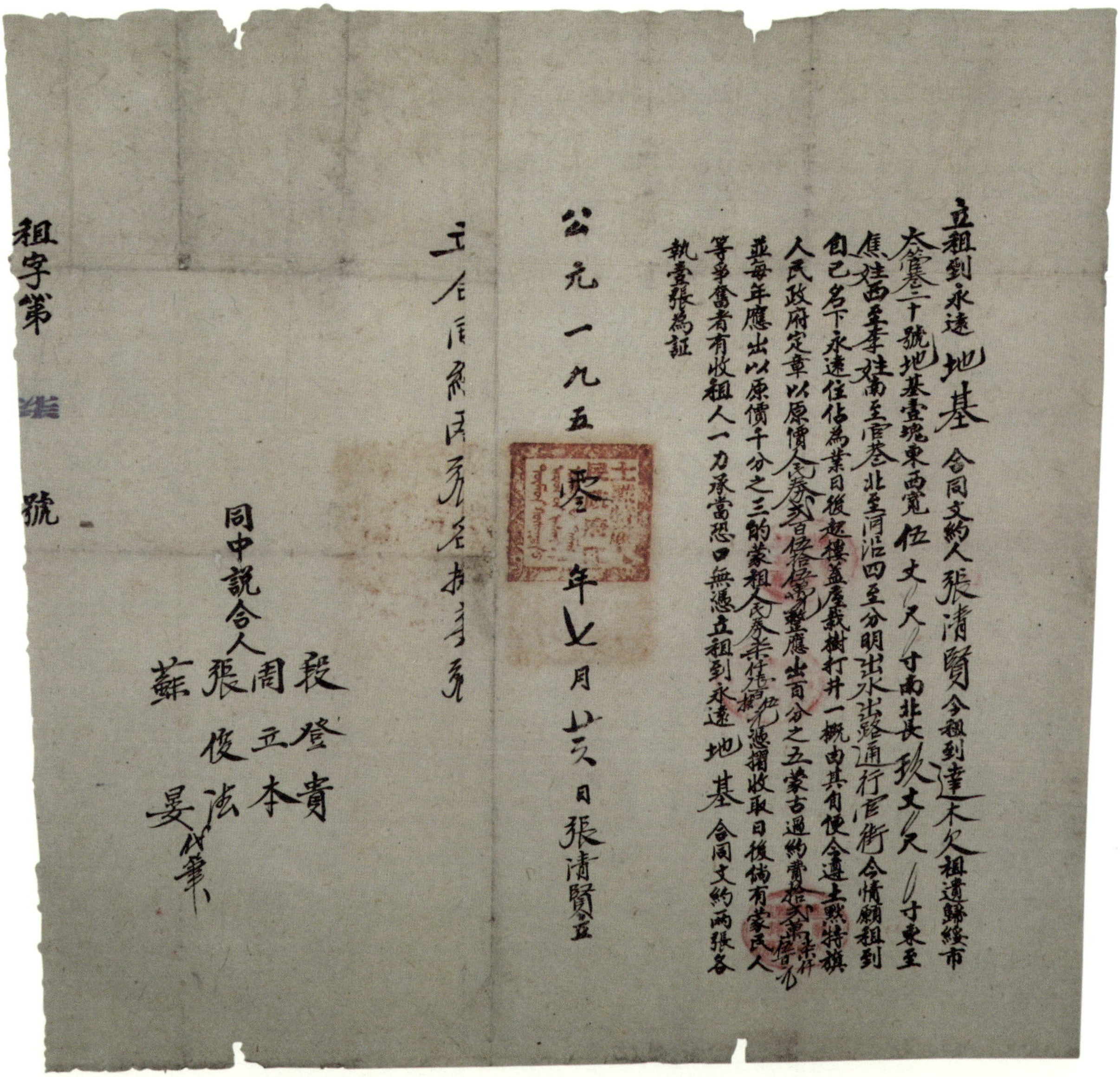

立租到永遠地基合同文約人張清賢今租到達木欠祖遺歸綏市
大倉巷三十號地基壹塊東西寬伍丈〃尺〃寸南北長玖丈〃尺〃寸東至
焦姓西至李姓南至官巷北至河沿四至分明出水出路通行官街今情願租到
自己名下永遠住佔為業日後起樓蓋屋栽樹打井一概由其自便今遵土默特旗
人民政府定章以原價人民券叁百伍拾伍萬元整應出百分之五蒙古過約費拾柒萬柒千伍佰元
並每年應出以原價千分之三的蒙租人民券柒仟伍佰伍拾元憑摺收取日後倘有蒙民人
等爭奪者有收租人一力承當恐口無憑立租到永遠地基合同文約兩張各
執壹張為証

公元一九五叁年七月廿六日張清賢立

立合同文約各執存照

同中說合人
段登貴
周立本
張俊法
蘇晏代筆

租字第　號

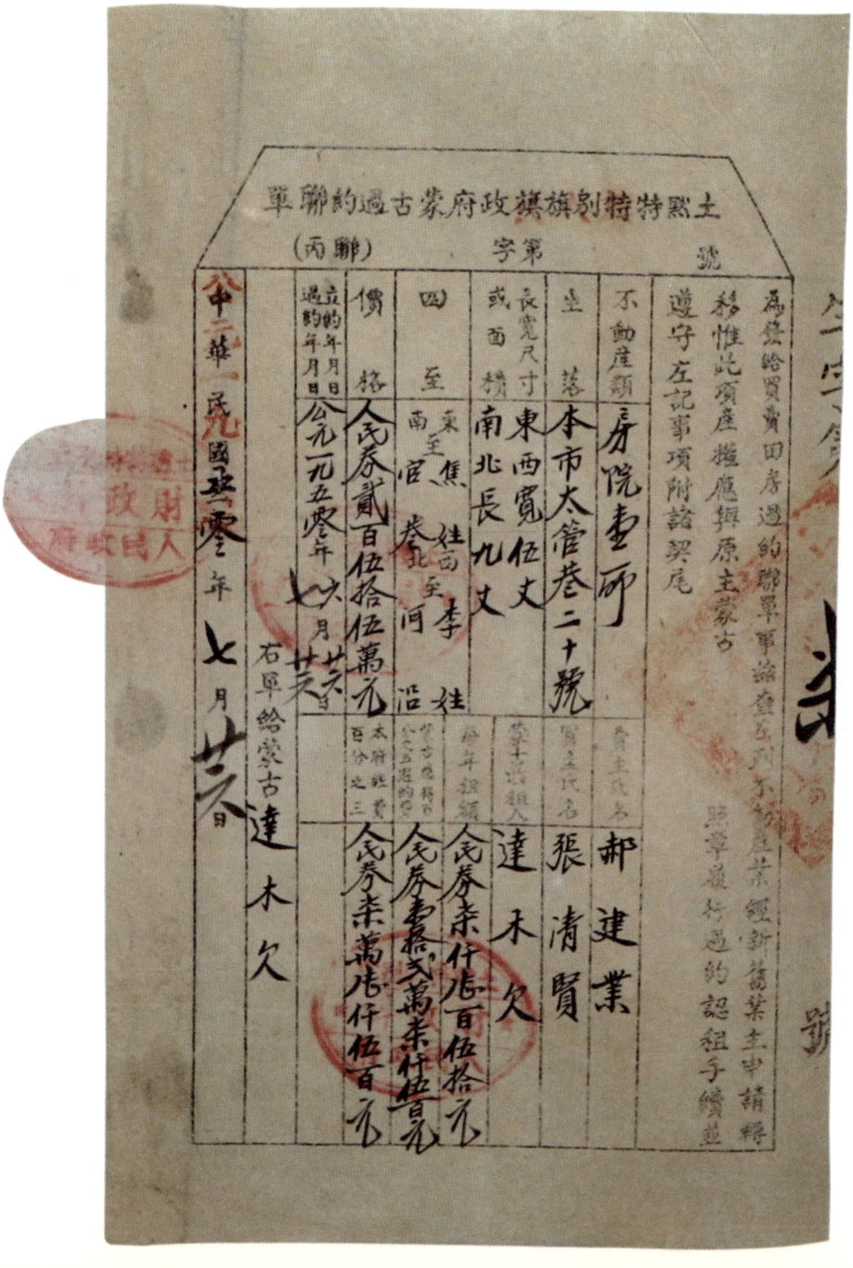

土默特特别旗旗政府蒙古过约联单

第　字　号

（联丙）

為發給買賣田房過約聯單事茲查左列不動產業經新舊業主申請將移惟此項產權應與原主蒙古照章履行過約認租手續並遵守左記事項附諸契尾

不動產類	坐落	長寬尺寸或面積	四至	價格	立約年月日 過約年月日
房院壹所	本市太管巷二十號	東西寬伍丈 南北長九丈	東至焦姓 西至李姓 南至官巷 北至河沿	人民券貳百伍拾伍萬元	公元一九五零年六月廿六日 公元一九五零年七月廿六日

賣主氏名	買主氏名	蒙古地租收入	每年租額	蒙古應得百分之五過約價	本府經費百分之三
郝建業	張清賢	達木欠	人民券柒仟柒百伍拾元	人民券壹拾貳萬柒仟伍百元	人民券柒萬柒仟伍百元

右單給蒙古達木欠

中華民國三十九年　公元一九五零年七月廿六日

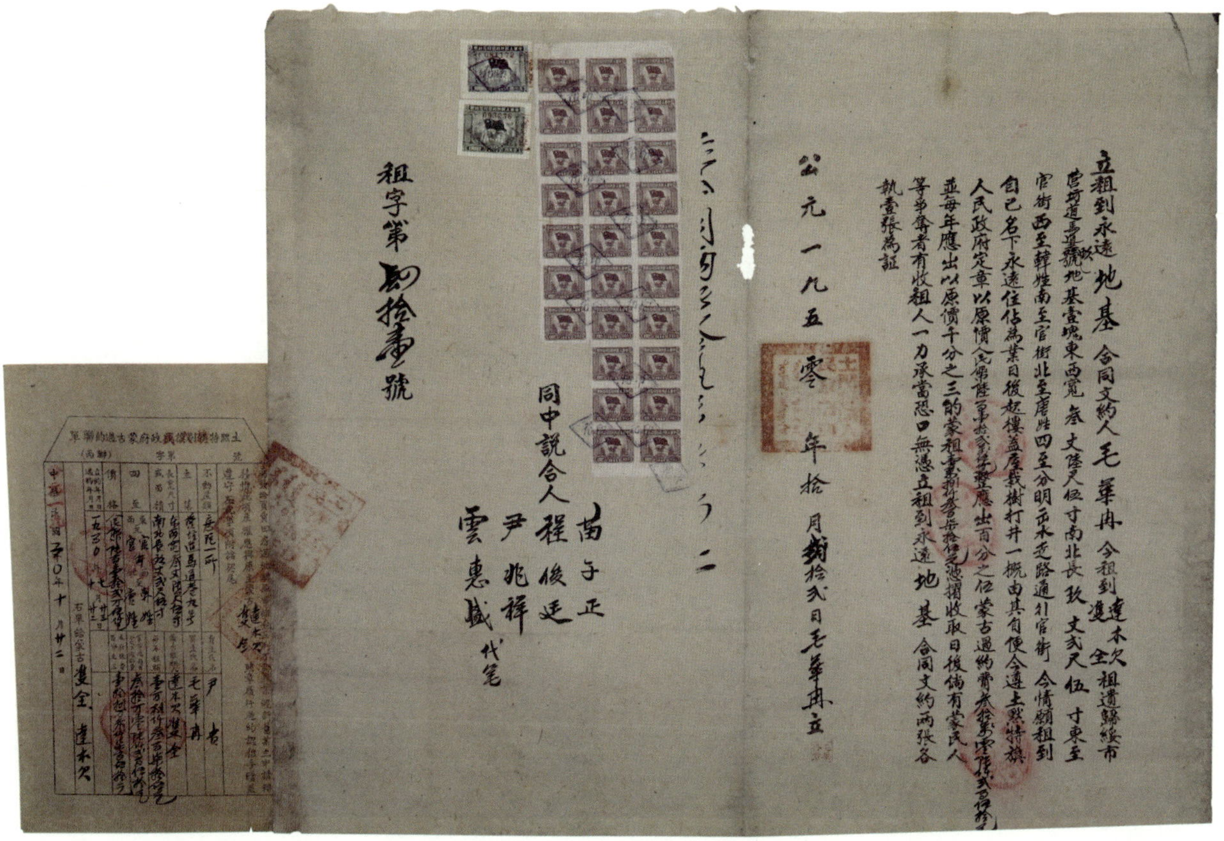

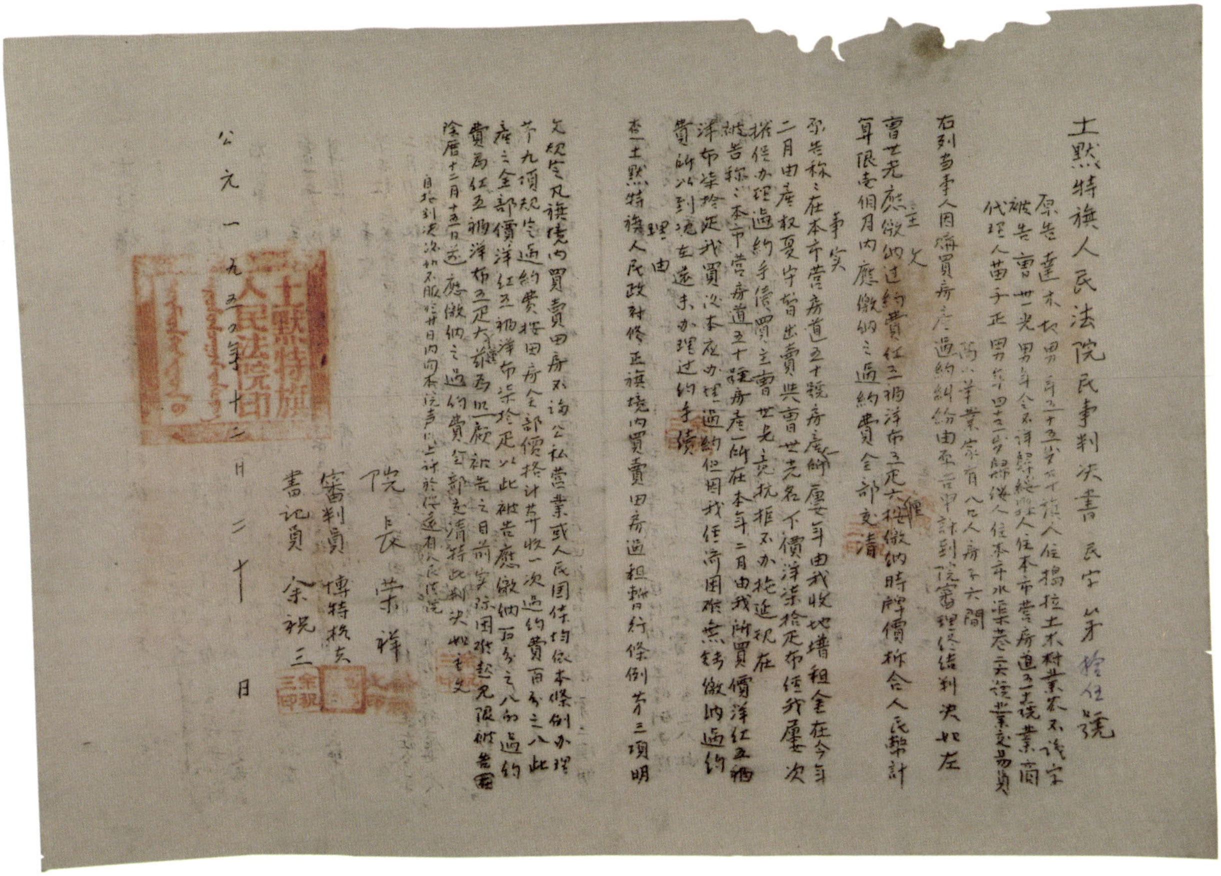

土默特旗人民法院民事判决书 民字第 拾伍號

原告 董木权 男 年五十五岁 蒙古族人 住揚拉土木村 業農 不識字

被告 曹世光 男 年令不详 經理人 住本市營房道五十號 業商 為小本業 家有八口人 房子六間

代理人 苗子正 男 年四十二岁 歸綏人 住本市水渠巷二六號 業交易員

右列當事人因補買房產過約糾紛由原告申訴到院審理終結判決如左

主文

曹世光應繳納過約費紅三袺洋布三疋六尺 作繳納時牌價折合人民幣計算 限壹個月內應繳納之過約費全部交清

事實

原告稱：在本市營房道五十號房產一所 原是一年由我收地增租金 在今年二月由產权夏守智出賣與曹世光名下 價洋柒拾疋布 經我屢次催促办理過約手續 買主曹世光竟抗拒不办 拖延現在

被告稱：本市營房道五十號房產一所 在本年二月由我所買 價洋紅五袺洋布柒拾疋 我買後本應办理過約 但因我經济困難 無錢繳納過約費 所以到現在還未办理过約手續

理由

查土默特旗人民政府修正旗境內買賣田房過租暫行條例第三項明文規定 凡旗境內買賣田房不論公私營業或人民團体均依本條例办理 第九項規定過約費按田房全部價格計算收一次過約費百分之八 此產之全部價洋紅五袺洋布柒拾疋 以此被告應繳納百分之八的過約費為紅五袺洋布五疋六尺 為照顧被告之目前實际困難起見 限被告於陰曆十二月十五日送應繳納之過約費全部交清 特此判決如上

自接到判決之次日起如不服於廿日內向本院声請上訴於綏遠省人民法院

院長 榮祥

審判員 傅特格太

書記員 余祝三

公元一九五〇年十二月二十日

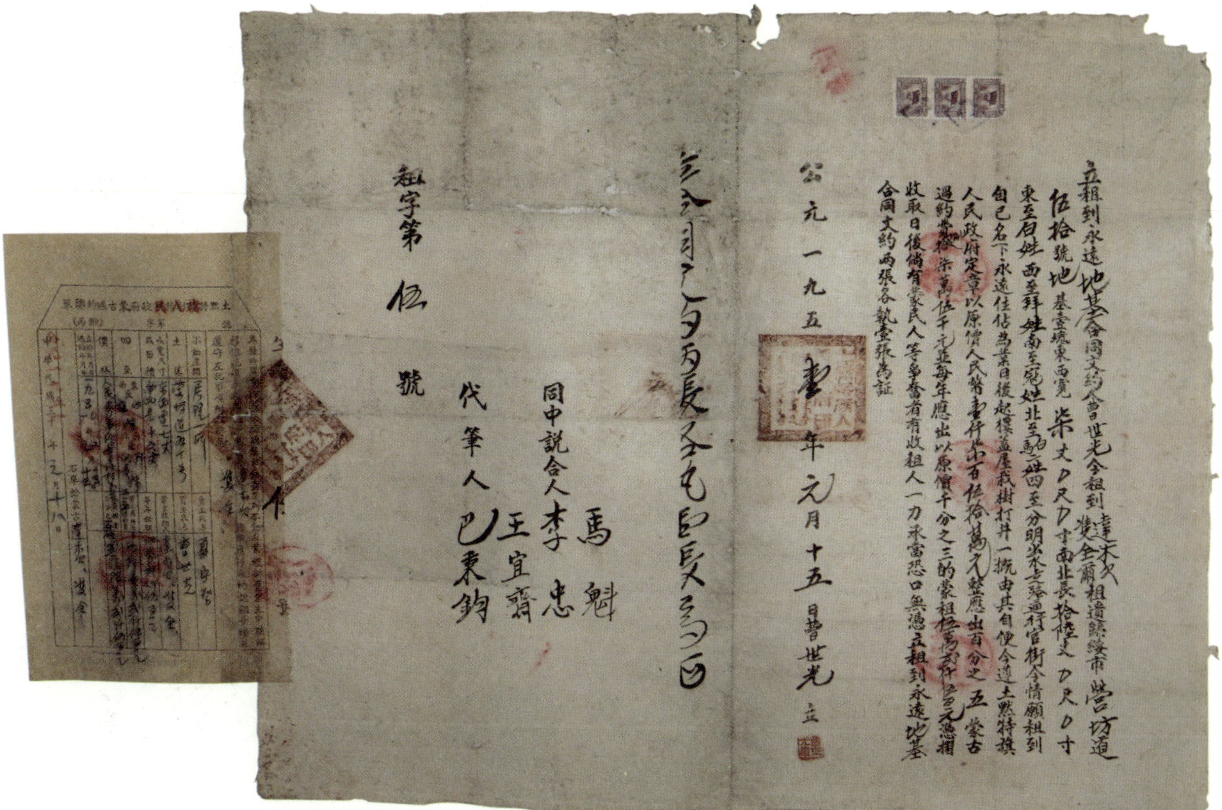
立租到永遠地基合同文約人曹世光今租到達木文樊全爾祖遺歸綏市營坊道
伍拾號地基壹塊東西寬柒丈□尺□寸南北長拾陸丈□尺□寸
東至何姓西至拜姓南至寇姓北至馬白二姓四至分明出水走路通行官街今情願租到
自己名下永遠住佔為業日後起標蓋屋栽樹打井一概由其自便今遵土默特旗
人民政府定章以原價人民幣壹仟柒百伍拾萬元整應出百分之五蒙古
過約費捌拾柒萬伍千元並每年應出以原價千分之三的蒙租伍萬貳仟伍百元憑摺
收取日後倘有蒙民人等爭奪者有收租人一力承當恐口無憑立租到永遠地基
合同文約兩張各執壹張為証

公元一九五一年元月十五日曹世光立

同中說合人 馬魁 李忠 王宜齋

代筆人 巴秉鈞

租字第伍號

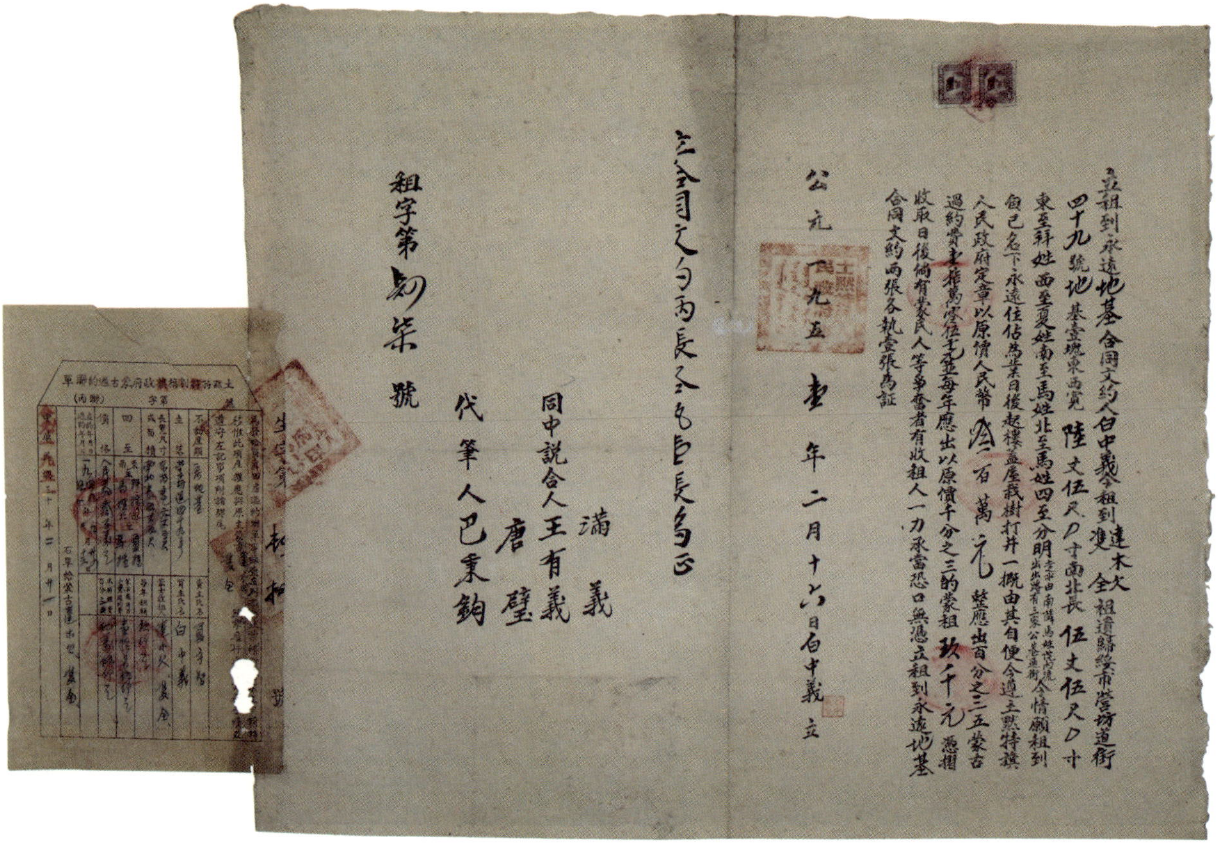

立租到永遠地基合同文約人白中義今租到達木欠全祖遺歸綏市營坊道街四十九號地基壹塊東西寬陸丈伍尺〇寸南北長伍丈伍尺〇寸東至拜姓西至夏姓南至馬姓北至馬姓四至分明出水走南蘭馬姓院內流出路走有三家公巷通衙今情願租到自己名下永遠住佔為業日後起樓蓋屋栽樹打井一概由其自便今遵土默特旗人民政府定章以原價人民幣叁百萬元整應出百分之三五蒙古過約費壹拾萬零伍千元整每年應出以原價千分之三的蒙租玖千元憑摺收取日後倘有蒙民人等爭奮者有收租人一力承當恐口無憑立租到永遠地基合同文約兩張各執壹張為証

公元一九五壹年二月十六日白中義立

合同文約兩張各執壹張為証

同中說合人 王有義 滿義 唐璧

代筆人 巴秉鈞

租字第[illegible]柒號

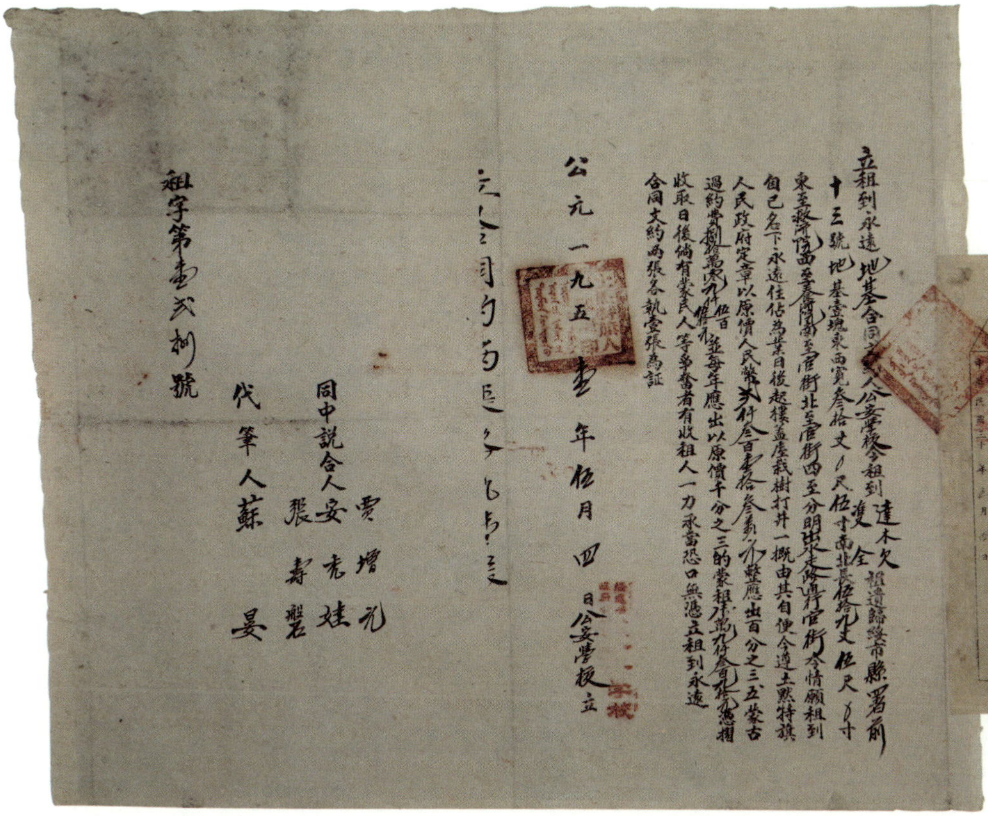

立租到永遠地基合同文約人公安學校今租到達木欠 [illegible]歸綏市縣署前
十三號地基壹塊東西寬叁拾丈〇尺伍寸南北長拾[illegible]丈伍尺〇寸
東至[illegible]西至[illegible]南至官街北至官街四至分明出入走路通行官街今情願租到
自己名下永遠住佔為業日後起樓蓋屋栽樹打井一概由其自便今遵土默特旗
人民政府定章以原價人民幣[illegible]仟叁百[illegible]拾叁萬[illegible]整應出百分之三五蒙古
過約費[illegible]並每年應出以原價千分之三的蒙租[illegible]
收取日後倘有蒙民人等爭奪者有收租人一力承當恐口無憑立租到永遠
合同文約兩張各執壹張為証

公元一九五[illegible]年伍月四日 公安學校立

同中說合人 賈增礼 安老娃 張壽[illegible]

代筆人 蘇晏

租字第壹弍[illegible]號

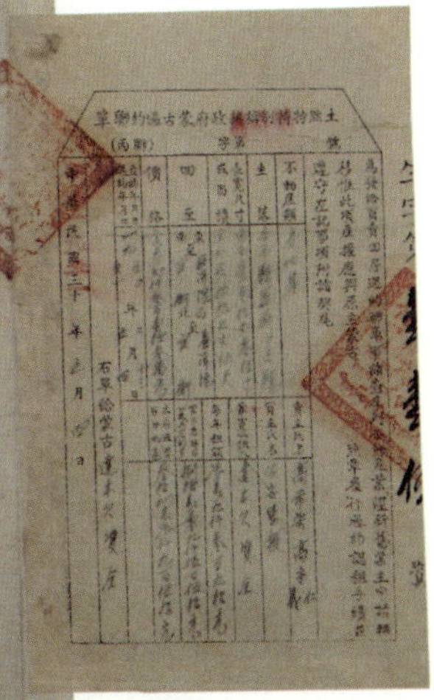

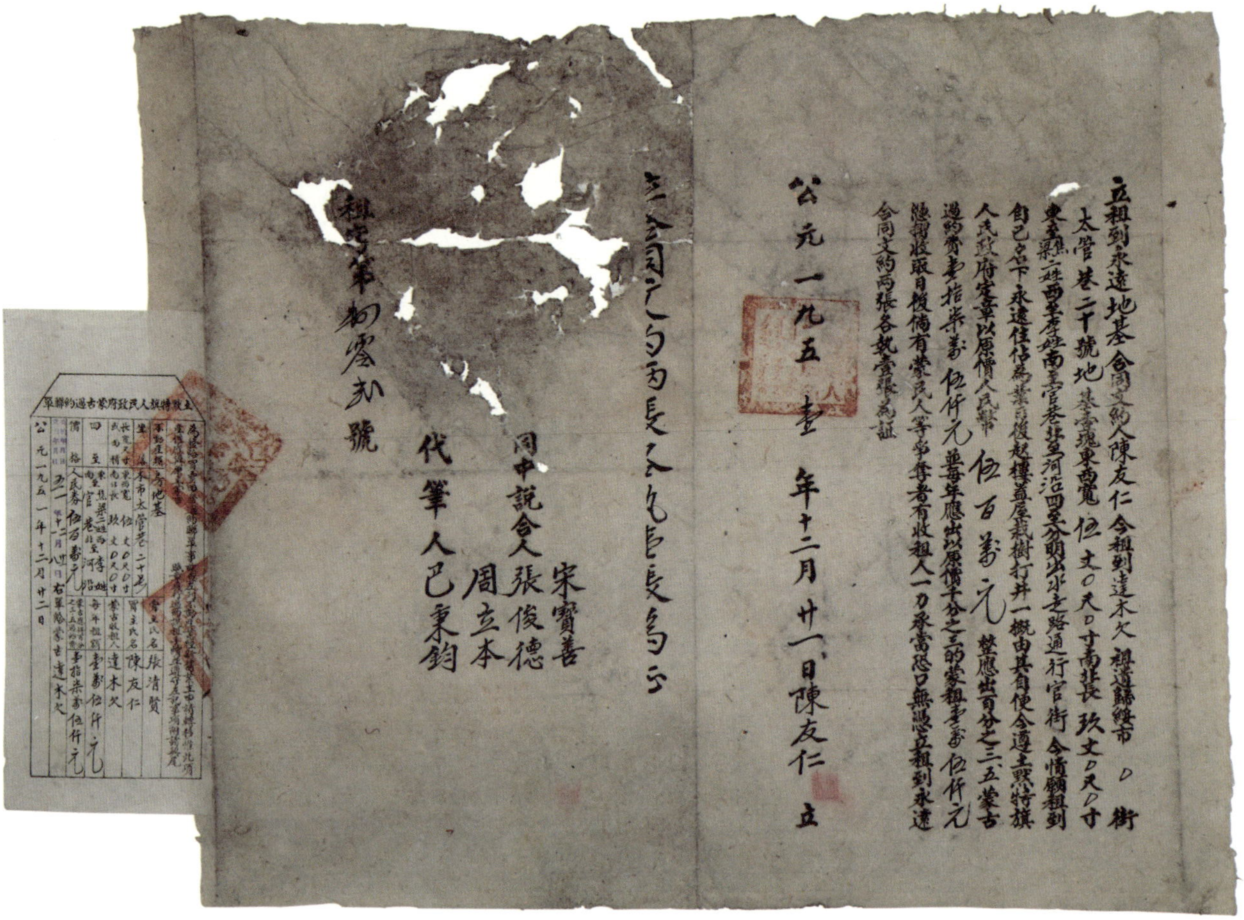

立租到永遠地基合同文約人陳友仁今租到達木欠祖遺歸綏市□街太管巷二十號地基壹塊東西寬伍丈〇尺〇寸南北長玖丈〇尺〇寸東至焦、梁二姓西至李姓南至官巷北至河沿四至分明出水走路通行官街今情願租到自己名下永遠住伙為業以後修蓋房屋栽樹打井一概由其自便今遵土默特旗人民政府定章以原價人民幣伍百萬元整應出百分之三、五蒙古過約費壹拾柒萬伍仟元並每年應出以原價千分之三的蒙租壹萬伍仟元隨年收取日後倘有蒙民人等爭奪者有收租人一力承當恐口無憑立租到永遠合同文約兩張各執壹張為證

公元一九五壹年十二月廿一日陳友仁立

同中說合人 宋寶善 張俊德 周立本

代筆人 巳秉鈞

租字第捌零貳號

土默特旗人民政府蒙古過約聯單

不動產類	房地基
坐落	本市太管巷二十號
長寬丈寸	東西寬伍丈〇尺〇寸 南北長玖丈〇尺〇寸
四至	東至焦梁二姓 西至李姓 南至官巷 北至河沿
價格	人民券伍百萬元
賣主民名	張清賢
買主民名	陳友仁
蒙古收租人	達木欠
每年租額	壹萬伍仟元
蒙古應得過約費	壹拾柒萬伍仟元

公元一九五一年十二月廿二日 右單給蒙古達木欠

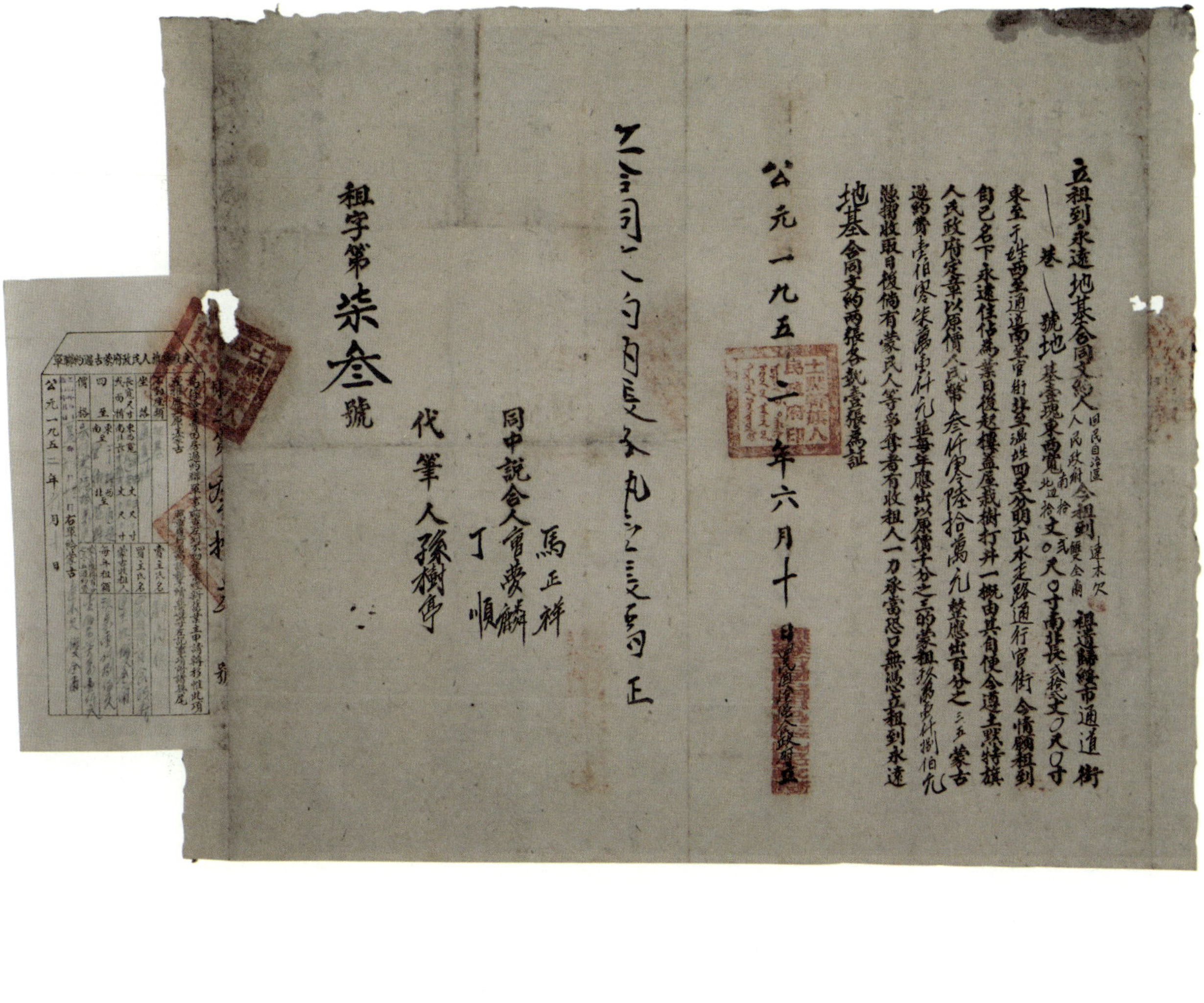
立租到永遠地基合同文約人 回民自治區人民政府 今租到 達木欠 雙全 南 祖遺歸綏市通道街
一巷一號地基壹塊東西寬南拾北拾丈貳丈〇尺〇寸南北長貳拾丈〇尺〇寸
東至于姓西至通道南至官街北至溫姓四至分明出水走路通行官街 今情願租到
自己名下永遠住佔為業日後起樓蓋房栽樹打井一概由其自便今遵土默特旗
人民政府定章以原價人民幣叁仟零陸拾萬元整應出百分之三五蒙古
過約費壹佰零柒萬壹仟元並每年應出以原價千分之三的蒙租玖萬壹仟捌佰元
懸擱收取日後倘有蒙民人等爭奪者有收租人一力承當恐口無憑立租到永遠
地基合同文約兩張各執壹張為証

公元一九五二年六月十 日

同中說合人 馬正祥 曹夢麟 丁順

代筆人 孫樹亭

租字第柒叁號

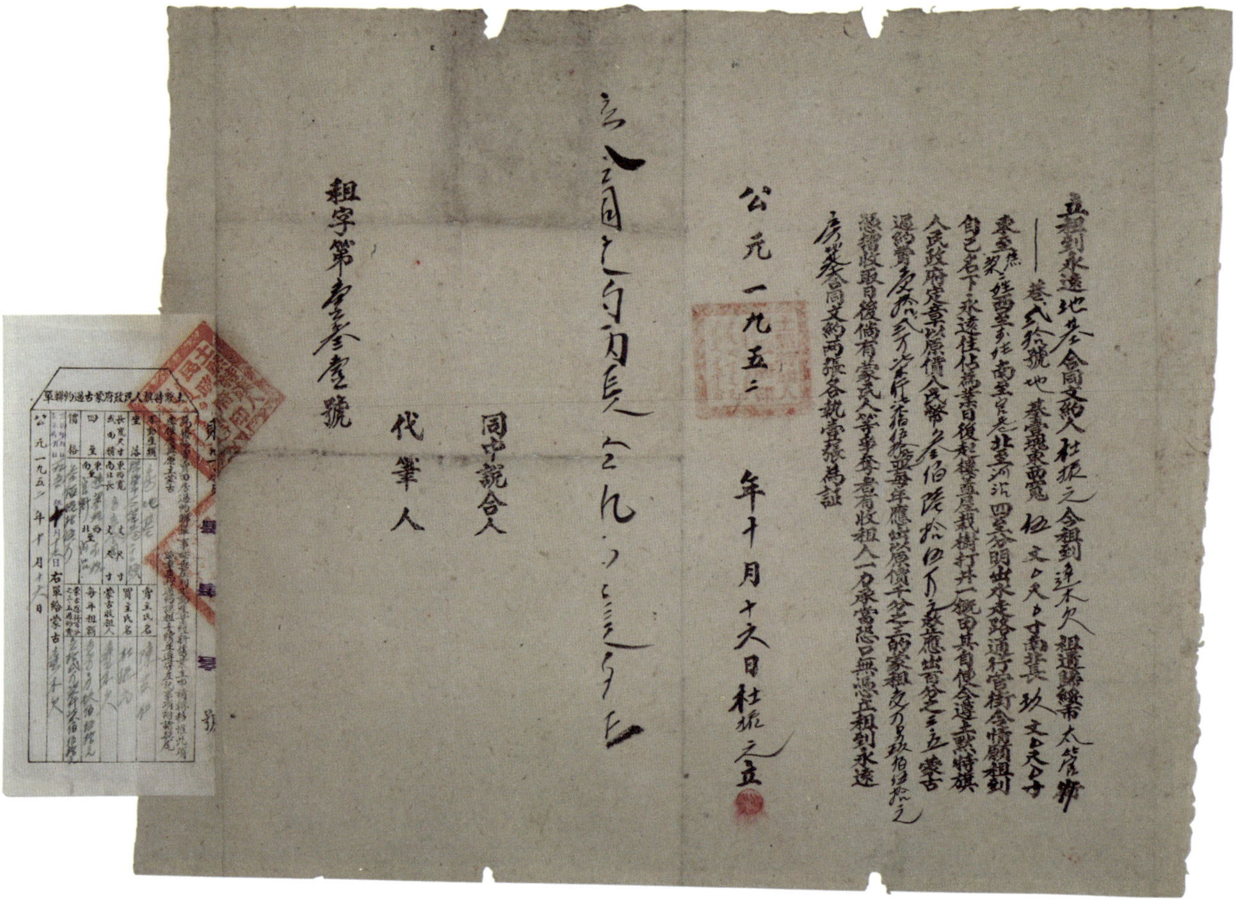
立租到永遠地基合同文約人杜振之，今租到達木欠租遺歸綏市大[illegible]管轄
一巷弍拾號地基壹塊，東西寬伍丈〇尺〇寸，南北長玖丈〇尺〇寸
東至[illegible]姓，西至[illegible]，南至官巷，北至河沿，四至分明，出水走路通行官街，今情願租到
自己名下永遠住佔為業，日後起樓蓋房、栽樹打井一概由其自便，今遵土默特旗
人民政府定章，以原價人民幣叁佰陸拾伍[illegible]，按應出百分之三立蒙古
過約費[illegible]，並每年應出以原價千分之三的蒙租人民幣[illegible]
憑摺收取，日後倘有蒙民人等爭奪，由有收租人一力承當，恐口無憑，立租到永遠
房基合同文約兩張，各執壹張為証

公元一九五二年十月十六日 杜振之立

同中說合人
代筆人

租字第壹叁壹號

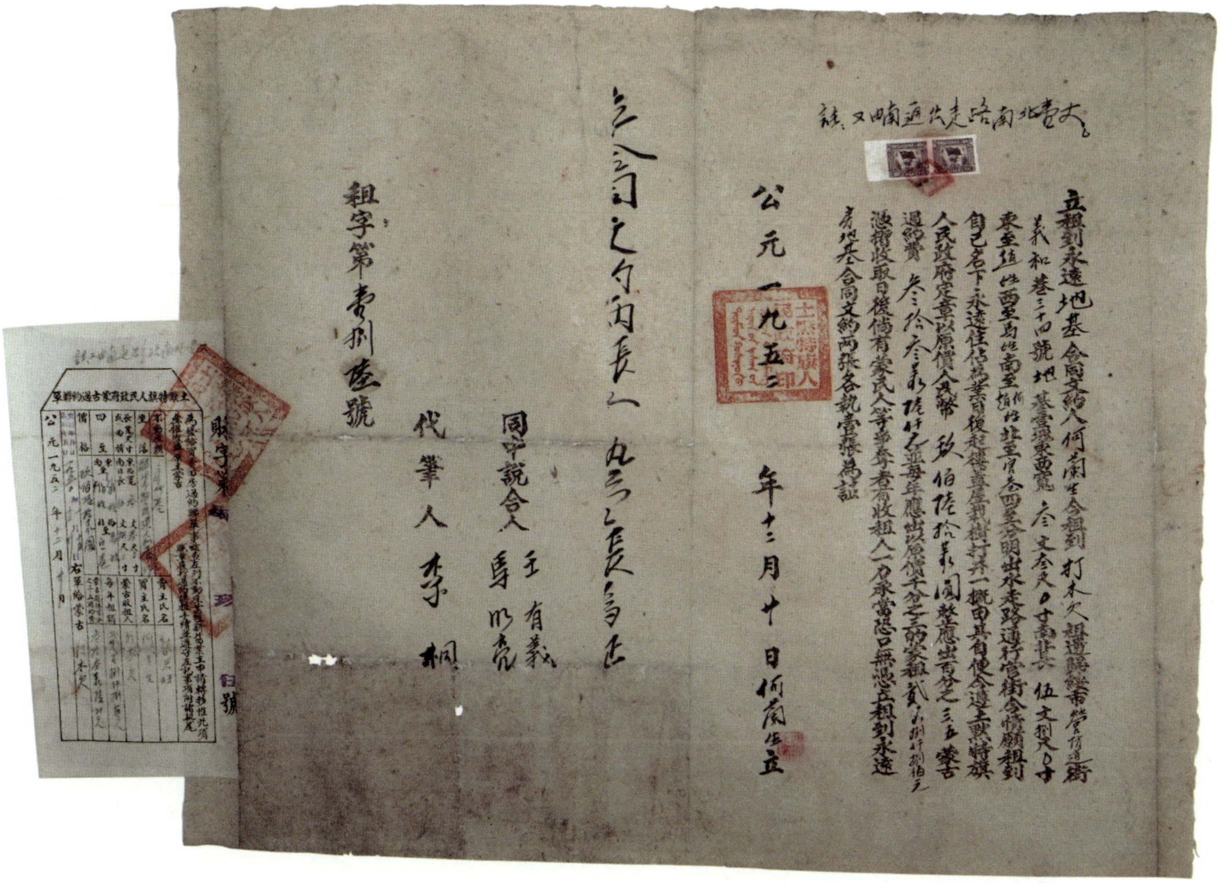

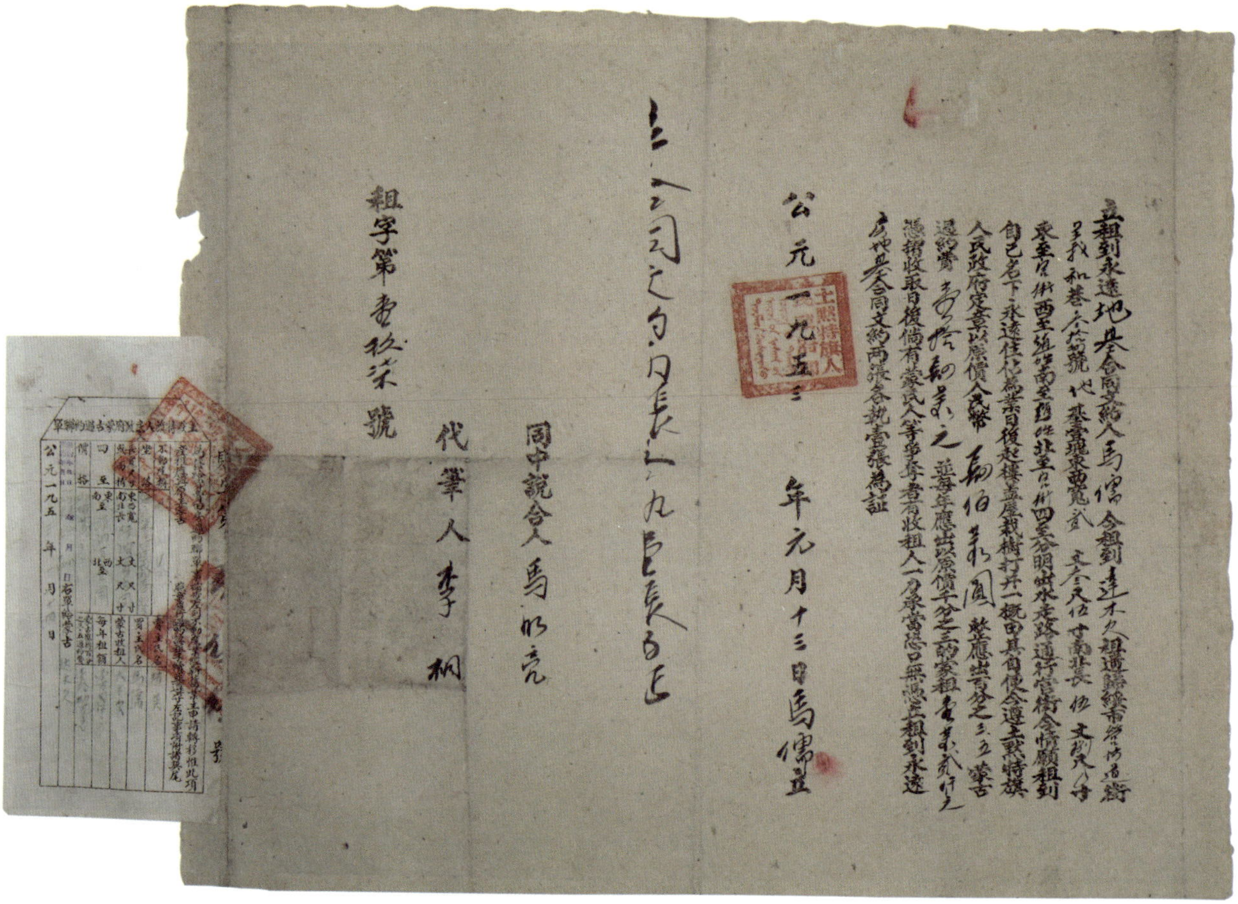

立租到永遠地基合同文約人馬儒今租到達木欠祖遺歸綏市[illegible]街
[illegible]和巷[illegible]號地基壹塊東西寬貳丈叁尺伍寸南北長伍丈[illegible]尺八寸
東至[illegible]西至[illegible]南至[illegible]北至[illegible]四至分明出水走路通行官街今情願租到
自己名下永遠住佔為業日後起樓蓋房栽樹打井一概由其自便今遵土默特旗
人民政府定章以原價人民幣[illegible]萬伍[illegible]之 [illegible]伍萬伍仟圓 整應出百分之三五蒙古
過約費[illegible] 並每年應出以原價千分之三的蒙租[illegible]
憑摺收取日後倘有蒙民人等爭奪者有收租人一力承當恐口無憑立租到永遠
房地基合同文約兩張各執壹張為證

公元一九五三年元月十三日 馬儒立

同中說合人 馬明亮

代筆人 李桐

租字第壹[illegible]號

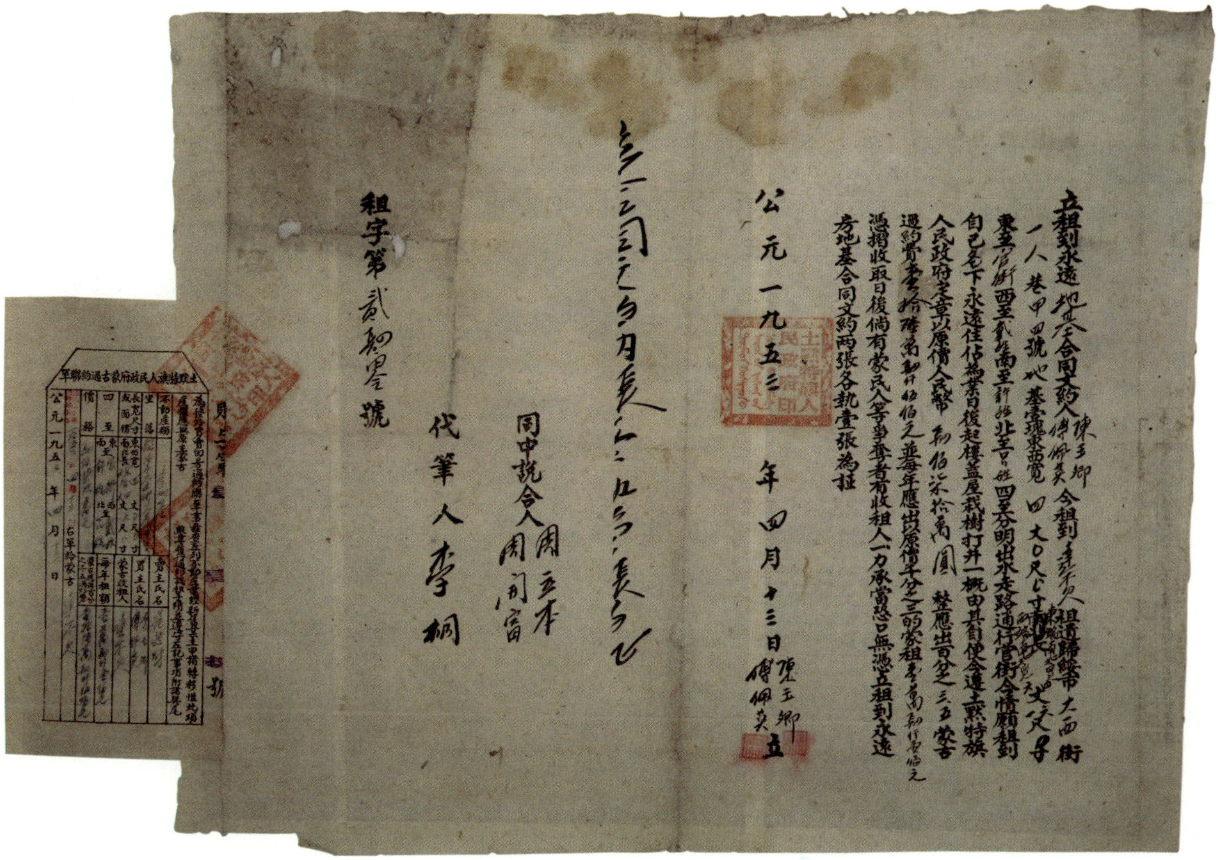

立租到永遠地基合同文約人
公元一九五三年四月十三日
租字第貳佰叁號
同中說合人
代筆人

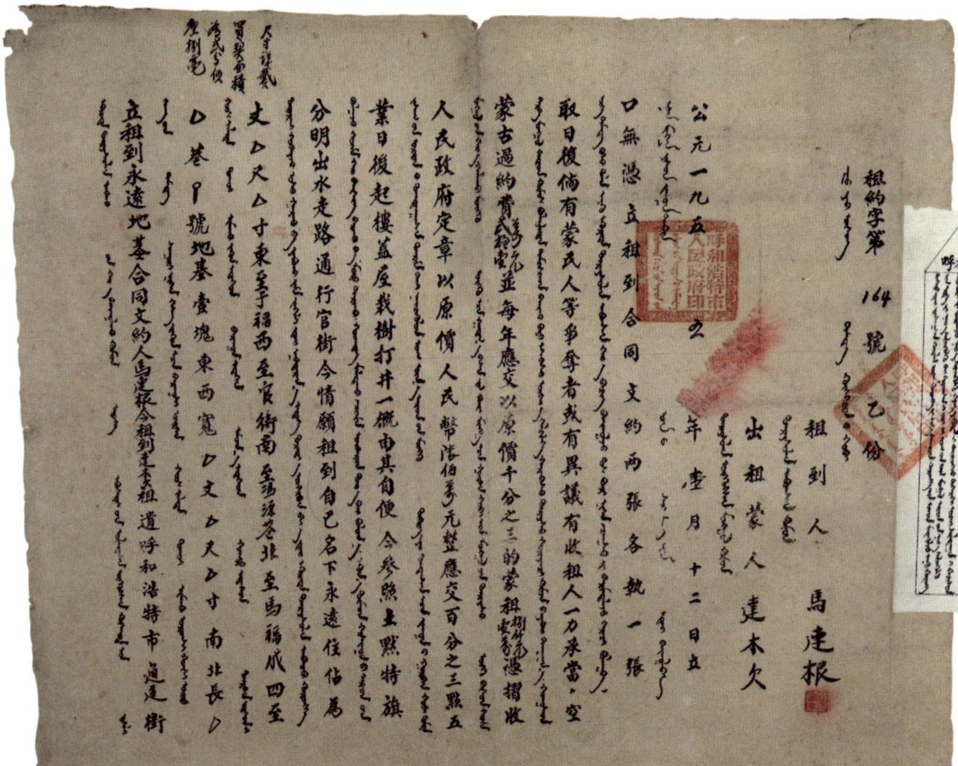

租約字第164號 乙份

立租到永遠地基合同文約人馬建根今租到達木欠祖遺呼和浩特市通道街□巷□號地基壹塊東西寬□丈□尺□寸南北長□丈□尺□寸東至于福西至官街南至張蒼北至馬福成 四至分明出水走路通行官街今情願租到自己名下永遠住佔為業日後起樓蓋屋栽樹打井一概由其自便 今參照土默特旗人民政府定章以原價人民幣洛伯叁元整應交百分之三點五蒙古過約費□□□並每年應交以原價千分之三的蒙租□□□撥攢收取日後倘有蒙民人等爭奪者或有異議有收租人一力承當，空口無憑立租到合同文約兩張各執一張

公元一九五五年壹月十二日立

出租蒙人 達木欠

租到人 馬建根

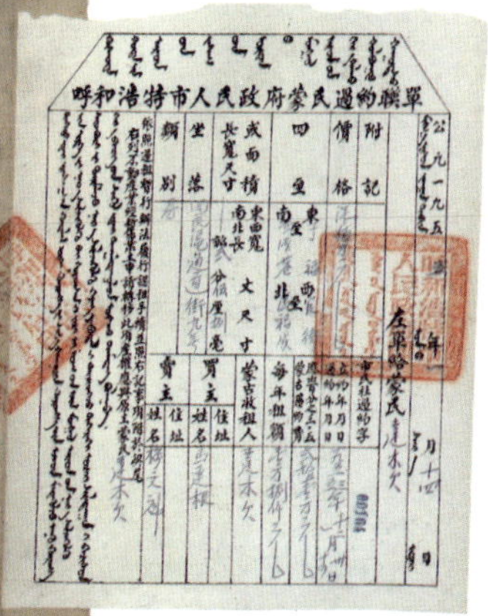

呼和浩特市人民政府蒙民過約換單

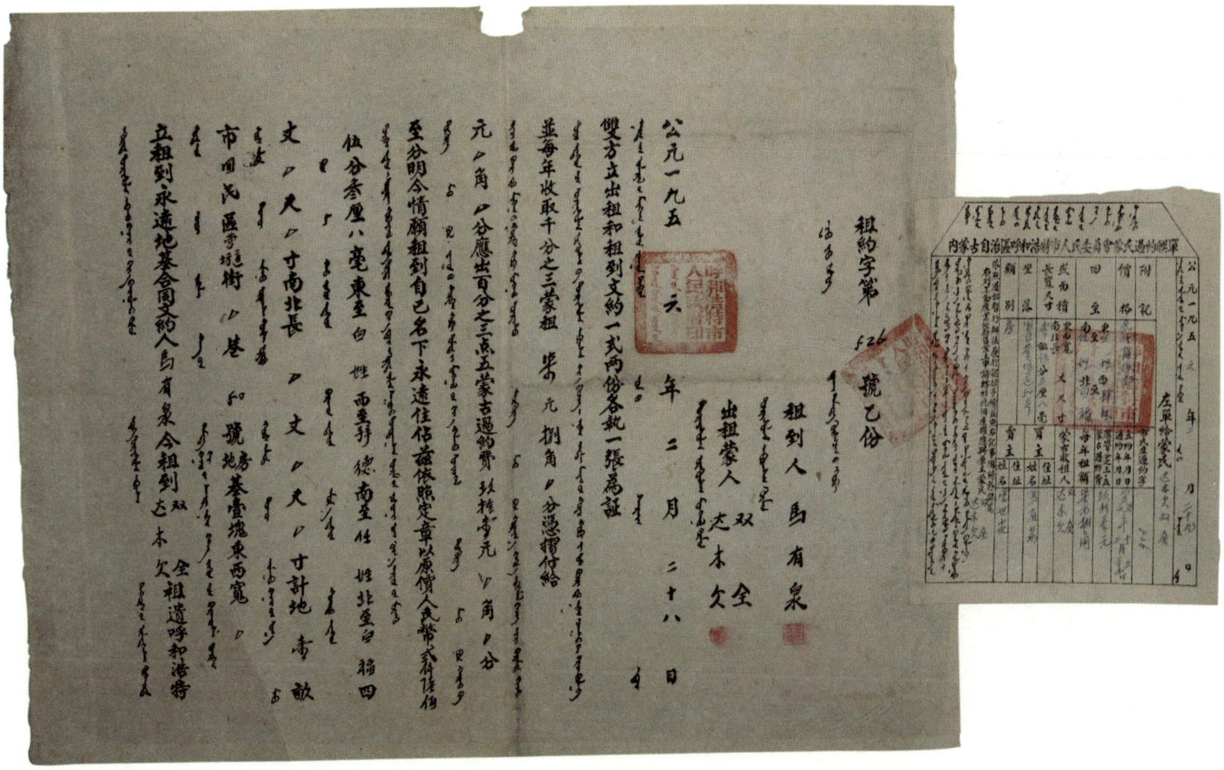
租約字第526號乙份

租到人 馬有泉

出租蒙人 双全 达木欠

公元一九五六年二月二十八日

雙方立出租和租到文約一式两份各執一張為証

並每年收取千分之三蒙租 柒元捌角〇分憑摺付給

元〇角〇分應出百分之三点五蒙古過約費 玖拾壹元〇角〇分

至分明今情願租到自己名下永遠住佔兹依照定章以原價人民幣式仟陆佰

伍分叁厘八毫 東至白姓 西至靳德 南至任姓 北至白福 四

文〇尺〇寸 南北長〇丈〇尺〇寸 計地壹畝

市回民區李琐道街〇巷50號房地基壹塊東西寬

立租到永遠地基合同文約人馬有泉今租到双全达木欠祖遺呼和浩特

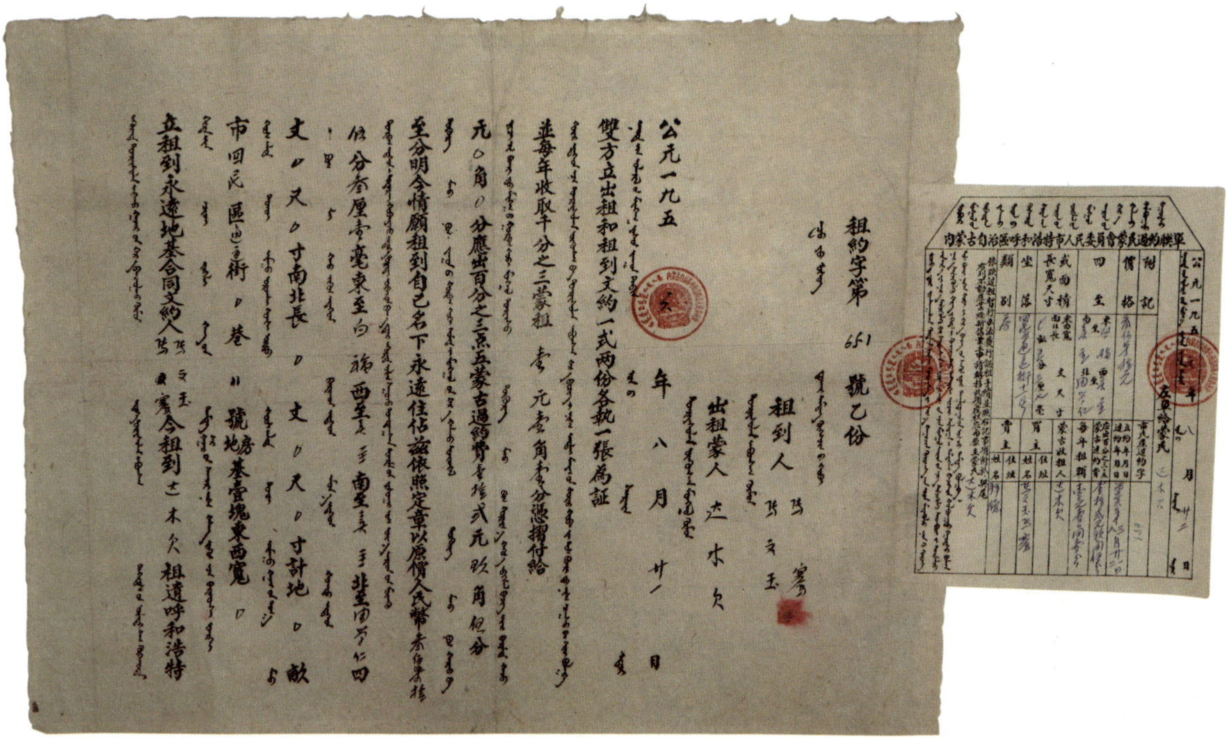
租約字第 651 號乙份
租到人 文玉
出租蒙人 之木欠
公元一九五 年 八 月 廿一 日
雙方立出租和租到文約一式兩份各執一張為証
並每年收取千分之三蒙租 壹 元壹角壹分憑摺付給
元 角 分應出百分之三点五蒙古過約費壹拾式元玖角伍分
至分明今情願租到自己名下永遠住佔茲依照定章以原價人民幣
分叁厘壹毫東至白 西至 南至 北至
丈 尺 寸南北長 丈 尺 寸計地 畝
市回民 區 街 巷 號地房基壹塊東西寬
立租到永遠地基合同文約人 文玉 今租到 之木欠 祖遺呼和浩特

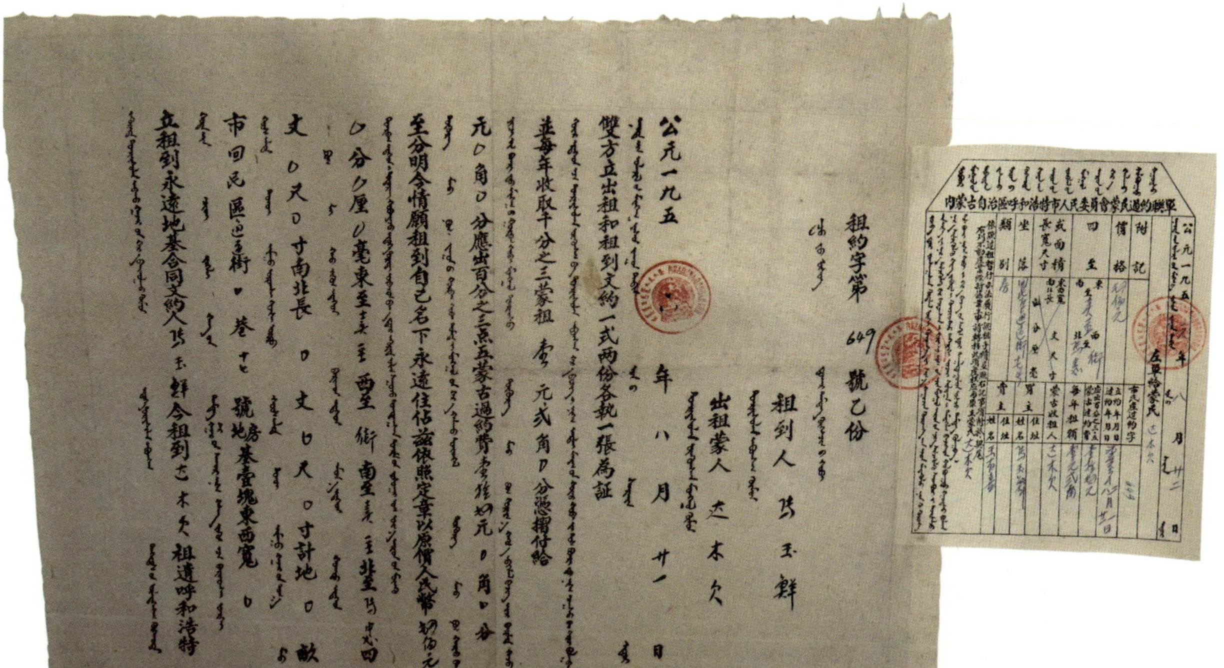

租約字第649號乙份

租到人 張玉鮮

出租蒙人 达木欠

公元一九五 年 八 月 廿一 日

雙方立出租和租到文約一式两份各執一張為証

並每年收取千分之三蒙租 壹 元弍角0分憑擲付給

元0角0分應出百分之三点五蒙古過約費壹拾 元 0 角 0 分

至分明今情願租到自己名下永遠住佔並依照定章以原價人民幣

0分0厘0毫東至 西至 街 南至 北至

丈0尺0寸南北長 0 丈 0 尺 0 寸計地 0 畝

市回民區 街 巷 號地房基壹塊東西寬 0

立租到永遠地基合同文約人張玉鮮今租到达木欠祖遺呼和浩特

內蒙古自治區呼和浩特市人民委員會蒙民過約聯單

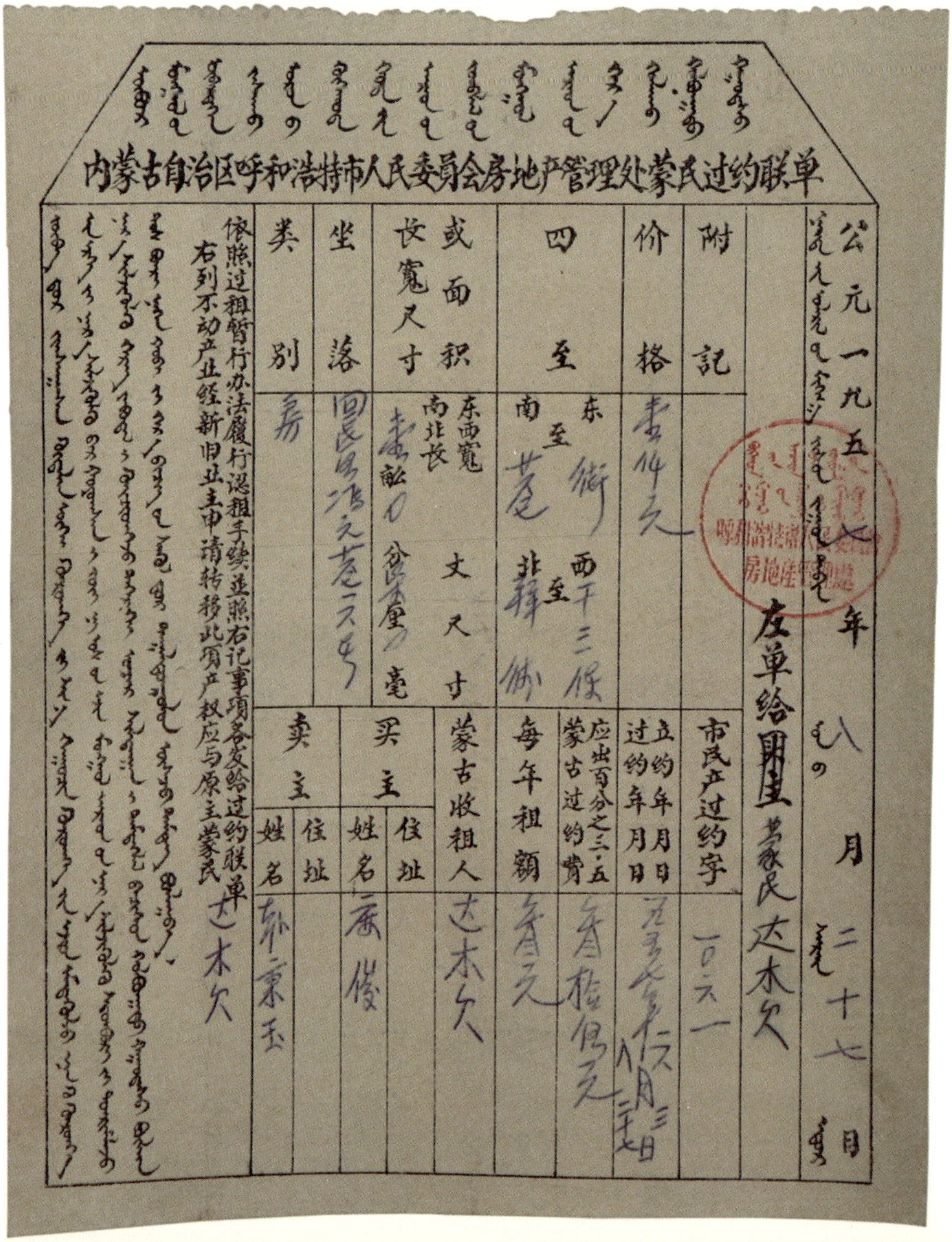

内蒙古自治区呼和浩特市人民委员会房地产管理处蒙民过约联单

公元一九五五年八月二十七日

存单给用主 蒙民 达木欠

类别	坐落	长宽尺寸或面积	四至	价格	附記
房	回民区清元巷二十五号	东西宽 丈 尺 寸；南北长 丈 尺 寸；叁亩 分 厘 毫	东至街，西至王三保，南至巷，北至韩傅	壹仟元	

卖主 姓名	卖主 住址	买主 姓名	买主 住址	蒙古收租人	每年租额	应出百分之三·五蒙古过约費	立约年月日 过约年月日	市民产过约字
郭秉玉		康俊		达木欠	叁元	叁拾伍元	五五年八月二十七日	一〇六一

依照过租暂行办法履行過租手续並照右記事項各发给过约联单右列不动产业经新旧业主申请转移此項产权应与原主蒙民 达木欠

蒙古文契约

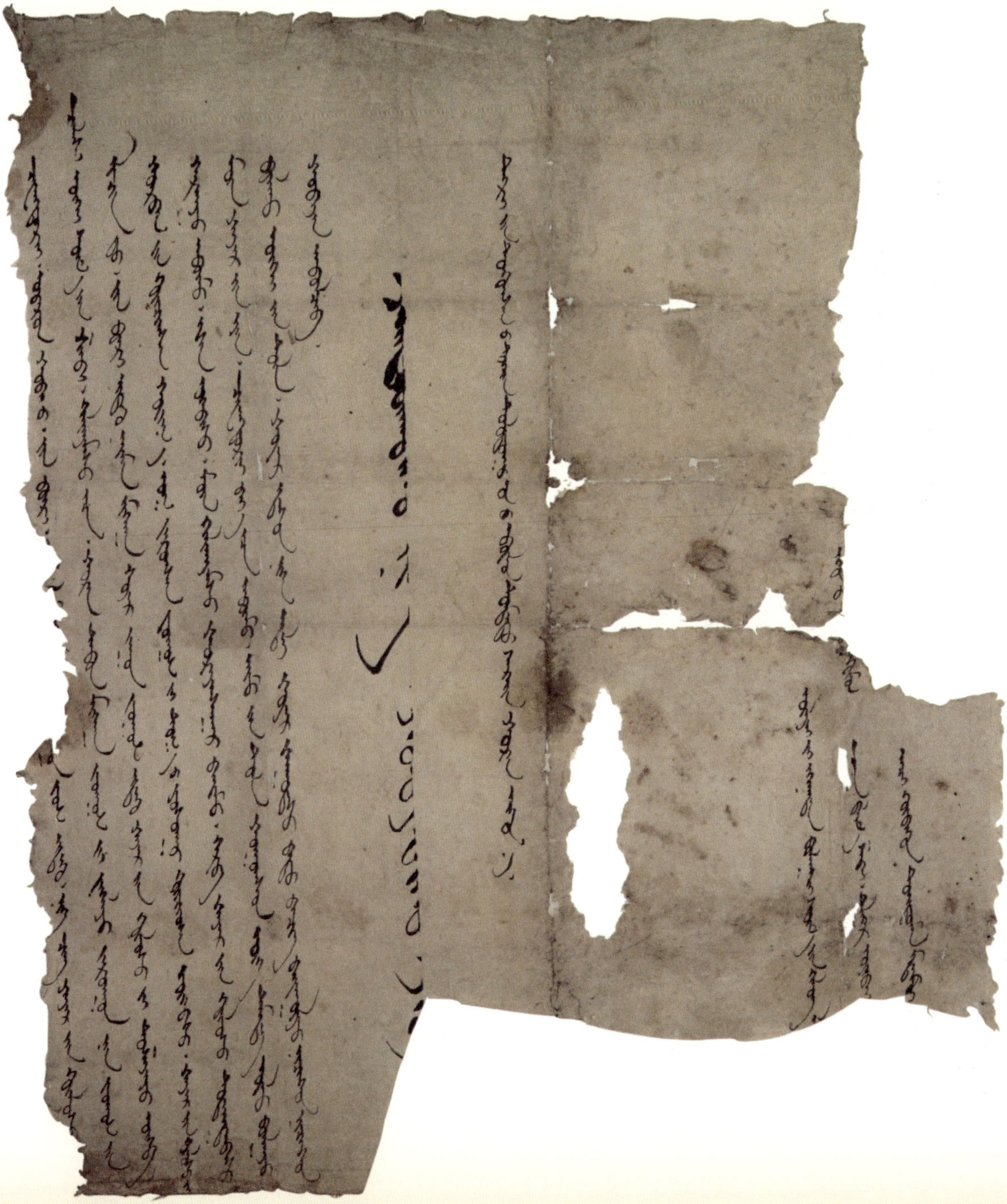

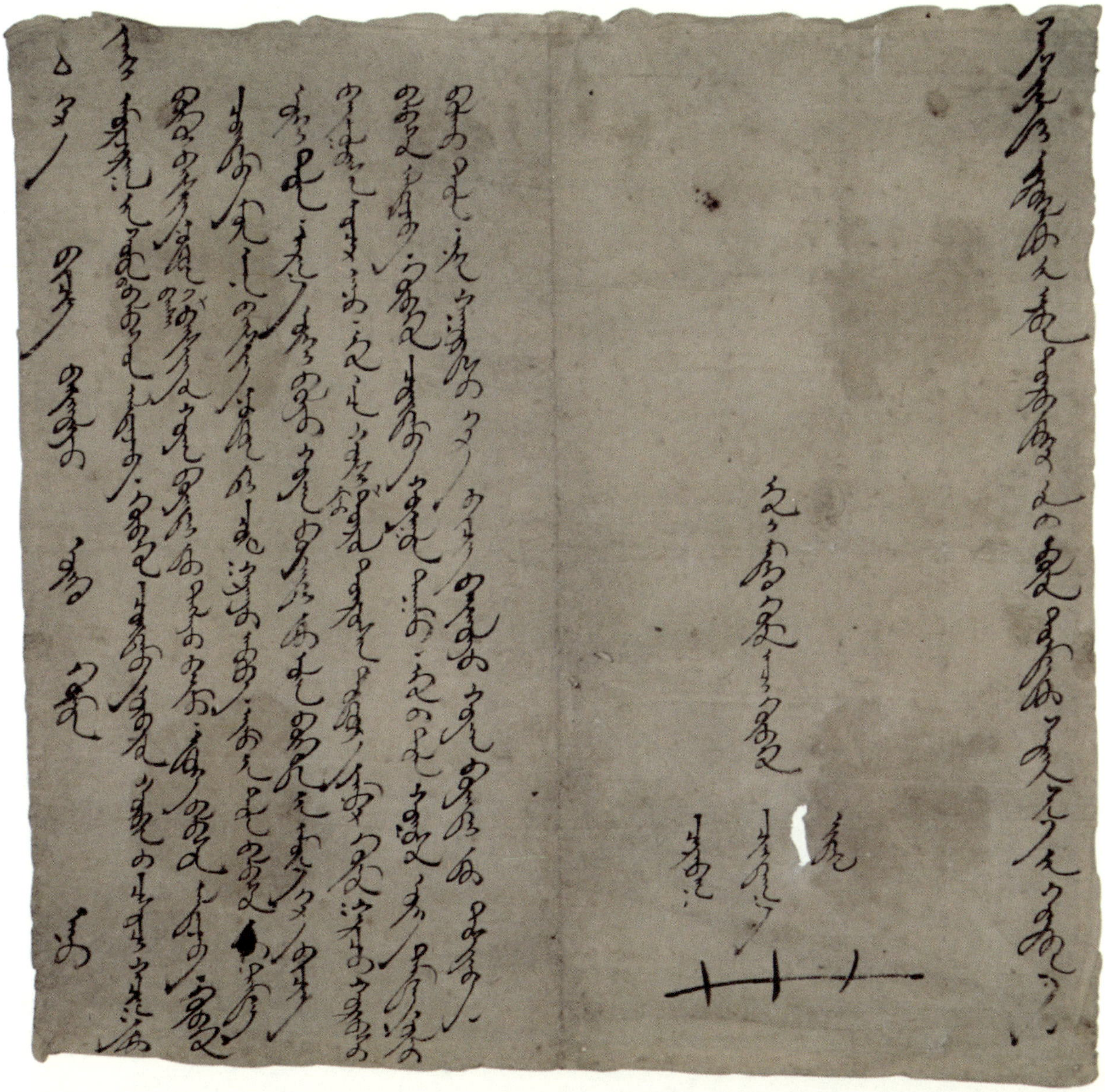

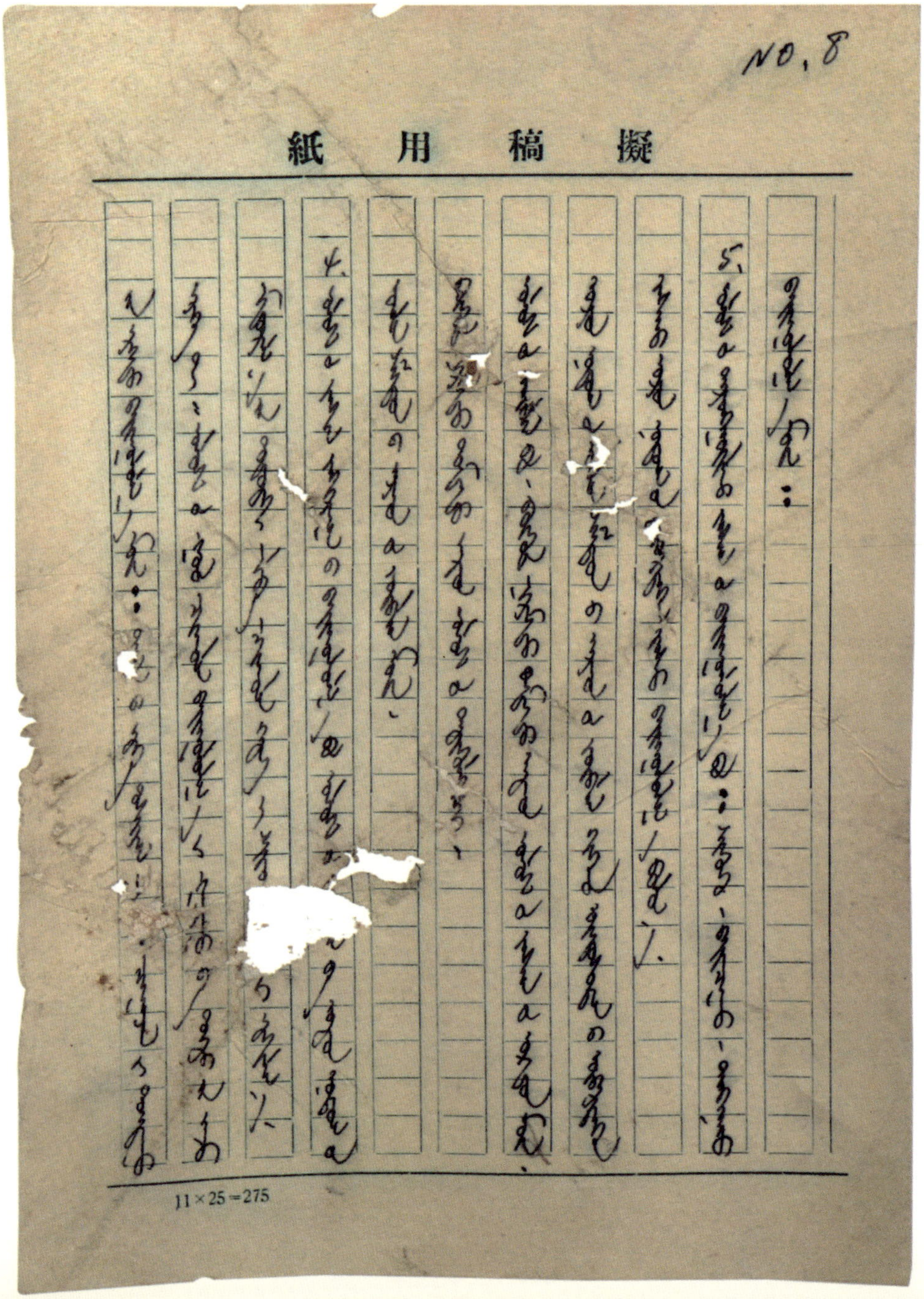
NO. 8
擬稿用紙
11×25=275

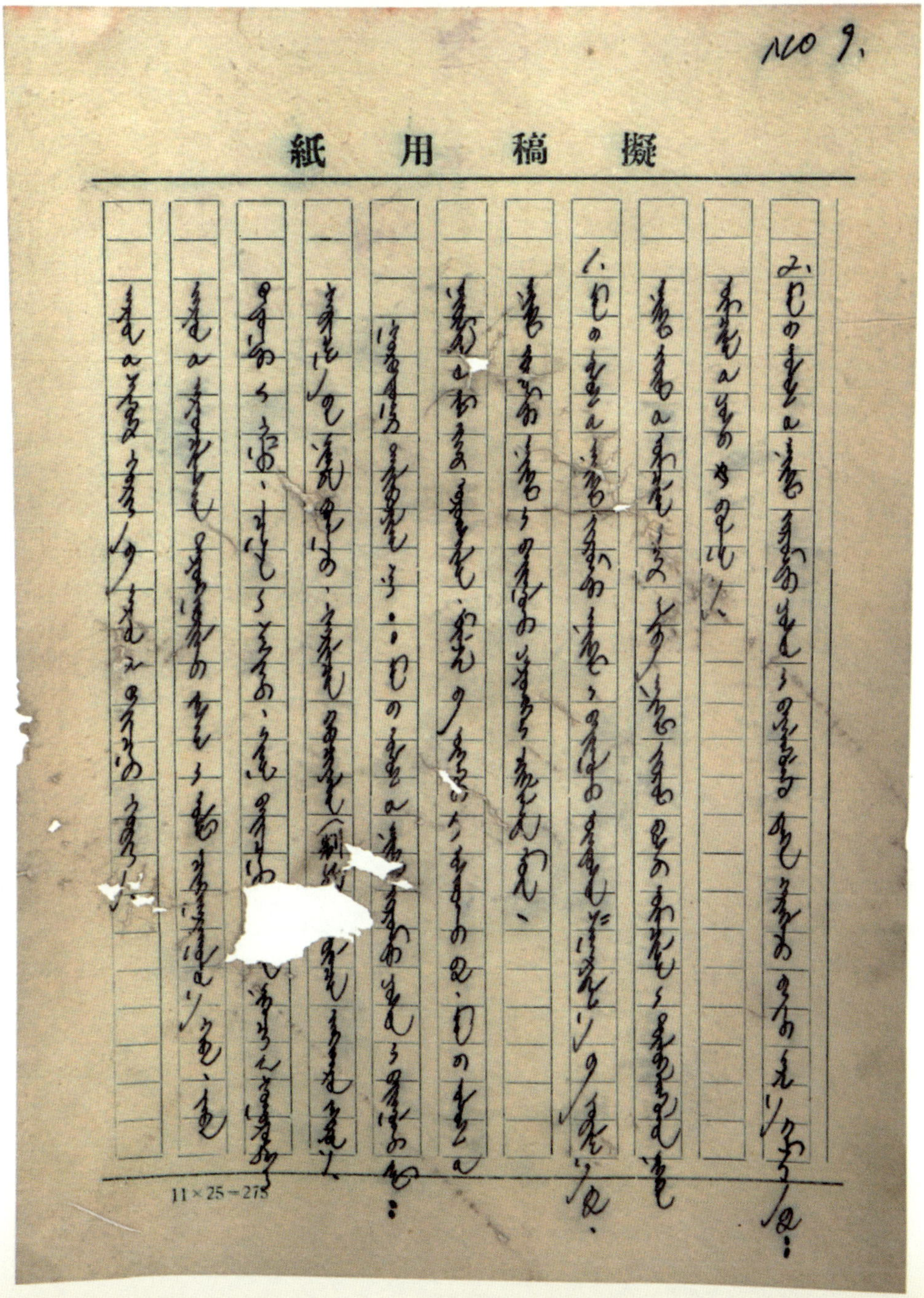
NO 9.
擬稿用紙
11×25=275

蒙古文契约汉译文

（以契约形成年代为序）

万喜译

策旺道尔吉自己有一顷地，每年吃若干（不清）地租金。现在从无量寿寺沙弥格力格扎木苏处借用了25千钱。为了还此钱，把每年吃的地租金8200钱交给了格力格扎木苏。三年后，把所有借款项还完就赎回地租，否则格力格扎木苏继续收地租。如果租地者给不起地租，让策旺道尔吉本人还借款。空口无凭，立字为据。双方就立契约各执一份。

乾隆四十七年仲冬月二十九日

（不清）人：庙格隆××

喇嘛徒弟德力格尔、侄儿陶克涛木乐

契约的事项：

道布丹苏木先锋道尔吉，由于手头不宽裕，从庙大仓格贵管家拉布丹处借用了8000钱。道尔吉在家乡，有一块地，有一个叫周济的汉人每年以2300钱租住这块地。现在用这块地的租金来替还所借款。当所借款全部还完后，地租金重归道尔吉，否则钱主继续吃地租。空口无凭，立字为据，各执一份。

嘉庆十一年十二月十三日立契。

证明人：催领：贡嘎

催领：图格吉

建契约的人：

章京阿木尔吉尔嘎拉苏木的寡妇阿拉坦扎布，儿子却丹巴，把自己在查苏齐嘎查的房子和土地当给了巴克西板升营子的随丁宝音泰。现在寡妇阿拉坦扎布和儿子却丹巴，把房子土地全部赎回。由于寡妇没有标志，所以逼迫在宝音泰等在大家面前立此契约：今后在亲属中任何人出来以此说事，由寡妇阿拉坦扎布和儿子却丹巴两人承担。为此空口无凭，立字为据，交给宝音泰执。

证明人：侄儿查儿巴嘎

青达嘎

伊特格乐

嘉庆十四年仲冬月初三日

契约的事项：

嘉庆十五年头冬月二十六日

我是扎兰章京达木钦扎木苏的遗孀，我从城西门外泰户广行西路北侧购买的吉盛京院东，有一个向南的三间瓦房，其北有两间瓦房，其西有六间土房，共计十一间房，小院面积为南北长十丈七尺，东西五丈一尺。现在把该院以30万钱永久性给了扎兰章京旦木仁扎布的妻子阿拉坦扎布，当作其供佛房。不再要回来，不许间接典当，不产生利息，不再产生租金。这些由我丈夫的弟弟扎兰恩和扎布证明。现在空口无凭，立字为据，双方各执一份契约。

另外，同意阿拉坦扎布在自己院外设向南小门，不要再走吉盛京院大门。

嘉庆十五年仲冬月初二日

专家推荐意见书（一）

清代以归化城（今呼和浩特市）为中心的土默特地区居住着蒙古、汉、满等各族人民，居民有旗人和民人之分，土地关系复杂。清代土默特左、右翼两旗属于内属旗，土默特蒙古人有户口地和房基地为世业，清代规定旗民不交产，严禁相互买卖。蒙古金氏家族保留了大量清代地契，其中以土地、房屋契约为主，包括租佃契、买卖契、借贷契等。这些契约真实地记录了金氏家族自清朝乾隆年间至民国初年，甚至到中华人民共和国建国初期的土地、房产等经营活动。其珍贵之处还在于保存了不同时期的契约文书，可以反映清代乾隆以后历朝土默特地区土地租典和买卖情况，形成了一个较为完整的证据链，对研究清代旗地的管理和演变提供了重要的实物证据。对研究以归化城（今呼和浩特市）为中心的土默特地区的农业、商业、城市的发展，以及土地关系和民族关系都有重要价值。对研究中国古代土地制度，特别是民族地区的土地制度亦有裨益。

在日本曾经整理出版过清代东北及东部蒙古地区的一些地契文书和少量土默特旗的档案。在国内土默特地区的地契文书的出版还比较少见。金氏家族的地契文书数量较多，自成系列。这些地契的出版，对于研究清代旗地和内属蒙古旗的旗地问题都有重要价值，特此推荐。

推荐专家签字：达力扎布

专家所在单位名称及职称：

中央民族大学历史文化学院教授、中央民族大学

中国边疆民族地区历史与地理研究中心主任

2010年3月7日

专家推荐意见书（二）

原国家民族事务委员会政策法规司司长、专职委员铁木尔先生珍藏有一批鲜为人知的祖传契约文书的原始资料。这些契约文书原件基本保存完整，真实具体地记录了内蒙古土默特地区金氏家族从清乾隆年间至中华人民共和国成立初期的土地、房产等经营活动，数量可观，内容丰富，颇具地区和民族特色。时间上起乾隆三十七年（1772年），下至中华人民共和国成立初期的1957年，包括清代、民国、新中国三个不同时期，时间跨度达185年之久。契约内容包括租佃契、买卖契、借贷契等，涉及土地制度、民法制度、宗法制度、风土人情以及经济管理制度、宗教制度、民族关系等许多方面，内容极为丰富与珍贵。

契约文书以内蒙古土默特地区蒙古金氏家族为中心，记录了这一地区蒙汉民族共同的经济活动。契约文书在古籍文献整理方面是一个专门的学科分类，通过其间的土地租佃、土地买卖、土地所有权等，对研究当时当地的土地价格、土地经营典卖，清乾隆以来内蒙古土默特地区社会经济现象等具有十分珍贵的资料价值。同时，它对蒙古学、民族关系史等学科的研究也提供了极为珍贵的资料。土默特蒙古在整个蒙古民族中占有重要的地位，特别是明朝时期的阿勒坦汗主政时，强盛繁荣。阿勒坦汗把藏传佛教格鲁派引入蒙古地区，从此藏传佛教格鲁派对蒙古民族的社会政治、宗教信仰等诸多方面产生了深远的影响。阿勒坦汗倡导与明朝廷修好，多年间通贡互市，对蒙汉民族间的友好交往起到了积极的作用。通过这些契约文书，对这方面的研究也有珍贵的资料价值。另外，其中清代中期蒙古文契约对18世纪蒙古语文研究也具有重要意义。

出版本契约是一项文化遗产的保护和发展工程，它的出版不仅丰富了我国民族契约学学科的内容和该类图书的出版，而且对我国政治、经济文化事业的发展也有积极的推动作用，对宣传我国民族政策和民族团结等亦有着积极的促进作用，其社会意义显而易见。

项目组组成人员精干、队伍强大、科研能力强，实施计划周密而可行。强烈推荐该项目获准立项。

推荐专家：万喜

专家所在单位名称及职称：民族出版社编审

2010年 3 月8日

概　述

该项目主要是内蒙古土默特地区蒙古族金氏家族的契约文书汇集。这些契约文书原件基本保存完整，真实具体地记录了内蒙古土默特地区金姓家族从清乾隆年间至清末的土地、房产等经营活动，数量可观，内容丰富，颇具地区和民族特色。时间上起乾隆三十七年（1772年），下至1957年，时间跨度达185年之久。契约内容主要以土地、房屋契约为主，包括租佃契、买卖契、借贷契，等等，涉及土地制度、民法制度、宗法制度、风土人情以及经济管理制度、宗教制度、民族关系等许多方面，还有部分满汉合璧和蒙古文契约，有的还分成几联，有画押、指迹，黏贴税票、印花、粘连契尾等，呈现出丰富多彩的面貌，是极为珍贵的原始资料。

这批金姓家族祖传契约文书共有240多件，用汉文写成，有的在汉文基础上同时有蒙古文本。其中包括了清乾隆、嘉庆、道光、咸丰、同治、光绪、宣统、民国、中华人民共和国等时期。这样系统完整的契约文书在蒙古地区甚至全中国也极为少有，极其珍贵。

这批金姓家族祖传契约文书是有关内蒙古地区社会经济的珍贵资料。它以内蒙古土默特地区蒙古家族为中心，记录了该地区蒙汉民族共同的经济活动，是极为少见的民族地区契约文书资料。其所展现的社会经济内容很丰富，人们的土地所有权、土地买卖、土地租佃等概念直接地表现在了其中，通过对其进行经济分析，可探讨租佃关系、土地关系等方面情况。通过对土地经营、土地价格、土地典卖以及粮食亩产量、地租率、地租形式、矿产资源等具体内容的研究，可剖析当时的社会实态，并由此窥见诸多的清乾隆以来内蒙古土默特地区社会经济现象。因此，对清代中期以来北方地区社会经济研究、民族经济研究更有其独特价值。

这批金姓祖传契约文书不仅是研究清代、民国以及中华人民共和国成立初期当地人民社会经济的珍贵史料，而且对于我国北方地区的历史研究也提供了第一手翔实的实物资料。土默特地区自明代以来一直是北方地区的政治、经济中心，所以才能够出现如此规模的地方传世契约文书资料。这些契约史料，一方面展示了当地契约自身发展的历史足迹，同时也展示了与之直接有关的当地社会史、土地制度史、财政赋税史、宗法制度史、商业史、民法史等方面的丰富内容，尤其在政治史、民俗史、宗教史、民族关系史方面的史料价值也极其重要。

古代契约文书作为第一手资料，在诸多历史问题研究中被广泛运用。利用契约文书对明清以来的中国经济史、法律史的研究历来被国内外学者所推崇。出于殖民地统治的目的，日本研究中国契约文书的历史始于二战之前，战后又有不少学者专门研究中国古代契约文书，特别是以东京大学东洋文化研究所为中心，投入大量人力财力，兴起新的整理研究中国契约文书活动，取得的成果可谓硕果累累。如，东洋文库明代史研究室《中国土地契约文书集(金—清）》(1975)，浜下武志等编《东洋文化研究所所藏中国土地文书目录•解说（上•下)》（1983—86)，以及唐立等主编的《贵州苗族林业契约文书汇编（1736－1950）》第一卷史料编，等等，还有大量的搜集和整理成果。近几年，国内对契约文书的研究也有大的进展，就成果而言，有傅衣凌所著的有关福建土地契约文书的《明清农村社会经济》(1961)，傅衣凌、杨国桢主编的《明清福建社会与乡村经济》(1987)。关于安徽省徽州文书，有叶显恩的《明清徽州农村社会与佃仆制》(1983)，章有义的《明清徽州土地关系研究》(1984)。还有中国社会科学院历史研究所的《封建贵族大地主的典型—孔府研究》(1981)，张学君、冉光荣的有关四川盐业文书的《明清四川井盐史稿》(1984)。对明清土地契约文书整体进行综合性整理研究的有杨国桢《明清土地契约文书研究》(1988)，张传玺《中国历代契约会编考释》（1995），田涛《田藏契约文书粹编》（2001），陈支平《福建民间文书》（2007），王万盈《清代宁波契约文书辑校》（2008）等。

但作为蒙古族的契约文书，本书的出版有极为珍贵的价值。

总之，明清代以来的契约文书越来越受到各界重视，但以往所关注的大多与南方地区相关，涉及和反映北方地区的较少，关于民族地区的则更少，利用契约文书研究少数民族地区社会经济和社会历史方面还很不够。金姓祖传契约文书是迄今为止在北方地区发现的少见的以蒙古家族为主线、时间跨度长、数量可观的契约文书，在整个契约文书资料当中属于“珍稀”类，是土默特地区的蒙汉人民共同经济生活的真实记录，可弥补史书和档案史料在这方面的不足，对于充实中国契约文书研究，再现中国古代契约全貌具有重要意义。

本书的出版，必将对诸多学科的研究产生积极的促进作用。

青格力

后 记

把《内蒙古土默特金氏蒙古家族契约文书汇集》公诸于世，为学者专家研究内蒙古土默特历史提供参考，是我们全家人和众多亲戚的心愿。该书的影印出版，得到了中央民族大学出版社的高度重视，社长云峰先生亲自策划，邀请几位蒙古学专家青格力、达力扎布、万喜等撰写了推荐意见书及评述，向全国古籍整理出版规划领导小组提出专项申请，得到了国家古籍整理出版专项经费的资助。我的作家朋友杨道尔吉尽管是搞文学创作的好手，但对蒙古历史也有很深的研究，并为该书写了精彩的评介文章。还有很多朋友，听说我家祖传契约准备影印出版，都表达了支持和鼓励的心意。在此，我谨向全国古籍整理出版规划领导小组和上述专家及未提及的各位朋友表示衷心的感谢。

铁木尔